5 EDITION

CRIMINAL JUSTICE The Essentials

형사사법학입문

범죄, 형사사법 그리고 정책 | 법률적 쟁점 | 경찰활동과 법집행
법원 | 시설 내 교정 | 사회 내 교정 | 소년사법 | 결론

steven P.Lab · Marian R.Williams · Jefferson E.Holcomb
Melissa W.Burek · Willam R.King · Michael E.Buerger 지음
이창한 · 이승현 옮김

도서출판 그린

저자 서문

형사사법체계의 변화는 일반적으로 정착하는데 시간이 걸리기 때문에 미국의 형사사법체계는 상당히 정체되어 있다. 대부분의 변화는 형사사법체계가 다루어야 할 사회의 새로운 문제에서 비롯된다. 지난 몇 년 동안 경찰의 과도한 물리력 사용과 마약성 약물 사용의 급증이 주요 관심사로 부상했으며, 신종범죄와 범죄대응에 과학기술과 소셜 미디어의 사용이 확대되고 있다. 이번 개정판에서는 이전 판의 형사사법제도에 대한 전반적인 내용을 유지하는 동시에 사회와 형사사법체계가 직면한 새롭게 대두되는 주제와 관련한 논의를 추가하였다. 또한, 이 책 전체에 걸쳐 업데이트 된 통계자료를 제공하고자 한다. 책의 전반적인 분량을 이전과 거의 같게 유지하고자 노력했음에 주목하기를 바란다. 우리의 목표는 입문과정에 필요한 필수적인 내용들을 최소한의 간결한 텍스트로 전달하고자 한다.

이번 개정판에서는 각 장의 내용이 수정되고 업데이트되었다. 이 책의 기본구성은 변함이 없다. 각 장에 관련된 자료는 이 책의 웹사이트에서 찾아볼 수 있다. 웹사이트에서는 책 분량상 포함할 수 없었던 다양한 문서, 표, 그림 등에 관한 정보를 제공한다. 물론 자료의 상당부분은 책에 포함되어 있지만 그렇지 않은 자료도 많다. 따라서 우리는 독자들이 웹사이트에서 이용 할 수 있는 자료들은 적극적으로 활용할 것을 권장한다.

개정판에 반영된 주요 내용을 다음과 같다 :

- 각 장의 '비판적 사고연습'이 수정 및 추가되었다.
- 각 장마다 책의 전용 웹사이트나 내용과 관련된 광범위한 정부 및 민간 사이트에 대한 정보를 포함하였다.
- 모든 자료에 최신 데이터를 반영하였다.
- 제1장에서는 피해지, 소셜 미디어 및 경찰의 물리력 사용에 관한 최신자료를 수록하였다.

- 제2장에서는 범죄의 유형과 정도에 관하여 간단히 다루고, 범죄행위의 면책사유(구성요건 해당성, 위법성, 책임) 내용을 추가하였다.
- 제3장에서는 사회에서 경찰의 역할, 물리력 사용, 위치시스템(GPS) 기술 및 아편 사용 문제에 대한 내용을 추가하였다.
- 제4장에서는 법원에 대해 재논의하고, 법정에서의 증거에 관한 자료를 추가하였다.
- 제5장에서는 여성구금의 역사와 시설 내 수용자 분류에 대한 내용을 새롭게 더하였다.
- 제6장에서는 형사사법체계 변화를 반영하게 위해 새로운 참고자료와 웹사이트 정보를 추가하였다.
- 제7장에서는 섹스팅과 갱(범죄조직)에 관한 자료가 업데이트되었으며, 소년사법체계의 미래에 대한 내용을 전면 수정하였다.
- 마지막 장에서는 아편사용 급증에 따른 위기와 이에 대한 형사사법체계의 대응, 체계에서의 과학기술 도입 및 소셜 미디어에 대한 논의를 다루었다.

개정판의 내용이 도움이 되기를 희망하며, 아울러 책의 내용에 대한 의견 및 개선사항을 제시해주기를 바란다. 우리의 목표는 불필요한 내용 추가없이 책을 최대한 유용하게 만드는 것이다. 집필에 도움을 준 옥스퍼드 편집 및 제작진의 노고에 깊은 감사를 표한다. 아울러 이번 5번째 개정판을 기꺼이 감수하여 주신 Frank Ferdik (플로리다 대학교), Michelle L. Foster(켄트 주립 대학교), Dennis McCart (올버니 대학교) 및 J. Michael Vecchio(로욜라대학교-시카고캠퍼스)에게도 진심으로 감사드린다. 또한, 우리는 개정판이 나올 수 있도록 잘 이끌어준 과거 책들의 검토자들에게도 감사의 말씀을 전한다. 마지막으로 부득이 언급하지 못한 많은 조력자들에게 감사드리며, 책의 결함에 대한 책임은 전적으로 우리에게 있음을 알려드린다.

Steven P. Lab
Marian R. Williams
Jefferson E. Holcomb
Melissa W. Burek
William R. King
Michael E. Buerger

역자 서문

형사사법학이 우리나라에 소개된 지는 오래되지 않았다. 형사사법학이 우리나라에서 어떤 모습으로 자리매김해야 할까에 대해 많은 연구자들이 고민하고 있다. 오늘날에는 형사사법학을 형사사법학과 경찰학 또는 형사사법학과 범죄학과의 관계를 통해 어느 정도 정리가 되어가고 있다. 이와 같이 형사사법학은 형사사법체계에 대한 이해가 필수적임을 알 수 있다. 형사사법체계는 경찰, 검찰, 법원, 교정 등으로 구성된다. 이들 형사사법기관들은 각자 독특한 조직철학 및 운영원리를 가지고 있기 때문에 초심자가 형사사법체계를 쉽게 이해하기는 어렵다.

범죄학 기본서는 범죄학 이론을 기반으로 형사사법기관들의 정책에 대하여 논하고 있고, 경찰학·교정학 관련 기본서는 다양한 형사사법기관 중 특정기관을 중심으로 철학과 정책을 제시하고 있어 형사사법체계에 대한 전반적인 이해를 돕기에는 한계를 가지고 있다. 반면, 이 역서의 경우 미국의 형사사법체계에 철학과 정책에 대하여 법률적 검토와 더불어 최신의 경향까지 제시하며 충실히 설명하고 있다. 더불어 각 형사사법기관의 다각적인 분석을 제시하고 있어 형사사법학을 시작하는 학습자에게 매우 필요한 저서라 판단하여 역자들과 함께 작업을 수행하였다.

이 책은 형사사법체계에 대한 이해를 돕기 위하여 다음과 같이 구성되어 있다. 1장에서는 범죄에 대한 이해, 형사사법정책에 대한 이해, 최신의 형사사법 경향에 대하여 제시하였다. 2장에서는 미국법을 중심으로 실체법과 절차법의 다양한 측면에 대한 개략적인 설명과 형사사법체계에서 법의 존재를 이해하는 데 필요한 지식들을 제공하였다. 3장은 형사사법기관인 경찰이 가진 권한과 실무에 대하여 다양한 경찰정책의 평가를 통하여 설명하였다. 4장은 사법체계에 대한 전반적인 내용으로 법원의 기본원리, 법원의 주체, 법원의 업무처리과정 및 법원의 추세에 대하여 설명하였다. 5장은 교정기관에 대한 내용으로 처벌의 역사, 여성 구금, 특수범죄자 구금에 대하여 소개하였고, 현대교도소에 대한 설명 및 문제점을 확인하여 교정기관의 미래방향을 제시하였다. 6장은 사회 내 교정에 대한 내용으로 사회 내 교정의 발달과정과 현대사회에서 이루어지고 있는 사회 내 교정을 설명하였고 사회 내 처우의 대표적인 운영 형태인 보호관찰에 대한 내용, 지역사회감독에 대한 정보들을 수록하였다. 7장은 소년사법체계에 대한 내용으로 소년사법의 발달과정 및 청소년 비행에 대하여 설명하였다. 마지막 장에서는 형사사법체계의 이슈인 형사사법의 재량, 마약관련 문제, 기술과 소셜 미디어, 재정긴축과 형사사법, 소송절차체계로서의 형사사법과 같은 문제에 대한 논의를 수록하였다. 이 책은 미국의 형사사법체계의 철학과 정책에 대하여 역사적 변천과 구체적인 예시를 들어 설명을 하고 있어 형사사법학을 입문하는 학생들에게 큰 도움이 될 것이라 판단된다.

끝으로, 이 책의 번역을 준비부터 마무리까지 대표역자와 머리를 맞대고 고민해 준 이승현 공동역자, 실무를 맡아준 정수웅, 김수민 박사과정 학생들에게 감사를 드린다. 마지막으로 흔쾌히 이번 작업을 허락해 주신 그린출판사 사장님 이하 직원들에게 큰 감사의 인사를 드린다.

2019년 8월

동국대학교 교수 이창한

차 례

제3장 경찰활동과 법집행 | 69

제4장 법원 | 105

제5장 시설 내 교정 | 143

제6장 사회 내 교정 | 183

제7장 소년사법 | 217

제8장 결론 | 257

제 1 장

범죄, 형사사법 그리고 정책

- **서론**
- **범죄란 무엇인가?**
- **형사사법 정책**
- **형사사법 철학**
  - 고전주의 학파
  - 실증주의 학파
  - 응보
  - 억제
  - 재사회화
  - 무력화
- **범죄 측정**
  - 공식통계
  - 자기보고식통계
  - 피해자 연구
- **견제와 균형**
  - 개인의 자유 VS 사회적 이익
  - 범죄통제 VS 적법절차
  - 그 외의 대립적 시상들
  - 이완조직
  - 재량
  - 형사사법체계의 4C(시민, 경찰, 법원 그리고 교정)
- **형사사법의 최신 경향**
  - 피해자
  - 소셜 미디어
  - 물리력 사용
- **결론**
- **키워드**
- **읽을 거리**

CHAPTER

01 범죄, 형사사법 그리고 정책

학습목표

- 일탈을 정의한다.
- 비공식적 사회통제의 예시를 제시한다.
- 본래적 범죄(Malum in se)와 금지적 범죄(Malum prohibitum)를 구별한다.
- 공공정책을 정의한다.
- 정책이 만들어지는 방법을 논한다.
- 고전주의 학파와 실증주의 학파의 형사사법체계에 끼친 영향을 설명한다.
- 처벌에 대해 정의하고, 논한다.
- 다양한 유형의 억제를 논한다.
- 범죄에 대한 재사회화 접근법에 관해 논한다.
- 무력화를 정의한다.
- 범죄측정의 세 가지 방법을 구분하고 논한다.
- 범죄율의 의미를 설명한다.
- NIBRS에 대해 논하고, UCR과의 차이를 구분한다.
- NCVS에 대해 논한다.
- 형사사법의 범죄통제모델과 적법절차모델 간 차이점들을 설명한다.
- 형사사법의 이완조직적 체계를 설명한다.
- 형사사법에서 재량의 의미와 중요성을 정의한다.
- 형사사법체계의 4C를 나열한다.
- 형사사법체계의 의사결정요인으로서 4C의 중요성을 설명한다.
- 법정참여집단을 구분한다.
- 형사사법에 영향을 미치는 기타 기제들과 그것이 주목받는 이유 설명한다.

서론

범죄와 범죄에 대한 사회적 대응은 대부분의 국가에서 중요한 문제이다. 이 장은 범죄와 형사사법 정책에 관한 기본적 개념을 소개하고 있다. 먼저, 범죄와 일탈이 무엇인지, 그리고 문제해결방식, 즉 정책과 형사사법의 개입이 논의될 것이다. 그 다음으로 때때로 모순되기도 하는 여러 가지 형사사법의 철학들(고전주의 학파와 실증주의 학파, 처벌, 억제, 재사회화 그리고 무력화)을 소개하며, 그 후 다시 범죄의 개념으로 돌아가 범죄를 측정하는 세 가지 주요방법을 검토한다. 그 다음, 적법절차모델과 범죄통제모델 간의 갈등, 재량, 형사사법체계에서의 네 가지 정책결정요소와 같은 형사사법 내 여러 경쟁적인 내용들을 다룬다. 마지막으로, 형사사법의 최신경향을 검토함으로써 이 장이 마무리된다.

범죄란 무엇인가?

범죄를 이해하기 위해서는 일탈이라 불리는 개념의 논의로부터 출발하는 것이 좋다. 일탈은 그릇되고, 나쁘고, 부적절한 인간의 행위 혹은 행동을 말한다. 몇몇 부적절한 행동은 보도에 침을 뱉는 것과 같이 비교적 사소한 것도 있는 반면, 살인과 같이 심각한 일탈로 간주되는 것도 존재한다. 그러나 모든 일탈행동이 불법적인 것은 아니다. 예를 들어, 대부분의 공개된 장소에서 남성이 여성의 옷을 입는 것은 사람들의 이목을 끌고 경멸을 받을 수는 있으나 불법은 아니다.

일탈은 장소와 시간, 사람 그리고 사건에 따라 다르다. 즉, 어떤 행동들은 상황에 따라 정상적으로 여겨질 수도 있고 일탈적으로 여겨질 수도 있다. 예를 들어, 축구경기에서 소리를 지르는 것은 정상이지만 도서관에서 소리를 지르는 것은 일탈로 여겨진다. 이는 단지 일탈이 특정 행동을 지칭하는 것이 아니라, 행위자나 주변상황, 시간 그리고 장소 등 모든 것들에 의해 누군가의 행동을 일탈로 여겨야 하는지 아닌지의 여부가 정의된다는 사실을 알려준다.

사회는 사람들의 행동에 영향을 미치는 비공식적 사회통제에 의존하고 있다. 사실, 대부분의 역사에서 사회통제는 해를 입은 개인과 그 가족에 부과되었고, 지역사회는 규범을 위반한 사람에게 수치심을 주거나 추방하는 것과 같은 비공식적 조치를 취하곤 했다. 비공식적 사회통제의 예로는 노려보기, 경멸, 냉대, 회피 그리고 그들의 잘못을 알리는 것 등이 있다. 사회는 지금도 여전히 사람들이 규칙에 순응하도록 만들기 위해 비공식적 사회통제에 크게 의존하고 있다. 비록 다른 누군가가 비공식적 사회통제에 관여하는 경우가 존재하지만, 일반적으로는 부모, 선생님, 고용자, 급우, 직장동료들이 비공식적 사회통제의 주체이다.

비공식적 사회통제는 서로가 서로를 알고 있는 가족이나 소집단 환경에서 더욱 효과적이다. 도시의 급격한 성장과 지역사회의 크고 다양한 변화는 비공식적 사회통제의 영향력을 약화시켜오고 있다. 이러한 사회적 변화에 대한 대응으로서, 사회가 원치 않는 행동에 대응하기 위한 더욱 공식적인 수단이 개발되어 왔다. 게다가, 어떤 일탈행위는 그 해악이 너무도 심각해서 비공식적 사회통제를 통해서는 관리할 수 없다.

성문법이 존재하는 사회에서는 심각한 일탈이 금지된다. 이러한 법률들은 금지된 일탈행위와 그런 행위를 불법으로 만드는 상황 그리고 법률위반행위에 대해 적용가능한 처벌을 구분한다. 예를 들어, 정당방위로 다른 사람을 죽이는 것은 불법이 아니지만 사전에 계획하여 저지르는 것은 불법이다. 현대 사회에서 법은 대체로 연방이든 주 차원에서든 선출된 국회의원에 의해 입안되고 승인된다. 지방정부 또한 그 지역에 한해 적용되는 법안을 통과시킬 수 있다. 범죄는 본래적 범죄(Malum in se)와 금지적 범죄(Malum prohibitum)로 분류할 수 있다. 살인, 절도 그리고 강간과 같은 본래적 범죄행위는 본질적으로 악하기 때문에 보통 강력범죄로 분류된다. 금지적 범죄행위는 미성년음주, 과속 그리고 배회와 같이 덜 심각한 범죄들이다. 금지적 범죄행위는 비록 범죄로 간주되지만, 본질적으로 나쁜 것이 아니라 다만 법에 의해 금지되어야 하는 행위로만 여겨진다. 법은 대개 징역 1년 이상의 징역형 처벌이 따르는 중범죄와 1년 미만의 징역형이 부과되는 경미한 범죄로 분류된다. 누군가 불법행위를 하고, 이 행위의 상황이 법률적 예외사항이 아니라면 그 사람은 법을 위반했고, 범죄를 저지른 것이다.

비판적 사고 연습

누군가 당신의 행동에 대해 비공식적 사회통제를 사용한 때를 생각해보라. 당신은 무엇을 하고 있었고 비공식적 사회통제를 부과한 주체는 당신에게 어떤 조치를 했는가? 당신이 누군가의 행동에 비공식적 사회통제를 적용한 때를 생각해보라. 그 사람은 무엇을 하고 있었고, 당신은 그에 대한 반응으로 무엇을 하였는가?

형사사법 정책

정책은 문제를 어떻게 다루어야 할지 그 기준을 설정하기 위해 만들어진다. 형사사법 정책은 기본적으로 매일같이 수행된다. 체포정책에서 기소정책, 그리고 양형정책까지 형사사법체계는 범죄를 다루는 관행에 따라 진행된다. 역사적으로 다양한 형사사법 정책들이 지지되어 왔고, 이 정책들에 대한 명분도 시간에 걸쳐 변화되어 왔다.

공공정책은 "문제나 관심사를 다루는 행위 혹은 행위자들에 의해서 행해지는 비교적 안정적이고 목적의식이 분명한 행동방침"이다. 이러한 정의는 정책의 내용이나 의도보다는 단순히 실제로 행해진 것에만 초점을 두고 있으며, 정책과 결정을 구별하고, 정책이란 시간의 흐름에 따라 전개되는 것으로 간주한다(Anderson, 2003: 2). 간단하게 말해, 만약 범죄가 문제라면, 형사사법체계와 그 정책은 범죄문제에 대한 사회의 반응을 나타낸다.

역사적으로, 초기의 형사사법정책은 피해자 측의 복수에 중점을 두었다. 유럽에서는 로마제국의 붕괴 후 서기 600년까지만 해도 개인과 가족이 그들 스스로 형사사법의 역할을 수행하는 것이 일반적이었다(Johnson & Wolfe, 1996). 이 때의 사회들은 교도소, 급여를 받는 전일제 경찰과 같은 현대적인 형사사법 요소가 부재했기 때문에 질서를 유지하기 위해 비공식적 사회통제에 의존하였다. 즉, 만약 누군가가 다른 사람으로부터 해를 입으면, 피해자는 보통 폭력적인 방법을 통해 스스로 사건을 해결해야만 했고, 만일 누군가가 살해당하면, 피해자의 가족이 범죄자나 범죄자의 가족에게 사법적 책임을 물어야 했다. 정부는 이런 사법체계에 관여하지 않았기 때문에 형사사법정책은 거의 존재하지 않았다.

사회가 변하고 점차 복잡해지면서 피해자 중심의 사법체계는 기능을 잃고, 정부에 의한 사법적 통제로 대체되었다. 정부의 사법통제 하에서, 정부는 어떤 행동이 불법이고, 누가 범죄자이고 피해자인지, 그리고 처벌은 무엇인지를 결정하는 역할을 하게 되었다. 결과적으로, 법을 위반하여 범죄가 발생하면, 그것은 정부의 법률이 위반된 것이므로 정부가 피해자 역할을 한다.

공공정책은 다양한 수준의 정부에서 만들어진다. 연방정부에 의해 만들어진 정책은 가장 높은 수준에 해당되기 때문에 연방정부의 형사사법체계뿐만이 아니라 주정부와 지방정부에도 적용된다. 이는 거시적 수준의 정책이다. 미시적 수준의 정책이라 불리는 지방정부 수준의 공공정책은 형사사법을 제정하고 변화시키는데 사용된다. 따라서 주법은 금지하고 있는 내용과 그것을 어길 시 가해지는 처벌규정이 연방정부의 것과는 다르다. 공공정책은 연방의원과 주의원뿐만이 아닌 정부단체에 의해서도 만들어질 수 있다. 사법부는 판결을 선고함으로써 정책을 만들고 행정부는 행정명령을 통해 정책을 만든다. 또한 다양한 정부기관의 하위부서들에서도 광범위한 영향을 미칠 수 있는 정책을 만들 수 있으며, 부서 내에서만 적용되는 정책을 만들 수도 있다. 예를 들어, 오하이오 국선변호사위원회는 국선변호인이 지켜야 하는 기준과 지침을 개략적으로 서술하고 있다. 지역수준에서 몇몇 마을이나 도시는 차량에서 스피커를 시끄럽게 트는 행위를 금지하는 지방조례를 제정함으로써 그들 자신의 정책을 정한다. 마지막으로, 교정기관이나 경찰청 같은 개별적인 형사사법기관들은 면회조건이나 경찰관 최소교육수준과 같은 내부정책을 만든다.

형사사법체계의 철학

얼핏 보면, 정책과 범죄와의 관계는 단순해 보인다. 범죄는 골칫거리이므로 사회는 그에 대한 문제해결방법을 선택하고, 그 해결방법을 실현시키기 위한 정책을 시행한다. 그러나 불행하게도 범죄와 싸우는 것은 그리 간단하지 않은데, 이는 형사사법시스템이 '무엇을 해야 하는지'에 관한 사회철학 간의 차이에 기인한다. 범죄에 어떻게 대응해야 할지에 대해 한 사회 내에서 만장일치가 되지 않기 때문에 형사사법체계가 더욱 복잡해진다는 것이다. 어떤 경우에는, 형사사법기관들이 특정 유형의 정책을 실행하여도 다른 유관기관들은 그와 다른 정책을 채택하는 경우도 있다. 이처럼 때때로 형사사법정책들은 서로 경쟁하거나 모순된다. 그리고 이런 복잡성이 존재하는 이유는 형사사법의 다양한 철학들로 인한 것이다.

고전주의 학파

형사사법계의 고전주의 학파는 18세기 중반 베카리아(Cesare Beccaria)의 저술에서 비롯된다. 베카리아는 인간이 자유의지를 갖고 있으며, 합리적이고, 어떻게 행동할지를 스스로 선택한다고 주장한다. 인간행동은 각 개인이 행동으로부터 얻어지거나 혹은 발생할 것이라 기대하는 이익과 비용을 저울질함으로써 좌우된다. 예를 들어,

절도를 생각하는 사람은 절도행위를 통해 발생 가능한 비용(체포와 수용)과 취득 가능한 보상(돈)을 견주어 본 후 실행여부를 결정할 것이다. 즉, 범죄자는 이성적 사고과정을 통해 범죄를 선택한다.

베카리아는 처벌은 잠재적 범죄자를 단념시킬 수 있을 만큼 충분히 엄중해야 하지만, 위법행위에 비해 지나치게 징벌적이거나 잔인해서도 안 된다고 주장했다. 법률은 미리 성문화되어 명백하여야 하며, 각각의 범죄에 대한 처벌을 구체적으로 명시하여야 한다. 범죄자의 성격, 사회적 상황, 혹은 재정적 어려움과 같은 경감요소는 판사나 배심원이 고려해서는 안 된다. 간단하게 말해, 법률은 그것을 위반한 사람이 누구든 모두에게 평등하게 적용되어야 한다는 것이다. 억제는 고전주의의 초석이다.

실증주의 학파

형사사법계의 실증주의 학파는 고전주의적 관점이 확립된 후에 발전되었다. 실증주의자들은 인간행동은 개인의 통제를 벗어난 외부적 조건과 상황에 영향을 받는다고 주장한다. 예를 들어 빈곤과 아동학대는 그러한 환경에서 자란 아이가 어른이 되었을 때에도 가난할 확률과 아동을 학대하는 성향을 가질 가능성에 영향을 미친다. 이 아동은 오직 일탈적 행동만을 학습하고 친사회적 행동은 학습하지 못하기 때문에 법률은 이 아동에게 억제효과를 거의 갖지 못할 것이다.

실증주의자들은 법을 보다 엄격하게 제정하는 것이 아니라 범죄를 야기하는 조건에 개입함으로써 범죄를 예방할 수 있다고 주장한다. 실증주의의 견해에 따르면, 범죄를 가장 잘 방지할 수 있는 방식은 가난을 제거하고, 기회를 제공하고, 양육환경을 개선하거나 범죄성향을 지닌 친구와의 접촉을 줄이는 것이다. 그러나 실증주의자들은 범죄의 정확한 원인에 대해서는 의견이 일치하지 않으며, 때문에 범죄의 근본적인 원인을 해결하고자 하는 접근방법에서 차이가 있다. 실증주의 하에서 단일한 범죄원인은 존재하지 않는다. 오히려 다양한 요소들이 서로 다른 방법으로 작용함으로써 사람들의 행동에 영향을 미친다고 본다. 이는 범죄를 해결하는데 단일한 대응책은 효과적이지 않다는 것을 의미한다. 두 개인이 같은 행위(예, 절도)를 저지르지만 다른 이유를 가질 수 있기 때문에(누군가는 가족부양을 위한 돈을 마련하기 위한 것인 반면 어떤 사람은 피해자와의 갈등에 대한 반응으로), 각 상황과 개인에 맞는 원인이 고려될 필요가 있고, 다양한 개입과 대응 또한 실행될 필요가 있다는 것이다.

고전주의 및 실증주의 학파들은 범죄에 대한 잠재적 원인과 해결책의 전반적인 틀을 제공한다. 비록 몇몇 해결책들은 사회적 환경의 개선을 포함하지만, 대부분은 처벌의 형태를 띠고 있다. 그러나 왜, 어떻게 그리고 어느 정도의 처벌이 사용되어야 하는지에 대해서는 의견이 일치하지 않는다. 이러한 불일치는 응보, 억제, 재사회화 그리고 무력화라는 형벌에 관한 네 가지 철학으로 설명된다.

응보

응보는 법을 어긴 범죄자는 처벌해야 한다는 믿음에 기초한 철학이다. 즉, 형사사법체계는 범법자를 처벌하기 위해 존재한다는 것이다. 처벌은 범죄자가 저지른 피해에 상응해야 한다(눈에는 눈). 이는 고전주의 학파를 따르는 사람들의 믿음과 일치한다. 그러나 여기서의 처벌은 잠재적 범죄자가 범죄를 저지르는 것을 막기 위해서 존재하는 것이 아니다. 오히려 응보론자들은 형벌이 범죄예방의 효용과 상관없이 사회가 행하는 적절하고 정당한 것이라고 주장한다. 이것은 때때로 단순응보라 불린다.

응보론자들은 범죄자를 처벌하는 방법으로 수용을 선호한다. 보호관찰과 같은 비교적 약한 형벌이나 사전형량조정제도(플리 바겐)와 같은 정책은 결과적으로 범죄에 적합한 형벌이 아닐 수 있다. 응보론자들은 또한 "eye for an eye(눈에는 눈 이에는 이) 방침"에 따라 사형을 선호한다.

억제

억제는 기본적으로 응보와 같이 범죄자가 처벌되어야 한다는 철학이다. 그러나 형벌은 단순응보이외에 다른 목적을 가져야 한다. 억제론자들은 형벌은 잠재적 범죄자로 하여금 범죄의 대가를 인지하게 함으로써 범죄를 예방해야 한다고 주장한다. 사실 잠재적 범죄자들은 자신들이 범죄를 저지르면 처벌을 받을 것이라는 사실을 알고 있을 것이다. 사람들은 쾌락을 추구하고 고통은 피한다는 믿음 하에서, 억제론자들은 개인들이 범죄행위가 억제될 수 있을 만큼 범죄의 대가가 이익보다 더 클 필요가 있다고 주장한다. 이런 믿음 또한 고전주의 학파에서 비롯되었다.

억제에는 특별억제와 일반억제 두 가지 유형이 있다 특별억제는 특정 범죄자를 억제하는 것을 말한다. 예를 들어, 학교무단결석으로 처벌받은 청소년은 미래의 처벌을 피하기 위해 다시 결석을 하지 않을 것이다. 일반억제는 범죄자는 처벌받는다는 경험을 통해 범죄는 이익이 되지 않는다는 것을 인지시킴으로써 범죄를 예방하는 것이다. 예를 들어 학교에서 무단결석생 친구가 처벌받는 것을 보았다면 동료학생들은 향후 무단결석을 하지 않을 것이다. 즉, 일반억제는 사람의 범죄행위를 억제하기 위해 직접 처벌할 필요는 없다고 본다.

억제는 처벌이 정확하고, 엄격하고, 신속하게 적용될 때 가장 효과적이다. 범죄자는 범죄를 저지를 때마다 처벌받아야 한다.(확실성) 또한 형벌은 범죄로부터 발생한 이익이나 과실보다 더 크도록 충분히 엄격해야 한다(엄격성). 마지막으로, 형벌은 범죄를 저지른 후에 곧바로 행해져야 한다(신속성).

억제정책은 확실성, 엄격성 그리고 신속성을 극대화하는 것을 추구한다. 억제정책은 범죄피해자들로 하여금 정부당국에 범죄피해사실을 보고하도록 요구함으로써 범죄보고율과 범인검거율을 높이는 방법을 추구한다. 억제정책은 형벌의 엄격성이 범죄의 이익보다 충분히 고통스러워야 하며, 형벌은 모든 법위반자들에게 예외 없이 적용되어야 한다. 따라서 이를 위해 형사사법집행자들의 재량을 제한하는 정책과 법이 수반될 수도 있다(사전형량조정제도를 폐지하는 것과 같이 사회적 지위나 성별, 혹은 다른 비법률적 요소들과 상관없이 모든 사람에게 평등하게 법을 적용하는 것). 마지막으로, 형사사법체계는 체포와 재판 그리고 형벌의 과정에서 지연이 없도록 피의자를 신속하게 처리해야 한다.

재사회화

실승수의 하에서 재사회화는 범죄행동의 원인이 되는 문제를 바로잡음으로써 범죄예방을 추구하는 것을 말한다. 형벌은 가하는 간단한 방법은 범죄를 효과적으로 해결할 수 있는 방안으로 여겨지지 않는다. 재사회화의 철학은 범죄자들을 '망가진' 것으로 보고 개선과 치료로 '보수'하는 것을 시도한다. 이 철학은 범죄자들은 개선될 수 있다고 가정한다. 일단 개선되면, 범죄자들은 더 이상 범죄행위에 가담하지 않을 것이다. 재사회화의 예로는 마약치료, 정신질환 상담, 인지사고 변화 그리고 직업훈련을 포함한다. 교도소는 형벌 지향적이기보다는 치료 지향적으로 정비되어야 할 것이다.

재사회화에는 개별적인 범죄자에 대한 관심을 감안할 수 있을 정도의 형사사법체계적 유연성이 요구된다. 각 범죄자는 재사회화가 마무리될 때까지 교도소에 수용되어 지역사회의 감독 하에 있어야 한다. 어떤 범죄자들은 빨리 재사회화되는 반면, 오랜 처우기간이 필요한 범죄자들도 있을 것이다. 이러한 개별적 초점은 범죄 자체만이 아니라 범죄자에 따른 차별적인 양형을 필요로 한다. 또한 재사회화시설의 종사자들은 범죄자에 대해 언제 재사회화를 실시하고 언제 석방할지를 결정해야 한다. 더욱이 재사회화는 범죄자들의 사회 내 재통합과 복귀를 돕는 사회 내 처우를 수반할 수도 있을 것이다.

무력화

무력화는 형사사법체계의 역할이 사회를 보호하기 위해서 범죄자들을 사회로부터 분리시키는 것이라는 철학을 말한다. 만일 인지된 범죄자들이 사회에서 제거된다면, 범죄가 감소되어야 한다. 응보와는 달리, 무력화는 분리를 형벌의 형태로 보지 않는다. 오히려 무력화는 범죄자들이 사회에서 떨어지도록 고안된 것이다. 무력화는 반드시 범죄자에 대한치료를 옹호하지는 않는다는 점에서 재사회화와도 차이가 있다.

비판적 사고 연습

이러한 각각의 철학들은 정책적 방안을 내포하고 있으며, 형사사법종사자들로 하여금 그러한 정책적 의도를 고수하게 만든다. 앞서 논의한 철학 중 하나를 선택해서 형사사법과정의 특정 단계에서 그 철학이 실현되도록 계획된 정책을 서술하라 (예를 들어 경찰, 법원, 교정 단계). 만약 그 사례를 쉽게 찾았다면, 두 개 내지 세 개의 철학적 요구를 동시에 만족시키는 정책을 써보도록 하라. 그러한 사례를 찾는 것이 쉬운가, 아니면 어려운가?

무력화는 첫째, 보호관찰 같은 사회 내 처우를 통한 재사회화보다는 교도소와 같은 시설 내 처우를 강조한다. 이것은 사회 내 처우를 통한 재사회화가 무력화의 방법으로 사용될 수 없다는 뜻이라기보다는 순수한 무력화는 물리적 분리임을 강조하는 것이다. 이러한 분리는 범죄자들이 더 이상의 범죄활동에 가담하는 것을 억제한다. 무력화는 습관적으로 계속해서 범죄를 저지르는 사람들을 '삼진아웃'제도로 감금시키는 것처럼 그들을 사회에서 격리시키는 것을 숨겨진 목표로 삼고 있다. 이는 이전의 형벌들이 범죄자들을 억제하거나 개선하기에 충분하지 않다는 생각에서 비롯되었다. 즉, 미래의 범죄를 예방하기 위해서는 오랫동안 사회에서 격리하는 방법에 의존해야 한다는 것이다.

범죄의 측정

범죄를 정의하는 것은 범죄를 측정하는 일에 비하면 비교적 쉽지만, 범죄는 어떤 형사사법체계에서도 중심적인 일이며, 정확하게 범죄를 측정하는 것 또한 그렇다. 범죄를 정확하게 측정하는 것은 우리에게 범죄의 본질과 규모에 대해 더 나은 통찰력을 제공해 주기 때문에 중요하다. 예를 들어, 우리는 범죄가 증가하는지 혹은 어떤 유형의 범죄가 감소하는지를 확인할 수 있다. 더욱이, 범죄의 측정을 통해 우리는 범죄의 추세와 형사사법체계에 대한 추가적 수요에 대한 계획을 예측할 수 있다. 타당하고 믿을만한 범죄통계는 또한 연구자가 범죄와 형사사법에 대한 더 나은 이론을 만들 수 있게 해주며, 이는 결과적으로 형사사법행정을 이끌어가는 데 도움을 준다. 마지막으로, 좋은 범죄통계는 형사사법정책과 프로그램을 평가하기 위해서도 사용될 수 있다. 예를 들어, 우리는 의무적으로 부과되는 최소한의 양형정책이 실제로 범죄를 예방하는지를 확인하기 위해 범죄통계를 사용할 수 있다.

많은 범죄가 형사사법체계의 영역에 들어오지 못하기 때문에 실제 발생하는 범죄의 양을 확인하기란 어렵다. 예를 들어, 많은 피해자들이 자신들의 범죄피해사실을 경찰에 신고하지 않는다. 게다가, 어떤 피해자들은 심지어 자신들이 피해자라는 사실을 인식하지 못하기도 한다. 관련 연구에 따르면 평균적으로 모든 범죄피해사실 중 정부당국에 신고되는 수는 절반도 되지 않는다고 한다(Maguire & Pastore, 2006). 이러한 보고되지 않은 범죄를 범죄학자들은 보통 암수범죄(dark figure of crime)라고 부른다(Biderman & Reiss, 1967). 이러한 보고되지 않은 범죄로 인해 형사사법시스템 내 정부기관들이 정확한 범죄통계를 만드는데 어려움을 겪곤 한다.

범죄는 종종 두 가지 방법 중 하나로 표현된다. 범죄통계를 표현하는 첫 번째 방법은 총계이다. 총계는 단순히 주어진 시간범위에 걸쳐 인지된 범죄의 총건수를 보고하는 것이다. 이를테면 한 도시에서 작년에 세 건의 살인사건이 발생했다고 보고할 수 있다. 원시적인 총계를 사용하는 것에 문제가 없지는 않다. 총계는 다른 공간과 다른 인구를 가진 도시 간의 비교에 용이하지 않다. 예를 들어, 2010년에 뉴욕(New York)시에서는 총 536명의 살인범 및 비과실치사범이 발생한 것으로 보고됐다. 같은 해, 필라델피아(Philadelphia)에서는 총 306명의 살인자와 비과실치사범이 보고됐다. 언뜻 보기에는 2010년 기준으로 필라델피아가 뉴욕보다 더 인진한 도시처럼 보인다. 그러나 필라델피아는 뉴욕보다 거주인구가 더 적고, 따라서 살인사건이 더 적게 발생했다는 것은 당연하다. 이처럼 살인사건의 막연한 총계는 둘 간의 타당한 비교를 불가능하게 한다.

때론 막연히 총계를 산출하는 것 대신에 범죄율을 사용하는 것이 더 낫다. 범죄율은 대체로 매년 천 명 혹은 10만 명당 사건수로 표현된다. 예를 들어, 1년에 3명이 살해당한 인구 10만 명의 도시는 10만 명당 3.0의 살인율을 보인 것으로 보고된다. 뉴욕과 필라델피아의 사례를 보면, 2010년 뉴욕의 살인율은 10만 명당 6.6이었던 반면에 필라델피아는 10만 명당 20.1이었다. 범죄율은 다른 주나 도시 간 더 나은 비교를 가능하게 해줄 뿐만 아니라 시간에 따른 범죄추세분석을 가능하게 한다. 도시나 주는 시간이 흐름에 따라 성장하거나 축소된다. 범죄율은 이런 인구의 변화를 고려할 수 있다. 범죄통계는 일반적으로 공식통계, 자기보고식통계 그리고 범죄피해조사 세 가지로 분류된다.

공식통계

공식통계는 형사사법기관으로부터 다뤄진 전체범죄건수를 나타낸다. 경찰에 보고된 범죄건수와 체포건수는 가장 일반적인 공식범죄통계이다. 다른 공식통계는 법원과 재사회화시설의 것들도 포함한다. 비록 경찰자료가 가장 일반적인 자료이긴 하지만, 약 40%의 범죄피해자들만이 경찰에 범죄피해사실을 신고한다는 사실을 상기하는 것이 중요하다. 게다가, 경찰이 범죄를 저지른다고 의심되는 모든 사람을 체포하는 것 또한 아니다. 이러한 사실들은 신고건수와 체포건수만으로 범죄를 측정하는 방법은 불완전하다는 것을 의미한다.

미국에서 가장 규모가 크고 가장 잘 알려져 있는 공식적 통계자료는 FBI의 UCR(Uniform Crime Reports)이다. UCR은 29개 범주의 범죄에 관해 미국 내 경찰기관에 신고된 혹은 체포된 범죄수를 보고한다. UCR은 또한 체포된 사람의 인구통계학적인 정보와 강력범죄에 관한 정보를 제공한다. 1985년 이후로, FBI는 경찰기관들로부터 범죄자료를 취합하여 NIBRS(National Incident Based Reporting System)라 불리는 범죄통계를 수집한다. NIBRS는 경찰에 신고된 범죄에 관한 자료를 수집하여 49개의 범죄에 관한 세부적인 사항들, 이를테면 가해자와 피해자 그리고 범죄사실에 관한 데이터를 수집한다(Box 1.1). 불행하게도, NIBRS는 시간과 노동이 많이 필요하기 때문에 UCR에 참여하는 경찰기관의 3분의 1만이 NIBRS에 참여한다. 따라서 경찰에 공식적으로 신고된 체포건수 관련 통계나 범죄통계는 보통 합리적인 범죄추정치를 제공하기는 하나 이러한 통계를 해석할 때 주의를 기울여야 한다. 또한 경찰 기관이 어떤 특정 사건들에 관심을 기울이게 되면, 실제 범죄율의 변화와는 관계없이 전반적인 체포율이 변화할 수 있다.

BOX 1.1 NIBRS의 수집정보

범죄 관련 정보
- 주요 동기
- 지역유형
- 과거체포횟수
- 체포사유
- 범죄활동/범죄조직 관련 정보
- 사용된 무기/물리력의 유형

재물 관련 정보
- 재물손괴 유형
- 재물 정보
- 재물 가치
- 회수 날짜
- 도난차량 수
- 회수차량 수
- 마약혐의 유형
- 마약복용추정량
- 마약검사 유형

범죄자 관련 정보
- 나이, 성별, 인종, 민족

피체포자 정보
- 체포날짜
- 체포유형
- 공범존재여부
- 자동화기 무장여부
- 나이, 성별, 인종, 민족
- 거주상태
- 미성년자여부

피해자 정보
- 피해 유형
- 나이, 성별, 인종, 민족
- 특수 폭행/살인 상황
- 추가적 정당방위 상황
- 부상 유형
- 범죄자와 피해자의 관계

예를 들어, 경찰기관은 매춘을 단속하기 위하여 성매매 지역에 경찰관을 파견할 수 있다. 이러한 단속은 비록 실제 매춘사건발생률을 변화시키진 않지만 매춘범죄의 체포건수를 상당히 증가시킨다. 정보가 많지 않은 관찰자는 사실 체포건수의 증가가 경찰이 매춘단속을 계획한 결과임에도 불구하고 매춘범죄의 발생률이 증가하고 있다는 잘못된 결론을 내릴 수 있다.

이와 유사하게, 경찰에 보고된 범죄는 피해자가 자신의 범죄피해사실을 경찰에 알려주고 경찰이 피해사실을 기록한 범죄만을 나타낸다. 만약 범죄가 신고되지 않고, 경찰이 가해자를 체포하거나 경찰이 사건을 범죄로 기록하지 않는다면 공식통계는 실제 범죄율에 관한 정확한 추정치를 제공하지 못할 것이다. 이 문제는 법원과 재사회화시설이 대부분 경찰로부터 범죄사건을 이어받기 때문에 법원과 재사회화 관련 기관의 통계에까지 그대로 이어진다.

자기보고식통계

자기보고식통계는 공식통계의 몇몇 한계점을 극복한다. 자기보고식통계는 사람들에게 과거의 일정기간동안 범죄를 저지른 횟수를 신고하도록 요청함으로써 수집한 통계자료를 말한다.

예를 들어, '미래관찰 프로젝트(Monitoring the Future project)'는 1975년부터 알코올, 약물남용과 비행을 포함한 청소년들의 다양한 태도와 활동에 대해 조사해 왔다. 이러한 유형의 조사에서는 고등학교 고학년에게 과거에 얼마나 많이 마리화나를 피웠는지를 물어볼 수 있다. 응답자들은 일반적으로 비밀유지를 보장받는데, 그것은 보고결과를 통해 특정개인을 유추해낼 수 없다는 것을 의미한다.

자기보고식통계는 공식적 통계와 연관된 몇몇 문제들을 피할 수 있다. 예를 들어, 자기보고식통계는 피해자가 굳이 정부당국에 신고하지 않은 범죄를 발견하는 데 이점이 있다. 더욱이, 자기보고식통계는 불법마약복용이나 미성년 음주와 같은 피해자 없는 범죄를 찾는데 유용하다. 자기보고식통계는 또한 마약복용이나 상점절도와 같은 경미한 범죄들을 밝혀내고, 검거하지 못한 범죄를 파악하는 데 효과적이다.

그러나 이러한 자기보고식통계에도 몇 가지 문제점들이 있다. 첫째, 응답자들이 그들의 범죄행동을 과장하거나 축소할 수 있다. 응답자들은 자신의 자아를 거친 인물로 강화하기 위해 범죄행위를 과장할 수도 있다. 반대로, 응답자들이 저지른 범죄행위를 잊었거나, 그들이 과거에 한 것이 불법적이었다는 사실을 모르거나, 혹은 그들의 과거의 범죄행위가 드러나는 걸 두려워하기 때문에 관련 사실을 축소하여 신고할 수도 있다. 두 번째, 범죄행위의 조사대상에 한계가 있다. 대부분의 자기보고식 조사는 고등학생들을 대상으로 하는데 이는 조사대상자들을 확인하기 쉽고, 또한 조사하기도 용이하기 때문이다. 자기보고식통계가 성인을 대상으로 하는 경우는 드물기 때문에 해당 통계자료는 일반적으로 청소년 비행을 이해하는 데만 유용하다. 고등학교에서 고학년들에게 자기보고조사를 실시하는 것은 사람들은 17~18세에 의해 발생하는 범죄를 과소평가하는 결과를 낳을 수 있다. 이 나이대의 중범죄자들은 학교에서 정학을 당하거나, 무단결석을 하거나, 혹은 청소년 보호시설에 수용되어 있을 수 있기 때문이다. 따라서 자기보고조사는 한계가 있으며, 완전히 정확한 실제 범죄추정치를 보여주지는 못한다.

피해자 조사

범죄통계의 세 번째 유형은 피해자 조사이다. 피해자 조사는 사람들에게 과거 자신이 경험한 범죄피해사실에 관해 묻는다. 하나의 예는 전국범죄피해조사(NCVS)이다. NCVS는 범죄피해사실을 측정하기 위해 만들어진 대표적인 미국 내 가구조사로, 사법부의 사법통계국에 의해 매년 실시된다.

자기보고식조사와 마찬가지로, 범죄피해조사는 때때로 문제에 직면한다. 예를 들어 응답자들은 범죄피해사실을 잊어버리거나, 거짓말을 하거나, 질문자에게 피해사실에 대한 말을 꺼내지 못한다. 때때로 피해자들은 범죄피해조사를 받는 동안 자신이 피해당한 시기를 잘못 인지할 수도 있다. 예를 들어, 범죄피해조사에서는 실제로는 2016년에 발생한 범죄임에도 응답자가 2015년에 발생했다고 보고할 수 있다. 다만 거짓말, 숨기기, 그리고 축소의 위험은 다양한 방법론적 기술로 방지할 수 있다. 예를 들어, NCVS는 응답자가 피해사실을 축소할 가능성을 감소시키기 위해 묶기(bounding)라 불리는 기술을 사용한다. 전반적으로 이러한 세 가지 범죄측정기법은 암수범죄(dark figure)의 추정치를 제공한다. 그러나 각각의 방법을 사용할 때 그것들의 한계점을 명심하는 것이 중요하다. 각 방법은 추정치의 정확성에 영향을 미치는 문제들에 영향을 받는다.

비판적 사고 연습

미국 도시들의 살인사건을 연구하기 위해서는 어떤 유형의 통계가 가장 적합할까? 아동성학대의 경우에는 어떤가? 고등학생들의 약물남용을 연구하는데 가장 적합한 통계는 무엇일까? 대체로 세 가지 유형의 자료는(공식통계, 자기보고식통계 그리고 피해자 조사), 각각 어떤 유형의 범죄를 파악하기에 가장 적합한가?

견제와 균형의 체계

몇몇 사람들은 미국 내 형사사법체계가 범죄자들을 다룰 때 너무 징벌적이라고 보는 반면 어떤 사람들은 충분히 징벌적이지 않다고 생각한다. 미국 내 형사사법체계는 이들 두 관심사에 대한 균형을 무너뜨리려는 시도를 한다.

개인의 자유 VS 사회적 이익

미국형사사법의 첫 번째 중요한 특징은 다양하고 상반된 힘들 간의 균형이 존재한다는 것이다. 먼저, 형사사법체계는 사회가 정중하고, 침착하고, 비교적 범죄로부터 자유로운 상태로 유지될 수 있는 필수조건으로서, 시민들이 갖는 권리의 균형을 맞추고자 노력한다. 따라서 정부는 법을 통해 개인의 행동에 통제를 가하고 사회질서를 유지하려는 차원에서 법을 시행하는 기관을 만든다. 그러나 질서에 대한 갈망은 자유에 대한 대중의 갈망과 균형을 맞춰야 한다. 만약에 너무 많은 정부의 통제가 가해지면, 사람들은 억압을 받는다. 반면, 너무 많은 개인의 자유가 있으면 사회는 무질서와 혼란으로 치달을 것이다. 개인의 자유와 경쟁적인 힘들은 모든 수준 및 모든 단계의 형사사법체계에서 사회질서에 대한 갈망과 균형을 이루어야 한다.

범죄통제 VS 적법절차

1968년 파커(Herbert Packer)는 자신의 저서에서 형사사법체계는 범죄통제와 적법절차의 경쟁적 철학이 균형을 이루며 작동한다고 언급했다. 범죄통제모델은 적극적이고 신속한 체포와 재판을 통한 범죄자의 처분을 지지한다. 이러한 범죄통제의 방향은 억제와 무력화 같은 다양한 과정을 통해 범죄예방을 추구하고, 피의자의 법률적 권리를 보장하는 데는 관심을 덜 기울인다. 범죄통제는 범죄를 억제하기 위해서 형사사법체계가 효율적으로 피의자를 처리하는 것을 강조한다. 반면, 적법절차모델은 사법절차에 더 관심을 갖고 피의자를 과잉수사와 과잉기소로부터 보호하기 위하여 그들에게 많은 권리를 부여한다. 적법절차모델에서는 형사사법체계가 개인의 권리를 침해하지 않도록 피의자를 주의 깊게 다루어야 한다. 달리 말하면, 적법절차적 관점은 개인이 정부로부터 부당하게 손해를 입지 않도록 하는 것에 비해 범죄억제에는 관심을 덜 기울인다. 실제로 형사사법체계는 끊임없이 이들 양 극단의 사이를 움직이지만, 정책수립을 통해 경쟁적인 철학 간의 균형을 구현한다.

◎ 그 외의 대립적 사상들

또 다른 대립적 사상들의 균형을 잡는 것은 이전에 논의된 형사사법철학에도 적용된다. 사실상, 형사사법체계는 네 개의 경쟁적인 철학 사이를 끊임없이 오가고 많은 경우에 정책적 결정은 이들 2~3개의 철학에 기초를 둔다. 이러한 철학의 끊임없는 혼합은 형사사법체계가 특정 철학의 지지자들이 만족할 수 있을 정도로 특정 견해를 충분히 실행하는 것이 불가능하다는 것을 의미한다. 대신에, 형사사법체계는 대부분의 상황에서 네 개의 철학 아래에서 작동한다. 철학의 혼합은 때로 개별적인 형사사법 담당자가 결정을 내릴 때 명백해진다. 예를 들어, 판사는 재사회화과정에 요구되는 시간의 양에 기초하여 피고인의 형량을 결정하지만, 또한 범죄자를 처벌하여 지역사회에 범죄억제의 메시지를 보내기를 원할 수도 있다. 즉, 형사사법체계에는 어떤 하나의 철학만이 기여한다고 볼 수 없으며 그보다는 오히려 여러 사상들을 동시에 결합하여 운영된다.

◎ 이완조직

단일한 형사사법체계를 갖고 있는 많은 나라들과 달리, 미국의 형사사법체계는 느슨하게 연결된 많은 준독립적 기구들로 구성되어 있다. 예를 들어, 하나의 국가경찰기관이 존재하는 것이 아니라 개별적으로 분리되고 독립적인 2만개 이상의 개별 경찰기관이 있다. 마찬가지로, 하나의 사법체계대신에 주법원과 연방법원이 따로 있고, 도시와 마을단위에서는 자치법원을 가지고 있다. 수천 개의 지방교도소와 수백 개의 주·연방 교도소가 있다. 게다가, 수천 개의 청소년법원과 수천 개의 보호관찰 및 가석방기관이 있다. 어떤 이유로 미국은 범죄와 무질서를 다루기 위해 이렇게 많은 기관들을 만들었을까?

이완조직체계는 큰 정부에 대한 미국인의 불신과 지방자치에 대한 선호를 반영한다. 몇몇 주에서는, 보안관이나 판사처럼 어떤 형사사법직책들은 투표로 선출되지만 가석방 위원회의 다른 직책들은 임명된다. 이런 식으로, 시민들은 형사사법체계에 대해 지방자치를 행사한다. 이런 이완조직체계는 또한 하나의 형사사법기관이 행하는 결정이 다른 형사사법기관들에 의해 검토되는 견제와 균형의 체계를 용이하게 해준다. 예를 들어 검사는 일반적으로 기소여부를 결정하기 위해 체포된 사람의 심리를 사전에 검토한다. 사실상, 검사는 체포에 책임이 있는 경찰관의 작업을 검토하고 피의자를 기소할지를 결정한다. 검사는 지방경찰기관을 위해 일하는 것이 아니기 때문에 체포를 쉽게 승인하거나 피의자를 기소하는데 대한 부담이 거의 없다.

이러한 형사사법 구성요소들의 분리는 형사사법적 결정들의 검토를 가능하게 한다. 마찬가지로, 검사의 기소결정이 최종결정은 아니다. 판사들이 기소결정을 검토할 기회를 가지며, 만약 사건이 재판으로 가면 판사나 배심원이 피고인의 유죄를 평가하는 단계가 존재한다. 이런 식으로 미국의 형사사법체계는 다양한 기관들이 내린 결정을 검토할 수 있도록 느슨하게 연결된 이완조직적 체계를 구현하고 있다. 비록 다양한 형사사법기관들을 두는 것이 때때로 번거롭고 비효율적으로 보일 수 있지만, 이러한 체계는 하나의 주가 무소불위의 권한을 갖게 되는 사태로부터 시민들을 보호한다. 따라서 지방정부는 그들의 형사사법체계를 해당 지역의 요구에 맞출 수 있고, 범죄통제와 적법절차, 사회복귀, 그리고 처벌과 같은 경쟁적 힘의 균형을 이룰 수 있다.

재량

재량은 형사사법시스템의 중요한 특징이다. 사실, 제도 안에서 재량이 없다면 그 기능을 적절하게 할 수 없다. 1950년대 중반 이전에는 사람들이 재량의 성질이나 중요성을 제대로 인식하지 못했다. 재량은 형사사법집행자들의 의사결정과 연관이 있다. 예를 들어, 경찰은 어떤 운전자는 막고, 어떤 운전자는 막지 않는다. 판사는 어떤 범죄자에게는 다른 동종 범죄자보다 더욱 긴 형량을 부과할 수 있다. 가석방위원회는 어떤 수용자는 보다 빠르게 석방하지만 어떤 수용자에게는 그러지 않는다. 이러한 선택들은 형사사법집행자들의 재량적 의사결정이다.

재량은 행동여부의 선택과 더불어 형사사법집행자들의 합법적인 범위 내에서의 결정을 포함하나, 부패나 위법행위와 같이 행위자가 법이나 규정을 위반하는 의사결정을 포함하지는 않는다. 다만, 허용된 의사결정의 범위 내에서 행위자와 기관 모두에게 가능한 선택적 조치들이 있다. 재량은 형사사법시스템 망을 구성하는 실과 같은 요소로서 형사사법체계에 필수적이다. 다음 파트에서는 형사사법체계에서 재량적 결정을 포함하는 네 가지 결정요소를 다루기로 한다.

형사사법체계의 4C(시민, 경찰, 법원 그리고 교정)

미국의 형사사법체계는 현장기관들의 산출물을 처리하는 준독립적 기관들의 복합체로 볼 수 있다. 형사사법체계는 또한 한 제도적 구성요소의 결정이 다른 구성요소에 영향을 미치는 과정모델로도 파악될 수 있다. 이러한 제도적 모델은 "형사사법체계의 4C"로 일컬을 수 있다. 과정모델은 형사사법체계 내에 소속된 개인들에 의해 내려지는 결정의 중요성을 강조한다. [표 1.1]은 이러한 형사사법모델을 나타낸다.

시민

형사사법체계의 네 가지 C 중에서 첫 번째는 제도적으로 고용되지 않은 사람들이며, 시민이라 불린다. 범죄피해자, 원고 그리고 범죄자들의 의사결정이 사법체계가 어떻게 작동하는지를 이해하는 데 있어 중요한 역할을 하듯이, 형사사법체계에 있어 시민들이 거의 모든 일을 제공하기 때문에 시민의 역할이 매우 중요하다. 예를 들어, 관련 연구에 따르면 경찰에 체포된 대다수의 사람들은 다른 시민의 신고에 의하여 체포된다고 한다. 더욱이 위에서 언급했듯이, 피해자들이 반드시 범죄를 경찰에 신고하지는 않는다는 연구들이 존재한다. 중범죄피해자들은 그들의 피해사실을 신고하는 경우가 많기 때문에 범죄의 심각성에 따라 신고율이 변할 수 있다. 예를 들어 50달러 미만을 잃은 절도피해자 중 30%가 경찰에 신고하는 반면, 차량절도 피해자는 대략 80%가 경찰에 신고를 한다.

몇몇 주들은 두 개의 다른 정책을 사용하여 범죄의 축소신고에 대응해 왔다. 첫 번째 정책은 사람들이 당국에 범죄를 신고하도록 만드는 법안을 통과시키는 것이다. 많은 주에서 아동학대가 의심스러운 경우 내과의사, 교사 그리고 사회복지사는 이를 신고할 수 있는 법적 권한을 가진다. 심지어 몇몇 주들은 특정 유형의 범죄는 피해자가 체포를 요구하지 않는다고 하더라도 경찰이 적극적으로 체포하기를 요청함으로써 피해자가 책임을 묻을 의지가 저하되지 않도록 시도해왔다. 이는 특히 가정폭력사건에서 보편적이다.

도표 1.1 형사사법체계의 사건처리과정

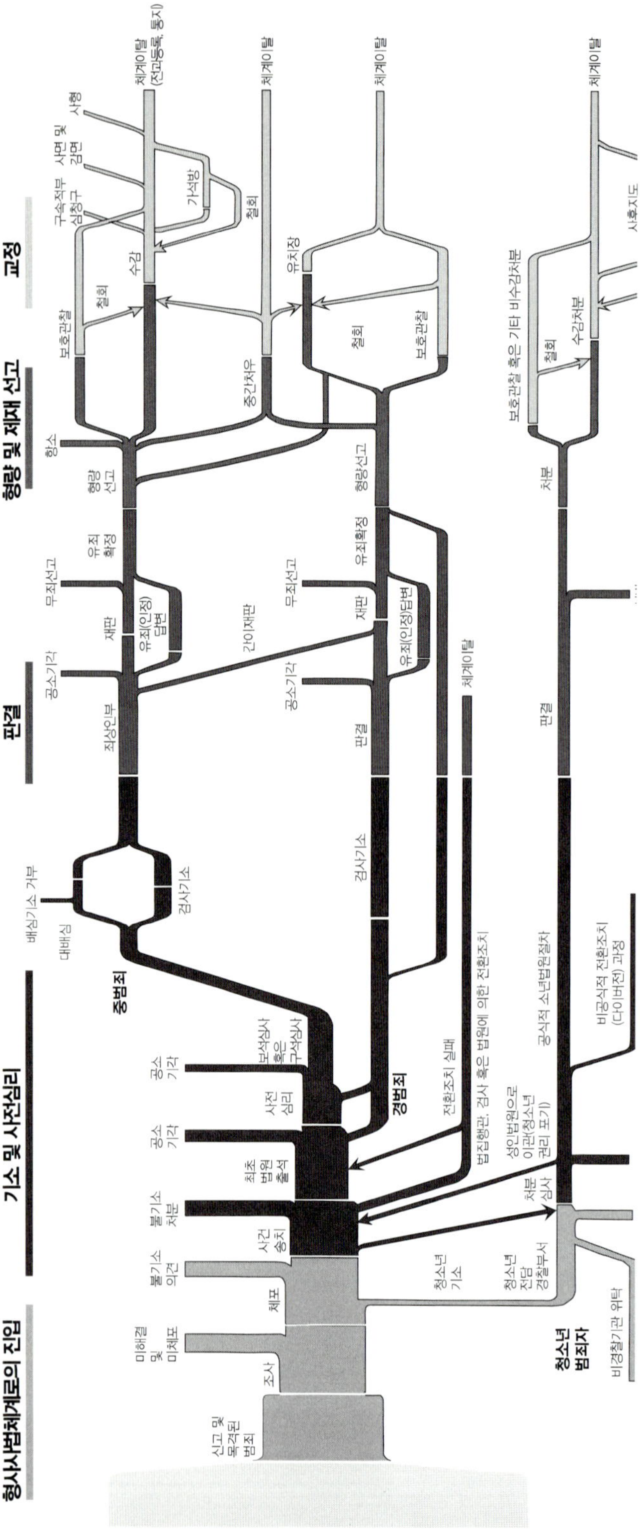

경찰

형사사법체계의 두 번째 의사결정점은 경찰과 기타 법 집행인으로 구성된다. 경찰관은 범죄를 저질렀다고 의심되는 모든 용의자들을 체포하려고 거리를 순찰하지는 않으며, 오히려 경찰관은 선택적으로 법을 시행한다. 많은 경우에 경찰관은 그럴듯한 명분이 있을 때조차도 체포를 하지 않으며, 실제로 항상 모든 법을 전적으로 시행하지 않는 것이 바람직하다. 모든 법률의 완전한 시행은 불가능하며, 사회가 그것을 용인하지도 않는다(Klockars, 1985). 경찰은 어떤 상황에 개입하여 해결하는 방법에 관해 상당한 재량을 행사한다. 경찰의 체포결정은 범죄로 의심되는 사안의 심각성, 피해자나 원고의 의사 그리고 피의자의 태도에 따라 상당한 영향을 받는다(Smith & Visher, 1981). 법률은 오직 경찰관이 체포결정을 하는 경우에만 역할을 하며, 대부분의 경우에 경찰은 체포를 하지 않는다.

몇몇 형사정책들은 경찰관들의 행동을 통제하기 위한 목적에서 시행되어왔다. 앞서 언급했듯이, 특정 주법들은 경찰관이 가정폭력을 저지른 것으로 보이는 피의자를 체포하도록 요구한다. 이런 식으로, 정책입안자들은 몇몇 피해자들이 고발을 포기하려는 것을 통제하기를 희망한다. 또한 그런 정책들은 특정 상황에서 체포하지 않으려 하는 경찰관의 재량을 박탈한다. 개별적인 형사기관들 또한 형사사법집행자들의 행동을 규제하는 규칙과 규정을 만든다. 예를 들어, 많은 기관들이 언제 경찰관들이 치명적인 물리력(실싱무기)을 사용하고 차량추격을 해야 하는지를 명시한 규정을 가지고 있다.

법원

세 번째 의사결정점은 공판 전 심리담당자, 검사, 피고측 변호사 그리고 판사로 구성된다. 이 세 번째 결정점은 이 영역의 모든 사람들이 하나의 특정법원에 고용되어 있지도 않고 반드시 형사사법체계 내에 소속되어 있는 형태도 아니라는 점에서 독특하다. 예를 들어, 피고인은 정부가 고용하지 않은 변호사를 자신의 변호사로 고용할 수 있다. 그러므로 법원의 결정은 같은 조직의 구성원이 내리는 것이 아니라 오히려 법원이라는 경기장에서 만나는 다양한 행위자들이 내리는 것이다. 이를 법정참여집단(courtroom workgroup)이라 부르기도 한다. 법정참여집단의 구성원들은 사건에 대해 사전형량조정제도를 활용할지, 재판에 회부할지, 혹은 기각할지와 같은 다양한 결정에 대해 상당한 재량을 행사한다. 법정참여집단은 종종 기소여부와 선고 가능한 형량을 협상하는데, 예를 들어 검사는 피고측 변호사와 답변내용을 협의하거나, 피의자에 대한 기소를 포기하거나, 적용 가능한 형량을 판사에게 구형할 수 있다. 마찬가지로, 피고인과 변호사 또한 사전형량조정을 받아들이거나, 재판에서 자신의 권리를 행사할 수도 있다. 마지막으로, 판사는 증거능력과 양형과 같은 부분에서 중요한 결정을 내릴 수 있다.

법정참여집단에 의한 결정은 또한 형사정책의 영향을 받는다. 예를 들어, 판사는 자신의 법정이 운영되는 방법에 관한 정책을 규정할 것이다. 법률로 제정된 정책들은 재판이 진행되어야 하는 기한, 사전형량조정제도와 재판진행방법 그리고 피고인에 대한 양형과 같은 활동들의 범위를 규정한다.

교정

마지막 의사결정점은 교정업무에 종사하는 형사사법체계의 실무자들이며, 이는 보호관찰관과 가석방담당자, 교정관 그리고 사회복지사 같이 범죄자에게 서비스를 제공하는 근로자들을 포함한다. 보호관찰관과 가석방담당자는 지역사회에서 피고인 감독에 관한 책임이 있고 교정관은 교도소 등의 교정시설에 대한 안전유지에 책임이 있다.

교정관의 행동 또한 정책에 의해 형성되고, 제약을 받는다. 예를 들어, 주와 연방법은 수용자가 수용되어 있는 동안 적절한 의료치료를 받을 권리를 명시하고 있다. 또한 교정기관들이 보호관찰 대상자에게 약물 검사를 얼마나 자주 시행해야 하는지, 그리고 검사를 통과하지 못한 경우의 처리방안에 관한 활동을 포함하는 정책들을 개별적으로 규정해 두고 있다. 그러한 정책에는 또한 적절한 복장규정과 보호관찰의 조건, 기관의 규정을 따르지 않는 범죄자를 다루는 절차도 있다.

이들 각각의 결정점은 형사사건의 결과, 피의자 그리고 피해자에게 영향을 미치는 다양한 사람들과 행위자들로 구성되어 있다. 따라서 만약 범죄피해자가 신고를 하지 않으면, 해당 사건은 형사사법시스템에 연루되지 않을 것이다. 마찬가지로, 이들 각 결정점에 있는 행위자들은 서로 상호작용을 하고 종종 의사결정의 결과를 협의한다. 그런 협상은 재량적 상호교환의 경우에 흔하다. 이처럼 재량은 형사사법체계를 운영하는데 중요하며, 재량을 이해하는 것은 형사사법체계를 이해하는데 결정적이다. 그럼에도 불구하고, 사회는 오랫동안 형사사법의 재량적 결정을 규제하고 지도하는 데 관심을 가져왔다(Gottfredson & Gottfredson, 1988; Walker, 1993). 물론 형사사법체계에 있어 재량에 대한 규제는 공정하고 일관된 절차를 보장하기 위해서 중요한 목표이다. 재량규제의 이러한 시도들은 사법체계의 전반에 걸쳐 나타나는 정책의 형태를 띤다.

형사사법의 최신 경향

다른 사회적 제도와 달리 형사사법체계는 비교적 최근에 등장했거나 새로운 문제에 대응하는 경향이 있다. 형사사법에서의 최근 세 가지 변화는 사법과정에서 피해자의 역할, 소셜 미디어(social media)의 영향 그리고 경찰의 물리력에 관한 논쟁이다.

피해자

비록 경찰이 종종 형사사법의 문지기로 일컬어지지만(그들이 체포를 담당하기 때문에), 피해자의 결정은 사법체계 전반에 걸쳐 대단히 중요하다. 어떤 측면으로는, 피해자가 형사사법의 진정한 문지기라고 할 수 있다. 예를 들어, 관련 연구들을 살펴보면 피해자들 중 단지 40%만이 형사사법당국에 범죄피해를 신고한다는 결과가 동일하게 나타난다. 심지어 피해자들은 범죄가 신고된 뒤에도 형사사법절차에 영향을 미친다. 관련 연구에 따르면, 경찰이 범죄현장에 대응하는 상황에서 피해자가 체포를 요구할 때 경찰이 피의자를 체포하는 경향이 더 많다는 것이다. 반대로, 피해자가 경찰에 관용을 요구하면 체포를 거의 하지 않는다. 또한 피해자들은 수사에 협조하고, 심리나 재판에 출석하고 그리고 때때로 검찰 및 경찰이 수사나 기소를 지속하도록 재촉함으로써 검찰과 경찰을 도울 수도 있다. 물론 반대로 피해자들은 사법절차를 늦추거나 중지시킬 수도 있다. 예를 들어, 수사관이나 검사에게 진술을 거부하거나, 고소취하를 요청하거나, 혹은 심문에 출석하지 않음으로써(즉, 정보를 제공하지 않는 것) 증인이 더 이상 기소에 협조하기를 원치 않으면 사건을 진행하기가 어렵다.

또한 피해자들은 수사 후 미디어에 나타나거나(재판 중에 법정에 앉아 있거나 TV에 나오기), 재판 중 범죄피해에 대한 진술을 제공함으로써 사법절차에 영향을 미칠 수 있다. 또 피해자들은 가석방 심리에 지속적인 압력을 행사할 수 있다(범죄자가 가석방 자격이 있을 때). 몇몇 주에서는 피해자가 자신에게 해를 끼친 범죄자가 가석방 자격이 있거나 교도소에서 출소할 때마다 그 사실을 고지 받아야 한다는 법이 있다. 이러한 피해자고지법을 준수하여 검사나 교정당국이 피해자에게 해당 사실을 고지하는 것은 어려울 수 있다. 범죄자의 가석방 심리 혹은 석방 수십 년 전에 발생했던 범죄의 피해자를 정부당국이 찾을 수가 없기 때문이다.

소셜 미디어

20세기 후반 휴대폰과 같은 개인기술들의 진보는 서구사회를 급격히 변화시켰다. 특히 소셜 미디어와 관련된 기술적 진보의 결과들은 범죄자와 범죄, 피해자 그리고 형사사법에 큰 영향을 미쳐왔다. 예를 들어, 기술의 발전은 범죄자와 피해자에게 신원도용, 리벤지포르노, 피싱 그리고 신용카드사기와 같은 새로운 국면의 범죄를 제공한다. 소셜 미디어는 문자에서 동영상, 페이스북, 트위터 그리고 스냅챗에 이르기까지 일상의 흔한 요소가 되었다. 이 책이 출판될 때쯤, 우리는 학생들이 구식의 소셜 미디어 형태를 언급했다고 킥킥거릴 것이라 생각한다.

소셜 미디어는 개인들을 더 밀접하게 결속시킴으로써 범죄성향, 범죄피해, 형사사법 그리고 이러한 모든 주제에 대한 경찰의 인식을 변화시킨다. 또한 소셜 미디어는 새로운 유형의 범죄에 희생된 피해자들을 알려줌으로써 범죄환경을 변화시킨다.

예를 들어, 범죄자들은 소셜 미디어 회사의 대용량 데이터베이스를 해킹하거나, 휴대폰을 훔치거나, 피싱, 혹은 소셜 미디어에 돈을 호소하는 사기문구를 게재하여 민감한 정보에 접근할 수 있다. 이처럼 소셜 미디어는 그것의 확산 이전에는 존재하지 않았던 새로운 형태의 범죄피해를 만들어 냈다. 소셜 미디어에 피해자의 민망한 이미지를 올리는 리벤지포르노는 소셜 미디어 이전 시대에는 들어본 적이 없는 종류의 것이다(심지어 불법인 사례도). 테러리스트들은 이제 극단주의자 단체로부터 온라인으로 자료를 받아 보면서 집에서 자발적으로 극단주의자가 될 수 있다.

소셜 미디어는 또한 형사사법의 유용한 도구가 되기도 한다. 피해자들은 진행 중인 사건이나 범죄자를 추적하는 장면을 실시간으로 시청할 수 있다. 검찰 및 경찰은 소셜 미디어를 범죄자에 대한 증거로 사용해왔다. 예를 들어, 어떤 경찰 기관은 누군가 범죄조직과 연관되어 있는지를 확인하고, 범죄활동에 대한 증거를 수집하기 위해 범죄조직과 관련 있는 소셜 미디어 계정을 감시한다. 몇몇 범죄자들은 소셜 미디어에 그들의 범죄사진과 비디오를 올리며, 그렇게 게재된 것들은 이후 법집행 과정에서 활용된다. 보다 국제적인 수준에서, 형사사법기관은 대중들에게 기관의 활동에 대해 전달하거나, 실시간으로 진행 중인 사건에 대해 경고를 해 주거나, 혹은 대중으로부터 크라우드소스(인터넷으로 여러 사람의 정보를 모으는 것)를 요청하기 위해 소셜 미디어 계정을 만들어 왔다. 소셜 미디어는 또한 형사사법시스템 내 직원들 간의 의사소통을 더 쉽게 만들기도 한다.

소셜 미디어는 또한 범죄와 형사사법에 대한 대중의 인식에 크게 영향을 미친다. 우리는 아침에 뉴스가 TV방송국을 통해 송출되기를 기다리거나 저녁에 신문이 문 앞에 놓이기를 기다릴 필요가 없다. 핸드폰과 소셜 미디어 계정을 가진 사람은 누구든지 소셜 미디어를 통해 많은 청중에게 방송을 할 수 있기 때문이다. 소셜 미디어에 비디오와 사진이 산재되면서 대중들이 사건에 대한 정보를 확인하고자 기대하는 속도가 증가했다. 예를 들어, 경찰이 시민에게 발포한 사건이 발생하면, 해당 사건과 관련한 비디오의 즉각적인 게재를 요청받는 것은 일반적이다. 형사사법기관들은 사법절차가(잠재적으로) 오염되기를 원치 않기 때문에 때때로 수사 중이거나 법적 조치를 고려하고 있는 사건은 소셜 미디어에 공개하는 것을 미루기도 한다.

소셜 미디어의 확산은 사람들 간의 의사소통을 더 쉽게 만들었으며, 의사소통의 양을 증가시켰다. 소셜 미디어는 또한 사람들이 이용할 수 있는 정보에 대한 접근과 양을 증가시켰다. 언뜻 보기에 증가된 정보의 양은 사회통제와 형사사법에 긍정적인 발전으로 보일 수 있지만 단점 또한 존재한다. 첫째, 범죄자들 또한 더 많은 정보를 이용할 수 있다. 잠재적 테러리스트들은 테러 확산을 위한 효과적인 방법을 배울 수 있다. 범죄자들은 사람들의 프로필로부터 잠재적 피해자에 대한 정보를 수집한다. 쉽게 이용할 수 있는 정보량의 증가는 사람들이 적절한 정보를 찾고 결정하는 것을 어렵게 할 수 있다. 다시 말해, 사람들이 필요로 하는 정보를 정확히 찾기 위해 소셜 미디어의 모든 정보를 여과하는 것은 때때로 매우 어려울 수 있다는 것이다.

비판적 사고 연습

다음 10년 후에 어떤 새로운 형태의 소셜 미디어가 나타날 것이라 생각하는가? 이러한 변화는 시민, 범죄, 사회통제 그리고 형사사법에 어떻게 영향을 미칠 것인가?

물리력 사용

에곤 비트너(Egon Bittner, 1970)는 그의 고전적인 연구에서 경찰이(그리고 대부분의 형사사법체계가) 사회에 기여하는 유일한 것은 주정부가 시민에 행사할 수 있는 비타협적이고 강압적인 힘을 분배하는 체계를 제공하는 것이라고 하였다. 사회는 평화를 원하고, 물리력의 행사가 용인될 수 없다는 것을 알고 있다. 그러나 물리력을 사용할 수 있는 권한을 가진 누군가가 중재에 나서야 할 상황이 있을 수 있다. 그런 상황들은 시민으로 하여금 물리력을 사용하는 정부의 간섭으로부터 자유롭고 싶은 욕망과 평화에 대한 욕망 사이의 긴장을 발생시킨다.

형사사법집행자들의 물리력 사용은 미국의 건국 이후부터 계속하여 논란이 되어온 주제였다. 물리력의 사용은 주기적으로 대중의 관심이 되어왔고, 광범위한 논쟁이 일어난 후에 형사사법의 개혁이 진행되었다. 1960년대 미국 내 수많은 대도시에서 논란의 여지가 있는 경찰의 물리력 사용으로 인해 폭동이 계속되었고, 그 결과로 수십 년에 걸쳐 경찰개혁이 이루어졌다. 마찬가지로, 뉴욕(New York)주의 아티카(Attica) 교도소 폭동과 같은 1960년대의 치명적인 교도소 폭동들은 교정개혁으로 이어졌다.

이러한 역사를 상기해볼 때, 최근에 형사사법 내 물리력 사용의 정도, 방향, 그리고 적합함에 대한 열띤 공적 논쟁이 발생한 것은 전혀 놀라운 일이 아니다. 대다수의 이러한 논쟁은 살상무기와 흑인시민을 둘러싼 경찰의 물리력 사용과 같은 널리 알려진 사건이 주를 이루었다. 이 논쟁의 촉매제는 대체로 2014년 8월 미주리(Missouri)주 퍼거슨(Ferguson)시에서 발생했던, 경찰에 의한 마이클 브라운(Michael Brwon) 살인사건이었다. 그 죽음으로 퍼거슨시와 미국전역의 다른 지역사회에서 몇 주간 거리시위가 발생했다. 그 후 추가적으로 발생한 다른 도시에서의 경찰 총격사건은 열띤 논쟁으로 이어졌고, 21세기 경찰활동에 관한 대통령의 직속 태스크포스(President's Task Force on 21st Century Policing)가 만들어졌다.

어떤 점에서는, 물리력 사용에 대한 최근의 논의는 새로운 것처럼 보이기도 한다. 그러한 논쟁은 주로 경찰과 시민 간의 상호작용에 대한 영상과 음성에 중점을 둔다. 소셜 미디어와 핸드폰 기술은 형사사법 담당자들이 기록하는 영상의 양을 크게 증가시켰고, 다른 사람들과의 영상 공유를 용이하게 했다. 그러나 형사사법 분야의 물리력 사용에 관한 논쟁은 그 기원을 1700년대 후반으로 거슬러 올라가야 할 만큼 만큼 오랫동안 지속되어 온 문제이다.

결론

이 장에서 설명하였듯, 형사사법체계는 다양한 철학과 정책들이 복잡하게 혼합되어 있다. 그러나 그러한 철학과 정책들은 형사사법체계를 작동하는 개인들이 없이는 존재할 수 없다.

형사사법의 개별주체들은 형사사법체계가 어떻게 작동되어야 하는지에 대한 자신의 철학에 기초하여 정책을 만든다. 이러한 정책들을 만드는 개별주체들은 입법자, 판사, 검사, 경찰 그리고 피해자 등 범죄문제를 다루는 방법에 관해 서로 다른 생각들을 갖고 있는 여러 범위의 사회요소들을 포함한다. 다만 명백한 것은 어떤 철학이나 정책도 모든 개별주체들에게 완벽하지는 않다는 것이다. 그래서 형사사법체계는 더 많은 정책을 만들고 제정함으로써 결코 끝나지 않는 사이클처럼 스스로를 끊임없이 개선해야한다.

비판적 사고 연습

이 장은 형사사법에 존재하는 네 개의 매우 큰 역사적 경향을 요약하였다. 당신은 향후 20년에서 30년 동안에 형사사사법체계의 어떤 경향을 볼 수 있을 것이라 생각하는가? 이러한 큰 사회적 경향에 형사사법체계는 어떻게 반응할 것이고 어떻게 영향을 받은 것인가?

핵심 단어

고전주의 학파	적법절차모델	공식통계	비밀유지
중범죄/경범죄	실증주의 학파	법정참여집단	일반억제
재사회화	범죄통제모델	무력화	처벌
범죄율	비공식적 사회통제	자기보고식통계	암수범죄
단순응보	특별억제	본래적 범죄	범죄피해조사
일탈	피해자 없는 범죄	금지적 범죄	재량

읽을 거리

Bittner, E. (1970). *The functions of the police in modern society: A review of background factors, current practices, and possible role models.* Bethesda, MD: Center for Studies of Crime and Delinquency, National Institute of Mental Health.

Gottfredson, M., and D. Gottfredson. (1988). *Decision-making in criminal justice: Toward the rational exercise of discretion.* New York: Plenum Press.

Holtfreter, K., and K. A. Wattanaporn. (2013). An examination of gender responsiveness for female offender reentry. *Criminal Justice and Behavior,* 41(1), 41–57.

Johnson, H., and N. Wolfe. (1996). *History of criminal justice,* 2nd ed. Cincinnati, OH: Anderson Publishing.

Klockars, C. (1985). *The idea of the police.* Beverly Hills, CA: Sage.

Pew Center on the States. (2011). State of recidivism: *The revolving door of America's prisons.* Washington, DC: The Pew Charitable Trusts.

Walker, S. (1998). *Popular justice: A history of American criminal justice,* 2nd ed. New York: Oxford University Press.

제2장

법률적 쟁점

- **미국법 역사**
- **미국법 원천**
  - 헌법
  - 입법
  - 행정
  - 사법
- **실체법**
- **범죄유형**
  - 대인범죄
  - 재산범죄
  - 공공질서범죄
  - 마약범죄
  - 화이트칼라범죄
- **형사책임에 대한 변호**
  - 정당화
  - 면책
  - 정신능력
- **피해자 권리**
  - 실체적 형법의 최근 경향
  - 인터넷과 실체적 형법
  - 테러리즘, 국토안보부 그리고 형법
- **절차법**
  - 수정조항 제4조
  - 수정조항 제5조
  - 수정조항 제6조
  - 수정조항 제8조
- **통합**
- **형사소송법 추세**
- **결론**
- **핵심단어**
- **읽을 거리**

CHAPTER

02 법률적 쟁점

학습목표

- 미국법의 역사적 토대를 논한다.
- 미국법의 원천을 논한다.
- 헌법, 입법, 행정 그리고 사법의 근원적 차이를 이해한다.
- 실체법의 정의와 두 가지 예시를 설명한다.
- 본래적 범죄와 금지적 범죄를 구별한다.
- 범죄의 다양한 유형과 범주를 정의한다.
- 범죄자의 법적책임에 대한 두 가지 조각사유를 구분한다.
- 인터넷이 실체법에 어떤 영향을 미쳤는지를 논한다.
- 테러리즘이 형법에 미친 영향을 논한다.
- 절차법을 정의한다.
- 형사소송법상의 권리를 요약한 미국헌법의 수정조항을 논한다.
- 통합이 의미하는 바를 설명한다.
- 인터넷이 절차법에 미친 영향에 대해 논한다.

법이란 개인과 집단, 기업, 정부기관과 같은 주체들의 행동을 지배하는 규칙을 말한다. 법은 주정부(즉, 지방, 주 그리고 연방정부)의 권력에 의해 제정되고 시행된다. 미국헌법은 연방입법부인 미국의회에 법 제정의 책임을 부여한다. 또한, 헌법에 의해 연방법원은 연방입법부가 만든 법에 개입할 수 있다. 그럼으로써, 연방법원은 제정된 법이 공정하고 모든 시민들에게 평등하게 적용되도록 보장하는 일을 한다.

다양한 주 헌법은 각 주의 입법부에 법 제정의 책임을 부여하고 있다. 연방체계와 같이 주정부는 주사법체계가 연방법원과 거의 동일한 방식으로 개입하는 것을 허락한다. 주 내에서는 카운티위원회나 시의회가 그들의 관할구역에 적용되는 법을 제정한다.

앞에서 언급했듯이, 연방과 주입법부는 다양한 기관의 행동을 규제하는 법을 만든다. 개별주체들은 살인이나 방화와 같은 어떤 유형의 행동을 금지하는 법의 지배를 받는다. 법은 이들 개별주체들이 평화롭게 일을 하고 폭동을 조장하지 않기를 요구한다.

기업은 법에 의해 그들이 사기행위나 환경피해를 저지르지 않도록 규제된다. 정부기관들은 그들이 법을 집행할 때 차별적 적용을 할 수 없다는 점에 유의하여 법을 집행하여야 한다. 이들 금지사항 외에도, 법은 위반자가 처벌받도록 보장한다. 이것은 단지 몇 가지 예시일 뿐, 주된 요점은 법은 만인, 심지어 법제정의 책임을 지는 정부조차 적용된다는 것이다. 이는 법의 규칙(rule of law)으로 알려져 있고 미국법의 초기에서부터 나타난 것이다(Rembar, 1989).

미국법 역사

미국법은 유럽법, 특히 영국법에 뿌리를 두고 있다. 역사적으로, 영국법은 지역사회가 행위를 규제하는 지방관습과 규범에 의존한다는 점에서 불문법적이고 지역주의적인 성향을 가진다. 이 관습들은 세대에 걸쳐 전승되었고 필요에 의해 가끔씩 변화되었다. 11세기 노르만 정복 후, 윌리엄과 정복자들은 전 지역에 적용될 수 있는 관습과 규범을 수집하고 기록하는 관행을 도입했다. 성문화되지 않은 지역적 관습을 국가 전체에 대한 행동규칙으로 기록하는 이러한 관행은 영국의 관습법적(common law) 전통을 확립했다. 지방 판사에게는 관습법을 적용시키는 책임이 있었으며, 그들의 결정은 장래의 판사들을 지도하기 위해 기록되었다. 이것은 판례(precedent)로 알려져 있다. 이 관행은 오늘날까지 계속 지속되고 있다.

시간이 지나면서 영국지방판사는 관습법이 대부분인 법의 많은 부분들을 개정하고 기록했다. 17세기 무렵, 판사들은 다른 것들 중에서도 살인, 강도, 방화 그리고 강간범죄를 새로이 규정하였다. 또한 명예훼손, 위증 그리고 치안문란과 같은 경범죄를 제정하였다.

오늘날 존재하는 관습법은 영국의 관습법 전통에서 비롯되었다. 미국은 그들이 법적 전통을 가져왔던 영국의 식민지 개척자들에 의해 건설되었다. 1776년 영국으로부터 독립선언을 한 후, 새로이 탄생한 주들은 영국의 관습법을 흡수하고 형법의 많은 부분들을 개정하여 받아들였다. 연방정부가 탄생한 이후에는 영국의 관습법을 병합하지 않기로 했다. 대신에, 관습법에서 직접 가져온 것은 아니지만 내용은 거의 비슷한 형법을 포함하여 의회가 그들 자신의 법을 제정하였다. 이러한 관습법을 흡수하는 과정에서 예외가 된 경우는 고대 로마법에서 나폴레옹이 채택한 법체계인

나폴레옹 법전에 법의 기초를 두고 있는 루이지애나주(Louisiana) 뿐이다.

미국법 원천

비록 영국관습법이 대부분의 미국법의 근원이지만, 여러 정부기관들은 법의 형성과 적용 그리고 해석에 책임을 진다. 이전에 언급한대로, 법률제정의 책임은 성문법을 만드는 입법부에 있다.

그러나 다른 정부기관들 또한 법제정에 개입한다. 가장 중요한 주체인 주 그리고 연방헌법은 국가의 가장 상위법적 근간이다. 다른 입법들은 정부부서들에 의한 것으로 입법, 행정 그리고 사법영역을 포함한다.

헌법

헌법은 미국법의 가장 높은 근원으로 여겨진다. 제정된 모든 다른 법률은 헌법을 따라야 한다. 각 주와 연방정부는 정부의 조직과 운영방침을 설명하는 그들만의 헌법을 가지고 있다. 이러한 헌법들은 정부가 정부권력을 통해 무엇을 할 수 있는지와 없는지를 규정한다. 이것은 헌법(constitutional law)이라 불린다. 예를 들어, 캘리포니아 헌법에서 세금은 종교학교를 지원하는 데 사용될 수 없다고 명시하고 있으며, 연방헌법은 연방정부가 개인의 언론의 자유를 약화시킬 수 없다고 명시하고 있다. 주 헌법은 각 주에서 가장 높은 형태의 법이지만 미 헌법은 국가에서 가장 높은 형태의 법이다. 모든 법과 주 헌법은 미 헌법을 따라야 한다. 미 헌법과 상충되는 법률은 그것이 무엇이든 제정되지 못한다.

입법

실제적인 입법활동 외에도, 입법부는 법 제정을 책임지는 국가단체들을 만든다. 그렇게 만들어진 단체들은 전형적으로 기관, 국, 기타 등등으로 일컬어진다. 이들 행정기관은 오하이오 국선변호사 위원회(Ohio Public Defender Commission)와 같은 주 단위의 단체들뿐만이 아니라 연방통신위원회(the Federal Communications Commission)와 식품의약국(the Food and Drug Administration) 같은 연방단체들을 포함한다. 행정기관들은 행정법(administrative law)을 집행할 책임이 있다. 행정법은 기관의 책임을 규제하는 규칙과 정책들을 망라하고 있다. 예를 들어, FDA는 소비자가 처방전에 제시된 약이나 일반의약품을 구매할 수 있는 지침을 제정한다. 오하이오 국선변호인 위원회는 가난한 피고인을 변호할 때 국선변호인이 지켜야 할 지침을 만든다. 비록 이러한 조직들은 입법부에 의해 만들어졌으나, 이들 기관들이 행하는 단속적 규제활동의 특성상 일반적으로 행정부의 지배 아래에 있는 것이다.

행정

행정부는 또한 몇몇 법제정에 권한을 갖고 있다. 행정부는 시장, 주지사 그리고 대통령과 같은 개별주체들로 구성된다. 이들 개별주체들은 법률을 제정하는 권한이 제한되어 있으며, 제정된 법이 적용되는 범위가 일반적으로 좁고 특수하다. 그러나 그것들은 중요하다. 예를 들어, 시장은 특정도시에 통행금지령을 선포할 수 있고, 대통령은 국유림을 지나는 차에 대한 규칙을 제정할 수도 있다.

사법

다양한 주나 연방법원에 소속되어 있는 정부의 사법부 또한 법제정에 관여한다. 영국의 관습법 초기시대에, 지역판사들은 국가 전반에 걸쳐 법을 제정하거나 전파할 책임이 있었다. 그러나 오늘날의 판사들은 대부분의 법제정 권위를 빼앗겼다. 판사는 특정사건에 대한 결정을 내릴 때마다 법제정을 한다. 판례법(case law)이라 불리는 이런 유형의 법은 일반적으로 다른 기관이 만든 법에 근거한다. 예를 들어, 1960년대 초기에 플로리다(Florida)주는 가난한 피고인이 변호사를 선임하지 못하게 하였다. 1963년에 미 연방대법은 플로리다와 다른 주들이 특정한 형사사건에서는 가난한 피고인에게 변호사를 제공해야 한다는 판결을 내렸다.

결과적으로, 미연방 대법원은 주 정부가 명령을 채택하도록 함으로써 법제정에 관여했다.

실체법

어떤 정부단체가 법을 만드느냐와 관계없이, 법은 실체적이거나 절차적인 성향을 띤다. 실체법(substantive law)은 종종 법의 "무엇(what)"이라 불리고 기본적으로 권리와 의무를 정의한다. 반면에, 절차법(procedural law)은 법을 집행할 때의 절차를 설명한다. 실체법의 예는 일급살인을 고의적이고 계획된 살인이라 정의하는 것이다. 절차법의 예는 가난한 피고인은 특정 범죄로 기소되면 국가는 변호사를 국선변호사를 선임해야 한다고 명시하는 것이다. 절차법은 이 챕터의 후반에 논의하기로 한다.

실체법의 두 가지 주요 예는 민법과 형법이다. 민법은 두 개인들 간의 사적 문제들을 다룬다. 민법(civil law)은 부당행위(예, 불법상해), 계약과 재산문제 그리고 가정문제를 포함한다. 민법은 다른 사람에게 모욕감을 느낀 개인이 사건해결을 위해 법원에 소를 제기하는 것이다. 예를 들어, 만약 A가 보험에 가입하지 않은 B와의 자동차 사고에 연루되었다면, A는 파손된 차를 수리하는 데 필요한 비용을 배상받기 위해 민사 법원에 B를 고소할 수도 있다. 민법은 또한 이혼, 자녀양육, 유산 그리고 유언과 같은 문제를 규정한다. 피해자는 피의자에 대한 사건을 계속 진행해 나갈 책임이 있다.

형법(criminal law)은 또 다른 실체법의 주요한 예이다. 형법은 정부법을 위반하여 기소된 정부와 개인들에 관한 문제를 다룬다. 개인이 사적문제에 대한 해결책을 찾을 책임이 있는 민법과 달리, 형법은 개인이 범죄를 저지르면 정부가 개인을 기소한다. 형법에서는 주 정부를 피해자로 여기고 사건을 진행해 나간다. 실제 범죄피해를 당한 개인은 주 정부에 대한 증인의 역할로 밀려난다.

실체적 형법은 정부기관이 정의하고 부당행위에 대해 개인이 무엇을 할 수 있는지의 여부와 처벌을 명시한다. 이것을 죄형법정주의(principle of legality)라 한다. 이것은 특정 행동을 범죄라고 규정하는 법이 존재하지 않으면 부당행위에 대해 정부가 개인을 처벌할 수 없다는 것을 의미한다. 전통적으로, 개인행동은 본래적 범죄(즉 본래 나쁜)와 금지적 범죄(금지되지만 반드시 나쁘지는 않은)로 규정된다. 정부는 살인과 강간 같은 행위를 본래적 범죄로, 도박과 과속 같은 행위를 금지적 범죄로 여겨왔다. 결과적으로, 본래 나쁘다고 여겨지는 행동들은 일반적으로 다른 불법행위들보다 더 가혹한 처벌을 받는다.

비판적 사고 연습

금지적 범죄에 관한 법률의 목록을 만들고 토론하시오. 그것들은 금지되어야 하는가? 그렇게 생각하는 이유는 무엇인가? 그러한 법의 집행은 형사사법체계에 어떤 영향을 주는가? 이 법들은 전반적으로 사회에서 어떤 긍정적 가치를 가지며, 어떤 부정적 영향을 미치는가?

정부가 어떤 행위가 범죄에 해당된다는 사실을 명시할 때, 해당 범죄는 행위와 의도라는 두 가지 요소를 반드시 포함해야 한다. 범죄행위(actus reus)라 불리는 행위는 형사책임의 가장 중요한 요소이다. 그것은 행위와 관련된 물리적 행동을 나타낸다. 그 행위는 강요되었거나, 자발적 행동에 영향을 미치는 어떤 조건(예, 압수)의 결과가 아니어야 하며, 반드시 자발적이어야 한다. 예를 들어, 절도범죄라는 행위는 다른 사람의 재산을 탈취하는 행위일 것이다.

비록 자발적 행위는 범죄행위의 성립에 필요한 조건이지만, 행위의 실패도 범죄행위로 구성하는 경우도 있다. 이런 경우에, 부작위(act of omission)는 형사 책임으로 이어질 수 있다(미수). 부작위는 개인이 법이 요구하는 행위를 하지 않을 때 작용한다(작위의무 위반). 예를 들어, 법률은 인명구조원은 물에 빠진 사람을 구조해야 할 것을 요구한다. 법적으로 환자를 돌볼 의무가 있는 내과의사도 마찬가지이다.

비판적 사고 연습

행동하지 않은 개인을 다루는 매우 유명한 사건인 키티 제노비스(Kitty Genovese)의 이야기를 읽어보면(뉴욕타임스(New York Times)의 1964/03/27 기사, "살인을 목격했지만 경찰에 신고하지 않은 사람"), 어떤 주들은 사건을 목격했으나 그것을 저지하기 위한 어떠한 행동도 하지 않은 개인에게 형사책임을 부과하는 착한 사마리아 법을 제안했다. 이것은 부작위의 한 유형을 만들었다. 그런 법들의 장단점은 무엇인가? 그런 법들의 집행의 어려움은 무엇인가? 키티 제노비스 사건에서 아무것도 하지 않은 개인들은 부작위에 대한 책임을 져야 한다고 생각하는가?

행위 외에도, 범죄는 또한 범의(mens rea)라 불리는 의도를 가져야 한다. 사실상, 개인은 문제의 그 행위를 저지를 의도를 가져야 한다. 즉, 개인은 비난받을 만한 마음상태를 가져야 한다. 의도를 규명하는 것은 다소 어렵다. 사실상, 의도는 일반적으로 행위에서 추론된다. 예를 들어, 만약 개인이 누군가의 지갑을 집어 도망간다면, 우리는 개인이 절도를 의도했다고 추론할 수 있다. 이것은 명백해 보이지만, 의도의 문제는 개인이 져야 할 책임의 정도를 다룰 때 가장 중요하다. 다음 예를 들어보자: A가 B를 겁줄 의도로 총을 겨눈다. 총은 우연히 발사되어 B를 죽인다. 비록 A는 B를 죽일 의도는 없었지만, A는 B의 죽음에 대한 책임을 질 수 있다. 사실상 A는 살인의 책임을 지겠지만, 그가 애초에 살인의도가 없었기 때문에 일급살인죄에 대한 책임을 지지는 않을 것이다.

범죄행위와 마찬가지로, 개인이 범죄 책임을 지는데 의도가 필요 없는 경우도 있다. 이것은 의도 없이 법적책임이 부과되는 무과실 책임(strict liability)이라 불린다. 무과실 책임은 미성년자에게 음주를 제공하였거나 교통위반과 같은 금지적 범죄라 여겨지는 행동에 적용된다. 이러한 예들에서 개인이 행위를 의도하였든 아니든 차이가 없으며, 두 가지 경우 모두에 법적 책임이 있다. 무과실 책임범죄의 일반적인 예는 법정 강간이다. 누군가 법적으로 승낙된 연령 이하인 사람과 성관계를 하면, 비록 미성년자와의 성관계를 의도하진 않았지만 법적책임을 지게 될 것이다.

비판적 사고 연습

의제강간의 문제에서, 당신은 법적으로 승낙된 연령 이하의 사람과 그 사실을 모르는 채 성관계를 가진 사람이 행동에 책임을 져야 한다고 생각하는가? 그렇다면 왜 책임을 져야 한다고 생각 하는가? 아니면 왜 그렇지 않은가? 의제강간법이 왜 있다고 생각하는가?

범죄행위(actus reus)와 범의(mens rea)와 더불어, 인과관계(causation) 또한 반드시 존재해야 한다. 다른 말로 하면, 개인의 행동은 특정한 결과를 유발한다. 예를 들어, 한 사람은 살인사건에서 죽음을 일으킨다. 인과관계는 다양한 형태를 갖고 있다. 첫째, 가장 명백한 것은 직접원인(direct cause), 혹은 실질원인(cause in fact)이라 불리는 것이다. "필수인과관계(but for causation)"라 불리는 직접원인은 개인의 행동이 피해의 직접원인일 때 생긴다. 본질적으로, 개인의 행동이 없었더라면, 피해가 생기지 않았을 것이다. 직접원인의 예는 총상을 입은 후에 즉시 죽은 피해자에게 총격을 가한 범죄자이다. 원인의 두 번째 형태는 동시발생원인(concurrent cause)이다. 이 경우는 두 독립적 원인들이 동시에 발생하여 그 중 어떤 하나의 원인으로 피해가 생긴 것을 말한다. 예를 들어, 만약 두 명의 사람이 동시에 피해자에게 총격을 가하고, 둘 중 하나의 총격으로 인해 상해가 발생하는 것이다. 셋째로, 피해는 근인(proximate cause)에서 발생할 수 있다. 근인의 경우는 어떤 사람의 행동 이외의 다른 것이 피해를 유발했지만 그 개인의 행동이 피해를 초래한 일련의 사건을 발생하게 한 시발점인 것이다. 예를 들어, 만약 한 개인이 피해자의 발에 총을 쏜 후, 무능한 의사가 피해자를 수술하는 과정에서 피해자가 죽는다면, 의사가 피해의 직접 원인은 아니지만, 피해자의 죽음에 책임이 있을 수 있다.

앞서 인과관계를 논의한 것처럼, 피해(harm)의 개념은 범죄에 대한 책임을 위해 존재해야 한다. 행위에 가담했다는 것은 보호받는 사람, 장소, 혹은 물건에 대해 어떤 종류의 피해를 유발해야 한다. 형법은 재산을 보호하거나(절도나 방화), 사물을 보호하기 위해(절도나 상점물건 훔치기), 혹은 사람들을 피해(살인 혹은 강도)로부터 보호하기 위해 존재한다. 그럼에도 불구하고, 피해는 사람이나, 장소, 혹은 물건이 실제로 피해를 입지 않는 마약복용과 같은 범죄에서도 발생할 수 있다.

범죄유형

이 챕터 전반에 걸쳐, 특정 범죄들이 형법의 다양한 개념을 설명하기 위한 예로서 사용됐다. 다음의 논의는 이것을 확장하여, 형법에 존재하는 다양한 범주의 범죄들을 설명하기로 한다. 다만, 책에 등장하는 모든 범죄에 대한 구체적 논의를 제공하지는 못할 것이다.

대인범죄

대인범죄는 일반적으로 형법체계에서 가장 심각한 범죄로 다루어진다. 살인, 강간, 폭행 그리고 납치는 대인범죄를 논할 때 생각나는 범죄들이다. 비록 이런 범죄들은 상당히 간단해 보이지만, 쉽게 분류되지는 않는다. 각각의 범죄는 법적책임의 정도가 다르다. 예를 들어, 살인은 보호관찰에서 사형에 이르는 판결을 받을 수 있다. 살인을 둘러싼 상황이 사법체계가 한 개인을 다루는 방식을 결정한다. 오하이오(Ohio)주에서 살인사건은 일급살인(aggravated homicide), 이급살인, 고의적 살인 그리고 과실치사를 포함한 다양한 범주에 해당될 수 있다. 가장 심각한 범주인 일급살인은 사형이나 무기징역으로 처벌 가능하지만, 반면에 가장 덜 심각한 과실치사는 최고 10년의 징역에 처할 수 있다. 불행하게도, 이 책에서 각각의 범죄에 대해 다른 정도의 법적책임을 검토할 여유는 없다. 각 주는 범죄를 정의하고, 위반에 대한 처벌기준을 제정한다. 각 주에 제정되어 있는 법규는 인터넷에서 찾을 수 있다.

재산범죄

재산범죄는 형사사법체계에서 대인범죄만큼 엄중하진 않지만, 상당히 심각한 범죄로 여겨진다. 전형적인 재산범죄에는 절도, 빈집털이, 방화, 횡령 그리고 무단침입이 있다. 재산범죄의 한 유형인 강도는 개인소유물을 훔치는데 무력 혹은 무력에 의한 협박이 사용되기 때문에 대인범죄로 여겨진다. 재산범죄는 전형적으로 신체적인 피해를 수반하지 않기 때문에 처벌은 심하지가 않다. 예를 들어, 개인이 재산범죄를 저질렀다고 해서 사형을 받을 수는 없다.

대인범죄처럼 재산범죄 또한 다양한 정도의 법적책임이 있다. 한 예는 주거침입절도에서 확인할 수 있다. 오하이오 주에서, 주거침입절도는 범죄를 저지르려는 의도로 타인에게 점유된 건물에 대한 무단침입에 해당한다. 만약 범죄자가 총을 휴대하고 건물 내에서 개인에게 신체적 피해를 가한다면, 특수강도죄를 저지르는 것이다. 만약 점유된 구조물이 아니라면, 가택침입에 해당한다. 특수강도죄는 세 가지 중에 가장 심각한 것으로 최고 징역 10년형에 처할 수 있다. 가택침입은 가장 덜 심각한 것으로 최고 징역 1년형이 가능하다. 비록 범행의도는 존재하나, 그에 따른 법적 책임의 정도는 구체적인 상황들에 따라 다르다.

공공질서범죄

공공질서범죄는 반드시 다른 사람이나, 재산에 피해를 입히는 범죄는 아니다. 이 범죄들은 쉽게 식별 가능한 피해자가 없는 범죄이다. 다만 공공질서범죄는 사회전체에 해를 가하기 때문에 사회질서유지를 목적으로 그러한 행위를 법률로 금지하는 것이다. 대인범죄 혹은 재산범죄와 비교할 때 공공질서범죄는 가혹한 처벌을 받지는 않지만 훨씬 더 많은 사람들이 저지른다. 공공질서범죄의 예로는 음주운전, 난동행위, 부랑, 배회 등이 있다.

비판적 사고 연습

1999년 잭 케보키안(Jack Kevorkian) 박사는 미시간(Michigan)주에서 루게릭병(ALS)에 걸린 환자를 안락사를 시킨 것에 대해 이급살인죄로 유죄선고를 받았다. 당신은 케보키안 박사와 다른 사람들이 환자를 안락사한 것에 대해 어느 정도로 처벌을 받아야 한다고 생각하는가? 환자의 건강상태(예: 말기, 만성질환)는 당신의 결정에 어느 정도의 역할을 하는가? 또한 1997년에 제정된 오레곤(Oregon)주의 존엄사법(Oregon's Death With Dignity Act)을 고려해보라. 그것은 오레곤주에서 말기의 병에 걸린 환자가 치사량의 자기투약약물을 의사로부터 처방전을 받아 사용할 수 있게 하는 내용을 담고 있다.

공공질서범죄와 관련하여, 도덕범죄가 있다. 이 범죄들은 사회 내 어떤 집단의 도덕성에 위배되는 것들이다. 몇몇 도덕범죄들은 무조건적으로 나쁘지는 않지만, 몇몇 사람들에게는 비도덕적이고 일탈이라고 여겨지는 성적인 행위를 포함한다. 매춘은 그러한 도덕범죄의 가장 일반적인 예이다.

마약범죄

마약과 알코올의 사용을 법으로 금하는 법은 공공질서범죄의 범주에 넣을 수도 있겠지만, 독자적인 영역을 가질 만하다. 그 이유는 마약범죄에 대한 정부의 대응은 형사사법체계가 이러한 범죄들을 다루는 방법을 극적으로 변화시켜 왔기 때문이다. 특히 "마약과의 전쟁(war on drugs)"은 다른 범죄들보다도 마약범죄에 더 초점을 두게 했다.

수많은 범죄행위는 마약과 관련되어 있다. 마리화나와 코카인과 같은 마약과 주사바늘과 같은 용품의 소지가 가장 흔한 마약범죄이다. 그러나 법은 밀매, 제조 그리고 판매와 같은 모든 수준의 불법마약거래에 집중한다. 마약범죄에 관한 처벌은 마약의 유형, 마약의 양, 마약거래가 일어난 장소를 포함한 다양한 요소에 좌우된다. 마약범죄에 대한 주정부와 연방정부의 관심이 증가함에 따라, 마약범죄에 대한 처벌이 가벼운 보호관찰에서부터 심지어는 사형에까지 이르는 경우가 증가했다.

화이트칼라범죄

범죄의 마지막 범주는 업무과정에서 개인이 저지르는 범죄와 관련된다. 화이트칼라라는 단어는 높은 사회경제적 지위의 개인이 이런 유형의 범죄들을 저지르기 쉽다는 생각에서 온다. 그러나 낮은 사회경제적 지위의 개인들도 화이트칼라 범죄를 저지를 수 있고, 실제로 저지른다는 데 주목해야 한다.

잘 알려진 화이트칼라 범죄는 자기직책을 이용하여 불법행동을 하는 것이다. 직장 내 절도와 같이 비록 자주 발생하지만 낮은 수준의 범죄들은 다른 화이트칼라 범죄들만큼 많은 관심을 받지 않는다. 마사 스튜어트(Martha Stewart) 내부거래사건을 설명한 박스 2.1을 보라.

BOX 2.1 마사 스튜어트(Martha Stewart) 내부거래사건

비록 사마 스튜어트는 결국 내부거래로 기소되지 않았지만, 그녀의 변호사는 2004년 형사재판에서 많은 부분을 인정했다. 일반적으로, 공정관행은 사실상 대중에게 공개시장에서 경쟁할 기회가 주어지고 정보가 공개적으로 알려진 상황에서 사업을 하는 것을 말한다. 개인들이 공개되지 않은 정보에 근거해 사업관행을 진행할 때 그들은 불법행위를 하는 것이다.

스튜어트 사건에서, 그녀는 친구인 샘 왁살(Sam Waksal)이 설립한 ImClone 제약회사의 주식을 매입했다. 스튜어트의 ImClone 주식은 수익을 가져왔고, 따라서 그 회사에 계속하여 투자했다. 암 치료제에 많은 희망을 가지고 있었던 ImClone사는 약이 시장에 나올 수 있도록 FDA 승인을 기다리고 있었다. FDA의 승인이 있으면, ImClone사의 주식이 오르고 투자자에게 수익이 돌아가게 되겠지만, FDA의 승인이 없으면, ImClone사의 주식은 어려움을 겪고 투자자의 손실로 이어질 예정이었다.

공정한 사업관행에서, FDA는 결정된 사항을 회사에 은밀하게 알려준 뒤에 좋은 소식이든 나쁜 소식이든 모든 투자자들이 동등한 상황에 있을 수 있도록 결정을 공개적으로 발표할 계획을 세운다. ImClone 사건에서, FDA는 왁살에게 암 치료제는 승인되지 않을 것이고 곧 공개발표를 할 것이라고 말했다. 공개발표 전, 자신의 회사가 개발한 암 치료제의 FDA 불허가는 ImClone사의 주가 하락을 의미했기 때문

에 왁살은 자신의 주식을 팔았다. 왁살은 스튜어트에게 FDA의 결정을 알렸고, 스튜어트는 자신의 주식 또한 팔기 시작했다. 공개발표 전까지 ImClone사의 주식은 여전히 오르고 있었고 FDA의 발표 전에 주식을 팔아서 왁살과 스튜어트는 ImClone사의 주식에서 수익을 올릴 수 있었다. 이 공개발표 후에 ImClone사의 주식은 곤두박칠쳤고 왁살과 스튜어트의 정보를 알지 못했던 투자자들은 투자금을 잃었다. 왁살과 스튜어트는 그들이 FDA의 내부정보(비공개 정보)에 접근할 수 있었기 때문에 그들은 FDA의 결정공개로 인한 투자금 손실을 피할 수 있었다. 이는 불법적인 내부거래의 예이다.

기타 많은 범죄들이 주 법령과 연방 법령에 규정되어 있지만 너무 많아서 여기서 모두 언급할 수는 없다. 모든 주정부와 연방정부는 법령을 공표하고, 공공의 접근을 위해 온라인에 게시한다. 다음 부분에서는 이미 언급된 문제인 법적책임과 개인이 범죄행위책임을 지지 않는 경우를 다루기로 한다.

형사책임에 대한 변호

이 장 전반에 걸쳐 나와 있는 형사책임의 문제는 개인이 불법행위에 대한 책임을 지는 경우를 설명하기 위해 등장한다. 형사책임의 개념은 개인이 범죄사실을 인지하고, 범죄를 저지르고, 행위에 대한 의도를 가지고 있다는 가정에 근거하고 있다. 그러나 개인이 범죄행위에 대해 책임을 지지 않고 처벌 또한 받지 않는 몇 가지 상황도 있다. 이 상황들은 형사책임에 대한 변호를 구성한다.

정당화

몇몇 상황에서, 어떤 범죄는 그 혹은 그녀가 한 행위가 올바른 것이라는 개인의 믿음에 근거해 정당화된다. 아마도 가장 잘 알려진 정당화(justification)는 정당방위이다. 정당방어는 원치 않는 공격을 억제하기 위해 사용된다. 한 개인이 임박한(Impending) 공격에 대한 방어(Protection)가 불가피(Necessary)하다고 이성적(Reasonable)으로 판단되는 경우, 물리력이 사용되는 것이다. 방금의 강조된 단어들은 정당방어를 주장하는 개인이 입증해야 하는 사항들을 가리킨다. '이성적(Reasonable)'이라는 것은 일반적인 사람이 물리력이 사용되어야 한다고 판단하는 것을 의미한다. '불가피하다(Necessary)'는 것은 자신을 방어하기 위해서 반드시 물리력이 필요하다는 것을 가리킨다. '방어(Protection)'는 물리력이 사용되어야 하는 이유가 불필요하게 다른 사람에게 해를 가하는 것이 아니라 오직 피해로부터 자신을 보호하는 것이어야 함을 암시한다. '임박하다(Impending)'는 의미는 공격이 목전에 있고 즉각적이어서 피할 수가 없다는 것이다. 사용된 물리력의 양 또한 합리적이어야 한다. 예를 들어, 어떤 사람이 범죄자가 단지 지갑을 훔치는 경우에 살상무기(deadly force)를 사용하는 것은 안된다. 정당방위를 주장하는 개인들은 평범하고 이성적인 다른 사람이 공격을 당했을 때 같은 방식으로 행동했을 것이라는 것을 입증해야 한다.

비판적 사고 연습

정당방위법의 문제들 중의 하나는 자신의 집이나 차량에 있는 개인은 침입자에 대해 살상무기를 포함한 물리력을 사용할 수 있다는 "성의 원칙(castle doctrine)"이다. 그러한 정당화는 사람들이 자신의 집에서 도망칠 필요가 없이 침입자에 대해 "자신의 영역을 고수"할 수 있어야 한다는 것이다. 이와 관련하여, "자신의 영역을 고수하는" 법률은 사람이 합법적으로 있을 수 있는 어떤 장소이든 성의 원칙이 확대 적용될 수 있게 하기 위해 많은 주에서 통과되었다. 다른 말로 표현하면, 어떤 공공장소에서든 개인은 공격자를 물리치기 위해서 살상무기를 포함한 물리력을 사용할 수 있다는 것이다. 플로리다(Florida)주 정당방위법과 관련하여 논란이 되는 사건은 피고인 조지 짐머만(George Zimmerman)의 트레이본 마틴(Trayvon Martin) 총격살해 사건이다. 당신은 조지 짐머만이 트레이본 마틴에 대해 "자신의 영역을 고수하는" 행위가 옳았다고 생각하는가? 그렇지 않다면, 조지 짐머만이 트레이본 마틴을 총격으로 살해했을 때 아무런 위험에 처해 있지 않았다고 생각하는가?

면책

때때로, 개인들은 책임조각사유로 인해 형사책임을 지지 않는다. 정신이상은 형법에서 인정되는 면책사유의 예이다. 다른 예들로는 음주, 연령 그리고 협박이 있다.

중독도 몇몇 경우에서는 형사책임이 면제될 수 있다. 비자발적인 중독(Involuntary intoxication)은 중독의 본질적인 측면으로 인해 모든 형사범죄에서 면책될 수 있다. 일반적으로 법은 비자발적인 중독이 되는 세 가지 방법을 인정한다. 첫째, 개인은 자신이 약물을 삼켰다는 것을 모를 수도 있다. 두 번째, 개인은 협박에 의해 약물을 복용할 수도 있다. 마지막으로, 개인이 복용하는 중독물질은 예상할 수 없는 부작용이 있을 수 있다. 반면에, 자발적 중독(voluntary intoxication)은 형사책임면제가 거의 되지 않는다. 있기는 해도, 보통은 완전한 면책이 되지 않는다. 다시 말해, 개인의 행동을 완화하고 기소를 감경할 수 있을 정도로만 적용된다. 그럼에도 불구하고, 몇몇 주들은 중독에 대한 면책조항을 완전히 폐지했다.

또 다른 형사책임면제의 예는 연령(age)이다. 어린 개인들은(일반적으로 14세 미만) 자신의 행동이 갖는 심각성을 인지하지 못하기 때문에 의도를 형성할 수 없다. 그러나 14세 이상의 청소년들은 범죄의도를 가진다고 추정된다. 여러 주들은 검찰이 그 청소년이 의도형성능력이 있다는 것을 증명할 수 있다면 성인법원에서도 어린 범죄자를 다룰 수 있도록 하고 있다. 그렇지 않은 경우에는 연령이 낮은 사람들은 소년사법체계에서 재판을 받게 된다.

협박(Duress)은 또 다른 형사책임의 면책요건이다. 이 상황에서, 한 사람은 범죄를 저지르게 만드는 생명의 위협이나 심각한 신체적 상해상황에 있어야 한다. 게다가 합리적인 사람이라면 오로지 범죄를 저지르는 것만이 개인이 그 상황을 책임지지 않는 유일한 행동방침이라고 믿을 것이란 사실을 보여주어야 한다. 그러나 몇몇 법이론가들은 개인들이 이런 상황에 직면할 때 최대한 저항해야 한다고 믿기 때문에 협박이 면책사항으로 전적으로 인정되어서는 안 된다고 단정한다. 그러한 이론가들은 저항의 증거 없이는 개인이 협박을 면책수단으로 사용해서는 안 된다고 단정한다.

정신능력

비록 형법에서 면책사항으로 여겨지지만, 정신능력은 그 정도에 따라 각각 고려되어야 마땅하다. 개인은 자신의 정신능력(mental capacity)이 자신이 저지른 행동이 불법적임을 이해할 수 없는 정도라면 형사책임을 면제받을 수 있다. 정신이상은 흔한 예이다. 정신이상(insanity)이라는 용어는 법률용어이다. 정신분열증이나 조울증과 같은 의학진단은 아니다. 용어가 주마다 다르게 규정되어 있기 때문에 누군가 범행 당시에 정신이상이었다는 사실을 규명하는 뚜렷한 규칙은 없다.

정신이상에 관한 최초의 법적정의는 맥노튼의 법칙(M'Naghten rule)으로 알려져 있다. 맥노튼은 당시의 영국경찰체계의 설립자이자 내무장관인 로버트 필(Robert Peel)

경을 암살할 필요가 있다고 믿는 피해망상에 시달리는 영국 시민이었다.

맥토튼은 필을 죽이지 못했다. 대신에 맥노튼은 필의 비서를 필로 오해하고 살해했다. 맥노튼의 변호사들은 범행당시에 그는 미쳐있었고 유죄판결을 받아서는 안 된다고 주장했다. 이 사건의 결과로, 맥노튼의 법칙이 제정되어 "옳고 그름"의 규칙으로 알려져 왔다. 이 규칙 하에서, 개인들은 자신의 행동을 인지할 수 없었거나 그것이 나쁜 행동이었는지를 모르는 정신상태에 있었음을 입증해야 한다.

대부분의 주와 연방정부는 맥노튼의 법칙을 채택했지만 그렇지 않은 주들은 그 규칙이 자기통제와 연관된 문제임을 설명하기 위해선 더 개선되어야 한다고 믿었다. 실질적인 정신능력검사는 1962년에 제안되었고, 다음과 같은 설명을 하고 있다.

> 개인은 범행당시에 정신병이나 결함의 결과, 자신의 행위가 불법임을 인지하거나 법의 필요조건에 맞는 실질적 능력이 부족하다면 범죄행위에 책임이 없다(미국모범형법전 4.01).

맥노튼의 법칙은 너무 엄격한 측면이 존재하기 때문에, 실질적으로는 위의 정신능력검사를 통해 선악은 구별하지만 행동을 통제할 수는 없는 개인에 더 많은 자유를 제공해 왔다. 오늘날, 몇몇 주와 연방 정부는 어떤 방식으로든 맥노튼의 규칙을 고수하는 반면 다른 주들은 실질적 정신능력검사를 활용한다.

피해자 권리

형사사법체계에서 종종 간과되는 요소인 피해자는 형법에서 결정적인 요소이다. 역사적으로, 피해자와 그 가족들은 그들에게 가해진 피해에 대한 정밀한 재판을 요구했다. 오늘날 주 정부는 범죄자를 재판에 회부할 책임이 있다. 그러나 주 정부가 이런 책임을 온전히 지기 때문에 피해자는 옆으로 밀려나 있었다는 지적이 제기되어 왔다. 결과적으로, 수많은 프로그램들이 범죄로부터 피해자의 회복뿐만 아니라 재판을 돕기 위해 만들어졌다. 많은 주 정부들은 피해자의 권리보호를 위해 수정헌법조항을 채택했다. 그러나 연방정부는 해당 조항을 채택하지 않았다.

실체적 형법의 최근 경향

형법은 늘 변화하고 있다. 정부기관들은 오늘날의 법이 다음해에도 효과적일 수 있도록 정기적으로 법률적 변화를 제안한다. 법이 정기적으로 변화하는 이유 중 하나는 어떤 사회적 사건이 새로운 입법에 대한 대중적 요구를 불러일으키기 때문이다.

인터넷과 실체적 형법

최근 형사사법체계에서 지속되고 있는 문제는 인터넷을 사용한 범죄행위이다. 최초의 웹페이지가 1991년에 창설된 이후, 인터넷은 엄청난 변화를 겪었고 어떤 기관도 감시하기가 어려워졌다. 오늘날의 인터넷은 다양한 범죄행위의 온상이다. 가장 잘 알려진 범죄행위들은 불법다운로드, 신원도용, 아동포르노 게시, 바이러스 유포 그리고 테러리즘 후원과 같은 것들이다. 인터넷의 초기규정은 민법을 통해 연방정부가 주로 책임을 졌다. 많은 초기 문제들은 저작권법과 상표보호를 다루었다. 그러나 인터넷이 발전함에 따라 인터넷이 남용되면서 다수의 형법이 이러한 행동을 다루게 되었다. 사이버 스토킹, 무단접근 그리고 무선기기의 절도에 관한 법률은 30년 전에는 존재하지 않았다.

컴퓨터 기술은 급속히 변하고 있고, 등장하는 기술을 따라 잡으려는 노력도 지속적이어야 하며 많은 비용이 든다. 민간기업 뿐만 아니라 주 정부와 연방 정부기관들은 사이버범죄에 대한 감시와 통제의 책임이 있다. 연방체계에서, 변화하는 컴퓨터 범죄의 경향에 대응하기 위해 컴퓨터 범죄에 대한 입법을 개정하려는 노력이 끊임없이 제안되고 있다. 최근 원래 조직범죄를 다루기 위해 제정된 조식범죄 피해자보상법(Racketeering Influenced and Corrupt Organization: RICO)을 컴퓨터 범죄로까지 확장하려는 제안이 있었다. 최근 제안에서, 사법부는 다음의 사항에 주목했다.

조직범죄와의 싸움은 결코 끝나지 않고, 오히려 많은 초점은 온라인으로 이동했다. RICO법은 조직폭력 두목들에서 지옥의 천사들(폭주족), 내부자 거래에 이르는 조직범죄자들을 기소하기 위해 40년 이상 사용되어 왔으며, 이 법의 적법성은 법원이 지속적으로 지탱해 왔다. 그것은 알려지지 않은 범죄를 저지르는데 직접 관여하지 않은 조직폭력두목을 기소하거나 조직전체를 해체하는데 효과적인 도구로 증명되었듯이, 범죄를 위해 온라인 수단을 사용하는 범죄조직과의 싸움에도 효과적인 도구일 수 있다. 행정부의 제안은 단지 비밀유지, 진실 그리고 컴퓨터의 이용 가능성을 겨냥한 악의적 행동은 RICO법 아래에서는 범죄행위로 여겨져야 한다는 것이다.

인터넷과 범죄에 대한 또 하나의 문제는 전통적인 경계와 관할권이 없다는 것이다. 법은 주마다 그리고 국가마다 다르지만 인터넷은 세계적이어서 어떤 주나 국가가 인터넷 범죄를 다루는데 관할권을 갖는지를 결정하기가 어렵다. 이러한 문제로 인해, 인터넷 관련 문제들을 다루기 위해 관할지역이 서로 협력하도록 돕는 주 간 혹은 국제적인 태스크포스 팀(task forces)들이 만들어지고 있다. 예를 들어, 2009년에 미국 첩보기관들은 유럽 전자범죄 태스크포스 팀을 발표했다. 그것은 유럽전역의 컴퓨터 범죄를 감시하고 조사하기 위해 유럽연합 가입국들과의 협력을 포함하고 있다(Clark, 2009).

그럼에도 불구하고, 최근의 해킹사건들은 관련자 추적이 어려운 현실을 보여주었다. 외국에서 활동하는 사람들은 국제회사의 시스템을 해킹하여 민감한 자료를 유출시킬 수 있다. 예를 들어, 애플의 아이클라우드(Icloud) 저장소에 침투한 해커들은 여러 유명인들의 누드사진을 유출시켰다. 또한, 소니영화사의 시스템에 침투한 해커들은 배우의 월급, 대본 그리고 기타 정보들을 유포했다. 북한이 그 배후에 있다고 여겨진다. 이와 관련하여, 2016년 선거기간 동안 해커가 이메일, 서버, 투표기계를 해킹하고, 잘못된 정보를 확산시킨 사건에 대한 조사가 시작되었다. 도날드 트럼프(Donald Trump) 후보의 선거운동과 관련하여 러시아 정보원이 민주당 선거전략에 대한 정보를 획득하여 이 정보를 선거에 영향을 주기 위해 사용함으로써 도날드 트럼프를 당선시킬 수 있었다는 주장이 있다. 당시 수사단계에서 문제가 있었다.

테러리즘, 국토안보부 그리고 형법

9/11 테러 이후, 많은 주 정부와 연방 정부는 테러와의 전쟁을 위한 법률을 제정했다. 그러한 법률은 국토안보부(United States Department of Homeland Security)를 행정부 내각의 지위로 확립하는 2002년의 국토안보법(Homeland Security Act)이다. 해당 부서의 임무는 미국 내 테러리스트의 공격을 방지하고, 테러에 대한 미국의 취약성을 감소시키고, 미국 내에서 발생하는 테러리스트의 공격으로부터 피해를 최소화하고, 피해의 회복을 돕는 것이다. 그 부서는 안보를 개선하고 테러와의 전쟁을 지속할 수 있는 입법을 지지한다. 입법의 예로는 해당 부서가 고위험 화학시설을 감시 및 규

제하고, 항만시설의 보안을 강화할 수 있게 하는 조항 등이 있다.

주 정부들 또한 연방정부의 국토안보부와 비슷한 국토안보 및 비상대응 관련 부서를 만들어 왔다. 이들 기관들은 국내테러와 전쟁과 관련하여 주 정부가 입법시킨 법을 시행할 책임이 있다. 미국의 애국자 법(U.S.A Patriot Act)은 국내 테러를 다음과 같이 정의한다.

주로 미국관할의 영토에서 대량파괴, 암살, 혹은 납치를 발생시킴으로써 주민에게 어떤 강요를 하거나 위협을 주기 위한 경향이 있는, 미국 연방이나 특정 주의 형법을 위반하는, 인간생활에 위험한 행동을 포함하는 활동들

이 정의를 비판하는 사람들은 그것은 너무 광범위하여 일반적인 노상범죄를 저지르는 사람도 해당될 수 있다고 주장한다. 실제로 수많은 주 정부들은 테러리즘과 관련하여 입법된 법률들을 조직범죄활동이나 기타 다른 범죄들에 대응하기 위해 사용해 왔다. 이러한 입법과 강화된 조사기법을 바탕으로 9/11 테러 이후 전 세계적으로 3만 5천명 이상의 사람들이 유죄선고를 받았다.

최근의 사건들은 민감한 자료에 대한 보안의 허점을 강조했다. 그 예로 승인되지 않은 뉴스나 기밀정보를 유출하는 온라인 기업인 위키리크스(WikiLeaks)를 들 수 있다. 이 기업은 9/11 테러 후 관타나모(Cuantanamo) 해군기지에 억류되고 있는 사람들에 대한 미 국무부의 정보가 유출되는 과정에 관여하였다고 추측한다. 위키리크스의 창업사인 줄리안 어산지(Julian Assange)는 1917년 제정된 긴첩법을 포함하여 수많은 연방법을 위반한 혐의로 미국의 조사를 받고 있다.

또한 미국 국토안보국의 전직 계약직원인 에드워드 스노든(Edward Snowden)은 위험한 첩보활동을 포함하는 미국의 전 세계적인 감시체계에 대한 기밀정보를 유출했다. 스노든은 미국의 억류를 탈출하여 수많은 나라에서 망명지를 찾았으며, 지금은 러시아에 거주하고 있다. 미 정부는 정부재산절도와 1917년 간첩법위반으로 스노든을 기소했다.

절차법

지금까지 이 장에서는 실체적 형법의 여러 측면에 대한 개략적인 설명을 하였다. 이 절에서는 법률체계에서 실체법만큼이나 중요한 절차법에 중점을 둔다. 앞서 언급한 바와 같이, 절차법은 정부기관이 법을 집행할 때 따라야하는 절차를 설명한다. 대부분의 미국 절차법은 연방, 주 및 지방정부가 따라야 하는 정책을 명시한 미국 헌법에 근거한다.

연방헌법은 본질적으로 연방정부의 구조와 기능을 설명하는 헌법의 원문과, 원문의 변경을 포함하는 수정조항의 두 부분으로 구성된다. 헌법원문은 주로 연방정부의 청사진을 다루고 있으며, 정부의 세 가지 부서를 정의하고 각각의 역할과 책임을 지정한다. 1787년 헌법 초안이 작성될 때 연방헌법기초자들은 헌법이 새로 만들어진 연방정부로부터 시민의 권리를 보호하는 조항을 포함해야하는지의 여부에 따라 부서를 나누었다. 이러한 분할은 일부 연방헌법기초자들이 새로운 정부를 신뢰하지 않은 결과였는데, 그들은 강력한 연방정부가 시민의 권리를 침해할 것이라고 믿었기 때문이다. 그들은 독립을 달성하여 새롭게 세워진 미국연방정부를 영국정부와 비교하였는데, 미국혁명 이전에 영국 정부는 미국 식민지 주민들의 권리를 침해하여 그들로 하여금 언론과 표현의 자유를 축소하고, 영국정부를 대표할 수 없게 하고, 반정부적인 불온자료를 접하지 못하도록 집으로 귀가하는 관행에 참여시켰다. 새로운 연방정부에 회의적인 사람들은 미국이 또 다른 영국이 되지 않기를 원했고, 따라서 헌법이 이러한 보호조항들을 포함하도록 요구했다(Schwartz, 1992). 따라서 헌법본문은 소급입법금지, 사권박탈법에 대한 금지, 구속적부심사에 대한 권리(모두 제1조 9항에 있음) 및 배심원 재판(제3조 2항에 있음)과 같은 네 가지 개인의 권리를 다루고 있다.

소급입법금지(ex post facto)는 법의 소급적용을 금지한다. 사실상, 내일 통과된 법은 오늘날 우리가 관여하는 행동에 적용될 수 없다. 사권박탈법(bills of attainder)에 대한 조항은 재판 없이 처벌을 부과하는 것을 금지하고 있다. 구속적부심사(habeas corpus)는 개인이 정부에 의한 불법감금에 이의를 제기할 수 있도록 한다. 마지막으로, 배심원 재판의 권리(trial by jury)는 개인이 중립적이지 않은 한두 명의 개인이 아닌 그들과 비슷한 부류의 배심원들에 의해 판결이 진행되도록 보장한다. 이러한 권리는 헌법에 포함될 만큼 충분히 중요한 것으로 간주되다. 그럼에도 불구하고, 일부 연방헌법기초자들은 이러한 조항들이 충분히 반영되지 않았으며 더 많은 권리를 포함할 것을 요구했다. 이러한 권리들은 1791년에 권리장전으로 작성되어 통과되었다.

권리장전은 1791년에 대량으로 통과된 최초의 10개 수정헌법조항으로 구성되어 있다. 그 이후로 헌법은 17회에 걸쳐 수정되면서 총 27개의 수정조항이 추가되었다. 권리장전은 회의론자들이 갖고 있는 새로운 연방정부에 대한 두려움을 완화하기 위해 통과되었으며, 따라서 권리장전에서 설립된 조항들은 광범위한 보호를 포함하고 있다(Schwartz, 1992). 형사소송법에 초점을 두기 위해, 이 절은 수정조항 제4조, 제5조, 제6조, 제8조를 중점적으로 다룬다. 이 장의 뒷부분에서는 1868년에 통과된 수정조항 제14조를 설명한다.

BOX 2.2 권리장전과 수정헌법 제14조

수정조항 제1조: 의회는 국교를 정하거나 종교 행위를 금지하는 법을 제정하여서는 아니된다. 또 의회는 언론·출판의 자유 또는 국민들이 평화적으로 집회를 할 수 있는 권리와 고충 처리를 위해 정부에 청원할 수 있는 권리를 제한하는 법을 제정하여서는 아니된다.

수정조항 제2조: 철저히 조직된 민병대는 자유로운 국가(free State)를 보장하는데 필요하므로, 무기를 소장하고 휴대하는 국민의 권리를 침해할 수 없다.

수정조항 제3조: 군은 평시 주인이 허가 없이 어떠한 민간인 집에서도 거처할 수 없으며, 전쟁시에도 법에 의해 한정된 곳을 제외하고는 거처할 수 없다.

수정조항 제4조: 불합리한 압수와 수색에 대하여 신체, 주거, 서류, 물건의 안전을 확보할 국민의 권리는 침해되어서는 아니된다. 선서나 확약에 의하여 상당하다고 인정되는 이유가 있어 특별히 수색할 장소와 압수할 물건, 체포·구속할 사람을 특정한 경우를 제외하고는 영장은 발부되어서는 아니된다.

수정조항 제5조: 누구라도 대배심의 고발이나 공소 제기에 의하지 아니하고는 사형에 해당하는 죄나 중죄에 대하여 심문당해서는 아니된다. 다만 전쟁시나 공공의 위험이 발생했을 때에 육해군이나 민병대에 현실적으로 복무중인 경우는 예외로 한다. 또한 어느 누구도 동일한 범죄에 대하여 생명이나 신체의 위험에 두 번 처해져서는 아니되고, 어느 형사 사건에서도 자신의 증인이 될 것을 강요받아서는 아니되며, 적법절차에 의하지 아니하고 생명이나 자유 또는 재산이 박탈당해서는 아니된다. 또 사유재산권은 정당한 보상 없이는 공익 목적을 위하여 수용되어서는 아니된다.

수정조항 제6조: 모든 형사절차에서 피고인은 죄를 범한 주와 특별구의 공평한 배심원단에 의한 신속하고 공개적인 재판을 받을 권리를 향유한다. 이 경우 특별구는 법에 의하여 미리 인정받아야 한다. 또한 피고인은 공소의 성질과 이유를 통보받을 권리, 자신에게 불리한 증인을 대면할 권리, 자신에게 유리한 증인을 확보할 강제절차를 보장받을 권리, 방어를 위하여 변호인의 조력을 받을 권리를 향유한다.

수정조항 제7조: 분쟁의 가치가 20달러를 초과하는 보통법상의 소송에서, 배심원에 의한 공판을 받을 권리가 주어진다. 배심에 의하여 심리된 사실은 보통법의 규정에 의하는 것 외에 미국의 어느 법원에서도 재심받지 아니한다.

수정조항 제8조: 과도한 보석금을 요구하거나, 과도한 벌금이 부과되어서는 안되며, 잔혹하고 이례적인 형벌이 부과되어서도 안된다.

수정조항 제9조: 본 헌법에 특정 권리를 열거한 사실이, 국민이 보유하는 그 밖의 여러 권리를 부인하거나 경시하는 것으로 해석되어서는 아니된다.

수정조항 제10조: 본 헌법에 의하여 미국 연방에 위임되지 아니하였거나, 각 주에게 금지되지 아니한 권한은 각 주나 국민이 보유한다

수정조항 제14조(1항만 해당): 미국에서 태어나거나, 귀화한 자 및 그 사법권에 속하게 된 사람 모두가 미국 시민이며 사는 주 시민이다. 어떤 주도 미국 시민의 특권 또는 면책 권한을 제한하는 법을 만들거나 강제해서는 안 된다. 또한 어떤 주에도 법의 적정 절차 없이 개인의 생명, 자유 또는 재산을 빼앗아서는 안 되며, 그 사법권 범위에서 개인에 대한 법의 동등한 보호를 거부하지 못한다.

수정조항 제4조

수정조항 제4조는 정부 기관의 부당한 수색 및 압수를 방지하기 위해 마련되었다. 식민지 시대에, 식민지 주민들은 점차 도를 넘는 영국정부의 행태에 점점 지쳐갔다. 식민지 주민들은 영국정부가 높은 과세와 같은 엄격한 정책을 시행하자 영국정부를 비판하기 시작했다. 이에 대응하여 영국정부는 그러한 비판을 명예를 훼손하는 선동행위로 간주하고 일반영장에 주택과 기업에 침입할 수 있는 권한을 부여함으로써 명예훼손 선동행위의 증거뿐만이 아니라 세금 납세를 거부하는 등 영국법을 위반한 사람들을 수색했다. 이 영장은 정부 공무원이 정당한 사유가 없어도 주택과 기업체를 수색하여 뒤집어 놓을 수 있도록 허용했으며, 이것이 수정조항 제4조를 만든 이유가 되었다(Zalman & Siegel, 1997).

수정조항 제4조는 정부의 불합리한 수색 및 압수로부터 개인을 보호하지만 모든 수색에 관한 금지를 다루는 것은 아니다. 공무원이 개인의 집을 수색하려면 판사로부터 허락을 받아야 하며, 이것은 영장(warrant)의 형태로 제공된다. 영장은 수색할 사람의 이름과 거주지, 압수조치를 당할 사람이나 물건에 대한 구체적인 설명을 포함한다. 이러한 정보는 반드시 상당한 이유(probable cause)라고 알려진 표준양식에 의해 정당화되어야 한다. 이 표준을 정의하기는 어렵지만, 미국 대법원의 Brinegar v. United States(1949) 판결에서 다음과 같은 정의를 제공했다. "사실과 상황 … (중략)… 합리적으로 신뢰할 수 있는 정보는 그 자체로 범죄가 발생하고 있다는 믿음에 대한 합리적인 주의를 보증하기에 충분하다(p. 176)." 즉, 특정 개인에게 범죄를 저질렀다는 혐의를 갖기 위해서는 많은 증거가 존재해야 한다는 것이다. 일단 형사사법 공무원이 이러한 정보를 제공한 후, 심화적인 수색을 하기 전에 판사의 승인을 받아야 한다.

때때로 공무원은 불합리한 수색과 압수에 관여한다. 어떤 이유로든 상당한 사유가 존재하지 않으면 영장이 확보되지 않을 수 있다. 결과적으로, 미국 대법원의 Mapp v. Ohio(1961) 판결로 인해 수정조항 제4조를 위반하는 수색 및 압류는 배제의 원칙의 적용을 받는다. 즉, 불법적으로 수집된 증거는 기소에서 제외된다. 배제의 원칙은 공무원이 절차를 합법적으로 수행하도록 하고, 그렇지 않은 경우 벌금을 부과한다.

수정조항 제4조는 시대와 상황의 변화에 대응하기 위해 수많은 법원 사건들에서 수정의 내상이 되어왔으며, 이에 현재 수정인은 주택과 기업체를 넘어 차량, 약물검사, 전화, 컴퓨터(수정조항 제4조 작성 당시에는 컴퓨터가 없었다)와 같은 것들에도 적용된다. 또한 영장 또는 상당한 이유에 대한 표준을 사용할 필요가 없는 상황이 추가되었다. 제4차 수정조항의 다양한 변화를 검토하는 것은 이 책의 범위를 벗어난다. 수정조항 제4조에 대한 자세한 내용은 Hemmens, Worrall & Thompson(2004)을 참조 바란다.

수정조항 제5조

수정조항 제5조는 광범위한 절차적 권리를 포함하는 일련의 조항들을 특징으로 한다. 가장 중요한 조항 중 하나는 적법절차 조항으로, 개인이 형사사법절차를 밟을 때 공무원이 공정한 절차를 준수하도록 하는 것이다. 적법절차조항은 다른 모든 절차적 권리를 포괄한다. 다른 모든 절차적 권리는 단순히 특정 형식의 적법절차이기 때문이다.

수정조항 제5조에서 가장 잘 알려진 조항은 자기부죄금지(self-incrimination) 조항이다. 이것은 개인이 범죄 행위에 관여(또는 비 참여)했음을 자백하도록 강요받을 수 없음을 명시한다. 1200년대로 거슬러 올라가 역사적으로 생각해 보면, 영국정부는 고문과 심리적 강압을 이용하여 고발된 사람들로부터 자백을 이끌어 냈다. 결과적으로, 수정조항 제5조의 자기부죄금지 조항은 공무원이 기소된 개인으로 하여금 자신이 하거나 하지 않은 것에 대해 고백하도록 강요하는 것을 금지하기 위해 제정되었다.

수정조항 제5조의 또 다른 중요한 조항은 일사부재리의 원칙(double jeopardy)이다. 일사부재리 조항은 개인이 무죄 혹은 유죄를 선고받은 후에 정부가 누군가를 재차 기소하는 것을 금지한다. 본질적으로, 정부는 특정 판결에 만족하지 않아도 두 번째 시도를 하지 않는다.

수정조항 제5조의 또 다른 조항은 대배심 절차에 대한 권리이다. 대배심(grand jury)은 개인에 대한 혐의를 검토하고 재판이 필요한지를 결정하는 다수의 일반 시민으로 구성된다. 연방헌법기초자들은 국가공무원으로서 검사들이 기소결정을 내릴 때 너무 많은 권력을 가질 것이라고 생각했기 때문에 대배심 조항을 중요하게 여겼다(Zalman & Siegel, 1997).

수정조항 제6조

수정조항 제6조는 재판과정에 관한 조항 때문에 종종 "재판 권리 조항"이라고 불린다. 첫 번째 조항은 신속한 재판(speedy trial)에 대한 권리이며, 이는 형사와 검찰 모두에게 이익이 된다. 신속한 재판은 피고인이 자신의 사건이 해결될 때까지 견뎌야하는 시간을 최소화함으로써 변호를 돕는 역할을 하며, 이는 재판에 앞서 피고인이 수용된 경우에 특히 그러하다. 피고인이 유죄인 경우 신속한 재판이 신속하게 이루어지므로 검찰의 업무에 도움이 된다.

공개재판(public trial)에 대한 권리는 대중에게 재판내용의 공개를 보장한다. 영국법원은 비밀소송으로 악명이 높았으며, 미국헌법기초자들은 권리장전을 통해 대중이 정부소송절차에 대한 감시자로 행동함으로써 피고인에 대한 불법절차가 허용되지 않기를 기대했다.

기소된 개인도 공정한 재판(impartial trial)을 받을 권리가 있다. 즉, 고발된 개인의 사건에 대해 판결을 내릴 때 판사와 배심원은 편견이 없고 중립적이어야 한다. 이를 보장하기 위해 개별배심원이 갖고 있을 편견을 피할 수 있도록 상당히 엄격한 프로세스를 통해 배심원이 선정된다.

이와 관련하여 배심원 재판의 권리는 제6차 개정의 범위에 포함된다. 비록 미국 헌법 제3조 2항에 구체적으로 명시되어 있지만, 배심원 재판은 수정조항 제6조에 나열된 다른 재판권에 의해 유추되는 방식이기 때문에 배심원 재판에 대한 권리는 제6차 수정조항의 일부로 해석되었다. 이 권리는 정부재판 대신에 시민들에 의한 배심원 재판에 대한 권리를 보호한다.

수정조항 제6조는 기소된 개인은 범죄를 저지른 주 및 카운티에서 고발될 권리를 갖도록 규정하고 있다. 해당 조항은 범죄를 저지른 것으로 추정되는 식민지 주민을 영국으로 데려가는 영국관행에 대한 반응으로 제정되었는데, 이는 많은 영국시민들이 식민지 주민에 대해 편견을 갖고 있었기 때문에 피의자에게 불리했다. 또한 기소된 개인은 자신이 고발된 명목을 알 권리(그러한 혐의에 대한 변호를 구축하기 위해), 고소인이 누구인지 알 권리(증인이 고발을 날조하지 않도록 보장하기 위해) 및 증인을 불러서 자신에게 도움이 되는 증언을 할 수 있는 권리를 갖는다. 초기 영국관행은 고발당한 개인이 기소내용을 알거나 증인에게 질문하거나 방어를 할 수 없었다.

수정조항 제6조의 마지막 조항은 변호인의 조력을 받을 수 있는 권리(right to counsel)이다. 대부분의 고발된 개인은 복잡한 법률을 알지 못하며, 따라서 이해를 돕기 위해 숙련된 변호사가 필요하다. 또한 변호사는 자백을 이끌어내는 등 피고인에게 해를 끼칠 수 있는 의심스러운 정부의 조치를 상쇄할 수 있다. 즉, 변호사들은 적법절차가 준수되는지를 보장하기 위해 존재한다. 초기에 이 조항은 변호사를 선임할 능력이 있는 개인은 변호사를 이용할 수 있지만, 가난한 사람들은 변호가 거부된다는 의미로 해석되었다. 후에 해석이 점차 변화하면서, 변호사를 감당할 수없는 개인은 정부비용으로 변호사를 선임 할 수 있게 되었다.

수정조항 제8조

수정조항 제8조의 세 가지 조항 중 두 가지가 형사처벌을 다루기 때문에 "처벌조항"으로 간주된다. 첫 번째 조항은 과도한 보석금에 대한 저항권으로, 이는 유죄판결을 받기 전에 개인을 구금하지 못하도록 정부를 제지했다. 보석심사 중에 판사는 기소된 개인의 범죄, 비행위험 또는 지역사회에 대한 위협과 관련하여 과도한 보석금(excessive bail)을 부과할 수 없다. 과도한 보석금에 대한 저항권은 보석금이 피고인에게 저렴하게 적용되어야 한다는 보장이 아니며, 일반적인 보석의 구제 권리도 보장하지 않는다.

과도한 보석금에 대한 저항권은 정부가 개인의 책임에 맞지 않는 재정적 처벌을 부과하지 않도록 하기 위해 만들어졌다. 잔인하고 특수한 형벌 조항은 다양한 역사를 가지고 있으며, 국회의원과 판사는 여전히 해당 조항들이 실제로 무엇을 보호하는지를 분별하고자 노력하고 있다. 일부 미국 대법원 판결에 따르면 해당 조항은 형틀이나 엄지손가락을 죄는 고문기구와 같은 야만적인 처벌방식뿐만 아니라 범죄의 정도에 과하게 비례하지 않는 처벌도 금지한다고 해석한다(O'Neil v. Vermont [1892] 판결 참조). 그러나 미국 대법원의 결정은 비례성에 대한 주장에서 벗어났다. Harmelin v. Michigan(1991) 판결에서 안토닌 스칼리아(Antonin Scalia) 판사는 잔인하고 특이한 처벌 조항은 비례성에 대해 아무것도 말하지 않으며, 사실상 정기적으로 사용되지 않는 특정 형태의 처벌에 대해서만 보호한다고 선언했다. 그럼에도 불구하고 일부 판사들은 비례성을 제8차 개정과정에서 문제로 간주하며, 처벌이 과도하게 적용되었다고 판단될 경우 해당 판결을 뒤집을 것이다.

통합

이전의 논의들은 미국 헌법과 권리 장전에서 확립된 주요 형사소송법적 권리에 대해 간략히 설명한 것이었다. 그러나 그러한 논의들은 연방차원에서 다뤄진 것이기에 해당 규정들은 개인을 연방정부의 권리침해로부터 보호하는 것이다. 절차적 권리에 대한 국가차원 혹은 지방차원의 침해에 대한 보호는 보장되지 않았으며, 개인은 이러한 보호를 제공받기 위해 주 헌법에 의존해야 했다. 일부 주 헌법은 연방정부의 지시에 따라 시민들에게 광범위한 절차적 권리를 제공했지만, 다른 주 헌법은 그렇지 않았으며, 불공정하고 불평등한 법률의 적용으로 인해 문제가 되었다(Zalman & Siegel 1997).

1868년 수정조항 제14조의 비준은 미국 헌법과 권리 장전의 범위를 미국 전역으로 확대하기 위한 촉매제였다. 수정조항 제14조는 5개의 항목으로 구성되어 있고, 이 중 첫 번째 항목이 여기에서 말하는 것과 가장 관련이 깊다. 여기서는 주들에 적용되는 적법절차 조창을 간략하게 설명한다. 앞에서 언급한 바와 같이, 수정조항 제5조에는 적법절차 조항이 이미 포함되어 있다. 그러나 그것은 권리 장전에 있기 때문에 연방 정부에만 적용된다. 수정조항 제14조의 적법절차 조항은 "어떠한 주도 법률의 적법절차 없이는 어떠한 생명, 자유 및 재산도 박탈하지 않아야 한다."고 명시하고 있다. 이는 주 정부가 미국 헌법과 권리 장전에서 확립된 절차를 채택하도록 강요한다. 미국 대법원은 Marbury v. Madison(1803) 판결 및 Fletcher v. Peck(1810) 판결에서 이 권한을 부여했다. 이러한 판결들로 사법심사(judicial review) 관행이 확립되었으며, 미국 대법원은 연방 및 주 법률을 검토하여 미국 헌법을 준수하는지 확인할 권한이 생겼다.

사법심사 권한을 사용하여 미국 대법원은 미국 헌법과 권리 장전에서 확립한 대부분의 절차상의 권리를 통합하거나 주에 적용할 수 있도록 했다. 법원이 판결을 내리기 전에 사건이 제기되기를 기다려야했기 때문에 이러한 통합(incorporation) 과정은 선택적이고 시간이 많이 소요되었다. 처음에 법원은 '기본적'이거나 '필수적'이라고 생각한 절차상의 권리만을 포함 시켰지만(Palko v. Connect[1937] 판결 참조), 법원은 시간이 지남에 따라 미국 헌법 및 권리 장전을 기본적으로 적용하였다. 오늘날 모든 주와 연방 정부는 이 문서들에서 제시된 조항들을 준수하고 있다. 실제로 일부 주에서는 이 문서에서 명시한 것 이상으로 시민들에게 더욱 많은 권리를 제공하고 있다. 연방 및 주 정부가 이러한 절차적 권리를 인정하고 있다는 사실에도 불구하고, 이러한 권리 중 그 어느 것도 절대적인 것은 아니다. 앞서 언급한 수정조항 제4조에 명시된 것처럼 영장이나 상당한 이유가 필요하지 않은 수색 및 압수와 관련된 경우가 있다. 이전에 명시한 다른 절차상의 권리도 마찬가지이다. 시간이 지남에 따라 미국 헌법과 권리 장전에서 확립한 조항들은 이러한 문서를 만들 때 예외적인 상황들을 설명하기 위해 수정되었다.

예를 들어, 기소됨으로써 형사사법체계를 경험한 개인의 수는 1791년보다 훨씬 많다. 형사사법체계는 이러한 수치를 체계의 붕괴 없이 수용해야 했다. 결과적으로, 기소된 개인은 신속한 재판에 대한 권리, 변호사 선임에 대한 권리, 자기부죄금지에 대한 권리를 포함하여 많은 권리를 포기해야 한다. 법원 또한 이러한 절차상의 권리를 상당부분 축소했다. 예를 들어, 6개월 이상의 징역형을 받을 가능성이 있는 사람에게만 배심원 재판을 받을 권리가 있다. 미국의 절차적 권리 범위에 대한 자세한 내용은 Samaha(2012) 및 Zalman & Siegel(1997)을 참조하라.

형사소송법 추세

앞서 언급했듯 법원은 미국 헌법과 권리 장전에서 발견되는 많은 절차상의 권리를 제한했다. 대부분의 경우 이러한 제한은 공공의 안전을 개인의 권리보다 더 높은 곳에 놓는 치안문제의 결과이다. 예를 들어, 경찰관은 예측이 어려운 업무적 상황에 놓여 있기 때문에 경찰이 위태로운 상황에 처하지 않도록 영장 없이 수사를 진행할 수 있도록 했으며, 확실한 사유가 없어도 체포를 할 수 있다.

앞에서 언급했듯 인터넷은 새로운 기술과 더불어 새로운 범죄유형을 크게 양산했다. 결과적으로 형사사법체계는 사이버범죄자들보다 앞서기 위해 수사기술을 개선해야했다. 미국 헌법이 쓰였을 때 헌법초안자들은 인터넷 기술의 가능성에 대해 전혀 알지 못했다. 결과적으로 헌법과 형사사법체계는 바뀐 시대적 상황에 적응해야 했다. 이전에도 전자감시로부터 개인의 정보를 보호하기 위한 법률이 있었지만(예: 1986년 전자통신개인정보보호법 참조) 인터넷의 발전은 이러한 많은 법률의 본래의 목적을 확장시켰다. 휴대전화와 이메일의 사용과 더불어 페이스북(facebook)이나 유튜브(youtube)와 같은 써드파티(third party) 사이트에 대한 접속은 헌법을 "복잡하고 복잡한 법률 영역"(United States v. Smith [1998])으로 만들었다. 법원은 체포 직후 피의자의 휴대전화 문자메시지 검색을 지지했으며(United States v. Finley [2007]), 써드파티 인터넷 사이트업체에 제공되는 가입자 정보의 압류 또한 지지했다(미국 v. Perrine [2008]).

9/11 이후 통과된 미국의 애국자 법(Patriot Act)은 연방 당국이 전화 및 인터넷 서비스 제공업체뿐만 아니라 음성메일 등의 이메일통신에 대한 광범위한 도청 및 전자감시에 참여할 수 있도록 허용했다. 국가안보에 대한 위협과 관련이 있다고 간주되는 활동은 연방당국에 의해 감시가 강화되고 헌법적 보호가 약해진다. 많은 사람들이 국가의 안전을 중요하게 생각하지만, 몇몇 사람들은 정부가 자체적으로 국가안보에 대한 위협이 무엇인지 정의하기 때문에 연방정부가 그러한 활동을 조사할 수 있는 권한을 과도하게 부여했다고 생각한다.

결론

실체법과 절차법은 사회와 그 안에 존재하는 모든 구성원들의 기능적인 부분에 있어 매우 중요하다. 이 장에서는 실체법과 절차법의 다양한 측면에 대한 개략적인 설명과 더불어 사회, 특히 형사사법체계에서 법의 존재를 이해하는 데 필요한 정보들을 제공했다. 형사사법체계는 법적 토대 위에서 존재할 수 있다. 또한 형사사법체계는 진공상태에 존재하는 것이 아니다. 즉, 개인, 집단 그리고 기업이 반드시 법률을 지켜야 하는 것처럼, 법률 또한 다른 법률을 준수해야 한다. 독자는 실체법과 절차법에 대한 보다 폭넓은 이해를 위해 이 장의 전반에 걸쳐 소개된 문헌들을 참조하는 것을 권장한다.

핵심 단어

면책조항
연령
인과관계
관습법
형법
직접원인
소급입법금지
배제의 원칙
구속적부심사
통합
관할권
금지적 범죄
맥노튼 규칙
상당한 이유
공재재판
신속한 재판
실체법
영장

범죄행위
사권박탈법
실질원인
동시발생원인
잔인하고 특수한 형벌
일사부재리
과도한 보석금
수정조항 제4조
해악
비자발적 중독
정당화
범의
판례
절차법
변호사의 조력을 받을 수 있는 권리
성문법
배심원 재판

행정법
판례법
민법
헌법
살상무기
협박
과도한 벌금
대배심
공정한 재판
사법심사
본래적 범죄
정신능력
죄형법정주의
근접원인
자기부죄금지
무과실책임
자발적 중독

읽을 거리

Friedman, L. (1993). *Crime and punishment in American history*. New York: Basic Books.

Ross, D. (2009). *Civil liability in criminal justice*, 5th ed. Cincinnati, OH: Anderson.

Scheb, J., and J. Scheb. (2011). *Criminal law and procedure*, 7th ed. Florence, KY: Cengage.

Singer, R., and J. LaFond. (2010). *Criminal law: Examples and explanations*, 5th ed. New York: Aspen.

Walker, S. (1980). *Popular justice: A history of American criminal justice*. New York: Oxford University Press.

제3장

경찰활동과 법집행

- **서론**
  - 법집행
  - 질서 유지
  - 서비스
- **사회적 역할**
  - 정보주도적 경찰활동
- **구조**
  - 지역경찰(Local)
  - 보안관(Sheriff)
  - 군 경찰(County Police)
  - 치안관(Constable)
  - 특수경찰
  - 주 경찰(State)
  - 연방
  - 부족경찰(tribal)
  - 청원경찰
- **조직**
  - 경찰 VS 민간인
  - 특수화
  - 지리
  - 시긴
- **경찰업무와 입직경로**
  - 채용과정
  - 현장훈련
  - 승진
- **지속적인 위험과 문제**
  - 경찰하위문화
  - 경찰부패
  - 경찰폭력
  - 경찰의 부적절한 무력사용과 야만성
  - 경찰내부의 엄격한 비밀주의
  - 경찰감시
  - 특별시민
- **미래의 문제**
- **결론**
- **핵심 단어**
- **읽을 거리**

CHAPTER

03 경찰활동과 법집행

학습목표

- 법집행과 질서유지 그리고 경찰업무의 서비스 기능을 구분한다.
- 전문경찰시대의 핵심적인 발전사항들을 파악한다.
- 경찰활동에 있어 깨진 창문 이론을 논한다.
- 문제지향적 경찰활동과 지역사회 경찰활동의 차이를 설명한다.
- 정보주도적 경찰활동의 의미를 확인하고 토론한다.
- 경찰구조의 여러 수준과 유형을 정리하고 토론한다.
- 다양한 연방 법집행기관과 그들의 권한을 간단히 토론한다.
- 경찰 조직의 다양한 측면을 설명한다.
- 채용과정의 여러 단계들 확인한다.
- 경찰하위문화와 관련된 문제들 토의한다.
- 경찰부패를 정의하고 토론한다.
- 물리적 도구의 사용을 개략적으로 설명한다.
- 경찰조직에서 나타나는 다양한 문제를 지적한다.

서론

법정까지 오는 대부분의 형사사건들은 경찰의 결정에서 비롯된 것이기 때문에 우리는 일반적으로 경찰을 형사사법체계의 "문지기"라고 일컫는다. 이처럼 경찰은 법집행자로서 여겨지지만, 범죄자를 체포하는 것은 단지 경찰 업무의 작은 일부분일 뿐이다. 그 외에도 경찰은 법률준수를 장려하고, 범죄와 직접 연관되지 않는 여러 서비스를 제공하기도 한다. 대부분의 순경의 경우 업무시간의 80%를 법집행 이외의 다른 활동에 사용한다. 그럼에도 대중적으로 경찰은 법집행관으로서의 이미지가 지배적이다.

법은 시민들의 집단의지를 반영하기 때문에, 경찰은 사회의 법 이면의 "근육"이라고 할 수 있다. 자발적으로 법을 준수하지 않는 사람들은 경찰의 존재로 인해 법의 강요를 받게 되는 것이다: 경찰은 준법을 강제하는 주요한 수단이다. 에곤 비트너(Egon Bittner)는 경찰의 역할을 "상황에 따른 위험을 직관적으로 이해하기 위해 도입된 비타협적이고 강압적인 물리력 분배의 메커니즘"으로 설명했다. 다른 직업과 사회적 기관들도 제한된 상황에서 물리력을 사용할 권리가 있지만(예, 자해하는 환자를 제지하거나 아이들을 훈육하는 일), 유일하게 경찰만이 공공선을 위해 물리력을 사용할 일반적인 권한을 가지고 있다.

경찰은 법이 준수되고 공공질서를 유지하도록 만들기 위해 물리력을 사용할 수 있다. 경찰이 언제 실제로 물리력을 사용하는지가 바로 경찰 재량의 핵심이다. 경찰이 마주할 수 있는 모든 상황을 법이나 규칙으로 다루기란 불가능하다. 경찰이 받는 신고들에 수반되는 모든 실제적인 문제들을 확실하게 인지할 수도 없을 것이다. 경찰은 그들의 지식을 독특한 상황에 수반되는 언어적 그리고 비언어적 지식과 결합시키고 상황에 대한 정확한 판단을 하며 적절한 대응을 결정한다.

물론 모든 경찰 행동이 강압적이지는 않다. 사회를 대신하여 물리력을사용할 권리는 경찰이 하는 다른 많은 일들 뒤에 숨겨져 있다. 크게 보면, 경찰업무에는 세 가지 주요한 책임이 있다: 법집행, 질서유지 그리고 서비스. 이 측면들은 제임스 윌슨(James Q. Wilson)의 1968년도 저서 경찰행동의 다양성(Varieties of Police Behavior)에서 처음으로 분석되었다.

법집행

범죄발생 후에 범죄자를 체포하여 법을 집행하는 것은 경찰업무의 중요한 부분이지만, 그것은 단지 법집행 임무 중 하나의 요소일 뿐이다. 연예미디어는 치안활동을 범죄자를 체포하거나 진행 중인 강도행각을 저지하거나, 과속차량의 추적, 극적인 현장검거, 필사적으로 반항하는 범죄자를 제압하는 등의 흥미로운 작업으로 묘사한다. 사실, 이런 일은 거의 일어나지 않는다. 경찰은 전문범죄자의 범죄들보다 취객이나 우울증 환자, 정신이상자 혹은 생활스트레스에 억눌린 사람들이 저지르는 범죄를 주로 다룬다.

긴장된 대치상황, 넘어뜨리는 동작 그리고 매력적인 고성능 무기와 과학은 경찰이라는 직업의 도구로 여겨진다. 그러나 이러한 것들도 중요하지만, 훨씬 더 중요한 도구는 인내심, 훌륭한 의사소통기술 그리고 인간에 관한 심리학적 지식이다. 범죄자를 심판대에 세움으로써 법을 집행하는 능력은 주로 대중들이 경찰에 기꺼이 협조하려는가에 달려 있다. 그리고 그러한 협조의 토대는 비상사태가 아닌 매일의 경찰활동과정에서 경찰과 시민들 간에 발생하는 일상적인 상호작용에 있다.

범죄예방(crime prevention)은 경찰업무의 주요 기능으로 여겨져 왔다. 범죄예방이란 범죄자의 범행기회를 저지하고 폭력적 상황에 도달하기 전에 불안한 상황을 진정시킴으로써 지역사회의 안전을 보장하는 것이다. 도보순찰, 차량순찰, 자전거순찰, 말을 타고 하는 순찰 등 가시적 순찰(patrol)은 억제(deterrence)를 통해 범죄를 예방하는 것으로 여겨진다. 적극적 순찰은 범죄자가 체포될 가능성을 증가시킨다. 경찰이 항상 주위에 있고 바짝 경계하고 있다는 인상은 범죄자의 범행을 좌절시키며, 이것이 바로 경찰 억제의 핵심적인 부분이다. 일반적으로 체포권을 비롯한 강제적 권한의 존재는 잠재적인 말썽이나 부산한 행위를 억제한다.

또한 경찰은 티가 나지 않는 방식으로 범죄예방을 조성하기도 한다. 경찰은 이웃의 의심스러운 활동을 관찰하고 보고하기 위해 자율방범대(neighborhood watch)와 같이 지역사회 기반의 자율활동을 조직하고 지지한다(Garofalo & Mcleod, 1988; Rosenbaum, 1987). 지역사회의 개입은 보조적인 시민순찰(citizen patrols)에서 마약판매가 발생하는 건물의 주인에 대한 법정행동에까지 이른다. 다양한 반 범죄 활동은 블록(block) 단위로 일어난다. 시민들의 순찰활동, 소유표시프로젝트, 아동을 위한 안전한 피난처(safe havens), 사람들이 부재한 경우 서로의 재산을 살피기, 블록파티는 모두 자율방범대의 주관으로 조직될 수 있는 일이다.

순경, 학교경찰, 치안활동 지원봉사자 그리고 다양한 지역사회발전활동에 참여하는 다른 사람들도 의무적으로든 자발적으로든 어린이들을 안전하게 하고 준법활동을 장려하는 활동을 한다(Bond, 2001; Newman et al., 2000). 범죄조직 정보원은 폭력적으로 변할 수도 있는 갈등을 완화하는 데 도움을 주고, 능숙한 경찰관은 때때로 대치구도에 있는 범죄조직 간의 휴전협상을 유도한다. 경찰관들은 호신술 워크숍을 개최하고 개인의 범죄피해위험을 감소시키기 위해 재산조사를 실시한다. 그리고 다양한 수많은 문제에 있어 사회복지단체를 소개하기도 한다.

질서 유지

범죄가 시민들로 하여금 걱정을 유발하는 현대사회의 유일한 문제인 것은 아니다. 모든 종류의 갈등은 놀라움, 걱정, 공포 혹은 불편을 만들 수 있다. 시끄럽고 정신없는 10대들에 의한 술집에서의 과열된 말싸움, 인접한 아파트의 부부 간 재산 논쟁은 이웃의 평화와 고요를 방해한다. 경찰의 개입을 요구하는 사람들은 질서를 회복하기 위해 반드시 경찰이 그들을 체포하기를 기대하는 것은 아니다. 체포가 가능한 경우라 하여도 대부분의 사건은 중재, (전문기관으로의)위탁, 혹은 단순한 체포위협 등의 다른 수단으로 해결된다. 집주인과 세입자간의 월세문제 논쟁과 같은 경우, 경찰은 그 문제(월세문제는 민법의 문제이다)에 법적 권한이 없지만 심판관의 역할을 할 수도 있다. 그들이 존재와 권위는 양측은 체면을 구기지 않고 물러설 수 있게 함으로써 안전밸브의 작용을 한다.

서비스

경찰의 세 번째 기능인 서비스는 지역에 따라 매우 다양한 형태를 띤다. 지시, 장애인 운전자에 대한 도움, 장례에스코트, 다양한 형태의 행정처분, 혈액의 비상전달, 빈 주거지 조사나 취약한 성인 방문, 도로건설현장과 비상현장에서의 교통통제 그리고 기타 많은 서비스들이 지역경찰이나 보안관들에 의해 제공된다.

이러한 업무의 다양성 때문에, 경찰관은 박학다식한 사람이 되도록 훈련받는다. 대부분의 경찰관은 고정된 순찰업무로 자신의 경력을 시작한다. 순찰활동에서는 상상하기 어려울 정도의 다양한 요구들에 대응할 것이 요구된다. 이를테면 출산 도움, 싸움 말리기, 투신자살시도자 진정시키기, 학대받은 아동 인터뷰, 필사적으로 저항하는 범죄자와의 총격전, 가정불화에 개입하기, 정신병 환자 돕기, 부패한 경찰관 조사 등을 꼽을 수 있다.

경찰관은 종종 본인의 일을 "따분하고 지루한 시간 속에서 공포의 순간이 이따금 끼어드는" 일이라 설명한다. 할리우드 영화와는 달리 경찰업무의 현실은 흥미로운 사건들은 드물게 발생하며, 바람직한 결과는 찾기 어렵다. 법집행에서 흥미로운 경력을 기대하는 사람들은 시민들이 생활 속 어려움에 대처하도록 도움을 주고, 때때로 낮은 수준의 문제를 해결하고 그리고 지역사회 내에서 대인적 관계를 만드는데 많은 시간이 소비될 것이라는 사실을 알게 될 것이다.

사회적 역할

역사적으로 볼 때, 비록 경찰이 주기적인 사회변화에 대한 적응과 인식에 더디게 반응하긴 하나, 영미권 사회 내에서 경찰은 주류사회의 조건과 필요를 반영해왔다.

경찰은 빠르게 변화하는 사회적 상황과 보수적이고 변화에 느린 법적 환경 간의 긴장 속에서 활동해야 한다. 개인적, 조직적 그리고 하위문화적 변화는 대체로 더 큰 단위의 사회적 발전에 비해 더욱 천천히 발전하면서 종종 경찰과 지역사회의 부분들 간의 긴장을 발생시킨다. 1950년대와 1960년대의 시민권 운동도 마찬가지이다. 현재 상황의 어떤 측면들은 그 시대를 반복하는 조짐처럼 보인다.

동시에, 오늘날의 경찰은 이전시대 세대의 경찰에 비해 훨씬 더 전문적이며, 대체로 지역정치인에 의한 "도구"로 휘둘리지 않는다. 예를 들어, 트럼프 대통령이 체포된 사람에게 폭력을 행사해야 한다는 취지의 즉흥적인 발언을 했을 때, 이에 대해 경찰은 일반적으로 거침없는 논평을 하였다. 많은 서장과 부서들은 그런 행동이 합법적이거나 윤리적이지 않으며, 법률을 준수하는 행동기준이 앞으로도 준수될 것이라는 취지의 공개선언을 하였다(Berman, 2017).

이는 경찰이 지역관료의 지시에 대응할 필요가 없다는 이야기는 아니다. 2014년 8월 미주리 주 퍼거슨(Ferguson)시에서 발생한 마이클 브라운(Michael Brown)의 총격 사망의 결과에 대해, 한 보고서는 사소한 법위반에 대한 경찰의 법집행이 시 당국에 의해 수익을 창출하는 장치로 여겨졌음을 폭로하였다. 그러한 집행활동은 법적으로 대응할 자원이 부족한 저소득층 주민들에게 압도적으로 집중되었다.

미국이 21세기의 세 번째 10년을 향해 갈수록, 직접적으로 혹은 간접적으로 경찰과 관련이 있는 수많은 사회적 긴장이 갑자기 대중의 시야에 들이왔다. 한 운동은 지지자의 마음으로, 간접적으로 노예제와 반역을 미화하는 요소가 있는 부역자들의 조각상 철거를 요구한다. 이러한 행동을 통해 조각상이 주의 권리를 기념하고 그들의 신념을 위해 싸워왔던 명예로운 군인들, 명예로운 역사를 기념해야 한다고 주장하는 것에 대한 저항운동을 다시 불러일으키고 있다. 비록 두 가지 견해가 공적인 공간에서 충돌했지만, 그것들은 대부분의 미국인에게 해로운 나치당이나 백인 우월주의를 주장하는 여러 극우 집단이 나타날 매개체를 제공했다. 그리고 이러한 움직임은 결국 반파시스트 운동과 같은 극좌집단의 생성을 유발했다. 양측은 마스크를 쓰고 때때로 무기를 사용하며 노골적인 폭력에는 조금 못 미칠 정도의(때로는 선을 넘기도 하지만) 자극적인 활동을 한다. 경찰은 정치적 신념과 관계없이, 자유 표현의 권리를 지켜야 하지만 폭행범의 목표를 보호할 책임도 있는 중간적 입장에 있다.

이민자 통제에 대한 정치적 논쟁은 경찰뿐만 아니라 유치장과 같이 경찰의 통제 하에 있는 구금시설에도 영향을 미친다. 오래된 판례들은 구금과 구금자의 석방조건에 대한 필요사항을 만들어 왔다. 구금자에 대해 연방 수준의 이민자 기소를 하려는 시도 또한 법적 제약에 따라야 하며, 주정부의 관리 하에 있는 수용자는 인가서류 없이는 연방정부의 편의대로 구금될 수 없다. 그런 서류작업은 보통 느리게 진행되기 때문에 이에 대응하여 연방정부는 그러한 활동들에 대한 장려책을 만들려고 했다. 2017년 11월 20일 지역사회 경찰활동 사법프로그램 사무실(OJP OCOPS: the Office of Justice Programs' Office of Community Oriented Policing Services)이 발표한 기사논평은 다음과 같다.

사법부는 9월에 FY2017 COPS Office 보조금에 대한 추가적인 우선고려기준을 발표했다. 지원자는 그들의 지원이 구금시설 내의 연방 이민당국과 기꺼이 협조함으로써 지원점수의 획득과정에서 추가적인 점수를 받을 거라고 통보받았다. 협조는 관할구역의 구금 내에서 외국인 인터뷰를 위한 구금시설접근권한과 요구하는 대로 외국인의 석방 사전고지를 제공하는 것을 포함한다. 표상을 받은 기관의 80%는 연방 이민당국에 기꺼이 협조하는 것에 근거한 추가점수를 받은 기관이었다.

"기꺼이 협조한다."는 것이 "법적 필요요건을 거부한다."는 의미는 아니다. 이민세관단속국(ICE: Immigration and Customs Enforcement)과 미 국경수비대와 같은 연방기관의 규세는 기꺼이 하는 것과 실질적 관행 사이의 차이를 만들 수 있다. 거리에서 보이는 지방경찰이 연방이민국의 요원이라는 인상은 미국 내 귀화 시민들이나 비자를 갖고 있는 입국자들이건 간에 합법적 거주민의 지역사회 전체에 가치 있는 신뢰와 협조를 상실하는 결과를 가져올 수 있다. 경찰은 불안정한 법률적 배경을 기반으로 시민들이 사랑하는 사람들을 겨냥한다고 보여서는 안 된다.

물론 변화하는 사회상황이 경찰활동의 유일한 주요 초점인 것은 아니다. 경찰업무의 지배적인 부분은 수십 년 동안 그랬듯이 형법의 집행과 사회질서의 유지이다. "깨진 창문(broken windows)", 문제지향적 경찰활동(problem-oriented policing) 그리고 지역사회 경찰활동(community-oriented policing)과 같은 이전 수십 년 동안의 다양한 계획은 현재 "정보주도적 경찰활동"이라는 이름 아래로 합쳐지고 있다.

정보주도적 경찰활동

현대의 경찰은 점점 더 범죄분석이나 다른 정보체계에 기초하여 결정을 내리고 있다. 캔자스 시 예방순찰실험(Kansas City Preventive Patrol Experiment), 미니애폴리스 가정폭력실험(Minneapolis Domestic Violence Experiment) 그리고 1970년대와 1980년대의 여러 평가계획들을 근간으로 한 범죄분석은 단순히 연말통계작업 이상의 것이 되었다. 뉴욕의 CompStat 체계는 실시간 통합통계의 첫 번째 현대적 사용이었다. 컴퓨터의 진보는 이전에 비해 훨씬 많은 것들을 가능하게 했다. 지도 작성도구와 분석 소프트웨어는 범죄자료를 다룰 뿐만 아니라 토지사용, 경제발전 그리고 인구 통계적 경향과 같이 경찰활동에 영향을 미칠지도 모르는 다른 기능의 경향에 관한 자료까지를 포괄한다.

범죄기업의 전 세계적 증가는 지역경계선을 넘어선 범죄상황에 대한 더 나은 정보를 요구해 왔다. 테러와의 전쟁은 테러리스트의 활동에 대한 정보를 수집하고, 평가하고, 조정하기 위한 협동센터를 만들었다. 협동센터는 총기, 마약, 갱, 인신매매, 아동포르노 그리고 기타 많은 다른 범죄들과 여러 범죄기업들 간의 관련성을 추적한다. 전문경찰협회(Police professional association) 또한 새로운 전략이나 위협, 신기술 그리고 다양한 연방구역 내의 법적 발전과 같은 주제에 관하여 관할구역이라는 기존의 선을 넘어 구성원들을 갱신하고 있다.

구조

경찰기관은 정치적 권위의 수준, 해당 국가의 지역 그리고 구체적 헌장에 따라 다른 권한을 가진다. 정부의 경찰기관은 지역, 부족, 군, 주 그리고 연방 수준에서 운영되며, 다양한 특수경찰 병력도 운용되고 있다. 2013년 자료에 의하면, 12,000개 이상의 경찰 및 법집행기관들이 미국 내에 존재하며, 해당 기관들에서 대략 605,000명의 직원과 요원들을 고용하고 있다.

지역경찰(Local)

지역경찰의 푸른 유니폼과 순찰차는 가장 대표적인 경찰의 이미지이다. 비록 예외는 있지만, 그들의 법적 관할구역은 그들을 고용한 시 경계선으로 제한된다. 피의자에 대한 초동수사, 자치단체 간 상호공조협약(mutual aid), 특수경찰이나 보안관 임명은 모두 지역에 대한 경찰의 권위를 확대시킨다.

대부분의 지역경찰기관은 규모가 작다. 제복을 입은 채로 실시하는 순찰업무가 일반적이며, 많은 경찰관들은 대부분의 경력을 순찰업무를 하며 보낸다. 승진을 통해 간부로 올라가면 더 큰 부서로 배치되어 탐정이나 청소년 담당 경찰관, SWAT팀의 형태로 점점 전문화되는 것이 추후의 경력단계에서 가능하다.

보안관(Sheriff)

여러 주에서 보안관(Sheriff)은 주 의회로부터 권한을 부여받은 가장 오래된 경찰관 중 하나이다. 법집행 공무원들 중에서도 특별히 보안관은 경찰, 법원(보안관은 법정의 안전과 민법 및 형법의 영장을 제공한다), 교정(보안관은 대부분의 군 교도소를 운영한다)이라는 형사사법의 세 가지 부문에서 모두 기여한다. 부 보안관은 보통 교도소에서 교정관으로 경력을 시작하고 향후 순경 및 수사관으로 승진할 수 있다.

보안관은 미국 50개의 주 중 48개 주에서 동일하게 선출직 공무원의 자격이지만, 보안관 부서의 업무는 지역마다 다양하다. 남부와 서부에서는 보안관 부서가 여러 시골과 자치제로 인가되지 않은 지역에 대한 주요한 법 집행 서비스 기관이다. 북동부의 중심도시들에서는, 보안관은 법원공무원의 역할을 갖는 경향이 있으나 대부분의 관할구역이 선일제 시 경찰을 가지고 있기 때문에 단지 제한된 법 집행 기능만을 제공한다.

군 경찰(County Police)

몇몇 인구밀도가 높은 도시지역에 배치되어 있는 군 경찰부서는 보안관으로서의 법 집행 의무를 갖는다. 규모가 큰 지방자치부서처럼 조직되어 있는 군 경찰부서는 선출직 보안관을 대신하여 군 행정 혹은 군 의회에 대한 책임이 있다. 군 경찰은 그 군을 담당하는 자치경찰기관과 해당 지역에 대한 관할권이 겹칠 수 있다. 그런 경우에는, 보안관과 주 경찰의 경우와 마찬가지로 군 경찰이 해당 지역에 대한 독점적인 권한을 가지며, 필요한 경우에만 자치단체와 협력한다.

치안관(Constable)

많은 지역에서, 치안관(constable)이라는 옛 공무원은 폐지되었거나 하급 법원이나 서비스를 담당하는 것으로 임무가 제한되었다. 텍사스(Texas) 주에서, 치안관은 여러 면에서 일반적으로 법원 영장을 발부하고 어떤 지역에서는 순찰기능까지를 담당하는 보안관이나 군 경찰과 비견된다.

특수경찰

주법은 철도(여러 관할구역을 관리하는), 대학 교정, 학교, 대중교통체계 그리고 공원이나 숲과 같이 특별히 한정적인 목적을 위해 경찰에 권한을 부여하기도 한다. 가장 잘 알려진 것은 911 세계 무역센터 테러사건에서 많은 직원들을 잃은 뉴욕뉴저지항만관리청(the Port Authority of New York & New Jersey) 경찰이다.

"특수경찰"이라는 개념은 정규직 외에도 시, 군 그리고 보안관 부서에서 일하는 시간제 경관("예비경찰", "특수경찰", 혹은 "보조경찰" 등으로 다양하게 불린다)까지 다양하게 존재한다. 그들은 기관이나 주 법령에 따라 시간제나 자원봉사로 일한다. 적절한 훈련을 받은 후 그들은 특히 시골지역에서 경찰업무를 행할 수 있다. 그 밖에도 그들은 교통통제, 콘서트나 박람회와 같은 대규모 행사에서의 시민통제 등의 다양한 지원역할을 하는 식으로 정규경찰을 보조한다. 많은 보안관 부서들은 특별행사를 대비한 추가요원이나 수색구조 활동을 위한 "치안대(sheriffs' posses)"를 보유하고 있다. 그들의 권한은 일반적으로 전일제 경찰들보다 적지만 귀중한 자원과 전문지식을 제공한다.

주 경찰(State police)

주 경찰의 기능은 두 가지 형태가 있다. 주 경찰(state police)은 주 전체에 걸쳐 기본적인 법 집행 임무와 일반적인 관할권을 갖는다. 주 순찰대(state patrols)나 고속도로 순찰대는 주로 주 고속도로에서 교통법을 집행한다(그들은 경찰권을 갖고 있고, 훈련을 받지만 일반적인 경찰 관할권은 없다). 고속도로 순찰대가 있는 주들은 주 전역에 대한 범죄조사와 범죄연구 서비스를 제공하는 독립적인 범죄조사국이 존재한다. 주 정부의 다른 요소들은 복지, 차량, 세입, 주류통제 그리고 천연자원관리와 같이 특수한 권한을 가진 조사원이나 경찰관을 고용할 수도 있다. 어떤 관할구역은 교정직원, 특히 보호관찰관이나 가석방 담당자들에게도 경찰권을 허용한다.

연방

연방기관들은 연방법 하에서 특수한 권한과 관할지역이 부여되지만 주법이나 지방법을 시행하지는 않는다. 국경순찰대, 세관청, 연방보호서비스, 미 조폐국 경찰 그리고 연방정부의 다양한 부문(예: 국회의사당, 대법원 그리고 환경보호국)들이 갖고 있는 더 작은 단위의 경찰조직들을 포함하여 90개 이상의 연방 법집행기관이 있다.

마약, 총기류, 폭발물 그리고 은행강도는 여러 주에 걸쳐 있거나, 심지어는 국제적인 범죄기업에 의한 것일 수도 있기 때문에 연방과 주 관할권은 많은 경우에 중첩된다. 인신매매와 국제적인 인터넷사기와 같이 새롭게 부상하고 있는 문제들에 대해, 연방과 주 기관들은 일반적으로 미 지방검사의 지시 하에 광역적 태스크포스(multi jurisdictional task forces)를 구성하여 수사를 조정한다. 비록 거의 모든 기관이 자신의 권한범위 내에서 고유한 수사권한을 갖지만, 연방 형사사법기관은 세 가지 내각 부서, 즉 사법부나 국토안보부 그리고 재무부와 같은 권한을 갖는다.

많은 기관들은 9/11 테러사건의 결과로 국토안보부(DHS)로 새로이 통합되었다. 국가방어를 조정하고 국제 테러 위협에 더 효과적으로 대응하기 위해서, 관련 업무의 부서들은 단일기관의 지휘 하에 있게 되었다. 내각급의 국토안보부 창설은 많은 소규모 연방 집행기능을 한 부서 아래로 결합시켰다.

국토안보부의 새로운 구성요소들 가운데는 비밀수사국(Secret Service); 관세국경보호청(Customs and Border Protection)으로 개명된 국경순찰대(Border Patrol); 이민세관단속국(Immigration and Customs Enforcement)로 개명된 이민귀화국(Immigration and Naturalization Service); 미국해안경비대(the U.S. Coast Guard); 두 개의 연방 법집행기관을 제외한 모든 요원을 훈련시키는 연방 법집행훈련 센터(Federal Law Enforcement Training Center), 교통안전국(Transportation Safety Administration) 등이 있다. 핵 감시, 위험평가, 동물연구 그리고 이와 비슷한 기능과 관련된 기타 기관들이 기존 연방기관의 위치에서 선택적으로 국토안보부 산하로 이관되었다.

1908년에 창설된 FBI는 의회가 구체적으로 관할권을 다른 기관에 위임하지 않는 한 은행강도와 납치를 포함하여 대략 200개의 연방 범죄를 조사할 권한이 있다. 주를 넘나드는 범죄행위 및 범죄모의는 일반적으로 사법부의 집행기관인 FBI가 담당한다. FBI 범죄연구실은 전국에 포진해 있는 수사관들에게 포렌식(forensic) 지원을 제공한다. 국립학회(National Academy)는 주 그리고 지방경찰을 위한 우수한 훈련을 제공한다.

국제화로 인해 생겨나고 있는 새로운 요구를 인식하고 FBI는 외국에 사무소를 만들고 신흥국가와 구 소련 연방국가의 경찰훈련에 관여해왔다. 2005년에 FBI는 모든 새로운 요원들이 반테러 조사와 다국적 기업범죄 조사에 있어 정보수집 요원이 될 수 있도록 훈련을 시작했다.

마약단속국(DEA)은 1973년에 창설되었고 사법부 내에 존재하는 반 마약 사무소들을 통합하고 있다. 마약단속국은 국가의 마약 집행 노력을 조정할 주요책임이 있고 해외 마약조사를 추적하도록 인가받은 유일한 기관이다.

주류·담배·화기단속국(ATF)은 재경부의 집행기관이다. 국세청에서 분리되어 1972년에 만들어졌는데 주류·담배·화기단속국은 세법과 다른 연방법과 주류, 담배, 화기, 폭발물 그리고 방화와 관련된 규정에 기초한 권한을 가진다. 또 다른 재경부의 기능인 비밀수사국은 화폐위조를 조사하기 위해 1865년에 만들어졌다. 1901년의 맥킨리(McKinley) 대통령 암살사건 후에 미 대통령 경호도 추가되었다. 상업사기와 허위안보문서에 대한 수사권한도 있다.

미연방집행관은 1789년의 법원조직법에 의해 창설된 가장 오래된 연방 법집행기관이다. 연방집행관은 연방사법부를 보호하고, 연방죄수를 이송하고, 위험에 처한 연방증인을 보호한다(증인 보호 프로그램). 게다가, 연방집행관은 범죄기업으로부터 압수한 자산을 관리하고 심지어 자산몰수법 하에서 그것이 판매될 때까지 사업을 운영한다.

부족경찰(tribal)

미국헌법은 인디언 부족을 자주적인 독립체로 인식하며, 따라서 부족의 영토는 고유의 경찰조직을 가질 수 있다. 나바호(Navajo) 국가는 대표적인 발전된 인디언 부족이다. 연방인디언사무국(The federal Bureau of Indian Affairs)은 규모가 시, 주 그리고 심지어 주 경계선을 가로지르는 부족 영토에 대한 별도의 경찰력을 두고 있다. 다른 시나 주 단위에서 그러한 것처럼, 미국 원주민이든 아니든 간에, 부족경찰도 부족영토 내 모든 사람들에 대한 관할권을 가진다. 그들 자신의 구성원에 대한 부족의 관할권은 현재의 형사·민사재판뿐만 아니라 논쟁해결에 대한 전통적인 방법을 포함하고 있다(지역사회단체, 추방 그리고 물물교환).

비판적 사고 연습

중앙집권적인 통일된 훈련기준과 통일된 장비, 월급 그리고 복지혜택을 가진 국가 경찰제도는 어떤 이익이 있는가?

청원경찰

지난 수십 년 동안, 미국은 특히 청원경찰(private police) 분야에서의 성장을 보였다. 그들은 법의 인가나 정식으로 임용된 경찰관이 갖는 일반적인 경찰권한이 없으므로 대부분 주나 시 경찰과 같은 의미의 경찰은 아니다. 그러나 아직은 규모가 작지만 점점 그 수가 증가하고 있는 청원경찰은 휴양지와 같이 사적으로 통제를 하는 몇몇 지역에 주가 인가한 관할권을 가진다. 그들은 시 경찰들처럼 동일한 제복을 입고 장비를 갖추고 있으며, 다수의 청원경찰들은 사전경찰훈련을 완수한 상태이다.

청원경찰은 민간경비가 발전된 형태로, 그들을 고용한 법인이나 주식회사의 재산권에서 부여된 권한을 갖고 있다. 그들은 경보(침입, 방화 그리고 응급의료상황)에 대한 응급요원(first responders)임과 동시에 사적 재산에 접근하는 방문객을 제한하는 접근통제권한을 행사하며, 때때로 경찰순찰대가 하는 것과 같은 방식으로 분쟁을 다룬다. 비록 야반도주를 하거나 평판이 안 좋은 기관도 있지만, 전문조직들은 보통 지방경찰 기관과 상호작용하며 협조체계를 이룬다.

청원경찰은 그들을 고용한 사람들에게 더욱 체계적인 순찰을 제공한다. 게다가, 대부분이 잘못 울린 경보이지만(우연히 작동하거나 장비오작동), 그들은 경보신호에 즉각 대응함으로써, 지역경찰기관의 부담을 덜어준다. 야간경비대에 상응하는 조직과 백화점경비원 등 그들의 훈련수준과 임무범위는 현대의 자산 보호와 개인경비의 더욱 복잡하고 높은 필요조건을 반영하고 있다.

과거 존재했던 공적치안활동과 사설치안활동 간의 극명한 차이는 최근 들어 점차 흐려지고 있다. 전자상거래는 새로운 도전과 기회를 만들었다. 잠긴 문과 같은 물리적인 경호에 대한 필요는 사라지지 않았지만, 전자시설(데이터), 지적재산권(무역기밀) 그리고 이송 중인 상품보호에 대한 요구가 증대되었다. 회사는 이제 전자감시, 직원배경검사, 처리과정의 진실성, 데이터 보호와 검사 그리고 회사직원의 개인보호를 포함하는 자산보호문제를 다룬다.

비판적 사고 연습

부자들을 보호하기 위해 청원경찰을 배치함으로써 형사사법 서비스가 제공될 수 있는가? 청원경찰과 공공경찰의 관할권이 겹칠 때 어떤 갈등이 생기는가?

게다가, 청원경찰은 종종 공공경찰기관과의 계약 하에 일한다. 청원경찰은 범죄현장을 경비하고, 병원의 수용자들을 경호하고 심지어 잠재적인 새로운 경찰관에 대한 배경조사를 하기도 한다. 공식적으로 청원경찰과 공공경찰조직과의 관계는 해외의 군사지역의 사설경비계약자들과 비슷하다.

비판적 사고 연습

관할권이 굉장히 다양하게 나뉘어 있는 미국 법집행 체계의 긍정적인 측면과 부정적인 측면은 무엇인가?

조직

미국의 공공경찰관들과 기타 법집행 기관들은 윗선에서 행정결정자에게 명령과 정보를 하달하는 수직적 명령체계(chain of command)를 가진 계급제 형태로 조직되어 있다. 더 큰 부서에서는, 순경은 경사에게 근무를 보고하고 그 경사는 경위에게, 경위는 경감에게 근무를 보고하며, 해당 관할의 경감은 경정에게 보고한다. 경찰업무는 지리와 시간뿐만 아니라 임무의 요구조건에 의해서도 조직된다.

경찰 VS 민간인

여러 해 동안, 경찰부서의 거의 모든 직책은 제복을 입은 경관이나 사복형사가 차지했다. 여성들은 단지 비서직과 교도소에서의 양호교사직책을 가졌다. 보조직위는 경찰관이 5일 동안의 주간 교대근무 형태로 근신해 있는 징계처분에 해당하는 수월한 일로 배정받은 사람들이다.

현대사회에서 많은 경찰부서는 경찰관의 광범위한 훈련과 경험이 필요하지 않은 일을 행하는 민간인(공식 임용되지 않거나 계약직 근로자)을 고용한다. 기록, 파견, 차량유지, 직원과 예산 그리고 범죄현장 조사 또한 공식적으로 임용되지 않은 직원이 진행할 수 있다. 그들은 특수한 기능을 위해서만 훈련을 받고, 경찰권이나 무기소지도 하지 않고, 대체로 정식으로 임용된 경찰관보다 적은 월급을 받는다. 어떤 기관들은 범죄현장을 지키고, 수용자를 이송하고, 의료시설의 수용자를 감시하는 등의 과거 경찰이 했던 다양한 서비스를 대체하기 위해 사설경비업체들과 아웃소싱 계약을 한다.

특수화

경찰은 다양한 민원과 상황을 다루는 일반적인 임무를 한다. 그러나 경찰부서가 효과적으로 기능하기 위해서는 수많은 전문 인력들이 채워져야 한다. 가장 잘 알려진 것은 신고를 받지 않는 형사나 수사관들이다. 그들은 증인 심문과 미해결 범죄 사건의 단서를 추적하는 일을 한다. 형사들은 특정 형태의 범죄(살인, 도난, 강도, 성범죄 등)를 전문으로 담당하거나 모든 종류의 범죄 수사를 한다. 범죄분석, 범죄조직에 대한 정보와 개입, 학교경찰, 훈련관, 유해물질대응팀(HAZMAT) 그리고 고위험 영장 서비스 등은 정식으로 임용된 경관을 위한 특수한 임무와 기능이다.

관리감독 또한 특수한 업무이다. 원칙적으로, 일단 경사 이상의 직급으로 승진되면, 경찰관은 경찰행위를 상세로 요구받지 않는 한 신고를 받지 않는다. 그들의 주요한 책임은 순찰대원이나 형사를 관찰하고 도와주는 협력체계를 조정한다. 모든 사람이 여러 일을 다루어야 하는 작은 기관들을 제외하고는, 일반적으로 계급이 더 높이 올라갈수록 보직 특성상 관리직이나 행정입무에 대한 의무가 많아진다.

지리

가장 작은 지방 부서에서는, 경찰관들이 전체 마을을 관할할 책임이 있다. 그밖에, 경관은 비트(beats) 단위의 일정구역을 순찰한다. 그들은 문제를 해결하고 범죄를 예방할 뿐만 아니라 순찰구역 내의 신고를 받을 책임이 있다.

더 큰 경찰기관들은 몇 개의 비트를 관리하는 관할구(precincts)를 담당한다. 예를 들어, 뉴욕(New York)시에는 76개 구역이 있다; 오스틴(Austin)시에는 6개; 미니애폴리스(Minneapolis)시에 4개가 있다. 대도시 내의 더 작은 지역들을 관리하는 것이 더 용이하며, 해당 구역 명령권자는 시민의 우려에 더 잘 대응할 수 있다.

보안관 부서는 또한 다른 구역으로 배치되거나 중앙사무소 밖에서 활동할 수도 있다. 게다가, 보안관 부서는 부 보안관을 도시와 보안관의 협상된 계약에 따라 특정 시간동안 계약도시(contract cities)라 알려진 지방자치 당국에 배치할 수 있다. 이러한 형태의 계약은 기본적인 경찰서비스를 보장하고 더 작은 도시들로부터 부서유지비용의 부담을 덜어준다. 구역관리(beat integrity)라는 용어는 지역사회와의 관계를 형성하도록 하나의 특정 비트에 꾸준히 경찰관을 파견시키는 정책을 말한다. 이것은 부패척결을 목적으로 경찰관을 빈번하게 다른 지역에 보냈던 1960년대 정책으로부터의 중요한 변화이다. 그러나 경찰관들은 필요하다면 다른 경찰관들을 돕거나, 특정 비트 담당 경찰관이 다른 신고로 인해 바쁘다면 최우선적인 민원을 해결하기 위해 비트의 경계선을 넘어가기도 한다.

주 경찰 기관들은 전체 주를 관할해야 하고 경찰부서가 구역으로 조직되기 때문에 경찰분대(troops)를 조직한다. 시골지역에서는, 분대가 부대 밖에서 활동하고(예: 커네티컷 거주자 분대 프로그램(Connecticut Resident Trooper program)), 분대 수준의 행정에 책임을 진다. 전국적 관할에 책임을 지는 연방기관들은 행정지역 단위로 조직되고 주요 도시들에 사무소를 유지한다. 연방기관들은 또한 범죄가 담당경계선에만 국한되는 것이 아니라는 것을 인식하고 다양한 목적을 위해 지역적 태스크포스(regional task forces)를 통해 각 지역의 주 기관들과 협조한다. 단기적 테스크포스는 연쇄강간범이나 상습적인 은행강도를 추적하는데 집중한다. 장기적 차원의 태스크포스는 공갈, 보험사기, 불법 마약 수입과 유통, 인신매매 그리고 밀수와 같은 조직범죄에 전념한다.

◐ 시간

공공 기관들은 범죄가 24시간 발생하기 때문에, 경찰의 파견 및 관할담당 서비스가 매일 24시간 유지되어야 한다. 경찰기관들은 하루 예상되는 활동량에 따라 경찰인력을 다른 근무시간대에 배치한다. 기본적으로 주 5일 8시간 근무, 즉 주당 40시간 근무에서 인기 있는 주 4일 10시간 근무와 주 3일 12시간 근무에 이르기까지 다양한 형태의 근무일정이 있다. 두 개의 기본적인 모형은 주기적으로 근무시간이 주간, 저녁, 야간의 형태로 바뀌는 순환근무(rotating shifts)와 연장자 우선 혹은 추첨을 통해 근무시간이 결정되는 고정근무(steady shift)이다.

중첩근무(overlapping shifts)와 "집중근무(power shifts)"는 저녁활동시간이나 주말에 추가적인 경찰관을 배치한다. 더 많은 경찰관들이 신고전화를 처리하기 위해 대기하고 위험한 상황을 지원한다. 계약의 특성이나 다른 업무규칙에 따라, 강화근무는 주간과 야간 근무를 하지 않고 규칙적으로 저녁시간근무를 지원하는 경찰관들로 채워진다.

더 작은 기관들은 긴급대기로 야간근무를 제공한다. 경찰관들은 근무교대를 하고 집에 자러 가지만, 사고나 어떤 범죄사건으로 인해 다시 불려 나올 수 있다. 보안관 부서나 주 경찰과 같은 다른 기관 또한 시간 외 근무를 부여할 수 있다.

수사관과 범죄현장 기술자들은 일반적으로 최소한의 인력이나 야간대기 상태로 주간과 저녁을 교대로 일한다. 기록, 기획과 연구, 인사 그리고 구매와 공급과 같은 다른 보조 직책들은 24시간 일하지 않고 주말 근무도 없다. 그들의 일은 다른 공공 및 사설 분야 부서들과 기본 업무계획에 따라 상호작용을 하는 것이기 때문에 주5일 근무이다.

업무와 입직경로

시 단위의 치안유지 활동은 일관된 경찰커리어의 시작점이다. 시 부서에서 일하는 경찰관들은 교대근무를 하고 다양한 신고에 대응하면서 순찰업무를 시작한다. 순찰활동의 다양성은 경험적인 학습의 기초를 제공한다. 이후, 세 가지의 기본적 진로의 선택이 가능하다. 경찰관은 계속해서 순찰업무로 남아 있을 수도 있고, 순찰에서 수사관이나 형사와 같은 몇몇 특수역할로 옮길 수도 있으며, 감독직으로의 승진이나 행정직으로 가는 특수임무를 맡는 혼합된 경력을 거칠 수도 있다.

보안관 부서는 단일입직경로와 이중입직경로를 갖고 있다. 단일입직경로(Single entry tracks)는 교도소에서 비무장 상태로 수용자를 감독하는 일로 시작을 하는 것이다. 순찰직군을 맡는 경우, 교도소 부보안관은 연공서열과 시험규칙이 적용되는 자리에 들어갈 우선적 기회를 얻게 된다. 교정 분야의 전문적인 변화는 몇몇 보안관이 선택할 수 있는 이중입직경로(dual entry tracks)를 만들어주었다. 교정직으로 고용된 부보안관은 오직 교도소에서만 일을 하게 될 거고, 법 집행 직군을 원하는 사람은 순찰직군에 바로 지원하라는 사실을 이해한 채 고용된다. 교도소 부 보안관은 그들이 원한다면 나중에 순찰직군에 지원할 수도 있지만, 상급자 혜택이나 "내부자

경로"와 같은 외부인과 다른 혜택은 없으며, 공평한 경쟁의 장에서 지원을 하는 것이다.

연방기관들은 그들의 필요와 권한에 따라 다른 요구조건을 가진다. 몇몇은 수사관뿐만이 아니라 일반적 경찰을 요구하는 지부가 존재하며, 그 외 다른 기관들은 사실상 수사관만을 필요로 한다. FBI는 그러한 수사기관들 중 하나로, 민감한 일을 다루는 특성으로 인해 대체로 갓 대학을 졸업한 사람들을 고용하지 않는다. FBI는 다른 자격요건 중에서도 견고한 직업기록과 신용도를 가진 지원자들을 찾는다. 그래서 FBI를 열망하는 많은 사람들은 적격요구조건을 충족시킬 때까지 일반적인 경찰서비스를 제공하는 일을 한다. 대조적으로, 국경순찰대는 국경을 보호하기 위한 요구를 충족시키기 위해 그 규모가 급격히 늘어났다. 많은 대학생들은 졸업 후에 국경순찰대 직책에 직접 발을 들여놓았다.

채용과정

여러 지역에서 오랜 기간 채택하여 사용 중인 경찰 채용방식은 대부분 경찰들이 후보자에서 시작하는 것이다. 때문에 경찰후보생을 채용한 도시들은 그들을 경찰관으로서의 훈련과 정규 보직 임용을 위해 경찰학교(police academy)로 보낸다. 경찰훈련과 교육요구조건이 증가함에 따라, 다른 선택권도 많아졌다. 오늘날 경찰직을 구하는 사람들은 고용되기 전에 구직 시장에서 경쟁우위를 줄 수도 있는 사전훈련의 비용을 지급할 수도 있다.

몇몇 주에서는 경찰후보생들이 정규경찰학교에 학비를 지급하고 등록할 수도 있다. 그 외 다른 주에서는, 대안적 경찰자격이 지역사회와 직업전문대학에서 2년간의 훈련과정으로 통합되어 있다. 해당 과정을 이수한 학생들은 비록 경찰기관이 그들을 정식으로 고용할 때까지는 경찰의 권한이 없지만, 관련 학위와 수료증명서를 취득할 수 있다. 그러나 그것들이 고용을 보장해주지는 않는다. 만약 졸업자가 인가된 기관에서 직업을 구하지 못하면, 증명서는 명시된 기간 후에 그 효력이 사라진다. 그럼에도 불구하고 사전교육증명서는 지방자치정부가 훈련비용을 따로 지불할 필요 없이 채용된 경찰관을 즉시 현장에 투입할 수 있게 해 준다.

신임경찰은 증명서의 기간이 유지된 상태라 하여도, 고용되기 위해서는 일련의 시험을 통과해야 한다. 필기검사, 심리검사, 신체검사뿐만 아니라 성격과 행동에 대한 배경조사(background checks)가 기본적으로 요구된다. 몇몇 기관들은 거짓말탐지를 요구하기도 하며, 심지어는 지원자들의 역량과 다양한 상황에서의 본능적인 반응을 검사하기 위해 전문평가센터로 보내곤 한다.

주·군 단위의 일반 경찰과 달리 연방 법집행업무를 담당하는 사람들을 위한 교육 프로그램은 별도로 운영된다. FBI와 DEA는 버지니아(Virginia)주의 콴티코(Quantico)에 별도의 전문학교를 유지하고 있다. 다른 모든 연방기관들은 그들의 요원과 직원들을 조지아(Georgia)주나 아리조나(Arizona)주의 FLETC(Federal Law Enforcement Training Center)에서 훈련시킨다.

경찰훈련과정에는 두 개의 주요한 모형이 있다. 스트레스 기반 훈련(Stress based academies)은 기숙사가 제공되고 다른 단체로부터 고립되어 있는 등 군대 신병훈련소와 유사하게 운영된다. 그곳은 사소한 위반이나 실수에 대한 처벌과 목표의식 강화의 형태로 신체건강을 증진시키는 데 주로 집중한다. 열을 지어 행군하기와 같은 군사훈련도 있으며, 교육과정을 실용적이고 직접적인 훈련으로 구성하고 있다.

대학 기반 훈련(Campus based academies)는 2년제 전문대학 캠퍼스에서 운영되고 있는 경찰훈련 교과과정으로 공인된 준 학사 과정이다. 강의실에서 이루어지는 이론교과 지도는 화기의 사용법과 방어/추적 운전에 있어 의무적으로 취득해야 하는 자격증을 포함하여 스트레스 기반 훈련과 비슷한 실용훈련으로 이루어진다. 훈련생들은 다양한 다른 학교의 훈련을 받은 학생들과 뒤섞여 있는 환경 때문에, 신병캠프와 같은 훈련은 대체로 없다. 각각의 모형은 모형의 효율성에 대한 과학적 분석보다는 주로 심리적인 선호도에 기초하여 지지된다.

비판적 사고 연습

스트레스 기반 훈련과 대학 기반 훈련의 상대적 장점은 무엇인가? 각각의 모델은 현장임무에 대한 더 나은 준비를 제공하기 위해 어떻게 변화될 것인가?

현장훈련

대부분의 부서들은 학교에서의 학습과 현장에서의 재량 간 사이를 이어주는 전일제 현장훈련담당관(field training officer: FTO) 프로그램을 갖추고 있다. 수습경찰관들은 그들을 가능한 한 많은 상황에 접촉시킬 권한이 있는 경험이 많은 경찰관들과 같이 움직인다. 그들은 현장학습과정의 하나로 수습경찰의 반응을 평가하고 비평한다.

일단 FTO 프로그램이 완수되면, 수습경찰은 독자적으로 일할 수 있지만, 대부분은 추가적인 수습기간을 거친다. 만약 성적이 형편없으면, 그들은 즉각적으로 방출될 수 있다. 만약 그들이 수습과정을 통과하면, 모든 대민서비스와 교섭대상들을 보호하는 온전한 자격을 갖춘 구성원이 된다.

승진

감독계급이나 특수직책으로 승진을 하기 위한 요구조건은 매우 다양하다. 낮은 수준에서는, 여전히 연공서열이 적용되는 부서들이 있다. 그 직무에 관한 훈련, 교육, 혹은 일반적인 적성과 상관없이, 그 부서에 가장 오래 있었던 사람이 다음 직위를 얻게 된다. 반대의 영역에는 필기시험, 구술면접 그리고 심사평가가 있다. 몇몇 부서들에서는 과거의 실적과 새로운 일에 필수적인 개인역량에 대한 상관의 평가에 기초한 "승진점수(promotability score)"를 고려하기도 한다.

범죄자 조사는 종종 인터뷰, 단서추적, 물리적 증거 추적 그리고 법원사건과 영장에 대한 선서진술서를 준비하고 사건에 대해 장기간 전념해야 한다. 다른 신고에 응대하기 위해 빈번하게 호출이 되면 수사를 진행하기 어렵다. 그래서 대부분의 기관들은 형사(detective)라 불리는 수사 전문직군이 있다.

어떤 기관들에서는 형사가 계급이고, 순경 위의 승진으로 여겨진다. 다른 기관에서는, 그것은 배치로 여겨지고 조직 내에서 순경과 같은 계급이다.

직무의 초점이 명확하고 명료하기 때문에, 범죄수사 혹은 형사업무는 많은 경찰관들에게 소중한 임무이다. 작은 조직에서의 형사란 다재다능한 수사관이고, 큰 기관에서의 형사는 한 가지 범주의 범죄에만 전념하는 전문가이다. 그들은 여러 수사조직에서 일하며 근무경력을 쌓을 수도 있다.

잠복근무 임무는 범죄네트워크에 대한 정보수집이나 마약과 도난물품을 사기 위해서 경관이 범죄자나 "주변인(fringe players)"인 척 하는 특수한 유형의 수사이다. 잠복경찰은 경찰의 지위가 알려지거나 인지되는 평범한 제복의 경찰관과는 다르게 경찰이라는 정체성을 들키면 안 된다. 간혹 잠복경찰은 범죄 장물아비나 마약거래상으로 "함정수사(sting operation)"를 한다. 존 특무대(john details)는 길거리 매춘과 크루징(cruising activities: 섹스 파트너를 찾아다니는 행동)에 대응하기 위해 사용되는 함정수사의 한 형태이다. 경찰관들은(보통 여성에게, 비록 남성 동성애자의 크루징 구역에서도 같은 일이 발생하지만) 성관계를 하기 위해 그들에게 간청하는 "john"들을 체포하기 위해 매춘부인 척

한다.

지금 종종 전문가책임사무국(the Office of Professional Responsibility)이나 그와 비슷한 이름으로 불리는 내사과(Internal Affairs)는 가장 전문적인 수사 기능을 담당한다. 그것은 조직 내 다른 경찰관의 범죄와 비행혐의를 수사할 책임을 가진다. 청소년 수사는 청소년 범죄를 전문으로 하는 수사부서이고, 청소년 범죄자가 사회에 돌아갔을 때 올바르게 살 수 있도록 사회복지서비스기관과 함께 일하는 보조부서이다.

다른 전문가들도 존재한다. 극소수의 도시들은 전일제 SWAT 이나 SRT(Special Response Team, 더 현대적인 호칭) 부대를 보유하고 있으며, 필요할 때 팀으로 움직일 수 있는 훈련된 직원들이 있다. 더 작은 도시나 마을은 보통 그 지역의 SWAT이나 SRT팀에 참가한다. 인질협상과 바리게이트를 친 상황은 전형적인 SWAT/SRT이 연관되어 있는 상황이다. 유해물질대응팀(HAZMAT)은 독극물이나 화학물 배출, 비밀리에 운영된 마약실험실의 휘발성 화학물질과 같은 사건이나 합법적 사업과 제조업체에서의 사고 등을 다루는 추가적인 훈련과 장비를 요구하는 비슷한 특수조직이다. 넓은 해안 인근지역의 기관들은 종종 해상교통을 감시하거나 구조를 위한 해양부서가 있다. 많은 인구가 밀집된 도시 지역은 감시, 수색 그리고 멀리 떨어진 지역에 대한 빠른 파견을 위해 경찰 헬리콥터 부서가 있다.

훈련은 어떤 기관에서든 신규요원을 준비시키고, 법과 절차의 변화에 따라 경험이 많은 직원을 재교육시키고, 새로운 기술을 모든 구성원들에 도입하기 위한 필수적인 요소이다. 학교전담경찰도 청소년담당경찰들과 비슷하지만 보안, 수사 그리고 대민 관계를 함께 제공하면서 오식 학교에서만 일한다. 그들은 학생들만을 관리하거나, 학생과 학교 직원의 모두를 책임질 수도 있다. 약물남용저항교육(drug abuse resistance education: D.A.R.E)은 제복을 입은 경관이 가르치는 국가 반마약 교과과정의 특수한 형태이다.

경찰들은 종종 파견(Dispatch)이나 기록(Record)과 같은 민간부서에 대한 감독관의 역할을 맡기도 한다. 해당 부서가 지원하는 다양한 경찰 업무에 관한 지식 외에도, 그들은 어려운 문제들을 다룰 수 있는 법적권한이 있으며, 필요한 경우 형법과 형사소송법의 기술적 지식을 제공할 수 있다.

지속적인 위험과 문제

경찰활동의 다양한 유형과 접근법을 넘어서, 미국 경찰에 관한 일반적인 특정 주제들이 있다. 그리고 그러한 것들 중 많은 부분들이 학자들이 경찰하위문화(police subculture)라고 부르는 것, 즉 많은 경찰들이 공유하고 있는 세계에 대한 견해에 기반한다. 경찰재량, 물리력의 사용(use of force), 부패, 특정 지지층을 다루는 것 그리고 지역사회와의 관계, 특히 소수 시민들과의 관계는 모두 정의하기 어려운 개념과 뒤얽혀 있다.

경찰하위문화

주류 사회와 조화하기 어려운 경찰하위문화라는 개념은 1960년대에 경찰이 정치적으로 비난받던 시대에서 비롯됐다. 당시 주류 사회와 경찰 조직 간의 적대적인 관계를 설명하기 위해 두 개의 학파가 생겼다. 경찰 반대론자들은 대부분이 백인 남성으로 구성되어 있는 경찰을 무지하고, 권위적이고 폭행을 일삼는, 변화하는 사회와 완전히 동떨어져 있는 인종주의자로 보았다. 이런 관점에서 볼 때, 비열한 깡패들이 경찰이라는 직업에 매료되어 왔다고 볼 수 있다.

다른 학파는 사람들이 경찰이라는 직업에 끌리는 것은 이타주의적 마음으로 인한 것이지만, 경찰업무의 성격이 그들을 변화시켰다고 생각했나. 1960년대 주요 경찰학자들은 경찰의 업무성격을 위험, 권위 그리고 냉소주의로 특징되는 경찰상을 그렸다. 경찰업무의 본질은 최악의 상황에서 사람들을 다루고, 정기적으로 학대와 죽음의 문제를 다루고, 인격적으로 매도되고, 그들의 의도가 의심받는 것을 의미했다. 그리고 결국 이러한 특징이 결합되어서 경찰들을 냉담하게 만들고 방어적인 메커니즘을 발생시켰다는 것이다. 학자들은 또한 경찰이 위험을 파악하고 최소화하기 위해 "인지적 속기(perceptual shorthand)"를 통한 고정관념을 활용해야 하는 환경에 놓여 있음을 언급했다.

경찰활동이 여성과 소수자의 영역까지 널리 확장된 것은 경찰문화에 영향을 주었지만, 여전히 어떤 일반적인 분위기가 깔려 있다. 경찰은 법적인 틀 만큼이나 도덕적 틀 속에서 직무활동을 하며, 그들이 상호작용하는 사람들에 대한 평가에 기초하여 상황을 판단한다. 지역사회 경찰활동은 많은 영역에서 그러한 태도를 무너뜨렸지만, “그들에 반하는 우리(us against them)”라는 감정은 여전히 많은 영역을 지배하고 있다. 크랭크(Crank, 1998)는 경찰문화의 많은 측면들을 정리했다. 그가 정리한 경찰문화는 물리력에 대한 필요와 갑작스럽고 잠재적인 위험에 직면하여 정의되지 않은 “상식”과 개인적 용기에 의존, “선한 사람”과 “악한 사람”으로의 도덕적 분리 그리고 문명과 혼돈사이에 존재하는 “법의 방어벽(thin blue line)”으로서의 경찰 등이다. 다른 학자들은 경찰문화에 대해 반대에 직면했을 때의 결속, 개인주의와 개인적 자율성, 비예측성 그리고 생존을 더하였다.

대부분의 경찰관은 사회적으로, 또 정치적으로 보수적이기 때문에 경찰문화는 천천히, 때로는 마지못해 사회적·법적 환경의 변화에 적응한다. 구요(Guyot, 1979)는 경찰조직 내의 변화과정을 “화강암을 구부리는 것”에 비유했다. 이러한 저항은 1960년대에 그랬던 것처럼 종종 경찰과 다수의 대중들 간의 불화를 일으키고, 경찰행위에 대한 많은 우려를 일으킨다. 그리고 그러한 모든 우려들 중에서 공통적으로 지적되는 부분은 바로 경찰이 재량을 행사하는 방식이다.

경찰부패

부패(Corruption)는 개인적 이익을 위해 경찰이라는 지위를 사용하는 것이다. 비록 흔히 체포권과 물리력의 사용이 경찰의 권한으로 일컬어지지만, 경찰재량은 물리적 강세력의 행사권한 뿐만 아니라 체포하지 않을 권한 및 아무런 행동도 취하지 않을 권한도 포함되어 있는 것이다. 19세기 및 20세기 초, 경찰월급은 근로기준보다 작아서, 경찰은 뇌물을 받고 “다른 곳을 보는 척 하거나”, 증거를 “분실하고”, 범죄자나 정치가의 사업적 경쟁자들에 대해 그들의 법집행 권한을 집중시키는 등의 행위를 하였다. 주류밀매자는 금지령 동안에 도시의 경찰들에게 광범위하게 뇌물을 제공하였다. 현대에는 더 높은 경찰의 근로기준과 월급이 전반적으로 개선되었지만, 그럼에도 다수의 부패가 주기적으로 발각되고 있다.

범죄조직에 의한 뇌물보다 더 문제가 되는 것은 경찰이 그들 스스로 범죄자가 되는 경우이다. 그러한 전형적인 예는 1970년대 초에 프랭크 세르피코(Frank Serpico)가 냅 위원회(Knapp Commision)에서 밝힌 뉴욕시의 “The Pad” 사건이다. 당시 경찰 부패가 구조적으로 발생해 미국 초기 서부시대의 협잡꾼들처럼 보호명목으로 상인들에게서 금품을 갈취하곤 했다. 1980년대 뉴욕경찰국(NYPD)의 몰렌 부패조사위원회

(Mollen Commission's investigation of New York Police Department coorruption)에서 경찰이 마약 밀매업자에게서 돈과 마약을 갈취하고, 압수한 마약을 판매하던 행위를 발각한 것과, 1990년대 말 로스엔젤레스(Los Angeles)의 램파트 스캔들(Rampart Division CRASH)이 대표적인 사례이다. 스틴슨(Stinson)에서 진행된 최근의 연구에서는 조직적 경찰 범죄는 거의 드러나지 않았으나, 훨씬 더 많은 수의 개인 단위의 사건들을 조명했다.

◐ 경찰폭력

세상의 명백한 도덕적 분리는 경찰이 "나쁘다"고 여기는 것들에 집중하게 만든다. 외모나 행동거지에서 "말썽거리"일 거라는 느낌을 주는 사람은 현장심문의 대상이 되기 쉽다. 경찰이 범죄자의 범행기회를 줄임으로써 법을 준수하는 시민들에게 봉사하고 폭력적인 길거리의 갱(gang)들이나 마약밀매업자를 끊임없이 압박하는 것은 바람직한 것으로 여겨진다. 만일 그러한 수사망이 품행이 문제될 것이 없고 범죄자와 단지 겉모습이 유사할 뿐인, 법률을 준수하는 시민들까지를 포함할 정도로 넓어진다면, 경찰은 시민의 자주성과 존엄성을 해치게 된다. 그리고 만약 지속적으로 그러한 일이 생긴다면, 경찰은 그들의 업무와 상관없이 그들이 싫어하는 사람들을 단지 괴롭히고 있다는 인식이 퍼져나갈 것이다.

본래 대규모 마약이 도시에서 판매되기 전에 가로채려는 경찰의 노력에서 생겨난 인종적 프로파일링(racial profiling)은 그것이 무상범죄로까지 확상되며 지속적인 염려사항으로 남아 있다. 뉴저지(New Jersey)나 메릴랜드(Maryland)주의 경우는 주 경찰이 고속도로를 이용하는 시민들 중 소수자의 비율보다 훨씬 더 높은 비율의 소수자 운전자 차량을 수사했다. 흑인이나 히스패닉계가 백인들보다 마약밀매에 더 많이 관련된다는 믿음과 같이 인종을 범인성과 동일시하려는 가정은 연구결과로 생겨난 것이 아니다. 실제로 소수자의 차량에서 마약이 발견되는 사례와 백인운전자 차량에서 마약이 발견되는 사례는 비슷하다. 다른 관할지역도 비록 그 수치는 덜하지만, 비슷한 형태의 인종차별이 존재한다. 그러한 현상들이 근본적으로 문제가 되는 이유는 행동보다는 인종에 기반하여 경찰심문을 실시하기 때문이다. 또 다른 이유는, 접촉과정에서 소수자 운전자가 대우받는 방식에서 생긴다.

경찰의 부적절한 무력사용과 야만성

법과 사회 질서를 위해 "협상 불가한 강압적 물리력(non negoitable coercive force)"을 사용할 권한은 경찰 역할에 매우 중요하다. 대부분의 경찰과 시민 간의 상호작용에서 경찰은 적절하게 물리력을 사용하며, 일반적으로 물리력 없이 해결되는 경우가 많다. 그러나 다른 권한들과 동일하게 남용의 가능성은 존재한다. 두 가지 주요한 남용의 종류가 있다. 부당한(Wrongful) 사용은 경찰에 "무례한(disrespect)" 사람에 대한 복수와 같은 잘못된 이유로 물리력을 사용하는 것이다. 불균형적인(Disproportionate) 사용은 경찰이 사용하는 물리력의 수준이 시민의 저항이나 공격성을 훨씬 초과하는 경우를 말한다. 상황이 일단 통제 하에 들어오면 경찰은 생명을 보호하고 안전을 도모할 필요가 있다. 합법적인 물리력은 저항하는 대상을 순응하게 만들기 위해 사용될 수 있다. 이는 대개 체포에 복종하는 것을 의미한다.

이는 비록 사람들은 무단출입한 지역을 강제로 벗어나야 할 수도 있지만, 대개는 체포에 복종함을 의미한다. 경찰은 경찰물리력의 수준을 시민의 공격성과 저항수준에 맞추는 단계적 물리력(force continuum)에 따라서 물리력을 사용하기 위해 훈련받고 장비를 갖춘다.

단계적 물리력은 경찰의 권위적인 존재로 시작하여, 사람을 특정 지점 밖으로 이동시키기 위해 확실하게 잡은 상태에서 안내를 하는 등 최초의 실제적인 물리력이 적용되는 육성명령과 지시로 이어진다. 그것에는 고통이 따르는 잡기(손목잡기와 다른 압박점 기술)와 전기충격기와 페퍼스프레이와 같은 상지 그리고 야경봉과 같은 충격기의 사용이 있다. 살상무기는 좁게 정의되는 일련의 상황에 대해 마련된 마지막 단계이다.

연방의 자금지원은 경찰관이 피의자 그리고 주변인에 피해위험을 최소화하고 경찰 임무를 돕기 위해서 덜 치명적인 무기의 개발을 촉진했다. 페퍼스프레이나 공포탄, 최루탄, 엽총에서 발사되는 체포망, 끈적한 거품, 방향을 교란시키는 불빛과 수류탄 그리고 아직 개발단계에 있는 다양한 다른 무기들은 총격에 대한 더 안전한 대안을 제공하려 하고 있다.

도표 3.1 Use of force continuum

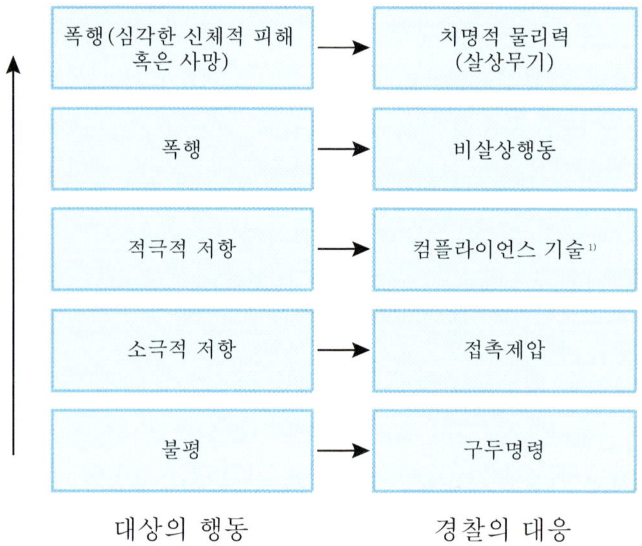

경찰은 살상무기를 사용할 권한이 있지만 그것은 생명을 구하기 위한 목적으로 사용되어야 한다. 관습법 상 "흉악범의 탈주(fleeing felon)"와 관련된 규칙은 기소된 흉악범이 누구든 체포하기 위해 살상무기의 사용이 가능하다. 1985년에, 미연방대법원은 Tenessee v. Garner 사건에서 임박하고 뚜렷한 위험의 상황에서만 살상무기를 사용하는 것으로 한정했다. 비록 경찰이 휴대하고 있는 무기가 가장 명백한 살상무기도구지만, 잘못된 대상의 머리를 향해 휘둘러지는 등 부적절하게 사용되면, 바통이나 야경봉과 같은 둔탁한 물건은 치명적인 피해를 가할 수 있다.

주기적으로, 물리력사용의 문제는 눈에 띄는 사건에 의해 대중의 관심에 들어왔다. 2014년 후반, 민간인의 죽음에 이르게 한 물리력 사용의 사건들은 짧은 시기에 집중적으로 발생했다.

그러한 많은 사건들은 구경꾼들의 핸드폰 녹화나 경찰의 기록 카메라, 범죄현장의 CCTV를 통해 비디오에 녹화되어 있다.

미주리주 퍼거슨시에서 거주하던 마이클 브라운의 총격사망은 특히 경찰사격과 일반적인 물리력의 사용에 저항하는 "흑인민권운동(Black Lives Matter)"의 시작점으로 널리 알려져 있다. "손들어! 쏘지마."는 마이클 브라운이 총격을 당했을 때 항복하며 손을 들었다는 초기 주장에서 비롯된 시위의 슬로건이었다. 이후의 몇몇

1) 적극적으로 저항하는 물리력 대상자를 부상입히거나 혹은 가벼운 통증을 느끼게 하는 행위

사건들과 달리, 추가적인 어떤 비디오 증거도 나타나지 않았다. 대배심은 어떤 사람들은 "손들어" 이야기를 보고했으나, 다른 증언은 브라운이 경관을 공격하며 경관의 휴대무기를 뺏으려했고 그가 총을 맞았을 때 경관에게 돌진하고 있었다는 경관의 주장을 뒷받침하는, 내용이 상당히 상충되는 목격자들의 증언을 들었다. 법의학적 증거는 경찰의 사건진술을 지지했고 대배심은 경찰관의 살인죄에 대해 불기소로 답했다.

불에 기름을 붓듯 일련의 유사한 사건들이 빠르게 잇따라 발생했다. "질식사(chokehold)"라는 잘못된 이름이 붙여진 뉴욕시의 에릭 가너(Eric Garner)사건은 "숨을 쉴 수가 없어"라는 슬로건을 야기했는데, 가너의 마지막 말은 그가 체포되는 동안 목격자의 핸드폰에 녹음되었다. 그 후 오하이오(Ohio)주 클리블랜드(Cleveland)의 타밀 라이스(Tamir Rice)의 총격사망, 오하이오주 비버크릭(Beavercreek)의 존 크로포드(John Crawford), 시카고(Chicago)의 라콴 맥도널드(Laquan McDonald) 그리고 92세 노인의 총격사망을 일으킨 아틀랜타(Atlanta)시의 엉뚱한 집에 대한 마약 급습사건, 뉴멕시코(New Mexico)주 앨버커키(Albuquerque)의 몇몇 사건을 포함하여 논란이 있는 일련의 총격사건들이 잇따라 발생했다.

이러한 사건들에 대한 대중의 격렬한 반응은 경찰에 대한 전국적인 시위로 이어졌고, 정신착란증세의 메릴랜드 출신의 남자가 경찰행위의 결과로 죽은 모든 시민을 위해 두 뉴욕시 경찰을 살해하는 "돼지들에게 날개 달기(Put wings on pigs)"라는 암살사건을 일으킨 직접적인 원인이 되었다.

이와 관련된 수많은 부차적인 문제들은 경찰의 살상무기 사용에 대한 대중적인 논쟁을 수반하고 있다. 경찰과 그들의 보수적인 지지자들은 높은 범죄율이 나타나는 지역(불균형적으로 소수민의 거주자들)에서는 그들의 폭력성으로 인해 총격이 더 자주 일어난다고 주장한다. 비록 몇몇 개별 사건들은 그 주장을 뒷받침할 수 있지만, 그 주장을 조사했던 범죄학자들은 그것에 대한 어떠한 증거도 발견하지 못했다. 경찰의 입장을 옹호하는 사람들은 무장이든 비무장이든 간에 경찰에 의한 총격을 받은 흑인과 백인의 숫자는 대략적으로 같다고 주장한다. 반면 경찰을 비판하는 사람들은 비록 그 수치는 대략적으로 같을 수 있으나 전체인구비율에서 흑인들이 명백히 소수를 차지하기 때문에 수치가 동일하다는 것은 실제로 흑인피해자가 불균형적으로 많다는 사실을 나타낸다고 주장한다. 판사들과 배심원들은 위험에 대한 잠재성을 예측하길 꺼려하기 때문에 경찰들은 지극히 의심스러운 총격사건에서조차도 형사책임을 거의 지지 않는다.

심지어 경찰이 위법행위로 해고당할 때조차도, 심사위원회는 종종 그들의 복직을 요구한다.

비판적 사고 연습

좋은 의도에서 발생한 오인사격으로 피해를 입은 경우 복구를 위해 무엇을 할 수 있는가? 가족구성원, 친한 친구, 혹은 당신이 일상적으로 알고 지내는 누군가가 비슷한 상황에서 경찰의 총격을 받고 사망했다면, 당신은 어떻게 할 것인가?

경찰 내부의 엄격한 비밀주의(The Blue Wall of Silence)

경찰이 사회적으로 인정받지 못하고 비난을 받는다고 느끼는 문화적 분위기는 위험과 결속의 분위기를 결합시킴으로써 경찰 내부의 비밀주의를 만들어낸다. 몇몇 경찰들은 다른 경찰의 비행을 알고 있음에도 어떤 행동도 취하지 않는데, 보통 두 가지 이유 때문에 수사관에게 정보를 제공하지도 않는다. 첫째, 경찰은 상관을 불신하며, 그들의 관리자에게 의해 정치적으로 압박을 받거나 부당하게 가혹한 처벌을 받는 본보기가 될 것을 두려워한다. 두 번째, 그들은 위험한 상황에서 지원을 요청해야 하는 동료경찰과의 관계를 소원하게 만드는 것을 두려워한다. 노조는 또한 직원의 권리가 정치적 압박 하에 폐지될 것을 두려워한다. 그래서 그들은 불법행위로 기소된 경찰에 대해 옹호자이자 변호사로서 개입한다. 전문적이고 지역사회 지향적인 경관들은 경찰이 합법성을 위해 경찰내부를 깨끗이 해야 하고 비리경찰은 범죄자만큼 자신들에게 위험하다고 인식하기 때문에 경찰 내 비밀주의는 예전만큼 그렇게 강하지는 않다. 그럼에도 불구하고, 어떤 기관에는 여전히 단단히 자리 잡고 있으며, 그것을 유발하는 문제들도 현저히 남아있다.

경찰감시

경찰의 불법행위로 인해 발생하는 주기적인 스캔들 후에는 경찰개혁에 대한 대중의 외침이 따라온다. 과거에 이루어진 대부분의 개혁은 경찰기관의 더 나은 내부관리에 대한 약속이었다. 실제로, 명확한 규정이 쓰일 것이고, 더 나은 훈련이 고안될 것이고 그리고 관리감독은 더 엄격해질 것이다. 경찰기관들은 헤드라인에 나온 불법적 행동은 정직하고, 공정하며, 공익에 헌신하는 대부분의 경찰들의 대표자가 아닌 "암적인 존재들(bad apples)"에 전적으로 국한된다고 주장한다.

최근에, 경찰 스캔들의 주기적 성향은 사람들이 경찰의 능력을 의심하게 만들었다. 경찰은 웬만해서는 형사상 유죄판결을 받지 않기 때문에 이에 대해 분개해하는 시민들은 시민권을 부정하는 경찰의 관행과 형태를 주장하며 경찰기관에 대한 소송을 제기해왔다. 게다가, 연방사법부는 몇몇 경찰부서들에 대해 소송을 제기하여 해당 부서가 반드시 실시해야 하는 구체적 변화를 명시한 조정명령(consent decrees)를 부여하고자 등의 움직임을 보였다.

전형적으로, 그런 변화들은 연방법원에 보고하는 외부기관에 의해 감시된다. 뉴저지(New Jersey)주 경찰이 저지른 인종적 프로파일링 문제 또한 결국 조정명령이 내려지는 결과로 이어졌다.

연방 단위의 개입은 현 행정부의 개입의지에 달려 있다. 소송은 수년이 걸릴 수도 있다. 지방수준에서는, 경찰의 불법행위에 관련된 시민들은 경찰의 민간심의(civilian review)를 요구하기 시작했다. 경찰의 불법행위 혐의는 전적으로 시민들로만 이루어진 위원회 혹은 시민들과 경찰들이 혼합된 형태로 구성된 위원회에 의해 판단된다. 행동은 경찰의 관행보다는 지역사회의 기대에 근거해 판단된다. 최선의 모형에서는, 경찰 전문가는 경찰정책을 지지하는 수용할 만한 기준과 훈련의 유형을 식별한다. 판결은 경관의 행동이 법, 정책 그리고 지역사회의 기대에 부합되어 있는가에 근거해 내려진다. 규율이 추천되면, 전형적으로 경찰 서장이 관리를 책임진다.

비판적 사고 연습

시민들은 민간심의위원회나 다른 메커니즘을 통해 경찰관의 행동을 판단할 권한이 있어야 하는가? 경찰의 결정이 옳은지 틀린지를 결정하기 위해 반드시 경찰관일 필요가 있는가? 의료과실을 판단하기 위해 전문적 의사가 되는 것이 필수적인가?

특별시민

경찰은 특별한 요구를 기진 지역시회에 관한 문제에 식면한다. 성신실환지들은 1950년대의 탈시설화(deinstitutionalization) 운동의 결과로 거리에 훨씬 더 눈에 띄게 되었다. 그들의 행동은 시민들에게 두려움을 줄 수 있고, 위험성이 잠재되어 있다. 이민자 사회는 새로운 언어, 다른 문화적 관습과 기대 그리고 종종 그들의 조국의 극도로 부패하고 야만적인 경찰에 대한 경험에 근거해 경찰에 대한 반감을 갖고 있다. 경찰은 종종 지역사회와 접촉하는 사회적 이해와 의사소통 기술의 부족으로 인하여 치안서비스 제공에 지장을 받는다. 앞의 두 경우에 해당하는 사람들은 경찰과 의사소통이 없거나 꺼리는 범죄자들의 취약한 표적이 된다. 게다가, 이민자들과 긍정적인 관계를 만들고자 하는 지역사회 경찰활동은 불법체류자들을 추방하는 연방법에 대한 집행권과 종종 갈등관계에 놓인다. 몇몇 지방기관들은 연방법집행에의 협조가 합법적인 이민자 사회를 보호하려는 것을 방해하기 때문에 ICE에 협조하지 않는다. 다른 기관들은 그들이 불법이민자들을 체포하더라도 ICE의 인력부족으로 그들을 구금할 수 없고, 결국 경찰은 그들을 억지로 풀어주어야 하는 현실을 비난한다. 노인들은 또한 경찰에 알츠하이머병, 치매, 고립 그리고 고독사 같은 문제들을 갖고 있는 새로운 근심거리로 나타나고 있다.

미래의 문제

현재 미국경찰은 오래된 문제들과 새롭게 부상한 문제들과 동시에 직면하고 있다. 알카에다(al Qaeda)와 다른 중동테러리스트 조직의 공격은 흑인과 히스패닉에 대해서도 미국 내에서 인종적 프로파일링이 계속적하여 문제가 되고 있음에도 불구하고 아랍인에 대한 인종적 프로파일링에 대한 필요성을 유발시키고 있다. 이민자 관련 규칙들은 주에 따라 유동적이지만, 그 지역의 이민자사회를 다루는 것과 관련된 문제가 경찰에게 여전히 남아있다. 테러공격에 대해 더 큰 안전을 추구하고 있는 반면 시민의 자유는 위협받고 있는 것이다.

비판적 사고 연습

테러리즘에 대한 최근의 국가적 관심이 미국의 법집행에 어떤 영향을 줄 것이라 생각하는가? 그것은 지역경찰조직과 경찰관들의 일상업무활동에 어떤 영향을 줄 것인가?

기술은 경찰에 많은 새로운 도전을 제시한다. 컴퓨터 사기와 신원도용 사기는 대부분의 경찰기관들이 대처할 준비가 되어 있지 않은 신종 도용범죄이다. 경찰기관에는 그것들에 대처하기 위한 필수적인 최신장비가 부족하고, 단지 소수의 경찰들만이 사이버 공간의 도둑과 해커 그리고 다른 전자기술 기반 범죄자들을 추적할 수 있는 필수기술을 갖고 있다. 사이버공간의 관할권 개념의 변화와 미국법은 EU, 중국 그리고 다른 나라의 법과 상충할 수 있다.

침략기술은 머지않아 사생활에 관한 전통적인 기대들을 위협할 수 있다. 이를테면 kyllo사건에서 사용되었던 열영상기술과 같이 집 내부의 사적인 부분들을 드러내는, 어떠한 새로운 기술도 경찰이 사용할 수 없도록 한 헌법이 1789년 제정되었지만, Kyllo v. United States(2001) 사건은 경찰이 사생활을 관찰할 수 있도록 요구하였다. 그러나 그러한 기술은 곧 대중과 범죄영역에서 널리 이용 가능하게 될 수도 있으며, 이는 경찰자원을 보호할 새로운 수사기법과 새로운 대책을 요구한다. 이식된 칩, 복제, 살아있는 인간과 컴퓨터의 접점, 확장된 현실체계 그리고 많은 다른 문제들은 결국엔 경찰이 직면해야 할 장기적이고 잠재적인 심오한 변화들이다. 가장 최근의 발전은 구어체로는 드론이라고 알려져 있는 쿼트콥터(quadcopters, 프로펠러가 4개인 헬기)가 널리 이용 가능해졌다는 것이다. 기술이 합법적인 사용이 잠재적인 불법행위와 충돌하듯이, 농작물, 외딴 시설들 그리고 잠재적 위험을 감시하는 비행카메라는 또한 집 안팎의 개인 시민의 활동을 은밀히 기록하는데 사용될 수 있는 것처럼 드론은 사생활에 대한 상당한 우려를 일으킨다. 현재 운송 능력이 비교적 경량으로 한정되어 있음에도 불구하고, 드론은 국경을 넘어 검열 받지 않은 마약을 수송하고 교도소 벽을 넘어 다양한 유형의 밀수품(핸드폰과 총 등)을 운송하는 능력을 증명했다.

최근에 백악관 마당에서 발견된 추락한 드론은 사제폭발물(IEDs)이나 생화학 무기꾸러미의 배달에 대한 불안을 일으켰다. 다른 로봇구조물들은 비슷한 유형의 배달을 위해 지상 혹은 심지어 지하터널을 이용할 수도 있다.

전 지구 위치 파악 시스템(Global Positioning System: GPS) 기술은 급속히 발전하고 있으며, 이미 새로운 자동차의 미래가 되었다. GPS는 피의자를 추적하고, 도난 차량이나 다른 물품들을 회수하는 경찰의 기술을 매우 향상시켰다. 그러나 법원은 여전히 경찰이 GPS 장치를 표적차량에 두기 전에 영장을 얻거나 온스타(OnStar) 같은 법인조직으로 유지되는 차량 감시 서비스업체를 이용하기를 요구한다. 개인핸드폰과 다른 휴대용기기에 대한 정보 접근도 마찬가지다. 이와 관련하여 미국 대법원은 Riley v. California(573 U.S. 2014) 사건에서 체포 당시 우연히 압수한 핸드폰에 대한 수색도 별도의 영장을 필요로 한다고 판결했다. 이는 개인의 정보를 개인서류와 물품에 상응하는 개인의 사생활로 보고, 이를 보호하고자 하는 취지이다.

비록 범죄현장의 녹화 카메라는 점점 더 경찰이 찾고 있고 비판자들은 반대하지만, 비슷한 사생활 문제가 수반된다. 카메라가 켜져 있을 때(특히 개인 거주지에 대기 중일 때), 분석작업에 사용될 내용은 어떤 용도로 쓸지 외에도 얼마나 오래 녹화가 유지되는가(편집과 처리에 대한 상태뿐만 아니라)를 모두 고려해야 한다.

나노기술은 의약품에 대한 긍정적 영향이 입증되며 급속도로 발전하고 있지만, 부정적인 가능성이 너무 많다. 대중은 단단한 물체를 만들기 위해 플라스틱을 빠르게 층층이 쌓아 3D 프린팅을 하는 것에 매우 익숙하다. 3D로 만들어진 화기에 대한 문제가 이미 제기되었고, 저렴한 제조법이 널리 퍼져 익명의 누군가가 화기를 제조하는 것이 대중에 대한 잠재적인 위협이 된다. 분자결합을 통해 합성마약, 독극물 그리고 폭발물을 만드는 컴퓨터 암호는 또 다른 위협이다.

주 수준의 경제문제는 수십 년 동안 교정 정책들을 지배해왔던 무력화 모형을 약화시키고 있다. 교도소 비용의 증가와 과밀화에 대한 법원의 명령에 직면하여, 입법부는 형이 만기가 되기 전에 수천 명의 수용자를 석방함으로써 완곡한 표현으로 "지역사회통제"에 대한 권한을 바꾸었다. 수용자의 사회복귀는 보호관찰과 가석방 관련 자원이 소요되지 않으며, 주로 경찰 외에는 감시를 받지 않는다. 동시에, 유죄판결이 "교도소(the joint)"에서 시간을 덜 보내거나 혹은 전혀 보내지 않을 수 있다는 사실은 억제개념의 효과를 약화시킨다. 비록 장기적 효과는 아직 인정되지 않았지만, 지역사회통제의 주요한 책임이 이미 감당할 수 있는 능력을 넘어서 경찰의 몫이 되리라는 것은 합리적인 전망이다.

사회적 기대 또한 변화하고 있다. 징벌적 성격의 마약법은 마약 남용문제에 대한 너무 가혹하고, 잘못 적용되었고 그리고 잘못된 접근법이라는 공격을 받고 있다.

비록 주 수준에서 입법화하기도 하는 마리화나를 기소대상에서 제외하는 추세는 과거처럼 더 이상 위험하게 보이지는 않지만, 국가 전반에 걸친 진통제의 확산으로 인해 경찰은 새로운 요구를 받게 되었다. 가족들은 그들의 사랑하는 가족들에게 두 번째 기회를 주기 위해 치명적인 약물남용효과를 되돌릴 수 있는 아편제 수용체 차단제(Narcan)와 낼럭손(모르핀 등의 마약에 대한 길항제) 등의 처방의 사용을 권장한다. 논쟁의 반대편에서는, 경험이 많은 법 집행 공무원과 응급실 의료서비스 직원은 많은 중독자들에게 "두 번째 기회"란 그저 다시 마약에 취하는 것이라고 암시한다. 그들은 같은 개인에게 반복된 약을 주는 식으로 때로는 회복 몇 시간 후에 다시 반복되는 자기 파괴적 행동에 "안전장치(fail safe)"를 제공하는 방법은 솔직히 의문스럽다고 보고한다.

진통제 그리고 현재 카펜다닐(carfentanyl)과 관련하여 추가된 중독 문제는 또한 경찰절차를 변화시키고 있다. 최소한 두 명의 경찰관이 약물남용 희생자를 소생시키거나 범죄현장을 조사하는 중에 마약에 무심코 노출되어 죽음을 맞이하였다. 이로 인해 겹 장갑을 끼는 것은 경찰들의 규칙이 되었으며, 많은 기관은 마약류로 의심되는 것에 대한 현장검증을 더는 하지 않는다. 대신에 그들은 그것들을 잠재적인 독극물로 취급하고 범죄실험실로 보낸다.

공적인 공간에서의 사생활이란 의미는 CCTV, 소셜 미디어, GPS 추적 그리고 기타 다른 기술들에 의해 다시금 정의되고 있다. 연방과 주의 권리를 나누는 선은 연방법원에 의해 주에 유리하게 재정의 되고 있으며, 동시에 여러 주 단위의 범죄가 더 가혹한 처벌을 가하고자 하는 바람에 연방화되고 있다. 국가의 경제, 법 그리고 사회적 기대에 대한 세계화의 영향은 장기적인 시각에서 보면 주나 통치권의 개념에도 아직 충분히 실현되지는 않았다. 세계화는 단기적 물결이 존재하는 장기적인 힘이다. 테러와의 전쟁은 단기적 문제일 수도 있지만, 시민권과 시민자유에 대해 장기적인 영향을 미친다. 기술은 양자 모두에 영향을 미치고 인간적인 것이 무엇인지를 정의할 때 훨씬 더 불확실한 미래를 제시한다. 이런 모든 것들은 경찰에게 급격한 시대변화의 가능성을 제시하고 인간적이고 사회적인 새로운 조건과 요소들에 적응할 것을 요구한다.

결론

경찰은 끊임없이 진화하는 네트워크 기관이고, 물리력을 사용할 수 있는 권한을 부여받았지만 동시에 미국 사회에 가해지고 있는 다양한 문제를 해결할 수 있는 지식과 통찰력 그리고 이해력을 기반으로 그것들을 사용해야 한다. 그들의 체포권 때문에, 경찰은 다른 형사사법기관들의 문지기 역할을 한다. 그러나 경찰업무의 더 큰 영향력은 체포 없이 해결되는 상황에 있다. 경찰업무의 변화는 법, 사회적 분위기의 진보적 변화 그리고 새로운 기술의 변화 때문에 생긴다. 세계화의 영향과 외국법에 대한 미국법의 개입과 같은 새로운 도전은 적절한 선택, 훈련, 가치의 설득 그리고 지도의 계속된 도전에 추가될 것이다.

핵심 단어

배경조사	배제의 원칙	강화근무
구역관리	현장훈련 담당관	관할구
구역(beats)		사전훈련
경찰 내 비밀주의	응급요원	청원경찰
깨진 창문	단계적 물리력	문제지향적 경찰활동
대학 기반 훈련	내사	소유표시
명령체계	존 특무대(john details)	인종적 프로파일링
시민순찰	캔자스시 예방순찰실험	지역적 태스크포스
배심원		순환근무
지역사회 경찰활동	준법	안전한 피난처
CompStat	법집행	학교전담경찰관
치안관(Constable)	미니애폴리스 가정폭력실험	서비스
조정명령	광역적 태스크포스	단일입직경로
계약도시		주 순찰대
경찰부패	상호공조협약	주 경찰
범죄예방	자율방범대	고정근무
형사	질서유지	함정수사
억제	순찰	스트레스 기반 훈련
재량	경찰훈련	분대
이중입직경로	경찰하위문화	물리력 사용

읽을 거리

Police Culture

Crank, J. P., and M. A. Caldero. (2000). *Police ethics: The corruption of noble cause*. Cincinnati: Anderson.

Muir, W. K., Jr. (1977). *Police: Streetcorner politicians*. Chicago: University of Chicago Press.

Community-Oriented and Problem-Oriented Policing

Goldstein, H. (1979). Improving policing: A problem-oriented approach. *Crime and Delinquency* 25:236?58.

Greene, J. R., and S. D. Mastrofski (Eds.). (1988). *Community policing: Rhetoric or reality*. New York: Praeger.

Sparrow, M., M. H. Moore, and D. Kennedy. (1990). *Beyond 911: A new era for policing*. New York: Basic Books.

Trojanowicz, R., and B. Bucqueroux. (1990). *Community policing: A contemporary perspective*. Cincinnati: Anderson.

Modern Reform: Initial Studies

Klockars, C. (1985). *The idea of police*. Beverly Hills, CA: Sage.

Reiss, A. J., Jr. (1971). *The police and the public*. New Haven, CT: Yale University Press.

제4장

법원

- **기본원리**
- **역사**
  연방법원의 역사
- **주체**
  판사
  검사
  변호인
  다른 법원 주체들
- **절차**
  공식기소의 초기 단계
  재판
  형량선고
  항소
- **추세**
  특별법원
  피해자 참여의 증가
  새로운 법정 기술
  배심자문의원의 참여
- **결론**
- **핵심 단어**
- **읽을 거리**

CHAPTER 04 법원

학습목표

- 이중법원체계의 의미를 설명한다.
- 법원의 대립적 성향을 논한다.
- 미국 연방법원의 역사적 핵심사항들을 논한다.
- 미국법원의 항소체계를 논한다.
- 주 법원의 역사와 유형을 논한다.
- 관할지역에 따라 법원들을 비교 및 대조한다.
- 연방법원과 주 법원의 차이 및 다양한 법정주체들 나열한다.
- 일반적인 사법체계의 진행과정을 요약한다.
- 배심원 선택을 토의한다.
- 정기형과 부정기형의 차이를 설명한다.
- 항소절차를 토의한다.
- 여러 유형의 특수법원을 구별하고 정의한다.
- 법원이 피해자의 개입을 증가시킨 예시를 든다.

비록 부정확한 명칭이지만, 법원체계는 종종 경찰과 교정체계 간의 연결고리로 일컬어진다. 사실상 법원체계가 형사사법체계의 두 번째 주요한 측면이지만 그 역할은 전체 사법체계를 아우른다. 많은 경우에, 경찰의 체포 전이나 범인이 어떤 형태의 교정 제재의 영향 아래에 있게 된 뒤에도 법원체계는 범죄사건과 관련되어 있다. 일반적으로, 법원체계는 두 가지 기본적 기능이 있다: 범죄에 기소된 피고인을 판결하는 것과 전체 형사사법체계가 법이 집행하는 대로 공정한 절차를 수행하도록 보장하는 것. 법원체계는 복잡하고, 종종 오해받는 형사사법체계의 구성요소이므로 이를 이해하는 것은 중요하다.

기본원리

미국은 소위 이중법원체계(dual court system)를 가지고 있다. 연방정부가 자신만의 법원체계를 가지며, 주들도 고유한 법원체계를 가진다. 이러한 체계는 명백해 보이지만 법 집행에 관해 51개의 법원체계가 있다는 것은 꽤 복잡한 일이다. 연방법원체계는 연방법 위반의 책임을 지고 주 법원체계는 각 주법의 위반을 책임진다. 그러나 주와 연방법이 서로 충돌하면 법원체계가 연관되어 있어 복잡해진다.

이러한 예는 의학적 마리화나 사용에서 볼 수 있다. 2017년을 기해, 29개 주에서는 다양한 질병에 마리화나 의료사용을 허락하는 법을 통과시켰다. 그러나 연방법은 의학적 마리화나 사용을 금지한다. 그래서 의료적 마리화나 사용이 승인된 캘리포니아(California)주의 시민은 비록 주 법 아래에서는 합법이지만, 마약사용에 대한 연방법의 형사책임을 질 수 있다. 법원체계는 이러한 두 가지 법의 충돌에 대한 문제의 해결과 연관되어 있다. 수많은 사람들은 의료목적의 마약사용을 금지하는 연방법에 도전했고, 이는 주법에도 마찬가지일 것이다. 결과적으로, 주와 연방법원은 이 사건에 개입했고, 이중법원체계의 복잡한 성질을 설명했다.

연방 법원과 주 법원체계에 관련된 또 다른 문제는 관할권(jurisdiction)이다. 법원체계에서 관할권이라는 용어는 구체적 지리적 지역을 언급하지 않고 오히려 어떤 유형의 사건을 심리하는 법원의 권한을 일컫는다. 예컨대, 연방 법원체계는 연방법과 관련된 사건을 판결하는 관할권을 가진다. 주법이 연방법이나 헌법에 충돌하지 않는 한, 주법과 관련된 사건을 결정할 능력은 없다. 항소법원은 재판을 할 관할권은 없다. 하급 주와 연방판결법원에 대한 관할권이 있을 뿐이다. 또한 청소년 법원은 이혼이나 구금문제에 관련된 문제를 심리할 관할권은 없다. 사실상 각각의 법원은 주 수준이든 연방 수준이든, 판결이 허락된 사건유형이 제한되어 있다. 피고인이 단지 심리를 위해 자신이 원하는 유형의 법원으로 가는 것은 불가능하다. 피고인은 당면한 문제를 전문적으로 다루는 법원에 가야 한다.

주와 연방 법원체계의 또 다른 교리는 대립적 사법체계(adversarial system of justice)이다. 대립체계는 두 개의 반대진영에 기인한다. 형사사건에서, 이것은 피고인 vs 주(검사의 형태로)로 연관된다. 게다가, 이 체계는 사건 결정을 하는 판사 혹은 배심원 간의 중립기구이다. 일반적으로, 피고인에 대해 사건을 입증하는 것은 주의 책임이다. 이는 무죄추정의 원칙을 반영한다. 피고인은 주에 의해 유죄로 확정되기 전까지는 무죄로 추정된다(무죄추정의 원칙). 반면에, 피고인은 주 사건에 도전해야 하고 주가 제시하는 증거에 의문을 제시해야 한다. 피고인이 재판에서 자신의 무죄를 입증할 책임이 없으며, 주(국가)가 유죄를 입증해야 한다는 것은 잘 알려져 있다.

사건을 결정할 때, 법원체계는 주의 필요와 피고인의 권리 사이의 균형을 유지해야 한다. 이것은 때때로 범죄통제모델 vs 적법절차모델로 불린다. 파커(Packer, 1968)는 법의 공정하고 평등한 적용을 보장하기 위해 형사사법 체계가 어떻게 해야 하는지를 설명하는 모델을 개발했다. 범죄통제모델(crime control model)은 범죄 행동의 감소에 초점을 둔다. 그것은 사건결과의 신속함과 정확함을 강조하며 형사사건 판결의 지연이 범죄감소를 위한 체계의 능력을 약화시킨다고 본다. 범죄통제모델은 체포된 많은 피고인이 실제로 유죄라고 가정하며, 따라서 법원체계는 그들을 유죄로 확정하고 선고하는 데 시간을 낭비해서는 안 된다고 주장한다. 반면에, 적법절차모델(due process model)은 피고인의 권리보호를 강조한다. 이 모델은 범죄통제라는 이름으로 권리가 침해되는 것을 우려하고, 형사사법체계는 법 집행을 위해 법을 위반하지 않도록 보장하는 데 목적이 있다고 본다. 신속함은 무고한 사람들이 처벌받는 실수의 가능성을 증가시키기 때문에 그것은 사법행정의 신속함을 우려한다. 비록 하나의 모델이 지배적일 때도 있지만, 형사사법체계는 이들 두 경쟁모델 사이의 균형을 맞추려 노력해 왔다. 법원체계는 법이 공정하고 평등한 방식으로 집행되도록 보장할 책임을 지는 사법체계의 주요한 구성요소이다.

비판적 사고 연습

당신은 형사법원에서 어떤 모델이 더 지배적이라고 믿는가? 이는 적합한가? 아니면 변화되어야 하는가? 범죄통제모델이 작동되는 몇 가지 예는 무엇인가? 적법절차모델의 예는 무엇인가?

역사

2장에서는 미국형법의 기원에 대하여 논의했다. 법원체계는 법이 공정하고 평등하게 집행되도록 보장할 책임이 있었다. 오늘날 법원의 역할을 인식하기 위해서 연방과 주 법원체계를 이해하는 것은 중요하다.

연방법원의 역사

1787년의 헌법제정회의 동안, 연방 법원체계를 확립하는 두 개의 경쟁적 계획이 제안되었다. 뉴저지(New Jersey) 계획은 주 법원체계가 연방 문제를 판결하는 데 능동적 역할을 하고, 단일 연방법원과 단일 대법원을 설립할 것을 요구했다. 뉴저지 계획의 지지자들은 강력하고 중심적인 연방사법에 회의적이었고 주 단위에서 연방법원의 문제를 통제하기를 원했다. 이 계획에 따르면, 주 법원이 재판을 이행하고, 다른 하위 연방법원이 절차를 행하고, 항소과정은 연방대법원에 사건을 가져가는 것이다.

버지니아(Virginia)주 계획은 대법원과 다양한 하위 연방법원의 설립으로 더 넓고 더 중앙집권적인 연방법원 체계를 제안했다. 이 계획의 지지자들은 주가 연방법원의 문제에 관여해서는 안 되고, 연방정부는 주 정부들처럼 사법권을 가져야 한다고 주장했다.

뉴저지 계획과 버지니아 계획의 협상은 이뤄졌고, 결과는 미 헌법 3장에 나온다: 미국의 사법권은 하나의 대법원과 의회가 임명하고 설립하는 하위법원에 있다. 본질적으로, 이것은 두 계획이 동의하는 하나의 대법원을 만들었지만, 필요할 때 의회가 하위연방법원을 만들 수 있게 했다. 처음에, 이 합의는 어떤 광범위한 연방 법원체계도 만들어지지 않았기 때문에 뉴저지 계획에 이익인 것처럼 보였다. 그러나 시간이 흐르면서 결국에는 집권적 연방 법원체계의 창설을 주장했던 버지니아 계획에 유리하게 되었다.

미 헌법이 의회가 하위연방법원을 창설할 수 있게 했기 때문에, 이들 법원이 만들어지는 것은 시간문제였다. 첫 의회의 첫 고민거리는 연방 법원체계를 만드는 것이었다. 이 체계는 세 분야로 구성된다: 미 지방법원, 미 항소법원 그리고 미 대법원.

미 지방법원

연방체계의 재판법원인 미 지방법원(U.S. District Court)은 1789년 사법령에 의해 설립되었다. 그 시대에 존재하던 연방 내의 11개 주와 메인(Maine)주 및 켄터키(Kentucky)주의 영토는 지방으로 여겨졌다. 때문에 연방 재판법원 조직은 전적으로 주를 포함하고 있다; 즉, 어떤 연방 지역도 주의 선을 넘지 못했다. 각각의 지방법원은 항소사건을 심리하는 한 명의 지방법원 판사를 두었다. 새로운 주들이 연방에 들어오면서, 더 많은 지방법원이 만들어졌다.

1789년 하급연방법원의 설립 후에, 각 주는 하나의 지방법원을 가진 구역으로 여겨졌다. 오늘날, 몇몇 주들은 너무 인구가 많아 단지 한 개의 지방법원을 가질 수 없기 때문에 다수의 지역으로 분리된다. 각 주에는 적어도 하나의 지방법원이 있다. 현재 50개 주와 컬럼비아(Columbia) 지역에 90개의 지방법원이 있고 괌(Guam), 푸에르토리코(Puerto Rico), 버진 아일랜드(Virgin Islands) 그리고 북마리아나 섬(Northern Mariana Islands)에 4개가 더 있다.

앞에서 언급했듯이, 지방법원은 연방체계의 재판법원이다. 미 지방법원은 최초로 사건을 심리하고 결과를 결정할 권한인 제1심 재판권(original jurisdiction)이 있다. 거의 8만 개의 형사사건이 매년 지방법원에서 다루어진다. 주로 연방 약물위반과 다양한 화이트칼라 범죄들이다. 민사사건은 지방법원이 다루는 대부분의 사건을 차지한다.

미 항소법원

1789년의 사법령은 또한 연방체계의 항소법원(appellate courts)을 설립했다. 미국은 남부, 중부, 동부 세 개의 연방 법원 지역으로 분리되었으며, 각각에 항소 법원이 설립되었다. 법원들은 두 명의 대법원 판사와 한 명의 "지방 판사"로 구성되었다. 지방판사는 법원의 사건 담당 건수를 확립할 책임이 있었고, 연방법원 판사는 항소 수준의 사건들을 심리하기 위해 각 지역을 순회했다. 이는 "순회재판(circuit riding)"으로 알려진 관행이다. 이 관행은 판사에게 대단히 힘들었고 항소법원의 업무량은 증가했다. 특히 남북전쟁 후에, 기존의 체계는 증가하는 업무량을 감당하지 못했다. 의회가 'Evarts' 법안을 통과시켰을 때, 항소사건을 심리하는 체계는 1891년까지 계속되었다. 이 법은 각각의 사법지역에 한 개씩, 하급연방법 재판법원의 항소를 들어야 하는 9개의 연방항소법원을 만들었다. "항소법원(circuit court)"이라 불리는 각각의 항소법원은 새로 생긴 연방 항소법원 판사로 구성되었고, 미연방 대법원의 순회 업무를 덜어주었다.

미 항소법원은 하급법원이 결정한 후의 항소사건만을 심리하는 항소관할권이 있다. 연방 항소법원이 1789년에 설립되었을 때, 미국은 3개의 연방 항소법원으로 분리되었다. 오늘날, 11개의 연방 항소법원이 있고 각각은 다수의 주로 구성된다.

각각의 옛 순회구역(Circuits)에는 하나의 항소법원이 있고, 이러한 법원들은 그들의 순회구역(Circuit)에 의해 구별된다. 예를 들어, 8번째 Circuit에 대한 미 항소법원에는 두 개의 다른 순회구역(Circuit)이 있다. 하나는 D.C. 순회구역(Circuit)을 나타내고, 하나는 국제거래와 연방 행정법과 관련된 사건을 다루는 연방 항소법원이다.

노이바우어와 프라델라(Neubauer & Fradella, 2014)에 따르면, 대략 6만 개의 사건이 항소법원에서 매년 다뤄진다. 이 중에서, 단지 20%만이 연방 형법사건과 관련이 있다. 비록 미 항소법원의 결정에 대해 미연방 대법원의 검토를 청원할 수도 있지만, 미 대법은 이들 법원의 결정을 거의 검토하지 않기 때문에, 이 연방 항소법원은 종종 연방법에 대한 마지막 수단의 법원이다.

항소법원이 심리하는 대부분의 사건은 연방 지방법원에서 온다. 피고인은 주를 담당하는 법원에 사건을 항소해야 한다. 연방 항소법원은 그들이 심리하는 사건에 대한 통제권, 즉, 항소를 거부할 재량적 권한이 없다. 사건을 결정할 때, 항소법원은 보통 주기적으로 교대하는 세 명의 판사에 의해 진행된다.

세 명의 판사에 의한 판결은 대부분의 경우에 충분하다. 그러나 드물게, 하나의 옛 순회구역에 있는 모든 판사가 사건의 심리를 위해 모일 수 있다. 이것은 '전원합의체(en banc)' 절차라 불린다.

미연방 대법원

1789년에 만들어진 마지막 법원은 대법원이다. 대법원은 부장판사와 5명의 대법관으로 구성되어야 한다. 처음 10년 동안, 연방체계에서 정부의 역할을 이해하지 못하여 법원은 허우적거렸다. 최초 3년 간 법원은 사건을 전혀 다루지 않았으며, 10년 동안 단지 50개의 사건만을 판결했다. 1801년, 세 번째 부장판사인 존 마샬(John Marshall)의 임명으로 이런 상황은 크게 바뀌었다. 마샬은 대법원에 비전을 주었고, 대법원의 절차를 관리하는 규칙과 지침을 확립했다. 이 지침 중의 하나는 대법원이 공통된 하나의 의견을 공표하는 것이었다. 이때까지는, 각각의 개인 판사가 자기 자신의 근거로 자신의 판결을 공표했다. 이런 다수의 결정으로 인해 규칙을 집행할 책임이 있는 사람들은 무엇을 해야 할 지를 이해하기가 어려웠다. 마샬은 대법원이 특정 판결에 대해 통합된 분위기를 보여줄 수 있도록 대법원이 하나의 의견(법정 혹은 다수의견의 판결이라 불린다)을 허용하는 관행을 만들었다. 마샬의 재임기간 동안, 대법원은 사법역사상 가장 중요한 판결이라 여겨지는 많은 사건에 관여했다.

미 대법원은 연방법과 미 헌법과 관련된 사건의 마지막 결정권자이다. 일단 미 대법원이 판결을 하면, 그 결정은 최종적이고 어떤 다른 법원도 검토할 수 없다. 비록 대법원이 주로 항소관할권을 가지고 있지만, 그것은 어떤 사건에 대한 원래의 관할권을 가지는 것이다. 예를 들어, 대법원은 경계선 논쟁과 같은 두 주 간의 논쟁과 관련한 사건심리를 하는 최종적이고 유일한 법원이다.

오늘날, 미 대법원은 한 명의 부장 판사와 8명의 대법관으로 구성된다. 사건 심리를 결정할 때, 미 대법원은 항소법원과 달리 큰 재량권을 가진다. 대법원은 매년 검토가 청원된 일부분의 사건에 관한 구술주장을 심리한다. 사실, 대략 7천 개의 사건 중에서 단지 100건만이 구술주장에 채택된다.

미 대법원은 가장 중요한 정책문제라고 여겨지는 것과 관련된 사건만을 심리한다. 대법원으로 오는 사건들은 미 항소법원(연방법 관련 사건)과 주 대법원(연방법과의 충돌 관련 사건이나 미 헌법에 대한 주의 위반사건)에서 온다.

주 법원의 역사

대중에게는 연방법원 체계가 더 잘 알려져 있지만, 주 법원 체계는 연방법원 체계가 확립되기 전부터 존재했다. 식민지 시대에, 종종 평화법원이나 치안법원이라 불리는 지방법원은 낮은 수준의 법정문제를 다루었다. 군 법원은 식민지의 재판법원이었고 항소는 총독이 다루었다. 혁명 후에, 비록 총독은 없지만, 주 법원 구조는 주로 식민지 법원과 동일했다.

대부분의 주들은 주로 법원체계의 설립과 관리를 스스로 진행했다. 대부분의 주들은 재판과 항소와 같은 다양한 수준의 법원절차를 다루는 체계를 보유했다. 그러나 남북전쟁 후에 산업화와 인구와 같은 문제가 증가했다. 지방법원은 증가된 업무량, 사업과 아동노동과 같은 문제를 다루는 새로운 법과 관련된 다양한 유형의 사건과 분투하기 시작했다. 비록 몇몇 주들은 여전히 오늘날 같은 문제들에 직면하고 있지만, 결국, 주 법원은 더 많은 법원을 만들거나 특별법원을 만드는 등 이 문제를 다뤄야 하는 혁신적인 방법을 찾아야 했다.

특별관할법원

특별관할법원(Trial courts of limited jurisdiction)은 주 법원체계에서 가장 낮은 수준의 법원을 구성한다. 이 법원들은 "행정법원(magistrate)", "지방자치법원(municipal)", "도시법원(city)" 그리고 "치안법원(justice of the peace)"을 포함하여 다양한 이름으로 불린다. 그들은 단지 어떤 유형의 문제들만 다루도록 제한되는 관할권을 가진다. 형사사건에서, 이 사소한 문제들은 경범죄를 포함하지만, 또한 최초출석, 보석심리 그리고 변호사 임명과 같은 중범죄 사건의 초기 단계도 포함한다.

비록 특별관할법원들은 그들이 다루는 유형의 문제에 한정되어 있지만, 그들은 대략 모든 법원체계의 85%를 구성한다. 이 법원들이 다루는 사건의 수는 시간이 흐르면서 증가했고 매년 대략 7천만 건을 다룬다. 대부분의 사건은 교통범죄이다(4백만 건 이상). 결국엔 과밀화 문제가 생겼고, 법원은 증가하는 사건을 다룰 자원이 부족하다. 이들 법원의 수는 주 마다 다양하고 인구가 많은 지역은 특정 분야와 관련된 특별관할법원들이 있다.

주 법원은 조직과 구조에서 다양하다. Box 4.1은 세 개의 다른 법원체계의 구조를 간략하게 요약한 것이다. 캘리포니아(California)주는 간소화되고 조직화한 법원체계를 가진다. 주 전체를 통틀어, 특별관할법원과 일반관할법원들은 상급법원들로 불린다. 캘리포니아의 중급 항소법원은 항소법원이라 불리고 마지막 단계의 법원은 대법원이라 불린다.

오하이오(Ohio)주는 비슷한 사건들을 다루는 4가지 유형의 특별관할법원을 갖고 있다. 오하이오주의 군과 도시들은 그들이 어떤 유형의 특별관할법원을 이용할지는 다양하다. 예를 들어, 시법원은 오하이오주 128개의 자치구에 있지만 주 전체에는 38개의 군 법원만이 있다. 일반적으로, 특정한 군은 단지 하나의 혹은 다른 기관을 가질 것이다. 게다가, 오하이오주의 일반관할법원 이런 유형의 법원에 독특한 이름인 일반적 탄원의 법원이라 불린다. 이 이름은 1800년대까지 영국에 존재했던 일반법 법원에서 비롯된 것이다. 대부분의 주들은 이 법원들을 "상급법원(superior courts)", "지방법원(district courts)", "항소법원(circuit courts)" 등으로 부른다. 오하이오주에서는 마지막 단계의 법원을 대법원이라 부른다.

BOX 4.1 세 개 주의 법원체계

캘리포니아
- 상급법원 (58개 군)
- 항소법원 (6개 구역)
- 대법원

오하이오주
- 특별관할법원(4가지 유형: 시장법원, 군 법원, 시 법원 그리고 청구법원)
- 민사법원(88개 군)
- 항소법원(12개 법원)
- 대법원

뉴욕주
- 특별관할법원(8가지 유형)
- 일반관할법원(시와 군)
- 항소법원(뉴욕시 군들에 하나씩, 뉴욕시 외곽에 하나)
- 상소법원

마지막으로, 뉴욕(New York)주는 집단의 필요에 의해 만들어진 주 법원 구조에 대한 좋은 예시이다. 뉴욕주는 8개의 특별관할법원이 있고 군이나 시는 어느 법원을 이용할지 결정한다. 또한, 뉴욕주는 뉴욕시 외곽에 있는 군 법원과 함께 대법원과 군 법원이라 불리는 일반관할법원의 두 개의 재판법원이 있다. 뉴욕주는 또한 두 개의 중급 항소법원이 있다. 뉴욕주의 군들은 부서들로 결합되고 각 부서는 그들 군을 위해 일하는 항소법원이 있다. 최초의 중급 항소법원인 대법원의 항소부는 뉴욕시 외곽부서들을 위해 일한다. 두 번째 항소법원은 미국연방대법원이라 불린다. 이 법원은 뉴욕시를 둘러싸는 군들을 대표하는 부서로부터의 항소를 다룬다. 결국, 뉴욕주의 마지막 수단법원은 상소법원이라 불린다. 이 논의에서 입증하듯이, 주들은 법원 구성방식이 매우 다르다.

일반관할법원

주 법원의 두 번째 형태는 일반관할법원(trial courts of general jurisdiction)이다. 이들은 주 수준에서 주요한 재판법원이라 여겨지고 주 법원에서 생기는 보다 심각한 형사, 민사 사건을 다룬다. 이 법원들의 실제 이름은 주에 따라 다르지만 대부분의 일반관할법원들은 "지방법원(district)", "항소법원(circuit)", 혹은 "상급법원(superior)"이라 불린다.

일반적으로, 각 주는 구역들, 대체로 군으로 나뉘고 각 구역은 하나의 주요재판법원을 이용한다. 시골 지역에서는, 이 구역들은 몇 개의 군들을 둘러싸고 판사들은 사건 심리를 위해 구역의 각 군들을 순회한다. 다른 지역에서는, 판사들이 구체적 법원에 배정되고 사건을 맡는다. 노이바우어와 프라델라(Neubauer & Fradella, 2014)에 의하면, 연방 재판법원의 사건 수 보다 많은 1800만 개 이상의 사건이 이 법원들에서 다뤄진다. 이 중에서, 대부분은 교통범죄(3백만), 민사사건(660만) 그리고 형사사건(380만)이다.

주 항소법원

다음 법원은 주 사실심 법원(1심 법원)과 주 대법원 사이의 중간수준의 법원 체계를 구성하기 때문에 종종 "중급 항소법원"이라 불리는 주 항소법원(state courts of appeal)이다. 11개의 주는 항소 건수가 너무 낮아서 이 수준의 법원이 필요 없기 때문에 중급 항소법원이 없다. 이런 상황에서, 주 대법원은 유일한 주 항소법원이다. 주 항소법원은 주로 항소관할권을 가진다.

주 법원은 모든 항소를 심리해야 하고 각각의 해결책을 제공해야 한다. 이처럼, 주 대법원은 대부분의 항소는 중급수준에서 해결되기 때문에 많은 재량을 행사할 수 있다. 중급 항소법원을 이용하지 않는 주에서는, 주 대법원이 모든 항소를 심리하고 해결책을 제공해야 한다.

주 항소법원에 일하는 판사의 수는 주마다 다양하다. 연방 항소법원처럼, 이 수준의 사건은 전형적으로 세 명의 판사부가 심리한다. 전에 언급했듯이, 대부분의 항소는 주 연방법원이 심리할 항소를 선택하는데 높은 재량권이 있기 때문에 이 단계에서 끝난다.

주 대법원

주 대법원(state supreme courts)은 주 법과 관련된 문제에 대한 마지막 단계의 법원이다. 비록 대부분의 주가 이 법원들을 "대법원"이라 부르지만, 몇몇 주는 "항소법원" 등의 다른 이름으로 부른다. 주 항소법원이 있는 주는, 다른 법원들이 해결책을 낼 필요가 있기 때문에, 대법원이 사건을 맡지 않을 재량이 있다.

주 대법원의 판사의 수는 주마다 다르지만 판사들은 전원합의체로 사건을 심리한다. 이 법원들은 어떤 문제에 대해서 원래의 관할권을 가지지만 주로 항소관할권이 있다.

주체

주나 연방법원의 법원체계의 각 수준은 체계를 통해 피고인을 처리하는 책임이 있는 개인들로 구성된다. 이 장은 법원체계에서 가장 눈에 띄는 주체인 판사들을 법원체계의 다양한 수준에서 언급하였다. 판사와 똑같이 중요한 주체인 검사와 변호사가 있다. 판사, 검사 그리고 변호사는 법정참여집단이다. 법정참여집단이란 어떻게 각 개별주체가 법원체계를 통해 사건을 진행시키기 위해 다른 주체와 일하는지를 설명하기 위해 사용되는 개념이다. 비록 형사사법체계는 대립적인 체계로 여겨지지만, 실제로 진정한 대립은 없다. 일반적으로, 검사와 변호사는 상호이익이 되는 사건결과를 만들기 위해 협력하고 판사는 협상을 도우려 한다. 이러한 과정은 사건이 과밀화되어 있는 법원 체계에서 전형적으로 보인다. 모든 참여자들은 유죄답변이나 기각과 같은 관행을 통해 사건을 사건목록에서 제외하여 법원체계 밖으로 재빨리 꺼내기를 열망한다. 법원체계의 주요주체들 외에도, 법원 서기, 법정관리자, 관리인, 보호관찰관 그리고 법원체계에서 중요한 기능을 하는 다른 사람들이 있다.

◐ 판사

앞서 언급했듯, 판사는 아마도 법원체계에서 가장 눈에 띄는 주체이다. 그들은 법원 체계의 모든 수준에서 많은 중요한 결정을 내리기 때문에 가장 힘이 있다고 여겨진다. 그들은 또한 판사가 맡는 많은 역할이 증명했듯이 많은 양의 재량을 행사한다. 하급법원에서는, 판사가 보석심리, 변호사 배정, 유죄진술 수락, 경범죄 재판, 피고인판결, 사전심리, 영장발부 그리고 증거채택에 관한 결정을 내린다. 1심법원에서는 판사가 중범죄 재판을 주재하고 피고인의 형을 선고한다. 항소수준에서는, 판사가 하급법원의 결정을 검토하고 본안사건에 근거한 판결을 내린다. 판사는 모든 수준의 법원 체계에 존재하고 사건의 모든 측면에서 판결을 내린다.

연방 판사

연방 법원 체계의 판사가 되는 길은 상당히 간단하다. 연방 판사는 임명에 관한 규정이 미 헌법 3항에 있어서 3항 판사로 불린다. 대통령이 연방 판사 후보를 지명하고, 상원의 검증을 받아야 한다. 연방 판사는 구체적인 임기가 없다. 그들은 종신 임기이고 은퇴, 사망, 혹은 탄핵을 통해 해당 직위에서 떠난다.

연방 판사가 되는 데 요구되는 최소 연령요구조건이나 최소한의 사법 경험과 같은 형식적 자격요건은 없다. 그러나 연방 판사의 임명여부를 결정하는 비공식적 자격요건은 있다. 전형적으로 연방 판사 후보자는 뛰어난 법조계 경력이 있거나 재직 중 정치집단을 적극적으로 지지한 경험이 있었다. 이처럼, 연방 판사는 정치적 임명으로 여겨지고 상원의 확정을 받기 위해 고도의 정치적 과정을 견뎌야 한다.

사법 임명의 장점은 판사가 되는 결정을 특정 후보의 자격요건을 결정할 수 있는 개인들에게 맡긴다는 것이다. 그들이 대중의 의지나 선거에 영향을 받지 않기 때문에 그것은 또한 판사가 결정을 좀 더 자유롭게 할 수 있게 만든다. 단점은 어떤 경우에는 임명과정이 이데올로기가 자격요건을 넘어버리는 정치적인 경향이 있다는 것이다. 게다가, 인기 없는 결정을 내리는 연방 판사를 쉽게 자리에서 물러나게 할 수는 없다. 종신 재임은 판사가 연장된 기한 동안 있을 수 있게 한다.

주 판사

주 판사가 되는 다양한 길이 있다. 세 가지 주요한 방법은 선거, 공모제, 임명이다. 반 이상의 주가 선거를 통해 그 지역사회의 다음 판사를 결정한다. 선거는 당파적일 수도 비당파적일 수도 있다. 당파적 선거(partisan election)에서는, 후보자가 정치적 소속을 선언하고 당의 지원으로 당원으로서 캠페인을 한다. 초당적 선거(nonpartisan election)에서는 그 주의 정당후원금이 후보자 선거운동에 기부되기 때문에 비록 후보자의 정당 소속이 보통은 알려지지만, 후보자의 정치적 소속이 명확히 명시되지는 않는다. 선출된 판사는 보통 재임 동안 일하고 임기가 만료되면 재선되어야 한다.

사법선거의 장점은 대중이 믿기에 가장 적임자인 판사를 선택할 수 있다는 것이다. 또한, 판사들은 대중이 자신들이 업무를 잘 수행하지 못한다고 믿으면 그들이 결정에 책임을 지고 소환 투표를 할 수 있다. 사법선거의 단점은 다른 선거들처럼 대중화된 것이 아니라는 것이다. 대부분은 특정 후보의 자격요건에 대해 모를 수도 있고 판사의 직무수행능력과 거의 상관없는 기준으로 투표할 수 있다.

두 번째 방법인 공모제(merit selection)는 전형적으로 세 단계로 구성된다. 첫째, 변호사집단과 시민들이 자격 있는 후보자를 주지사에 추천하는 것이다.

두 번째, 주지사는 판사를 구체적 임기의 직책에 임명한다. 세 번째, 새 판사는 유지선거를 위해 투표에 넘겨진다. 이 유지선거는 유권자들에게 그들이 그 판사를 전체 재임 동안 지위를 유지하기를 원하는지 묻는다. 대다수의 판사들은 유권자에 의해 유지된다.

공모제의 장점은 당파적 정치를 배제하고 변호사와 시민들이 선거의 열쇠를 쥔다는 것이다. 또한, 공모제는 유권자에게 판사들의 지위가 유지되기 전에 현직판사를 검토할 기회를 준다. 유권자들은 누군가를 해임하기 위해 전체 사법 임기를 기다릴 필요가 없다. 단점은 비록 권한이 정치적 당에서 떨어져 나왔지만, 그 자체로 보상이 될 수 있는 법적 직업에 더 많은 권한을 준다는 것이다.

세 번째 선출 방법은 주지사나 의회의 임명(gubernatorial of legislative appoint ment)이다. 단지 소수의 주만이 주지사나 의회가 판사를 선출을 허락한다. 이 체계에서는, 주지사나 주 의회가 판사임명의 유일한 권한을 가진다. 주지사나 의회의 선택을 승인하는 어떤 다른 기관은 없다. 주지사나 의회는 또한 임기가 만료된 후에 재임명의 책임을 진다.

연방 체계와 마찬가지로, 정치는 주지사 의회의 선출에 역할을 한다. 주지사는 그들의 선거운동을 지지하는 사람들이나 정치적으로 도움을 주는 사람들을 임명한다. 카프와 스티드햄(Carp & Stidham, 1990)에 의하면, 입법부는 종종 이전 입안자를 그 자리에 임명한다. 사실, 필자는 입법부가 80%의 경우에서 전임 구성원을 판사로 임명하고 있다고 주장한다.

비판적 사고 연습

가장 좋은 판사선출방법은 무엇이라 생각하는가? 판사가 재선가능성에 의해 영향을 받는다고 생각하는가? 판사는 판결을 내릴 때 유권자에 대한 걱정을 해야 하는가?

검사

판사가 법원체계에서 가장 눈에 띄는 주체라 여겨지지만, 검사(prosecutor)는 종종 닫힌 문 뒤에서 일한다. 검사가 하는 대다수의 일들은 대중의 눈에 띄지 않는다. 결과적으로, 검사의 역할은 신비의 망토를 걸치고 있는 것이다.

검사는 주를 대신하여 사건을 주장하는 법정에서 대중들에게 가장 자주 보이지만, 이것은 그들의 업무 중 단지 일부분일 뿐이다. 형사사건에서, 검사는 판사에게 보석신청을 하고, 피고인에 기소를 제기하고, 사전심리와 대배심 절차를 수행하고, 판사에게 발의를 하며, 진술합의를 하고, 재판에서 주를 대표하고 그리고 양형지침을 만든다. 이런 활동 때문에, 검사는 법원체계에서 엄청난 양의 재량을 행사한다. 몇몇 사람들은 사법재량이 양형지침에 의해 제한된 이후로 특히 검사는 판사보다 더 많은 재량을 가진다고 주장한다.

연방 검사

연방법원 체계에서 검사는 미 사법부를 위해 일한다. 이 부서의 상으로, 법무상권은 대통령이 후보지명하고 상원이 확정하는데 대통령의 내각 구성원으로 일한다. 법무장관의 지위는 부서를 위해 일하는 사람들의 업무를 지시하는 행정직이다. 이와 같이, 그는 연방법원 문제에는 관여하지 않는다. 이 책임은 법무장관과 그의 조력자에게 주어진다.

전에 언급했듯이, 미국은 연방법원 구역으로 나눠지며, 각 구역은 미 연방 검사와 다수의 검사보조가 배정된다. 미 연방 검사는 대통령이 추천하고 상원이 확정하고 검사보조는 법무장관이 임명한다. 이들은 연방법원에 사건들을 기소하고 민사법원에 소송이 제기되면 미국을 변호할 책임이 있다. 미 연방 검사는 엄청난 양의 재량을 행사할 수 있다. 각각이 구역에서 미연방검사의 공식적 관리는 없다.

주와 지방 검사

비록 주 수준의 검사가 되는 길은 다르지만, 주와 지방 수준의 검사의 역할은 연방 수준의 역할과 크게 다르지 않다. 연방 체계처럼, 주는 주 선거에서 선출되는 법무장관이 있다. 주 법무장관의 역할은 주마다 다르지만, 한 가지 주요특징은 지방 검사에 대한 권한이 부족하다는 것이다. 사실, 주 법무장관은 지방 수준의 문제와 관여하는 권한이 많이 없다. 법적 조언 제공과 민사법원에 소송이 제기되었을 때 주 정부를 변호하는 역할로 제한된다. 최근 몇 년에 걸쳐, 주 법무장관은 특히 소비자 보호와 관련된 문제와 같이 점점 더 민사 문제에 관여하게 되었다.

형법 위반을 기소할 책임이 있는 사람들은 지방검사이다. 지방검사는 보통 군 수준에서 선출된다. 그들은 자신들이 선출된 군을 대표한다. 이 검사들은 수많은 이름으로 불린다. 가장 흔한 것은 "지방검사(district attorney)", "검사장(chief porsecutor)" 그리고 "군 검사(county attorney)"이다. 검사장의 일은 대중의 관심을 끄는 중범죄 사건의 형사피고인을 고소할 뿐만 아니라 보조의 책임을 조직하고 지시하는 점에 있어서 행정적이고 기소위주라 할 수 있다.

검사보조라 불리는 보조는 주로 형사사건의 초기 단계나 사소한 형사범죄에 책임을 진다. 이 보조는 전형적으로 검사장이 고용하고 유권자의 선거의 영향을 받지 않는다. 노이바우어와 프라델라(Neubauer & Fradella, 2014)는 검사보조는 보통 법대를 졸업하자마자 고용되고 검사사무실에 단지 몇 년 만 일하고 개업을 위한 수준높이나 형사사법체계의 더 높은 직위를 위해 일한다.

변호인

변호인은 정부의 기소에 대해 피고인을 변호하는 일을 한다. 비록 형사사법체계에서 변호사는 피고인을 대신할 권리를 가지지만, 많은 사람들은 변호사를 선임할 여유가 없다. 결국, 미 대법원은 가난한 개인들도 어떤 사건에서는 변호사 선임권이 있다고 판결했다. 다양한 형태의 변호사들이 나중에 논의된다.

사설변호인

사설변호인, 즉 보유된 변호사는 변호사의 법적 서비스를 지불하는 피고인에 의해 고용된다. 변호사 선임 여유가 있는 피고인은 변호사가 형사사건의 어떤 유형이나 단계에서 자신을 대신할 수 있도록 할 수 있다. 이 경우에, 피고인 말 그대로 지불한 대로 받고 여유가 있으면 계속적인 변호를 받을 수 있다. 그러나 대부분의 형사 피고인을 살 여유가 없고 정부가 제공하는 변호사를 이용해야 한다. 사실, 어떤 지역에서는, 중범죄 변호사의 80%가 너무 가난해서 변호사를 고용할 수 없다고 여겨진다.

선임변호인

앞에 언급했듯이, 수많은 미 대법원 결정은 피고인이 여유가 없으면 선임 변호인이 변호할 수 있도록 해야 한다고 주장했다. Gideon v. Wainwright (1963)사건에서, 법원은 중범죄로 기소된 가난한 피고인은 법원이 임명한 변호인을 이용할 권리가 있다고 결정했다. 그 뒤에 일어난 Argersinger v. Hamlin (1972)와 Scott v. Illinois (1979) 사건에서, 법원은 징역에 직면한 피고인에게도 선임변호인을 이용할 수 있게 확대하였다. 이것은 가난한 피고인의 승리인 것 같지만, 사실 징역형에 처하지 않으면 선임변호인을 이용할 권리가 없다.

그러므로 보호관찰이나 벌금형의 피고인은 선임변호인 이용의 자격이 없다. 게다가, 사설변호사는 형사사건의 모든 단계에서 고객을 변호하지만, 선임변호사는 대체로 용의자 라인업, 대배심 절차 그리고 항소와 같은 "결정적(critical)"이라고 여겨지지 않는 단계에서는 보장되지 않는다.

주와 연방 수준에서, 변호인을 제공하고 임명하는 방식은 다양하다. 연방 수준에서는 의회가 변호사 공급을 위해 다양한 지역에 지금을 조성할 책임이 있다. 주에서는 대부분 주나 군에 의해서 자금조성이 조직되고 지원을 받는다. 대체로, 가난한 피고인에 변호사를 제공할 세 가지 방법이 있다: 선임변호인, 국선변호인 그리고 계약 체계 선임변호인 체계 중 하나는 법원에 서비스를 자원하는 사설변호인 임명제도이다. 이러한 선임변호인(assigned counsel) 체계는 사건별로 변호사를 제공하는 것이 더 경제적 실현가능성이 높기 때문에 작은 사건들을 주로 다루는 지역에서 주로 이용된다. 전형적으로 판사는 자격 있는 변호사의 목록을 유지하고 사건이 생기면 그 중 한 명을 선택한다. 이 변호사들은 보통 시급이나 사건별로 급여를 받지만, 보상금이 대체로 낮으며, 이 제도를 비판하는 사람들은 선임변호인이 효과적인 변호를 하는지 그 능력에 의문을 제기한다.

선임변호인 체계의 두 번째 유형은 국선변호인(public defender)이다. 국선변호인 사무실은 주로 연봉을 받는 변호사로 구성된 군의 행정기관이다. 이 체계는 전형적으로 상당량의 사건을 담당하고, 가난한 사람들을 변호하는 것을 전문으로 하는 중간 규모 혹은 대규모 도시지역에서 보인다. 국선변호인 체계의 지지자들은 변호사는 전문적 형사변호를 할 수 있는 유일한 주체라고 주장한다. 이럼에도 불구하고, 국선변호인 체계는 그들이 다수의 사건을 다루기 때문에 불충분한 변호를 제공한다는 비난을 오랫동안 받아왔다. 비록 그들은 이 분야의 전문가이지만, 국선변호인은 각 사건에 집중할 시간이 부족하다.

선임변호인 체계의 세 번째 유형은 계약 체계(contract system)라고 불린다. 이 유형의 체계에서는, 사설변호인이 고정된 수수료와 구체적 기간 동안 가난한 피고인을 변호한다. 이 방법은 주나 군이 최저의 가격을 제시하는 변호사를 선택하기 때문에 방법으로 보인다.

단점은 변호사가 고객을 변호할 때 단지 정해진 돈만을 받기 때문에 변호의 질이 낮을 수도 있다는 것이다.

비록 공식적으로 여겨지지는 않지만, 많은 대규모 도시에서는 정부가 지원하는 변호제공방법 중 하나로 법률구조협회가 발견된다. 법률구조협회는 대체로 조직을 위해 일하는 변호사들이 수행하는 서비스에 대해 지불하는 사설 기부에 의해 운영된다. 게다가, 몇몇 변호사는 법률구조를 전문가의 책임으로 보는 관점에서 법률구조서비스를 기부하는 형태로 무료변론(pro bono)을 한다. 결국, 형사피의자는 특정 사건에서 판사가 제정한 어떤 필요조건을 충족시키면, 자기변호(pro se)를 할 수 있게 된다.

형사변호의 유형과 관계없이, 모든 변호사는 미 대법원의 McMann v. Richardson (1970) 사건의 판결에 따라 변호사의 효과적 지원을 제공하도록 요구받는다. 이 판결 이후에, 미 대법원은 그들의 피고인이 그의 변호인이 비효과적인 변호지원을 제공했다고 주장할 경우에 증명해야 하는 지침을 마련했다. 대체로 피고인은 입증하기 어렵지만, 자신의 변호사가 효과적인 변호를 지원했었다면, 사건 결과가 달랐을 것이라는 사실을 입증해야 한다.

비판적 사고 연습

법적 변호의 질에 대한 논쟁은 종종 고용된 변호인 vs 임명된 변호인의 상대적 장점을 포함한다. 많은 비판자들은 자신의 변호사를 고용할 여유가 있는 사람들이 법정에서 더 좋은 결과를 얻는다고 주장한다. 당신은 이것이 사실이라 믿는가? 이 주장을 조사해 보라. 이 입장을 지지하는 어떤 증거가 있는가? 이 입장이 거짓이라는 어떤 증거가 있는가?

다른 법원 주체들

변호사 외에 많은 다른 개인들이 법정에서 일한다. 법정경위(Bailiffs)는 법정 내 질서유지 책임을 지고 법 집행관은 법원에서 교도소까지 구속된 피고인을 이송한다. 보호관찰관은 보호관찰형을 받은 사람들을 감시하기 위해 법원에서 근무한다. 게다가, 보호관찰관은 피고인의 판결전조사보고(presentence investigation)를 완성할 책임이 있다.

판결전조사보고란 판사가 형을 선고하기 전에 피고인과 범죄사실에 대한 상세정보를 판사에게 제공하는 것을 포함한다.

법원의 행정적 측면을 책임지는 수많은 사람들이 있다. 법원서기는 사건파일의 기록 보관원이다. 법원속기사는 소송절차를 글로 기록한다. 법원관리자는 법원직원을 감독하고 예산과 인사와 같은 문제에 대해 판사와 협력하여 작업을 할 책임이 있다.

공식적인 법원직원 이외에도, 때때로 법원 재판에 관여하는 다른 이들이 있다. 피해자와 증인은 종종 공식적 소송절차를 위해 법원에 와서 사건의 진행상황에 대해 질문한다. 피해자는 또한 형사사법체계에 의해 사건이 진행될 때, 피해자 변호사를 이용할 수도 있다. 피해자와 증인 외에도, 배심원은 법원체계에서 핵심적인 역할을 한다. 배심원은 검사의 형태로 피고인에 대한 증거를 평가하고 주 정부가 유죄를 확정할 때 증거 책임을 충족시켰는지를 판단할 책임이 있다. 배심원 선발과정은 나중에 논의한다.

절차

대부분의 형사사건은 법원체계의 일반적인 흐름을 따르며 진행된다. 앞에서 언급했듯이, 법원은 공식적 체포가 있은 뒤에도 많은 사건에 관여한다. 그래서 법원의 역할은 경찰이 자기 임무를 완수한 뒤에도 사건을 다루는 데 있어 뒤로 밀려나지 않는다.

◎ 공식기소의 초기 단계

경찰업무의 헌법적 요구조건 중 하나는 체포 전에 영장을 확보하는 것이다. 그럼에도 불구하고, 미 대법원은 영장 없이 실행된 많은 체포사례를 인정했다. 이것은 전형적으로 영장확보에 시간이 걸려 체포 실행이 불가능한 상황에서 인정된다. 일반적인 상황에서는, 경찰은 체포를 하기 위해 판사에게서 영장을 확보해야 한다. 경찰은 특별관할법원의 판사에게 가서 영장 내의 정보를 제공해야 한다(예: 상당한 체포 근거와 증거). 일단 판사가 영장을 승인하면, 경찰은 공식적으로 체포를 할 수 있다. 경찰은 또한 증거확보를 목적으로 특정 장소를 수색하기 위해서 하급법원 판사에 수색영장 승인을 부탁할 수 있다.

체포 후, 피의자는 최초출석(initial appearance)을 하기 위해 하급 법원에 출석한다. 이 단계에서, 피고인은 자신에 대한 기소사항, 보석결정, 변호사의 변호 그리고 사건 다음 단계의 날짜를 알게 된다. 대부분의 경범죄 사건에서, 피고인은 기소에 대해 유죄를 인정하고 즉결심판을 받는다. 많은 주에서는 중범죄로 기소된 사람들에 대해 이 단계에서 유죄인정을 할 수 없다. 대신에 무죄를 인정하고 다음 단계를 기다린다.

보석(bail) 결정이 내려지면, 판사는 피고인을 지역사회로 석방할지를 결정하기 위해 수많은 변수를 검토한다. 주요한 변수는 범죄의 심각성, 전과 그리고 도주위험이다. 일반적으로 범죄가 심각할수록, 전과가 많을수록, 도주 위험이 높을수록, 보석금이 높아지거나 완전히 부정될 가능성이 함께 증가한다. 일급살인과 같은 범죄에는 보석이 완전히 부인되고 피고인은 석방될 가능성이 없다. 미 대법원은 예방구금(preventive detention, Unied States v. Salerno [1987])의 목적에서 보석부정을 지지했다. 범죄내용, 전과나 도주위험과 관계없이, 만약 판사에 의해 피고인을 석방하는 것이 너무 위험하다고 여겨지면, 보석이 부인된다.

대부분 범죄에서는 보석이 허용된다. 만약 보석 대상자가 보석금을 지불하면, 그는 석방되고 재판날짜에 법원에 출석해야 한다. 이 때 보석금은 대상자에게 환불된다. 만약 피고인이 법원에 오지 않으면, 보석금을 몰수당한다. 어떤 법원은 보석금을 현금으로만 받는 반면, 어떤 곳에서는 보석금을 담보물(bond)로 받기도 한다. 이런 경우에, 피고인은 차나 부동산 같은 자산을 석방 시 돌려받는 담보로 제공한다. 그러나 대부분의 경우에, 피고인은 보석금을 지급할 수 없다, 그래서 보석금 보증인 서비스를 이용한다. 보석금 보증인은 대체로 피고인이 보석금의 10%를 보증인에게 수수료로 지급하도록 요구한다. 대신에 보증인은 보통 보험의 형태로 나머지 보석금을 법원에 대신 지급하고 피고인이 다음 재판기일에 출석하리라는 것을 보장한다. 보증인은 보증서비스 제공에 대한 대가로 보석금의 10%를 갖게 되며, 피고인이 재판 출석을 하도록 어떤 법적 수단도 마음대로 사용할 수 있다.

비판적 사고 연습

수많은 주가 임금이 낮은 사람들이 금전적 보석 체계에서 불이익을 받는다는 전제 하에 보석제도의 개혁에 착수해왔다. 2015년의 워싱턴 포스트(Washington Post)의 기사는 보석제도의 몇 가지 문제점을 강조한 바 있다. 이러한 문제의 해결방법은 무엇인가?

사건의 다음 단계는 보통 사전심리(preliminary hearing)이다. 이것은 하급법원 판사(최초출석 당시의 판사가 아니다)가 재판을 진행할 상당한 근거가 있는지를 결정하기 위해 피고인에 대한 증거를 검토할 때 일어난다. 많은 주에서, 사전심리는 판사가 재판 전에 증거를 볼 수 있는 유일한 기회이다. 이 경우에, 검사는 상당한 근거가 충족되었고, 피고인이 공식적으로 범죄사실로 인해 기소되었음을 지적하는 정보서(information)를 발급한다.

다른 주에서는, 판사가 사전심리에서 사건의 진행여부를 결정하기 전에 대배심심리가 열린다. 대배심심리는 모든 연방기소에서는 요구되지만, 19개 주에서 중범죄를 다루는 경우를 제외하면 주 기소에서는 요구되지 않는다. 대배심(grand jury)은 일정기간 동안 봉사하는 시민들로 구성된다. 대배심에서는 검사만이 범죄증거를 제공하며, 피고인은 사건을 제시할 권리가 없다. 대배심은 재판진행여부에 관한 상당한 근거를 주로 다수결 투표를 통해 찾아야 한다. 만약 상당한 근거가 충족되면, 대배심은 검사의 "정보서"에 상응하는 정식 기소장(true bill of indictment)을 발부한다(혹은 간단하게 기소장(indictment)라 불리기도 한다). 만약 충분한 근거가 충족되지 못하면, "기소장"은 발부되지 않는다. 대배심제도는 일반인이 검사와 판사의 권력을 검토할 장을 마련해주며, 이때 시민은 사실상 악의적인 기소를 막기 위해 법원의 감시인이 된다. 그러나 대부분의 주는 미 대법원이 요구하지 않기 때문에 대배심제도를 이용하지 않으며, 대부분의 사건이 대배심에서 기소장을 발부하는 결론이 나기 전에 이미 법원에 배당된다.

공식적으로 기소가 제기된 후 사건의 다음 단계는 기소사실인부절차(arraign ment)이다. 이 단계에서, 피고인은 자신에 대한 공식적 기소에 대한 항변을 하도록 요구된다. 공식기소는 형사사법체계가 피고인에 대한 강력사건을 가진다는 메시지를 보내기 때문에, 유죄 인정을 하지 않은 피고인은 이 단계에서 그렇게 할 수 있다. 만약 피고인이 유죄인정을 하면, 형이 부과된다. 유죄인정을 하지 않는 사람들은, 재판 날짜가 잡힌다.

답변합의

답변합의는 법원체계의 빈번한 관행이기 때문에 각 부분에서 답변합의를 논의하는 것은 필수적이다. 기소사건의 90%에서 답변합의가 이루어진다고 추정된다(Covey, 2008). 답변합의는 모든 사건을 재판에 회부하도록 되어 있지 않은 법원체계 내에서는 필요악으로 여겨진다. 답변합의는 사법서비스를 제공하려 노력하면서도 동시에 법원의 과도한 업무량을 처리하는 방법이다.

피고인은 대부분의 형사사건 진행단계에서 답변합의를 할 수 있다. 중범죄 피고인의 최초출석과 같은 예외를 제외하고는, 피고인은 답변합의가 보장된다고 믿는다면 유죄인정을 결정할 수 있다. 앞서 언급했듯이, 대부분의 경범죄 피고인은 유죄를 인정하고 최초출석에서 선고를 받는다. 그렇지 않은 피고인은 유죄인정을 하지 않을 수도 있고, 사건이 어떻게 진행될지를 기다리기도 한다. 사건이 나중에 기각될 수도 있다. 답변합의가 언제 일어나느냐에 상관없이, 대부분의 기소된 피고인은 재판 시작 전에 유죄를 인정한다.

답변합의는 전형적으로 검사와 판사의 일종의 관용을 내포한다. 따라서, 사전형량조정제도(plea bargain)는 피고인이 법원과 기소를 줄이거나, 형량을 감소하는 대가로 유죄인정을 하는 협의를 할 때 일어난다. 기소거래에서, 검사는 중범죄에서 경범죄에 대한 기소를 줄이거나, 피고인의 기소횟수를 줄이는 데 동의할 수도 있다. 사전형량조정제도에서 검사는 피고가 기소내용대로 유죄를 인정하면, 형의 선고에서 보다 너그러운 처벌을 주장하는데 동의할 수도 있다. 어떤 답변합의는 거래가 전혀 없고, 피고인은 기소된 대로 유죄를 인정하고 어떤 약속된 관용 없이 형을 선고받기도 한다.

몇몇 사람들은 답변합의, 특히 사전형량조정제도는 처벌이 그들의 범죄에 적합하지 않기 때문에 피고인의 "처벌을 면하게(gett off the hook)" 해줄 수 있다고 주장한다. 사실, 어떤 지역사회는 사전형량조정제도가 내포하고 있는, 범죄자가 더 가혹한 처벌을 벗어날 수 있다는 의미 때문에 해당 제도를 금지 혹은 제한하는 법안을 제정했다. 비판자들은 또한 답변합의가 형사사법체계의 주춧돌인 대립적 과정을 무효화한다고 주장한다. 사실상, 답변합의는 관련된 모든 사람들에게 유리하기 때문에 법정참여집단이 주도한다. 지지자들은 답변합의가 업무량이 많은 법원에서 사건을 처리하는 데 도움이 되기 때문에 필요하며, 유죄인 피고인에 대해 확실한 유죄확정과 처벌을 가한다고 주장한다. 이 관행에 대한 견해와 상관없이, 답변합의는 오랫동안 법원체계 내에서 지속될 것이다.

사법적 공정체계(Assembly line justice)과 사건탈락(case attrition)

형사사건의 초기 단계에서, 법정체계는 종종 법원들을 통한 사건의 진행을 설명하는 용어인 "사법적 공정체계(assembly line justice)"를 수행한다고 비난받는다. 사건이 많은 지역에서는 법정참여집단이 사건에 많은 시간을 보내는 것이 불가능할 수 있다. 그래서 다음 사법단계로 넘기기 위해 각 사건은 빠르고 효율적인 방식으로 다뤄진다. 이것은 특히 최초출석과 답변합의가 공정제조라인처럼 다뤄지는 하급 법원에서 보인다. 일반적으로 평범한 사건들은 보다 심각한 다른 사건들에 집중하기 위해서 그런 식으로 처리된다.

마치 공정라인에 있는 것처럼 사건을 처리하는 것은 사건탈락(case attrition), 혹은 법원체계에서 사건을 걸러내는 이유 중 하나이다. 사건탈락은 깔때기와 같다. 사건들은 형사사법체계 내에서 절차가 진행되면서 그 수가 감소한다. 비록 사건탈락이 법정체계에서 가장 눈에 띄지만, 실제로는 경찰 또한 이를 행한다. 예를 들어, 경찰은 피의자에 대해 기소를 하지 않거나, 체포를 하지 않을 수 있다. 결국, 이 사건은 법원에 가기도 전에 법원에서 걸러진다. 그러나 주로, 사건감소는 법원의 사법과정 중에 일어난다.

검사는 증거부족이나 증인문제 때문에, 피의자를 기소하지 않을 수 있다. 더욱이, 최초출석에서 답변합의로 인해 사건이 해결될 때 사건탈락이 발생한다. 사건이 진행되면서, 피고인은 기소인정여부와 같은 단계에서 유죄인정을 할 수도 있으며, 혹은 검사가 기소를 기각할 수도 있다. 사실상, 법원체계가 모든 사건을 재판에 가져갈 수는 없기 때문에 어떤 이유에서든 사건탈락은 필요하다. 표 4.1은 이러한 사건탈락을 설명하고 있다.

비판적 사고 연습

형사사법체계로 들어오는 사건 수의 증가로, 법원체계는 과밀화되고 사법적 공정체계라는 결과가 생겼다. 체계에 유입되는 사건을 줄이기 위한 메커니즘은 무엇인가?

재판

공식적 기소가 제기된 후에, 피고인은 기소에 대한 항변을 한다. 만약 피고인이 무죄를 주장하면, 재판일이 정해진다. 미 헌법에 따르면, 피고인은 배심재판의 권리가 있지만, 이 권리는 6개월 이상의 징역을 받을 중범죄로 기소된 피고인에 한정된다. 배심재판을 받을 자격이 있는 피고인은 판사에 의한 재판을 선택할 수도 있다. 판사에 의한 재판(bench trial)은 판사 혼자서 피고인에 대한 증거를 심리하고 판결을 내리는 것이다. 노이바우어와 프라델라(Neubauer & Fradella, 2014)에 따르면, 피고인은 복잡한 문제와 관련된 재판이거나 사건이 감정적인 이유로 기소된 경우 판사에 의한 재판을 더 선호한다.

만약 배심재판이 고려된다면, 첫 단계는 배심원 선택을 하는 것이다. 배심원명부(master jury list)는 보통 유권자로 등록되어 잇거나 유효한 운전면허증을 가진, 즉 배심원을 수행할 자격이 있는 잠재적 배심원을 식별하기 위해 만들어진다. 일단 배심원후보자명부가 만들어지면, 잠재적 배심원 표본이 선택된다. 이 명부는 배심원후보자명단(venire), 혹은 예비배심원(jury pool)이라 불리며, 배심원 임무를 메일로 전달받는다. 일단 법정에서, 예비배심원은 예비심문선서(voir dire) 과정에서 검사와 피고측 변호사로부터 사건지식이나 잠재적 편견에 관한 질문을 받는다(때로는 판사에게). 만약 검사나 변호사가 특정 개인을 배심원에서 제외시키기를 원한다면, 두 가지 중 한 가지 방법으로 배심원에서 물러나게 할 수 있다. 첫 번째 방법은 이유부 기피(challenge for cause)라 불리는데, 이는 변호사가 주법이나 연방법에 명시된 법적 이유로 인해 무제한적인 수의 배심원을 물러나게 할 수 있는 방법이다. 법적 이유의 예로는 잠재적 배심원이 사건당사자와 관련된 경우일 것이다.

도표 4.1 빈집털이 범죄에 대한 깔때기 모형

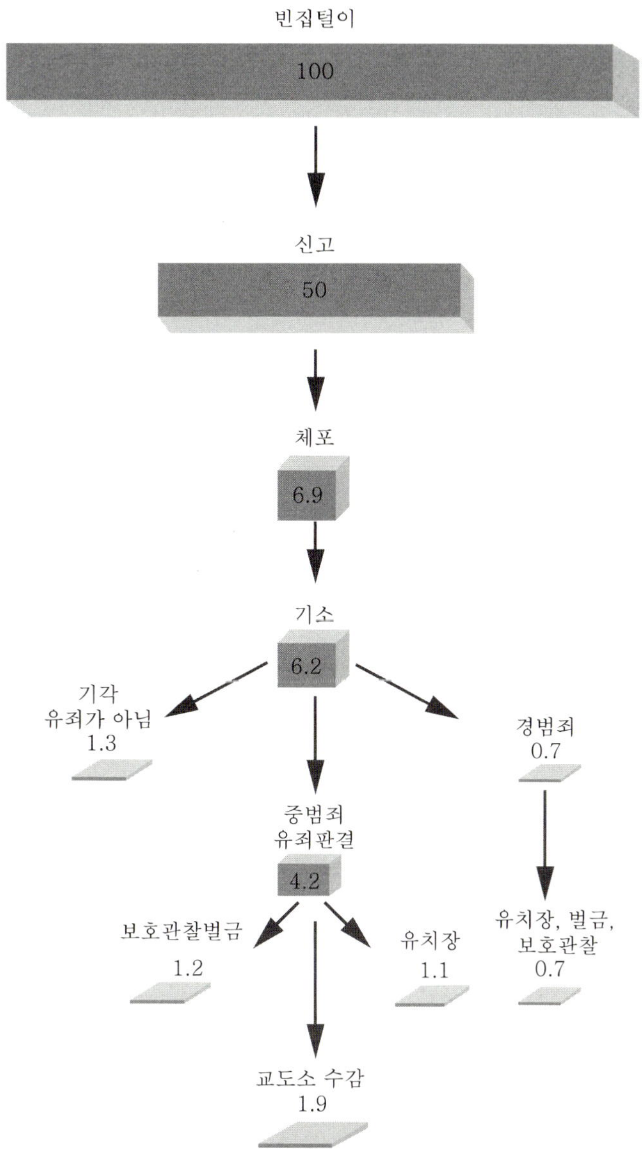

배심원을 물러나게 하는 두 번째 방법은 전단적 기피(peremptory challenge)라 불린다. 이것은 변호사가 법원에 명시할 필요가 없는 이유로 제한된 수의 배심원을 물러나게 하는 것이다.

변호사는 단지 "직감적으로(looks like)" 배심원이 올바르지 않다고 판단하여 배심원을 제외할 수도 있다. 전단적 기피는 검사와 피고 양측이 자신들에게 유리하게 "배심단원을 구축(stack the jury)"할 기회를 주기 때문에 법원에서 오랫동안 논란이 되어왔다. 역사적으로, 이러한 기피의 사용은 양측이 인종이나 성별에 근거해 배심원을 제외함으로써 차별적 관행으로 이어지게끔 만든다(Batson v. kentucky [1986] 사건을 보라). 그러므로 법원은 전단적 기피의 수에 제한을 두어왔으며, 해당 사건에서 양측 중 한 쪽으로만 관련된 배심원단을 만드는 것을 어렵게 만들었다.

일단 배심원 선택이 완료되면, 재판이 시작된다. 재판은 검사와 변호사의 기조연설로 시작한다. 각 측은 증거와 관련하여 자신들이 보여주기를 원하는 부분을 배심원들에게 말한다.

검사는 사건을 먼저 제시하고, 피고인 측은 검사의 증인을 검토할 기회를 갖는다. 재판에서 검사는 피고인이 합리적 의심을 넘어 유죄라는 것을 입증할 책임이 있다. 이를 입증책임(burden of proof)이라 한다. 반면, 피고인 측은 배심원의 마음에 의심을 주입시킬 만큼 충분히 검사의 사건을 심문해야 한다. 변호사는 피고인의 무죄를 입증할 필요는 없다. 사실, 피고인 측은 만약 검사가 입증책임을 만족시키지 못한다고 판단될 때에는 어떤 증거도 제시할 필요가 없다. 사실상, 변호사는 일반적으로 사건을 지원할 수 있는 증인을 소환하고, 검사가 제시하는 어떤 증거에 대해서도 심문할 수 있다. 기소사건의 원고측과 같이, 검사도 피고측의 증인을 교차 심문할 수 있다. 그런 다음 양측은 상대방이 제시한 증거에 대해 반론(rebuttal)할 기회를 가진다.

재판과정에서, 양측은 증거를 제시한다. 검사는 증거(evidence)를 통해 피고인의 유죄를 지적한다. 직접증거는 가장 강한 형태의 증거이다. 직접증거(direct evidence)의 예로는 피고의 자백, 목격자 증언, 혹은 범죄현장에서 발견된 피고인의 지문이 있다. 정황증거(circumstantial evidence)는 간접증거이다. 이 증거는 피고인의 유죄를 암시하거나 추론할 수 있다. 정황증거의 예로는 사건발생지의 주변에 피고인이 있었다는 것이다. 피고인이 범죄를 저질렀다는 직접 증거는 없지만, 그 지역에 피고인이 있었다는 것은 피고인이 그 사건에 연루되어 있다는 것을 암시한다. 피고인 측에게 제시된 증거는 두 가지의 기능을 할 수 있다. 첫째, 검사가 제시한 증거의 신빙성을 없앨 수 있다. 예를 들어, 만약 피고인이 범죄자백을 하면, 자백과정에서 경찰이 강압을 했거나 협박을 했다고 주장할 수 있다. 둘째, 피고인 측 증거는 검사가 제시한 증거를 반박할 수 있다. 예를 들어, 만약 목격자가 범죄현장에서 피고인을 봤다고 증언하면, 피고인 측은 피고인의 알리바이(alibi)를 대면서, 피고인은 그 시간에 사건현장 근처 어디에도 없었다고 반격할 수 있다.

일단 양측이 각자의 입장을 제시했다면, 그들은 배심원에게 최후진술을 할 수 있다. 검사측은 피고인에 불리한 증거를 강조하고 배심원에게 피고인의 유죄를 납득시키려 한다. 피고인 측은 또한 증거를 강조하고 검사가 입증책임을 충족시켜야 한다고 주장한다. 최후진술 후에는, 판사는 배심원에게 사건의 법적 문제를 요약한 설명을 제공한다(예, 입증책임, 범죄의 구성요소 그리고 가능한 판결). 설명 후, 배심원은 사건을 신중히 생각한다. 유죄나 무죄의 판결을 위해서는 만장일치 표결이 요구된다. 만약 표결이 만장일치가 되지 않으면, 배심원 평결은 이루어지지 않으며 판사가 불일치 배심(hung jury)을 선언한다. 불일치 배심이 발생하면, 피고인 측은 같은 혐의로 다시 기소될 수도 있다.

형량선고

만약 피고인이 판사나 배심원에 의해 유죄가 되었다면, 다음 단계는 형량선고이다. 비록 판사에게 공식적 선고의 책임이 있지만, 범죄에 대한 처벌내용은 주 입법기관이나 국회(연방사건의 경우)에서 만든다.

부정기형 제도

지난 100년의 처벌에서, 부정기형(indeterminate sentencing)은 주에서 사용되는 주요한 수단이었다. 부정기형 선고는 일반적으로 재사회화와 무력화, 개별적 범죄자의 필요에 형을 맞추는 것을 목표로 한다. 이 제도에서, 판사는 피고인에게 최소 그리고 최대 범위의 형을 선고한다. 몇몇 주들은 징역형에 대해서만 부정기형을 이용하고, 다른 주들은 징역형과 지역사회감시형 모두에 적용한다. 피고인이 복역하는 정확한 기간이 선고할 때 명시되지 않는다. 대신에, 피고인이 최소한의 기간을 복역한 후에 출소자격이 갖춰지면 가석방위원회가 그것을 결정한다.

정기형 제도

20세기 후반에, 범죄에 대한 "법과 질서(law and order)" 접근법의 증가로 부정기형 선고제도에서 벗어나는 변화가 있었다. 이 제도에서, 판사는 구체적 기간의 처벌을 피고인에게 선고한다. "정기금고형(flat)" 혹은 "고정금고형(flex)"으로 불리는 정기형(determinate sentencing)은 피고인은 자신의 형벌이 얼마나 되는지를 아는 것이다. 사실상, 판사는 피고인이 징역, 보호관찰 등의 이행 기간을 판결에서 선고한다. 몇몇 주에서는, 수용자는 모범적인 생활을 하면 감형에 대한 공제를 얻어 교도소 복역기간을 줄일 수 있다. 다른 주들은 피고인이 전체 복역기간을 채우기를 바라기 때문에 이러한 제도를 폐지했다. 정기형 제도는 많은 사람들이 부정기형에 따른 범죄자의 재사회화 측면에 대해 회의적이었기 때문에 생겨났다. 그들은 피고인이 그들이 저지른 범죄에 대해 충분히 처벌받지 않고 있다고 보았다.

양형기준

형량선고제도의 유형과 상관없이, 많은 주와 연방정부는 판사와 가석방 위원회의 일관성 없는 의사결정을 방지하기 위하여 양형기준(sentencing guidelines)을 만들었다. 많은 지역에서 이러한 기준은 판사들이 비슷한 피고인에 대한 적절한 처벌을 내리는 것을 돕기 위해 양형위원회나 입법기관에 의해 만들어졌다. 다양한 기준범위는 "제안된(suggested)" 양형과 규정된 양형(편차 없이 고정적인 형량선고)으로 이루어져 있다. 일반적으로 양형기준은 범죄의 심각성과 전과를 고려하지만 몇몇 기준은 피고인의 범죄 당시의 법적 지위(예: 만약 피고인이 보호관찰이나 가석방 중이라면)와 피해자의 피해정도를 고려한다. 몇몇 기준은 상황에 따라 피고인에 대해 더 심하거나 덜 가혹한 처벌을 가하는 것을 허락함으로써 제한된 사법적 재량을 허가한다.

양형기준에 최근에 추가된 것은 상습범과 최소의무형량 조항이다. 상습범(habitual offender)과 관련해서, 주 당국은 판사에게 범죄자가 중범죄 전과가 있으면 가중처벌을 할 수 있도록 한다. 상습범 처벌의 한 예는 "삼진아웃(three strikes)" 처벌이다. 피고인이 세 번째로 중범죄에 대한 유죄확정을 받을 때 이 제도가 적용된다. 세 번째 유죄에 대한 형량은 상습범이라는 특성을 반영하여 증가된다. 캘리포니아(California) 주에서는 삼진아웃 제도를 통해 피고인에게 형량을 적용할 수 있는 필요조건으로, 범죄자가 두 번의 혹은 그 이상의 전과에서 징역 25년형 이상의 심각한 중범죄를 저질렀을 것을 요구한다. 최소의무형량(mandatory minimum punishment)의 경우, 판사는 피고인에게 특정 유형의 범죄에 대해서는 반드시 최소한의 처벌을 선고해야 한다는 것이다. 조지아(Georgia)주의 "7가지 대죄(Seven Deadly Sins)"는 최소의무형량의 대표적인 예이다. 이 법은 납치범죄(초범), 무장강도, 강간, 가중처벌이 가능한 남색, 가중처벌이 가능한 성폭행, 가중처벌이 가능한 아동성추행에 대해 최소한 10년의 가석방 없는 징역형을 내리도록 되어 있다. 살인죄(초범)에 대한 최소형량은 25년을 복역한 후 가석방의 기회가 있는 종신형이다. 7가지 대죄를 두 번째로 저지른 범죄자는 가석방 기회가 없는 종신형이 선고된다.

비판적 사고 연습

몇몇 주에서 양형기준의 사용은 형량선고에 관한 판사의 재량을 감소시켰다. 결과적으로, 선고는 범죄자에 근거한다기보다는 범죄에 근거한 것이 되었다. 당신은 판사가 형량을 선고할 때 범죄자의 상황을 고려할 수 있어야 한다고 생각하는가? 범죄자의 교육수준의 부족, 가정생활, 학대기록 등등이 처벌에 있어 고려되어야 하는가? 설명하라.

다양한 제재

주의회와 연방의회는 판사에게 다양한 제재를 내릴 수 있도록 권한을 부여했다. 비록 교도소 수용이 흔히 첫 번째로 생각나는 처벌이지만, 범죄자에게 사용되는 가장 흔한 처벌은 아니다. 유치장, 보호관찰, 벌금 그리고 다른 처벌이 징역보다 훨씬 더 흔하다. 교도소 수용(prison)은 심각한 범죄를 저지른 사람에게 적용된다. 미국은 2015년 주교도소와 연방교도소에 150만 명 이상의 수용자를 수용하고 있어 세계에서 가장 높은 징역률을 보이고 있다(kaeble & Glaze, 2016). 최근 입법부가 마약 관련 범죄를 포함하여 몇몇 범죄들에 대해 더 길고 의무적인 징역형을 승인했고, 그 결과 징역률이 극적으로 증가했다.

교도소는 일반적으로 주 당국의 통제 하에 있지만, 주 교도소의 운영비용을 충당하기 위해 사설교도소가 몇몇 주에 설립되었다. 가장 심각한 범죄자에게 적용되는 처벌은 31개 주와 연방체계에서 시행하는 사형(death penalty)이다. 사형은 거의 선고되지 않는데, 일급살인, 가중처벌이 가능한 살인, 혹은 중죄모살 등 가장 중대한 형태의 살인을 저지른 사람에게 제한적으로 선고된다. 연방수준에서, 사형은 또한 반역자나 마약조직의 두목에게 내려진다. 4 개 주는 최근에 사형제에 대해 주지사의 집행중지 명령이 내려졌다(Death Penalty Information Center, 2017).

유치장(jail)은 경범죄 선고를 받은 사람들에 대한 수용의 형태이다. 대략 72만 8천명의 사람들이 유치장에 수용 되어 있다. 유치장은 또한 재판대기 중인 사람들도 수용한다. 주 당국은 일반적으로 군 수준에서 유치장을 운영하며, 연방정부는 독자적인 유치장을 운영한다.

교도소 수용에 대한 주요한 대안은 보호관찰이다. 대략 3백8천만 명의 범죄자들이 연방과 주 수준에서 보호관찰을 받고 있다. 보호관찰이 적용되는 이유는 징역형이 몇몇 범죄자들에 대해 너무 심한 처벌이지만, 처벌받지 않고 지역사회로 다시 석방될 수는 없기 때문이다. 낮은 수준의 중범죄자들과 높은 수준의 경범죄자들이 전형적으로 보호관찰에 처해진다. 보호관찰은 범죄자가 구직활동이나 고용상태를 유지하고, 술을 멀리하고, 마약검사에 응하고, 명시된 기간 동안 보호관찰관과 만나는 것과 같은 일정한 조건을 준수하는 한 그 지역사회에 머무를 수 있도록 허락한다.

어떤 범죄자들에게는 보호관찰이 충분히 가혹한 처벌이 아니면서, 동시에 교도소 수용은 너무 가혹한 처분이라 여겨진다. 이것에 대한 해결책 중 하나인 중간처우(Intermediate Sanctions)는 교도소와 보호관찰 사이에 있기 때문에 그러한 이름이 붙여졌다. 중간처우에는 집중감독 보호관찰, 전자감시, 가택연금, 부트캠프 등 다양한 종류가 있다. 비록 중간처우를 받은 범죄자의 정확한 수는 알려져 있지 않지만, 중간처우는 보통 보호관찰보다 덜 빈번하게 사용된다.

벌금(fines)은 가장 오래된 유형의 처벌이고 보호관찰과 같은 다른 처벌과 함께 주로 교통위반자에게 적용된다. 미국 형사사법체계 내 대부분의 범죄자들은 벌금을 지불할 여유가 없기 때문에, 벌금은 다른 나라들만큼 미국에서는 광범위하게 사용되지는 않는다.

선고계획과 처벌의 유형에 관계없이, 범죄자 선고에서 입법부의 개입이 증가하고 있는 추세이다. 이는 입법자들과 대중들이 선고관행이 너무 관대하다고 여겨지던 판사들의 재량권이 감소하는 결과를 가져왔다. 범죄와 사법에 관한 법과 질서 접근법은 형사사법체계가 범죄자에 대한 감독을 보다 높은 수준으로 시행하도록 만들었고, 이는 상당한 비용을 소모하고 있다.

항소

유죄가 확정되고 선고를 받은 후, 범죄자는 이에 항소할 권리가 있다. 이는 범죄자가 사건진행 중에 발생 가능한 어떤 문제를 수정하기 위해 항소법원으로부터 사건을 재검토 받을 기회를 갖는 것을 의미한다. 이 문제들은 주로 부적절한 배심원 선택, 배심원 설명서의 결함, 혹은 불법적으로 수집된 증거의 인정과 등과 같은 문제와 연관이 있다. 한편, 검사는 무죄의 판결을 항소할 수 없다.

항소권은 주정부나 연방정부가 지켜야 하는 어떤 헌법적 필요조건을 수반한다. 항소하는 범죄자는 재판기록을 자유롭게 열람할 수 있고, 변호인을 선임할 권리가 있다. 그럼에도 불구하고 많은 범죄자들은 항소가 시간 혹은 에너지 낭비라고 보기 때문에 그들의 유죄판결 혹은 형량선고에 대해 항소를 제기하지 않으며, 특히 항소가 항소단계를 통과하기 전에 선고가 내려졌을 때 그러한 경향이 더욱 강하다.

게다가, 항소는 거의 성공하지 못한다. 노이바우어와 프라델라(Neubaur & Fradella, 2014)는 피고인의 10% 미만이 항소재판에서 승소한다고 추정한다. 하지만 이러한 승소는 많지는 않고, 판결은 일반적으로 유지되며, 형량은 단지 미약한 정도로만 수정되고, 범죄자들이 다시 재판을 받더라도 결국엔 두 번째 재판에서 다시 유죄선고를 받는다.

첫 번째 항소가 끝나면, 범죄자가 원하는 경우에 다시 항소할 기회가 있다. 이는 사후검토(postconviction review) 혹은 부차적 이의(collateral attack)이라 불리는데, 수용자는 자신의 재판이나 선고에 대해 다른 절차로 이의를 제기할 수 있다. 부차적 이의는 주로 연방법원에서 다뤄지며, 형사항소가 아니라 민사문제이다. 그들은 첫 번째 항소에서 주로 보이는 해석이나 법 적용에서의 실수를 따지기보다는 헌법적인 질문만을 한다. 범죄자는 자유롭게 재판기록을 보지도 못하고 임명된 변호사를 선임할 수도 없다. 결과적으로, 범죄자들은 거의 부차적 이의를 제기할 기회를 이용하지 않는다. 일반적 형태의 부차적 이의는 수용자가 불법적으로 감금당하고 있다고 주장하는 구속적부심사이다. 최근에, 연방의회와 대법원은 구속적부심사 제기를 여러 방법을 통해 크게 제한했다. 지금은 범죄자가 항소를 제기하는 데 1년의 마감기한이 있고, 제기할 수 있는 항소의 횟수가 제한되어 있다(1996년의 Antiterrerism and Effective Death Penalty Act of 1996을 보아라).

추세

형사사법체계에 진입하는 사람의 수와 관련된 문제의 증가로, 많은 지역의 법원 체계는 사건을 다루는 새로운 방법을 개발했다. 그 방법 가운데는 특별법원의 발전, 피해자 참여의 증가, 법원의 신기술 채택 그리고 배심자문위원의 참여가 있다.

특별법원

특수한 필요가 요구되는 범죄자는 마약과 알코올의 남용, 정신병 같은 문제 때문에 사법체계에 반복해서 진입하는 사람들이다. 법원체계는 독점적으로 특정한 유형의 범죄자를 다루는 특별법원을 만들었다.

마약법원

법원체계는 다수의 비교적 경미한 마약범죄자들로 꼼짝 못하게 되었다. 결국, 많은 법원 체계는 하급법원의 시간과 자원을 차지하지 않고도 효율적으로 그런 사건들을 처리하는 마약법원을 만들었다. 마약법원은 1980년대 이후부터 존재해왔고 모든 주에서 운영 중이거나 운영계획 중에 있다. 다만 마약법원은 특정 지역에는 필요성이 없거나, 주가 운영비용의 여력이 없기 때문에 주 전역에 사용되는 것은 아니다.

마약법원(drug courts)은 낮은 수준의 마약 범죄자에 대한 치료를 강조한다. 하급법원은 주로 이런 범죄자들을 식별하여 마약법원에 보낸다. 그러면 마약법원은 마약치료, 상담, 고용 그리고 생활기술훈련을 수반하는 치료프로그램을 세운다. 범죄자들은 보통 지역사회로 석방된 후에도 보통 주 단위로 판사를 만나야 한다. 이는 보호관찰과 비슷하지만 다르다. 해당 범죄자들은 보호관찰관이 아닌 판사가 감시하며, 판사는 범죄자가 치료프로그램을 확실히 진행하도록 해야 한다. 이러한 마약법원의 성공에 대한 평가는 복합적이다. 연구결과에 의하면 성공적으로 치료프로그램을 마친 범죄자는 마약법원을 통해 처리되지 않은 범죄자에 비해 더 낮은 재범률을 보였다. 그러나 이런 성공은 마약법원을 통해 처리되고 치료를 받는 것이 주로 자발적이라는 사실에 의해 설득력이 낮아졌다. 사실상, 마약법원의 성공은 자발적으로 마약법원과정을 경험하는 범죄자는 자신의 문제에 대해 도움을 원하고 기꺼이 치료를 받기 때문이라는 설명이 가능하기 때문이다(Arnold et al., 2000).

정신건강법원

구금되어 있는 범죄자의 5~15%가 어떤 형태의 정신병을 앓고 있다고 추정된다. 많은 구치소와 교도소들은 범죄자가 구금되어 있는 동안 적절한 치료를 제공하지 않으며, 일단 석방되고 나면 사후관리과정이 거의 존재하지 않는다. 결과적으로, 범죄자의 범죄행동의 원인이 되었을지도 모르는 정신병이 치료되지 않은 채로 유지되는 것이기 때문에 범죄자는 구금 전보다 상태가 나아지지 않는다. 이러한 이유로 어떤 지역에는 정신건강법원이 존재한다. 정신건강법원(mental health courts)은 주로 폭력적인 범죄자의 참여를 금지하는 등 자신들이 관리하는 범죄자 유형에 제한을 둔다.

정신건강 법원은 범죄자의 치료와 지역사회안전을 위해 적절한 과정을 만들고자 지역사회의 치료프로그램과 협동한다. 범죄자는 정신건강치료뿐만 아니라 생활기술과 직업훈련으로 구성된 치료프로그램을 통해 세밀한 감시를 받는다. 만약 범죄자가 성공적으로 프로그램을 이수하면 몇몇 법원들은 범죄자의 기록에서 형사기소기록을 삭제해준다.

정신건강법원의 효과에 관한 연구에 의하면 몇몇 성공적인 측면이 발견된다. 시애틀(Seattle) 정신건강법원은 법원이 성공적으로 치료의 필요가 있는 범죄자를 식별하고 있으며, 치료프로그램을 통해 재범률을 감소시켰다는 평을 받는다(Trupin, 2001).

가정폭력법원

형사사법체계 내 가정폭력사건의 증가로, 그러한 사건들과 관련된 특수한 문제들을 처리하기 위해 가정폭력법원(comestic violence courts)이 만들어졌다. 예를 들어, 다수의 가정폭력사건은 이혼처리과정뿐만 아니라 자녀양육권이나 여러 판사들 앞에 배당된 수많은 사건들을 야기하는 기타 다양한 문제들이 연관되어 있다. 가정폭력법원은 이러한 사건들을 하나의 법원으로 통합하고 한 명의 판사가 사건의 모든 측면을 관리할 수 있게 한다. 법원은 또한 피해자와 범죄자 양측을 위한 서비스를 조정하기 위해 초기개입과 지역사회기관의 활용을 지지한다.

가정폭력법원의 효용성에 관한 연구는 혼합되어 있다. 케이시와 로트먼(Casey & Rottman, 2005)은 해당 법원들이 피해자와 범죄자의 만족도를 증가시킨다고 주장했지만, 스콧과 쿤슬먼(Scott & Kunselman, 2007)은 비록 이런 법원들의 동기는 고상하나, 그들은 필요한 서비스의 제공과 재범률 의 감소에는 성공적이지 못했다고 언급했다.

피해자 참여의 증가

특정 범죄자를 전문적으로 다루는 변화 외에도, 법원은 점점 더 피해자가 사건해결에 관여하는 것을 허락하고 있다. 형사사법체계는 범죄를 개별희생자에 대한 것이 아니라, 주나 연방정부에 대한 것으로 본다.

피해자는 기본적으로 주 당국을 위한 증인이다. 이로 인해 피해자는 소송과정에서 자신들의 관심은 고려되지 않는다고 여기며, 형사사법체계에서 제외되었다고 느껴왔다. 지난 30년 동안, 법원체계는 피해자의 필요에 더 민감해졌고, 그들을 고려할 새로운 방법을 고안했다.

회복적 사법

하나의 주요한 철학적 변화는 형사사법체계는 실제 범죄피해자, 범죄자, 가족 구성원 그리고 지역사회 등 모든 범죄피해자들을 다룰 필요가 있다는 것이다. 이러한 사고는 범죄는 정부기관의 법을 무너뜨리는 것 이상의 영향을 미친다는 것을 의미한다. 사법체계는 반드시 상처 입은 사람들을 사건의 발생 전 상태로 회복시켜야만 한다. 회복적 사법(restorative justice)은 범죄자에게 자신이 끼친 피해를 이해시키고 모든 것을 바로잡을 기회를 제공할 수 있다. 피해자들은 특정 피해자를 위한 최선의 행동지침을 마련하기 위해서 형사사법공무원과 지역사회의 지도자와 만남을 갖는 식으로 이 과정에 참여할 수 있다. 회복적 사법에서 하나의 공통적인 필요조건은 범죄자가 금전적인 피해에 대한 보상을 제공하는 피해자 보상이다. 더욱이, 회복적 사법제도는 피해자를 그 지역사회에 재통합시키고, 피해자의 요구를 고려하고 그리고 미래의 형사범죄를 감소시키기 위해 지역사회 프로그램과 일한다.

대체적 분쟁 해결

대체적 분쟁 해결(Alternative dispute resolution)은 공식적인 법원처리과정 외에 분쟁을 해결할 방법을 찾는다. 이는 비록 민사사건에서 더 흔하지만, 경범죄와 같은 형사사건에도 또한 사용된다. 대체적 분쟁 해결의 한 가지 일반적인 형태는 해결책에 대한 상호합의에 이르기 위해 사건관련 당사자들과 일하는 중립적 개인(판사가 아님)을 포함하는 중재이다. 예를 들어, 민사사건에서 소송은 재판에 갈 필요 없이 중재를 통해 해결될 수도 있다. 형사사건에서의 중재는 피해자와 범죄자가 양측에 이득이 되게 자신들의 문제를 해결할 수 있다는 점에서 회복적 사법의 측면과 닮아있다. 피해자 보상은 중재의 흔한 결과이다. 어떤 사람들은 ADR은 회복적 정의의 한 형태라고 주장한다. 그러나 대체적 분쟁 해결에서는 범죄자 재통합을 회복적 사법 체계에서만큼 중요하게 보지는 않는다.

새로운 법정 기술

여러 법원들은 법원운영을 돕기 위해서 새롭게 개발된 기술들을 사용하고 있다. 그러한 기술 중 하나는 컴퓨터로 입력된 파일들의 사용을 증가시킴으로써 더욱 효율적인 소송진행절차를 구축하여 궁극적으로는 "전자법원(e-court)"을 만드는 것이다. 사건파일은 법원 내 많은 사람과 사무실 사이를 오간다. 그래서 사건관리기술의 활용은 소송이 지속적으로 진행되게 하는 데 있어 필수적이다. 비록 법원체계에서 서류가 없어지기까지는 나아가야 할 길이 멀지만, 사건관리기술을 통해 사건 관련 당사자들(예: 판사, 검사, 법원서기, 변호사 그리고 보호관찰관)은 사건파일에 24시간 접근할 수 있다. 덕분에 전통적인 서류제도에서처럼 서면파일을 더 기다릴 필요가 없다.

게다가, 법원은 주법원국립센터(National Center for State Courts)에 의해 제도화된 온라인 측정방식인 'CourTools'을 사용함으로써 그들의 성과를 평가할 수도 있다. 이 도구는 법원접근성, 공정함, 소송진행기간 그리고 사건파일의 신뢰성과 같은 기준들을 포함한다. 이 도구들로 법원은 자신의 성과를 평가하고, 필요하다면 변화를 만든다.

또 다른 기술사용은 비디오 죄상인부 및 비디오 심리기관을 통한 것이다. 범죄자를 법정에 보내기보다는 피고인, 변호사 그리고 판사를 포함한 소송당사자들이 비디오동영상기술을 통해 온라인으로 모일 수 있다. 그러한 활동은 모든 이들이 법정에 모이는 것과 비교할 때 상당한 시간과 비용을 절약할 수 있으며, 또한 더 짧은 시간에 더 적은 비용으로 더 많은 사건처리를 할 수 있게 해 준다.

배심자문의원의 참여

배심원 선택은 다수의 소송에서 중요한 단계이다. 일반적으로 배심원 선택은 검사와 변호사가 자신들에게 유리할 수 있는 배심원을 선택하는 것을 포함한다. 그들은 해당 사건에 대한 배심원의 편견을 평가하여 배심원을 선택하거나 물러나게 할 수도 있다. 배심원 선택과정이 더 원활하게 진행될 수 있도록 배심원이 범죄자의 특징, 피해자, 사건, 특정 결과와 관련이 있는지를 평가하기 위해 배심자문의원제도가 활용되어 왔다. 배심자문의원은 모의재판을 통해 어떤 요소가 배심원 투표에 영향을 주는지를 알아낼 수 있다. 예를 들어, 배심자문의원은 고소득층이 저소득층 피고인에게 유죄를 주는 경향이 더 많다고 본다면, 이 결정을 기반으로 하여 배심자문의원은 배심원단이 어느 측에 유리한지 변호사에게 조언을 할 것이다. 배심자문의원은 검사에 비해 변호사에게 주로 고용되며, 오늘날 법원에서 점점 더 늘어나는 추세이다.

결론

법원체계는 형사사법체계의 많은 측면과 관련되어 있다. 법원은 체포 전 단계와 피해자가 복역한 뒤에도 사건에 연관될 수 있다. 법원은 법이 시민과 정부기관에 의해 적절히 준수되고, 법 위반자를 확실하게 처벌받게 할 책임이 있다. 비록 많은 사건들이 공식적으로 형사사법체계에 들어오지 않지만, 그럼에도 최근들어 더 많은 범죄자와 여러 유형의 범죄자들을 체계의 관심 안에 두게 만드는 법과 질서정책으로 인해 법원이 처리해야 하는 사건의 수가 증가했다.

주와 연방 입법부는 또한 더욱 긴 의무징역형을 인가함으로써 판사의 재량을 감소시켰으며, 극적으로 수용률을 증가시켰다. 법원은 사건을 사법체계 밖으로 신속하고 효율적으로 나가게 만들고자 하는 법정참여집단과 범죄자는 처벌받아야 한다는 요구 간의 압박 사이에서 균형을 찾으려 노력하고 있다. 이는 믿을 수 없을 만큼 어려운 일일 수 있다. 법원체계 내 주체들은 법원이 과도한 업무량으로 인해 분해되지 않아야 한다는 실용적인 목표에 대비하여 형벌과 억제라는 이상적인 목표를 반드시 고려해야 한다.

핵심 단어

- 대립적 사법체계
- 대안적 논쟁 해결
- 항소
- 항소법원
- 항소관할권
- 기소사실인부절차
- 사법적 공정체계 (Assembly line Justice)
- 선임변호인
- 보석금
- 법정경위
- 판사에 의한 재판
- 입증책임
- 사건탈락
- 이유부 기피
- 부차적 이의
- 사형
- 피고측 변호사

- 정기형
- 지방법원
- 가정폭력법원
- 마약법원
- 이중법원체계
- 벌금
- 불일치 배심
- 부정기형
- 최초법원출석
- 중간처우
- 수용
- 판사
- 법률구조
- 배심원명부
- 정신건강법원
- 공모제
- 초당적 선거
- 제1심 재판권
- 당파적 선거

- 전단적 기피
- 사전형량조정제도 (플리바게닝)
- 사후검토
- 예방구금
- 사전심리
- 교도소
- 무료변론
- 자기변호
- 검사
- 국선변호인
- 반론
- 회복적 사법
- 양형지침
- 일반관할법원
- 특별관할법원
- 배심원후보자명단
- 예비심문서서

읽을 거리

Carp, R., R. Stidham, K. Manning, and L. Holmes. (2017). *Judicial process in America*. Thousand Oaks, CA: CQ Press.

Eisenstein, J., R. Flemming, and P. Nardulli. (1999). *The contours of justice: Communities and their courts*. Lanham, MD: University Press of America.

Hemmens, C., D. Brody, and C. Spohn. (2013). *Criminal courts: A contemporary perspective*. Thousand Oaks, CA: Sage.

Mays, L., and P. Gregware. (2008). *Courts and justice: A reader*. Prospect Heights, IL: Waveland.

Spohn, C., and C. Hemmens. (2012). *Courts: A text/reader*. Thousand Oaks, CA: Sage.

Tarr, A. (2003). *Judicial process and judicial policymaking*. Belmont, CA: Wadsworth.

제5장

시설 내 교정

CHAPTER

05 시설 내 교정

학습목표

- 다른 처벌의 시대를 식별하고 각각의 핵심을 지적한다.
- 여성구금에 대한 세 가지 대응방식을 이해한다.
- 교정 철학의 최근 경향을 논한다.
- 수용의 크기와 비용을 설명한다.
- 구치소와 교도소를 설명한다.
- 다양한 유형의 교도소를 비교한다.
- 민영교도소와 관련된 문제를 논한다.
- 교도소의 박탈과 수입을 비교, 대조한다.
- 교도소 내 특수범죄자의 유형과 특징을 이해한다.
- 교도소 시설 안에서의 HIV/AIDS 문제를 논한다.
- 교도소 수용인원에 대한 문제와 대책을 지적한다.
- 정신질환수용자를 다루는 문제를 논한다.
- 교정시설 내 기술적 혁신의 장점 및 단점을 논한다.
- 교도소 과밀화의 본래적 문제점을 설명한다.
- 기관 교정시설에 대한 문제점과 방향을 논한다.

교정시설은 중세시대 로마 가톨릭 교회가 수도원을 수용시설로 사용한 이후로 수 세기동안 활용되어 왔다. 비록 현대의 구치소와 교도소와 같은 선구적인 것들이 존재하였지만, 태형, 낙인 그리고 고문 등과 같은 유형의 체벌이 더 전 세계에 걸쳐 보다 널리 퍼져있었다. 미국 식민주의자들은 수 세기에 걸쳐 이 처벌들을 따랐지만 그런 처벌들이 비인간적이고 부적절하다는 것을 깨닫게 되었다. 그 이후부터 교도소는 유죄로 확정된 범죄자가 처벌받는 주요수단이 되었다.

처벌의 역사

집단규범, 규칙 그리고 법의 위반에 대한 처벌은 인류 역사와 사회에 걸쳐 일반적인 요소이다. 처벌이 가장(head of household)으로부터 비공식적으로 나오든지 혹은 현대법원의 공식적 명령을 반영하든지 간에, 법의 위반은 사회생활에 다양한 제약을 가하고, 부정적 반응을 얻을 가능성을 수반한다. 처벌은 다양한 사회적, 정치적, 도덕적, 혹은 종교적 이유로 정당화될 수 있다. 고대에는 사회적 규범 혹은 법의 위반에 대한 처벌이 가족, 씨족, 혹은 지역사회의 우두머리에 의해 지역적으로 다뤄졌다. 더 크고 조직화한 사회는 일반적으로 범죄자에 대해 조사, 기소, 재판 그리고 처벌이라는 공식적 절차를 사용했다. 그러나 법률에서 금지하고 있는 내용이나 관습의 유형, 누가 범죄자와 희생자인지 등은 사건이 발생한 지리적인 위치와 역사적 시기에 따라 상당한 차이가 있었다.

거의 모든 사회에는 범죄자를 일시적으로 감금하는 처벌방식이 있었으며, 그리스와 로마에는 범죄자를 장기간 구금하기 위한 시설들이 있었다. 그러나 대체로 현대 이전의 서구사회와 식민지 시대 서구사회의 처벌은 주로 금전적 보상이나 체벌과 관련이 있었다. 이는 감금이 일어나지 않았다는 의미가 아니라 구금이 가장 일반적이고 중요한 형태의 처벌이 아니었다는 의미이다. 해당 시대의 감금은 보통 하루나 이틀 내에 체벌이나 사형을 집행할 때까지 범죄자를 잡아두기 위한 목적으로 이루어졌다.

현대사회는 공식적 조직과 정형화된 사회업무 및 사회생활로 구성되어 있었다. 점점 더 통제되고 관리되어 온 사회적 임무 중 하나는 법 위반자에 대한 법집행과 처벌이다. 민주적 가치와 시장자본주의의 확산으로 신체적 처벌에 대한 비판이 증가하였다. 1700년대 후반 가혹한 형태의 처벌은 고전주의 학파에 의해 비판받았다. 또한, 당시의 처벌과 시설들은 비효율적이고 역효과를 불러일으킨다고 인식되었다. 사회가 하향식 권력구조에서 사회구성원들의 주권에 기초한 구조로 전환됨에 따라 새로운 사회구조를 반영할 수 있는 새로운 형태의 처벌이 필요했다. 이 시기에 현대적 교도소가 생겼고, 처벌을 집행하는 공식적 조직구조가 형성되었다.

1790년과 1830년 사이 미국에서는 몇 가지 주요한 처벌기관이 설립되었다. 비록 초기 교도소들은 설계와 운영의 측면에서는 차이가 있었지만, 대체로 유사했다. 100년도 채 안 되어 처벌은 임의적인 신체적 처벌의 사용에서 분리, 조직화 그리고 통제를 통해 개별 범죄자의 구금과 교정을 강조하는 모형으로 변화했다. 범죄자는 점점 더 개인적 특징에 근거해 분리되었다. 결과적으로, 여성범죄자, 비행청소년 그리고 정신실환자는 성인 남성범죄자들과 독립된 시설에 구금되었다.

여성 구금의 역사

역사적으로 여성범죄자들은 남성범죄자들에 비해 유죄판결이나 징역형을 선고받는 경우가 적었다. 몇몇 학자들이 주목한 주요한 이유는 검사나 판사들이 더 관대하게 여성들을 대우했다는 것이다. 그러나 지난 35년 동안, 특히 마약과 재산범죄에 있어서는 구금된 여성의 비율이 매우 증가했다. 실제로 사법통계청에 따르면, 1980년 이후 미국의 여성수용자 수는 2만 6천 명 이상이었는데, 이 수치는 미국 남성수용자 수의 약 50%에 해당하는 수치이다. 2014년까지 여성수용자의 수는 21만 5천 명 이상으로 증가했다. 여성범죄에 대한 사법체계의 대응은 방치적 대응, 차별적 대응 그리고 균등화 대응이라는 3단계, 혹은 역사적 단계로 이해될 수 있다.

방치적 대응

1820년대 이후 구금이 범죄자 처벌의 주요형태가 되면서 대부분의 주에서 처벌방식이 변했다. 그러나 이전에는 주 교도소에서 약 50명 정도의 수용자만을 수용하고 있는 상태였다. 20세기 동안, 여성수형자 인구는 전체 교도소 인구의 4% 정도를 맴돌았다(오늘날 여성수용자는 주와 연방교도소 인구의 약 7%를 차지한다). 약 1910년까지는 수용자 인구에 대한 국가통계가 없었지만, 18세기와 19세기 동안 구금된 여성의 비율이 4%를 상회했다고 볼 만할 근거는 거의 없다. 그러므로 17세기 후반과 18세기 초반까지 교도소에는 약 1~2%의 여성수용자가 구금되어 있었다고 추측할 수 있다.

교도소에 구금되어 있는 여성수용자의 수가 상대적으로 낮은 것을 고려할 때, 교도소 내 여성 처우에 대한 관심이 부족했고 여성범죄자를 위한 분리된 기관을 설립해야 한다는 논의가 거의 없었다는 점은 이상한 일이 아니다. 실제로 징역형을 선고받은 여성들은 남성수용자를 수용하는 커다란 방에 같이 수용되었다. 교도소에서 성별에 따라 수용자를 분리한 것은 1820년대에 와서야 비로소 이루어졌다. 남성범죄자를 위해 만들어진 시설에 남성과 함께 여성을 수용하는 것은 수많은 문제를 일으켰다.

1. 명백한 사생활의 문제
2. 남성수용자보다 큰 여성수용자의 고독감.
3. 남성교정관과 남성수용자에 의한 여성수용자들의 성적 이용에 대한 취약성(여성

교정관이 여성수용자를 감독한다는 생각은 방치적 대응 단계에서는 거의 실현되지 않았다)

4. 외부도움(면회자, 의료인, 목사 등)에 대한 여성수용자들의 소극적 경향

뉴욕의 한 교도소는 여성수용자를 남성수용자와 같은 장소에 가두는 대신에 교도소 부엌 위의 3층 다락에 수용함으로써 기존 교도소의 문제를 개선하려 했다. 1832년, 교도소에 여성교정관(matron; 즉, 사람을 보살피기 좋아하는 모습의 수간호사)이 처음으로 고용되었다. 그전에는 여성수용자는 감독을 받지 않았다. 교도소 직원은 여성수용자에게 음식을 가져다주고, 하루에 한 번 쓰레기를 치웠지만, 그 외에는 여성수용자 스스로 자신을 돌봐야 했다. 수용시설의 환경은 비참하고 너무 붐볐다. 반면 남성이 수용된 교도소는 그곳과 비교하면 고급 호텔처럼 보였다.

비록 남성과 여성 간 수용공간의 분리가 여성수용자의 교도소 생활의 질을 향상시킨 것처럼 보였지만 사실 새로운 문제가 드러났다. 여성은 분리된 구역에서 수용생활을 해야 하므로 수용자 프로그램이나 다양한 개선 기회가 있는 교도소에서 멀리 떨어져 있는 경우가 많았다. 때문에 여성들은 좀처럼 의료서비스, 종교서비스, 혹은 운동시설에 접근할 수가 없었다. 결과적으로 여성들이 남성들과 동등한 대우를 추구함으로써 쟁취한 것은 열악한 수용조건에서 평등한 수용조건으로 나아간 것이었다. 이는 개혁의 시대로 이어진다.

차별적 대응

남성수용자와 여성수용자에 대한 우려는 1860년대 개혁의 시대에 자명해졌다. 이 당시 페미니스트들은 남성입법자들이 여성범죄자를 위한 분리된 수용시설에 자금을 지원해주도록 독려하기 위해서 열성적으로 캠페인을 벌였다. 그들이 주장은 세 가지로 요약할 수 있다: (1) 남성은 여성의 범죄행위 때문에 비난받지 말아야 한다. 여성은 자신의 행동에 책임을 져야 한다. (2) 여성이 남성의 부정적인 영향하에 있지 않는 경우 여성의 사회복귀는 더 효과적이다. (3) 여성은 자기 스스로를 통제하고, 개선할 능력을 갖출 수 있도록 남성과 동일한 기회를 얻어야 한다. 본질적으로 여성 및 남성수용자는 그 대우에서 차별적인 접근이 필요하며, 이러한 목표를 이루기 위한 최선의 방법은 여성은 여성이 관리하는 시설에 분리하여 수용되는 것이다. 사람들이 상상하듯이, 이런 생각들은 그 시대에는 잘 받아들여지지 않았다. 그러나 1873년에 인디애나 주가 최초의 여성교도소를 열었고, 1877년 매사추세츠

주가 따랐고 곧이어 다른 주들도 여성교도소를 설립하게 되었다. 이 시설은 여성수용자를 위해 여성에 의해 관리하고 운영되었으며 건축양식 또한 전형적인 남성교도소와 매우 달랐다. 여성교도소는 오두막 계획(cottage plan: 수용자가 교도소보다 집 같은 분위기를 가진 작은 구역에 사는 것)에 따라 건설되었다. 교정당국은 이 환경이 여성에게 사회에서 기대되는 역할을 이해하고 받아들일 수 있게 한다고 믿었다. 그 시대의 구금된 여성이 받는 처우의 주요내용은 바느질, 요리, 설거지와 다림질, 정원 가꾸기 그리고 농장 일이었다.

남성과 구별된, 다르게 디자인된 교도소와 프로그램 그리고 구별된 노동과제는 여성범죄자에 대한 차별적인 대응방법이었다. 물론, 이러한 차별적 처우는 남성과 함께 수용되고 남성교정관의 감독을 받는 이전단계의 방치적 처우에 대한 개선이었다. 그러나 여성의 특수성에 초점을 두고 이러한 차별적 대응을 계획할 때, 개혁자들은(여성범죄자가 출소 후에 스스로 돈을 벌어 생활해야 하는 현실에도 불구하고 대부분의 차별적 대응이 중산층 가정주부의 틀에 맞춘 사회복귀 프로그램을 제공함) 신여성성이 부상하고 있는 새로운 시대임에도 불구하고 모든 여성수용자들이 전통적인 여성성 강화를 목적으로 하는 처우프로그램을 통해 개선될 수 있다고 가정함으로써 새로운 문제를 야기하였다.

균등화 대응

여성운동이 가사기술에 대한 지나친 강요와 사소한 죄목으로 여성을 수용하는 것이 잘못된 양성평등 추구라는 것을 증명하는 데 거의 100년이 걸렸다. 그 기간 동안 남성과 여성수용자에 대한 평등한 대우에 대한 탄원이 있었다. 균등화 대응을 활성화시킨 하나의 메커니즘은 1960년대 후반의 여성수용자를 위한 법적행동의 사용이었다. 부정기형에서 여성들이 남성보다 더 오래 복역하는 등 판결에 있어 성별 간의 차별과 같은 문제들이 법정에 나타났다.

1970년대의 구금환경은 법원이 바로잡아야 하는 균등화 문제 중 하나였다. 때문에 남성과 여성의 실질적인 평등이 있어야 한다는 수많은 관행적 결정들을 공표하였다. 예를 들어, 남성과 여성은 일시출소 프로그램(work furlough program)에 참여할 비슷한 기회를 얻어야 하고, 최소보안시설에의 배정은 남성과 여성 모두에게 기회가 주어져야 하며, 법원과 교도소간의 거리 또한 남성과 여성에게 균등해야 한다. 방금 서술한 예시 중 마지막 두 가지는 대부분의 주에서 하나의 여성교도소를 보유하고 있다는 사실에 의해 추진되었다. 즉, 관할구역마다 남성교도소가 하나씩 존재하는 반면, 여성교도소는 그 수가 적기 때문에 재판이 실시되는 관할법원과 멀리 떨어진 곳에 수용되는 경우가 많았다는 것이다. 다른 사례에 따르면 이 시대에 여성교도소 또한 남성교도소에서 제공되는 것과 같은 평등한 처우와 직업프로그램이 발전되고 시행되었다. 법원 또한 여성은 교도소 내에서 적절한 법적 시설과 법적 지원을 이용할 수 있어야 한다고 결정했다.

비판적 사고 연습

세 가지 대응을 읽은 후에, 당신은 남성에 비해 수용된 여성의 수가 크게 증가한 이유로 어떤 것이 가장 타당하다고 생각하는가?

처벌의 시대

처벌의 목적, 그리고 다양한 유형의 처벌들은 당시 사회의 요구를 주로 반영한다. 결과적으로, 미국에서는 처벌에 대해 다양한 메커니즘을 갖고 있던 여러 처벌의 시대가 있어왔다.

◐ 교도소의 시대

무력화와 억제는 1800년대에서 1860년대까지 구금의 목적을 지배했던 철학이었다. 이것은 공식적 처벌체계의 발전과 구금에 지나친 의존 때문에 교도소 시대로 알려져 있다. 두 가지 유형의 교도소(분리형과 결집형)는 이 시대의 상징이 되었다. 이 유형들은 각각 펜실베니아(Pennsylvania)와 오번(Auburn) 시스템으로 더 잘 알려져 있다.

펜실베니아 주 필라델피아시의 동부 주 교도소는 수용자들을 독거실에 분리수용하기 때문에 분리체계라고 일컬어진다. 식사, 노동 그리고 수면 모두 독거실에서 행해진다. 이는 범죄자의 범법행위에 대한 참회와 개선의 유일한 방법을 침묵과 고독으로 파악하고, 따라서 그들 자신의 행동을 조용히 반성할 수 있도록 해야 한다는 믿음에서 시행되었다. 수용자들은 또한 가족과 친구의 면회, 신문구독, 외부의 편지까지 금지되었다.

뉴욕시의 오번 교도소 또한 침묵의 규칙 아래 운영되었지만, 수용자들이 일할 때나, 식사하는 동안에는 서로 모일 수 있다는 점에 있어서 펜실베니아 주 교도소의 시스템과는 달랐다. 대신 오번 수용자들은 밤에 각자의 수용실에 다른 수용자들이 있더라도 대화가 금지되었다. 또한, 뉴욕시의 수용자들은 외부로부터 고립되었다. 교도소 벽 너머의 광경, 소리, 혹은 사람, 물건과의 접촉도 차단되었다.

침묵, 수용자를 통제 하에 두는 처벌, 그리고 외부사회와의 접촉제한에 대해 비판이 제기됨에도 불구하고 미국 내의 다른 지역에도 이러한 절차와 철학에 따른 교도소들이 생겨났다. 이러한 오래된 교도소의 규율은 몇몇 수용자들을 정신적, 감정적 그리고 육체적 질병에 시달리게 했고 심지어는 죽음에 이르게도 했다.

개혁의 시대

남북전쟁은 1800년대에 지어진 교도소에 수용된 수용자들의 고통에 대한 관심을 다른 데로 돌리게 했다. 그러나 1870년대에 이러한 시설들의 가혹한 환경은 다시 검토되었다. 순수한 무력화와 억제보다는 재사회화 철학에 근거하여 구금 관행에 보다 더 인도주의적 접근이 지지받기 시작한 것이다. 1870년 오늘날 미국교정협회로 알려진 국립교도소협회가 교도소 체계를 다루기 위해 설립되었다. 교도소 관리자, 의회구성원 그리고 미국과 해외에서 온 저명한 시민들이 오하이오 주 신시내티에 모여서 교도소는 개혁될 것이라는 선언문을 발표했다. 이 원칙들은 수용자의 개별적 요구에 기초한 처우의 가치와 수용자가 출소할 수 있는 부정기형제도, 직업과 교육훈련, 처벌지향보다는 목적이 있는 노동, 그리고 순응을 위한 처벌보다는 보상을 이용하는 비처벌적 방식의 규율을 강조했다. 또한, 개혁자들은 침묵의 규율을 폐지했다. 석방된 수용자가 지역사회에서 재사회와 처우를 연계하여 받는 시스템은 개혁의 시대에 도입되었다. 오늘날 이 관행은 가석방으로 잘 알려져 있고 6장에서 보다 자세히 논의할 것이다.

뉴욕시의 엘마이라 감화원(Elmira Reformatory)은 이러한 원칙들을 수행하는 원형기관이었다. 수용자들은 학업과 직업훈련시설에서의 태도와 성취여부에 기초하여 분류되었다. 엘마이라 감화원은 수용자를 통제하는 수단, 비인간적인 노동과 생활환경, 그리고 엄격한 질서 등 이전의 교도소 시설들과 유사한 이유로 비난받았다. 개혁의 의도는 건전해 보였으나, 결국 미흡한 시행과 자금부족으로 처벌에 대한 새로운 접근법이 필요하게 되었다.

산업의 시대

수용자에게 부여되는 노동은 구금체계에서 새로운 것이 아니었다. 펜실베니아와 오번 교도소의 체계는 수용자들에게 기술이나 공장 중심의 노동을 하도록 했다. 수용자가 만든 상품은 공개시장에서 판매되었다. 오번 교도소의 수용자들은 실제로 뉴욕의 두 번째 주립구금시설인 싱싱(Sing Sing) 교도소를 건설했다. 체인 갱(Chain gangs; 사슬로 함께 묶인 죄수들)이 이 시기에 등장하였고 수용자들은 도로건설이나 운하계획, 주립교도소 건설작업에 투입되었다. 또한, 어떤 수용자들은 의류, 생필품 등을 만드는 민간기업에 계약·고용되어 민간부문에 투입되거나 채석장과 광산에서 계약노동을 하기도 했다.

수용자 임대(convict leasing; 형사상의 노역 시스템으로 농장이나 민간기업에 수용자의 노동력 제공)라고 불리는 후자의 관행들은 남부에서 발전하였는데, 어떤 학자들은 수용자 임대가 기본적으로 남북전쟁 이후의 흑인들을 노예화하는 또 다른 방법이었다고 주장했다. 이 제도에 의해 노동력을 제공하던 수용자들은 질병, 부상 그리고 심지어 사망하는 경우까지 발생했다. 이러한 산업시대의 수용자 노동과 관련된 끔찍한 결과에도 불구하고, 주(州)와 정책가들은 1930년대까지 수용자 임대 노동 프로그램을 지속해왔다. 1930년대 이후 입법부와 의회는 수용자 생산품의 일반판매를 금지하는 수많은 조치들을 통과시켰다. 이 입법에 대한 주요한 자극제는 수용자가 만든 제품이 민간기업의 생산품이 팔리는 가격보다 저가로 팔린다는 수용자들의 불만이었다. 1930년대에 경제공황이 시작되자, 수용자 제작상품이 시장 소매상들의 이윤을 방해하지 못하도록 노동자에 대한 압력이 상당히 증가했다; 그 결과 수용자 노동은 축소되었다.

1790년대 후반에 교도소 수용자들이 생산한 제품을 개방된 시장에서 판매할 수 있도록 하는 법이 재도입되었다. 오늘날의 수용자들은 민간과 공익부문이 연계된 다양한 산업에서 지속적으로 노동력을 제공하고 있다. 수용자들은 Jostens(미국의 기념품 제조업체)의 졸업가운을 만들고 Lyon 제조회사를 위해 수를 놓은 엠블럼을 만드는 일에 관여해 왔다. 심지어 제3세대에 J.C. Penney와 Victoria's Secret이 소매가로 구매한 의복을 바느질하기도 했다(Sexton 1995).

재사회화의 시대

1930년대 초 무렵, 미국 교도소 내 수용자들이 직면한 가혹한 처벌에 대한 개선이 있어야 한다는 강한 주장이 있었다. 경제공황은 일반 대중이 사회적 불만을 갖는 원인이 되었고, 교도소 내 불만족 또한 증가했다. 일리노이, 콜로라도, 뉴욕, 캔자스시티의 주요한 교도소 폭동은 정부가 교도소 수용자들을 주목하게 만들었다. 심지어 교도소 간부들조차도 수용자가 겪는 절망을 이해하기 시작했다. 1931년의 위커샴(Wickersham)위원회가 내놓은 보고서를 통해 수용자의 불만은 공식적으로 인정되었다. 주 교도소는 수용자에 대해 변덕스러운 규칙과 강압적 처벌 등 그 어떤 제재도 가하지 않았다. 사실상 수용자들은 대부분의 시간을 비활동적으로 보냈다.

위커샴(Wickersham)위원회는 교도소 체계에 대한 새로운 철학을 요구했으며, 그렇게 탄생한 재사회화 철학은 곧 교도소 설립 이래로 교정이념을 지배해왔던 억제와 무력화의 철학을 대체하게 되었다. 20세기의 첫 몇 십 년 동안 재사회화 중심의 교정철학 움직임을 위해 노력한 주요 주체는 활동적인 진보주의자들이었다. 진보주의자들은 질병을 가진 개인에게 치료가 필요한 것과 마찬가지로, 범죄를 포함한 사회문제 또한 개인의 통제를 벗어나는 경우가 많다는 비결정주의적 견해를 피력하는 것으로 잘 알려져 있다. 이러한 의료모델은 범죄자의 요구에 초점을 맞추고 형사상의 처벌을 수행하는 구금시설에 대한 의존도를 줄임으로써 재사회화 시대를 지배했다. 보호관찰, 부정기형, 분류체계, 직업과 교육훈련 그리고 치료성공에 근거한 출소는 재사회화의 철학을 달성하기 위해 시행된 주요한 관행이었다. 1870년 비로소 국립교도소협회의 추천사항들이 결실을 맺었다.

여러 지역에서의 실패와 성공이 보고되었고 교정시설들은 40년 이상 동안 재사회화 철학을 따랐다. 교정관이 기관 내 질서 유지의 권한을 갖는 동시에 치료를 잘 받을 수 있는 환경을 만들려 하는 교도소에서는 특히 성공적인 결과를 낳았다는 보고가 유효했다. 그러나 이러한 재사회화의 전제는 적절한 시행을 방해하는 장애물을 극복하기 어렵다는 것이 곧 명백해졌다. 이러한 사상적 투쟁을 1960년대와 1970년대의 사회적 그리고 정치적 맥락과 결부시키면, 재사회화 철학이 곧 강경정책(get-tough movement)으로 더 잘 알려진 징벌적 철학으로 대체될 것이라는 것은 별로 놀랄만한 것이 아니다.

베트남에 대한 학생폭동, 시민운동, 가난과 범죄율의 증가 그리고 워터게이트(Watergate) 스캔들로 사람들은 정부, 사회기관, 법 집행, 법원 그리고 교정시설을 의심하기 시작했다. 이런 배경에서 로버트 마르틴손(Robert Martinson)은 보고서를 통해 지금까지 보고된 사회갱생 노력이 상습범죄자에 있어 대부분 인지할 만한 효과가 없었다고 주장하였으며, 이는 재사회화의 철학을 포기하는 것을 정당화시킨 촉매제가 되었다.

응보의 시대

마르틴손의 출판물에서 제기된 어떤 효과도 없다(nothing works)는 주장은 재사회화 철학을 꺾는 촉매제로 작용했다. 이 시대를 포함하여 2010년대까지도, 이로 인해 일부 형벌과 형사사법 관행에서 수용자들의 만기복역이 더 증가하였고, 정기형 모형, 가석방 폐지와 같이 보다 징벌적 사상에 기초한 교정정책이 계속해서 도입되었다. 범죄자들은 정기형을 선고받고, 석방은 반드시 교정 혹은 재사회화와 관련되어 있지 않게 되었다. 강경정책(get-tough)관행 하에서 범죄를 저지르는 범죄자들은 자신이 저지른 범죄에 상응하는 응분의 처벌을 받게 된 것이다.

지난 35년 동안 지속된 징벌의 시대에서는 법 위반자에게 더 가혹한 처벌을 가하고 재사회화 노력에 대한 지원을 줄이는 것이 미국과 동유럽의 일반적 추세였다. 그 결과 미국의 몇몇 주에서는 더 긴 징역형과 보다 징벌적인 처벌(예: 세 번째 중범죄에 대해 유죄확정을 받은 범죄자에 대한 종신형을 규정하는 삼진아웃제)을 제정하고, 감형하고자 하는 판사나 교정관의 재량을 제한하는 시도가 있었다. 비록 이러한 변화들은 다양한 유형의 범죄에 적용되었지만, 폭력범죄와 마약범죄가 이러한 변화에 특히 영향을 받았다. 그 배경으로는 지난 30년 동안 행해진 마약과의 전쟁을 가장 중요한 원인으로 꼽을 수 있는데, 결과적으로 마약범죄자가 형사법원과 재사회화 기관의 감독을 받는 범죄자 비율의 상당부분을 구성하게 되었다. 이는 고작 30년이라는 짧은 시간에 걸친 획기적인 변화였다.

사회복귀의 시대

앞에서 교정의 성격을 중심으로 시대를 구분하여 살펴본 것처럼 비록 전통적인 처벌의 목적은 아니지만, 사회복귀 운동은 많은 사람들을 오랜 시간 동안 교도소에 가두는 징벌적 무력화 철학에 근거한 수십 년 동안의 처벌적 관행에 대한 필수적 대응이었다. 수용자의 출소는 필수적으로 발생하는 일이다. 최소 95%의 주 수용자들이 어떤 시기에 구금에서 풀려날 것인지 생각해보라. 2010년에는 70만 명 이상의 수용자들이 주립 교도소에서 석방되었다. 2011년에는 그 숫자가 약 68만 9천

명이었다. 사회복귀(Reentry)는 곧 석방되거나 최근에 이미 교도소에서 석방되어 그 지역사회로 다시 복귀한 사람들의 과도기를 말한다. 사회복귀는 이러한 개인들과 가족들에게 서비스와 지원을 제공하는 것이다. 2001년 9/11테러 이후, 주 정부는 빚더미에 앉았고, 경제는 안 좋아졌으며, 실업은 1990년대 호황기에 비해 상당히 높았다. 2007년과 2009년에 경제불황이 닥쳤을 때, 주 정부는 빚을 갚을 방법을 강구해야 했다. 1980년대의 강경정책(get-tough)으로 교도소는 과밀화되어 있었으며, 범죄자의 시설 내 수용은 많은 바용을 필요로 하는 정책이었다. 국가의 재정적 위기와 막대한 교도소 관리 비용을 결부시켜 볼 때, 주 정부는 국가가 수십 년 동안 기록해왔던 상대적으로 낮은 범죄율을 유지하면서 비용을 절감하는 대안 모델을 생각해내야 했다.

일반적으로, '정문옵션'(Front door options)은 교도소 대신에 보호관찰과 같은 지역사회기반의 사회 내 교정을 포함한다. '후문옵션'(Backdoor options)은 가석방, 지역사회기반 교정시설에의 과도기적 배치, 혹은 어떤 지원이나 감독 없이 교도소에서 석방하는 것을 말한다. 뒷문옵션이 시행될 때는, 고용과 주거지역 선정 등 재사복귀 프로그램 및 서비스의 가치가 특히 중요해진다. 출소 후 3년 이내에 10명 중 4명의 범죄자들이 교도소로 재수용된다는 사실을 볼 때, 재범방지를 위한 집중적인 사회복귀 노력은 필수적이다. 재범위험이 유독 높은 마약범죄와 정신건강 관련 장애를 가진 사람들이 구체적인 우려 대상이다. 70% 이상의 주 교도소가 이러한 상황과 싸워왔다. 연구에 따르면 적절한 지역사회기반의 치료, 고용, 주택 그리고 다른 관련 지원 체계 없을 경우, 출소자들의 재체포와 재구금의 확률은 출소 직후 몇 달 사이에 특히 높았다.

수용자들은 고용, 주거, 교도소 밖의 삶에 적응 그리고 친구들과 가족들과의 관계복구와 같은 다양한 장벽과 직면한다. 수많은 지역, 주, 그리고 연방기관들과 전국에 있는 비영리 기관들은 사회복귀 프로그램을 지원한다. 범죄자는 출소 후 1년 동안은 지역사회에 성공적으로 복귀하기 위해 사회복귀에 대한 노력을 필수적으로 해야 한다. 다행히도, 시간이 지날수록 보다 공식화된 재진입 프로그램이 등장하고 있다.

한편, 2008년에는 Second Chance 법의 통과로 보조금을 통한 더 많은 재정적 지원이 있었다.

수용의 크기와 비용

교도소, 구치소, 보호관찰, 혹은 가석방 등 교정의 유형과 관계없이 총 6천 7백만 명 이상의 사람들이 미국정부의 교정감독을 받고 있다. 이 사실은 10년 전 미국사회를 깜짝 놀라게 했고, 오늘날 여전히 반향을 불러일으키는 수치를 보이고 있다.

도표 5.1 성인 교정감독 인구와 비율의 변화(2000–2015)

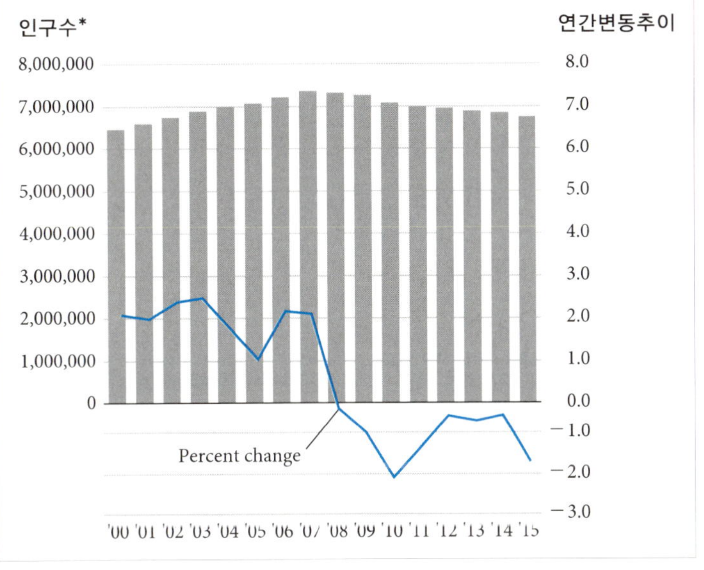

* 추정치들은 12월 31일 기준 가석방·보호관찰 대상자를 포함하고 있음

위 통계에 따르면 거의 성인 100명 중 1명이 주·연방수준의 교도소나 구치소에 있다고 볼 수 있다. 이 수치는 2008년 초에 발표되었고, 미국이 이와 같이 놀랄만한 수용률을 보인 것은 역사적인 사건이었다. 오늘날 그 수치는 108명 중 1명에 달한다. 2002년 이후로, 미국은 산업화된 모든 국가 중에서 가장 높은 수용률을 보이고 있다. 형사사법체계에서 공식적으로 처리되는 범죄자의 끊임없는 유입과 주나 연방정부의 정기형 모형의 채택의 결과로 장기 징역형을 집행을 유지하기 위해서는 관할지역들이 다양한 방식으로 사법기관에 대한 자금지원을 늘려야 했다. 비록 형사사법체계의 모든 측면에 대한 자금지원이 증가했지만, 교정비용이 증가가 가장 극적이었다. 2013년 미 교육부의 정책과 프로그램 연구서비스의 최근 비용분석을

보면, 주와 지방 교정 예산이 700억 달러 이상이었는데, 이것은 동일 항목에 대한 비용이 약 170억 달러였던 1980년 이후 약 324%가 증가한 것이었다. 어린이집에서 고등교육까지(미국 기준 12학년)의 비용은 1980년에서 2013년까지 단지 약 107% 증가하였다. 같은 기간 동안 고등교육에 대해서는 1인당 학생 자금지원이 28% 감소했지만 교정에 대해서는 1인당 비용이 거의 45% 증가했다. 이처럼 교정은 비용이 많이 드는 사업이기 때문에 주 정부는 많은 교정인구와 예산 위기에 대하여 고민하고 있다. 교도소 과밀화를 줄이기 위해서, 많은 주와 연방 정부는 거대한 교도소 건축 프로그램을 통해 교도소 내의 침대 공간을 크게 증가시켰다. 더욱 안전한 구금시설을 다량으로 건설하는 정책의 근거는 더 많은 범죄자를 구금하면 할수록, 범죄는 더 적어질 거라는 생각 때문이었다. 그러나 불행하게도, 이렇게 높은 수용률에도 불구하고 재범과 범죄율은 여러 정책입안자와 일반 대중들이 예상하는 것만큼 크게 감소되지 않았다. 실제로 형사사법체계는 실제 발생하고 있는 범죄건수와 불균형적인 수준으로 범죄자들을 계속하여 구금하고 있다.

비판적 사고 연습

교정은 처벌의 종류와 그것이 도입된 목적의 관점에서 몇 가지 유형의 시대적 구분이 존재한다. 당신은 교정이 다음 시대에는 어떻게 될 것이라 생각하는가? 예를 들어, 처벌에 훨씬 더 의존하게 될 것인가? 더 많은 재사회화 프로그램이 개발될 것인가? 특수범죄자 인구는 보다 효과적인 서비스를 받을 것인가? 더 많은 기술적 진보를 이룸으로써 교정관과 수용자 사이의 덜 인간적인 상호작용을 보게 될 것인가? 우리의 미래교도소는 어떨까? 누가 수용될 것인가? 당신의 예측이 정확하다고 어떻게 확신할 수 있는가?

2010년에 교도소에서 한 사람을 1년간 수용하는 비용은 31,286달러였다. 이 비용은 주거, 식사, 의류 그리고 수용자 감독에 필요한 비용이다. 만약 자본비용과 직원월급과 복지혜택이 수치에 포함되면, 수용자당 전체 평균 비용은 중급 보안교도소 기준 65,000달러까지 뛰어오른다. 2014~2015년 기준 주립학교들의 1인당 학생 지출 평균은 11,709달러인 점을 고려하면 주 정부는 학생교육보다 수용자에게 3배에서 6배까지의 비용을 더 지출하는 것이다.

세계적 수준에서 보면 미국은 비록 수용률은 제일 높은 나라이지만 다른 서양국가들보다 수용자 1인 평균수용비용(31,286달러)을 적게 쓰고 있다. 예를 들어, 호주의 1인당 수용자 1인 평균수용비용은 연 105,742달러이다. 다음은 캐나다로, 91,000달러 이상을 사용한다. 그 다음은 영국으로, 평균비용이 41,258달러이다. 영국 이외의 다른 나라들은 미국보다 높은 비용을 지출하고 있지만, 이들 세 나라를 합친 전체 교도소 인구는 미국과 비교조차 되지 않는다(125,282명 vs. 1,526,800명). 사실상, 미국은 전체 수용자 수와 수용비용의 비율을 고려할 때 비용 측면에서 승자로 알려져 있다. 이 점에서, 교정은 간접비와 인건비가 큰 사업이다. 몇몇 주들은 지난 몇 년 동안 발생한 심각한 주 예산 위기로, 시설 내 교정에 할당된 비용을 줄이기 위한 조치를 취해야 한다는 사실에 직면하고 있다. 예를 들어, 매사추세츠, 미시간, 미주리, 애리조나, 뉴멕시코, 미시시피 주 의원들은 1980년대와 1990년대의 강경정책(get-tough)시대의 시금석이었던 최소의무형량제를 폐지하거나 기존의 법을 수정하는 방안을 고려해 왔다. 이러한 많은 법들은 마약범죄자들을 겨냥했지만, 최소의무형량제의 채택으로 마약범죄의 수는 거의 감소하지 않았다. 따라서 최근의 선고체계가 변화하는 것은 징역기간의 감소나 가석방 적격성 기준을 확대하는 것을 포함한다. 즉, 과거의 강경정책(get-tough)적 입장은 주 정부가 이미 과세된 사회체계에 대해 금전적 그리고 물질적 자원을 보존할 수 있도록 하는 방식인 스마트 범죄대응전략(smart on crime)으로 대체되고 있다.

구치소

현재, 미국에는 3,300개 이상의 구치소가 있다. 구치소와 유치장은 보통 1년 미만의 비교적 짧은 기간 동안 다양한 범죄자들을 수용하기 위한 시설이다. 구치소의 크기는 지리적 한정구역과 법적 관할지역에 따라 다르다. 시골이나 작은 지역사회의 구치소는 비교적 수용자가 거의 없어 규모가 작지만, 도시의 경우는 거대할 수 있다. 군이나 시 정부는 대부분의 구치소를 운영하고 있으며, 연방정부와 같은 관할지역은 특정 지역에 자신들의 구금자들을 위한 특수시설을 가지고 있다.

구치소는 몇 가지 중요한 기능을 수행한다. 첫째, 구치소는 대부분의 범죄자들이 체포 후에 수용되는 곳이다. 체포 후에 지방법원 판사나 치안판사는 범죄사의 기소와 도주 위험성을 검토하고 보석금을 정한 후, 보석 없는 구금을 명령하거나 범죄자를 다음 재판출두 서약을 조건으로 석방시킨다. 둘째, 구치소는 1년 미만의 구금을 선고받았던 피고인들을 수용한다. 일부 구치소에 수용된 범죄자들은 주말에만 구치소형을 살거나 구치소에 지내는 동안 생업을 위해 지역사회로 임시석방 될 수도 있다. 마지막으로, 구치소는 사건이 해결되거나 적절한 관할권이 구금을 맡을 때까지 다양한 범죄자들을 임시로 수용하는 구금센터의 역할을 할 수도 있다. 그러므로 청소년과 성인, 경범죄와 중죄 그리고 주와 연방 범죄자들은 모두 같은 시설에 일시적으로 수용될 수도 있지만 그 시설 내에서 다른 구역에 수용될 수도 있다.

비록 예외가 있긴 하지만 구치소의 환경은 대체로 무질서하며, 수많은 문제에 직면한다. 구치소는 역사적으로 가난한 사람, 일탈자 그리고 지역사회에서 소외된 자들의 쓰레기 하차장(dumping ground) 같은 곳이었다. 구치소는 여전히 과밀화, 자원과 훈련의 부족 그리고 지역 정치의 문제의 압박에 노출되어 있는 것 같다. 구치소로 이송되는 많은 사람들은 도착 당시 술에 취해있거나, 마약에 취해 있거나, 매우 불안해보이거나, 자살 충동을 느끼거나 또는 정신적으로 불안한 상태이다. 구치소 직원은 범죄자가 처음 그 시설에 구금된 경우 그들이 요구와 위험성에 대한 충분한 정보를 가지고 있지 않다. 이러한 지식의 부족으로 예방에 대한 문제가 생긴다. 마지막으로, 구치소 안팎의 계속된 이동은 구치소 직원과 관리자에게 군수지원과 안전에 대한 이의를 제시한다. 수용자들은 법원의 심리절차, 지역사회 서비스 일, 그 외 다른 활동을 위해 자주 이동된다. 방문자가 많아지면 폭력이나 밀수의 기회가 생길 수 있다.

구치소 관리자들은 시설운영에 있어 끊임없이 수많은 문제들에 직면하고 있다. 구치소는 종종 교정관과 수용자 사이의 접촉이 거의 없는 비인간적인 곳이다. 구치소는 또한 수용자에 대한 의료, 심리 그리고 물질 남용치료와 같은 필요한 서비스가 부족하다. 폭력과 안전문제에 대해 끊임없이 해결을 요구하는 구치소 환경에서는 스트레스 수치가 높다는 것이 놀라운 일은 아니다. 이러한 문제들을 극복하기 위하여, 기존 구치소들을 신세대 구치소(new generation jails= NGJs)로 알려진 것으로 대체하려는 운동이 있었다. 이것은 감방마다 1~2명의 수용자들을 수용할 수 있는 공간을 두고, 16개에서 30개의 분리된 감방을 가지는 유선형의 공간(pods or module)으로 설계된 시설에 수용자들을 수용하기 위해 건설되었다. 수용자들은 구치소 내 다른 포드에 접근할 수 없고 직원들은 주어진 시간에 60명 이상의 수용자들을 관리한다. 다른 유형의 구치소에서는 구치소 직원들은 수백 명의 수용자들을 한 번에 감시해야 할지도 모른다. 구치소 직원들의 1인당 담당 수용자 인구 수 증가는 관련된 모든 사람의 안전을 감소시킨다. NGJs에서는 수용자들이 먹고, 자고, 전화하고 그리고 포드에서 게임을 하거나 TV를 보는 것과 같은 활동 등을 할 수 있다. 직원들은 수용자들과 더 가깝게 접촉하고 일관성 있게 수용자의 행동을 감시한다. 그것은 수용자들 사이의 문제를 약화시킬 뿐만 아니라 시설 내 수용자와 직원들 간의 보다 긍정적인 사회적 변화를 제공한다.

NGJs에 대한 또 다른 평가는 재범률이 증가하지 않았고 실제로 전통적인 구치소에 수용된 수용자들에 비해 오히려 감소했다는 것이다.

최근 보고서에 따르면, 130만 명 이상의 사람들이 구금되어 있고 평균 2.5년형을 복역하는 주 교도소에 비교해, 구치소는 55%가 평균 23일을 머무는 상대적으로 더 적은 사람들을 수용한다. 대부분의 구치소 수용자들은 유죄 확정을 받지 않았으며, 아직 범죄에 대한 혐의가 명백한 유죄로 밝혀지지 않았다. 거의 예외 없이 범죄자들은 유죄로 확정된 후에 교도소로 간다. 인구통계학적으로 거의 46%의 구치소 수용자들은 백인들이다; 대조적으로, 흑인남성은 교도소 내에서 가장 대표되는 인종집단이다.

구치소가 직면한 주요한 걱정거리는 정신질환자의 증가와 어떻게 구치소 직원들이 이 문제를 효과적으로 다룰 수 있는 지이다. 대략 80%의 구치소들이 입소자들에 대해 정신건강검사를 시행하고 이 초기검사를 통해 정신질환자들이 식별된다. 23%의 수용자들이 체포 전 년 동안 정신질환 치료를 받았고, 17%가 정신질환에 영향을 미치는 약물을 사용했으며 그리고 7%가 적어도 하룻밤을 정신병원에서 머물렀다. 항정신의약품을 제공하는 소수의 구치소를 제외한 대부분의 시설들은 병에 걸린 수용자에 대한 적절한 치료가 부족하고 정치적, 신체적 그리고 구치소의 행정 현실 열악한 실정이다.

비판적 사고 연습

구치소 관리자와 직원이 직면한 문제들에서, 구치소 수용자를 보다 효과적으로 관리하기 위해 어떤 접근법과 전략을 시도할 수 있나? 당신이 추천한 전략의 장단점은? 왜 어떤 전략들은 다른 전략보다 더 큰 효과가 있나?

현대 교도소

비록 미국 내 중범죄자들은 시설 내 교정보다는 사회 내 교정과 같은 선고를 더 흔하게 받지만, 교도소는 재정적으로 그리고 상징적으로 중요한 형태의 처벌이다. 교도소는 지역사회에 상당한 위험을 주거나, 혹은 너무 심각한 범죄를 저질러서 일정 기간 동안 그들의 자유를 뺏어야 마땅하다는 판결을 받았거나, 지역사회 감독의 효과가 미흡할 것이라고 결정된 사람들을 수용하는 데 사용되기 때문에 사회적·정치적으로 특히 중요하다.

교도소 유형

대부분의 미국 형사사법체계에서 징역 1년 이상의 유죄 확정을 받은 중범죄자는 일반적으로 교도소에 수용된다. 비록 많은 지역이 소년교정체계를 가지고 있지만, 대부분의 수용자들은 주나 연방기관에 수용되는 성인들이다. 교도소 인구는 보호관찰 위반 및 가석방 위반으로 다시 교도소에 들어온 사람들뿐만 아니라 다양한 범죄에 대해 유죄선고를 받은 범죄자들로 구성된다. 주와 연방정부는 수많은 교도소를 관할하고 있다. 각각의 교도소는 특정한 유형의 범죄자들에 더 적합하게 구성된 각각의 특수성을 가지고 있다. 일단 피고인이 징역형을 선고받으면, 교정부서의 직원들이 초기분류심사를 한다. 초기분류심사를 통해 그들은 교도소체계 내에서 최선의 배치를 결정하기 위하여 범죄자의 요구와 위험성을 평가한다. 이 심사에서 평가되는 일반적인 항목은 수용자의 위험성, 형기, 범죄조직 소속 여부, 육체적·정신적 건강 그리고 치료프로그램 부과 여부 등이다. 수용자는 이 평가에 기초하여 보안유형에 따라 분류된 기관으로 보내진다.

비판적 사고 연습

교도소는 다양한 범죄들을 저지른 범죄자를 수용한다. 수용된 범죄자들의 범죄유형과 인구사회학적 통계를 알아보아라. 통계를 참고하여 범죄의 유형과 교도소 내 범죄자의 특징을 설명하라. 범죄유형과 범죄자의 인구사회학적 특징이 시사하는 것은 무엇인가?

미국 내 대부분의 주에는 보안수준에 의해 구별되는 3~5가지 유형의 교도소가 존재한다. 최대보안교도소(Supermax prisons)는 가장 제한적이고 보안이 철저한 교도소이다. 과도하게 높은 운영비용과 수용할 수 있는 수용자의 수에 대한 엄격한 제한 때문에, 최고보안교도소는 대체로 고위험군 수용자들을 대상으로 한다. 이 시설의 수용자들은 매우 짧은 기간의 운동을 제외하고는 자신들이 감방에 계속해서 갇혀 있다. 최고보안교도소는 가장 정교한 보안체계와 가장 엄격한 보안절차를 사용한다.

최고보안교도소(Maximum security prison)은 많은 주에서 가장 높은 수준의 보안체계를 가진다. 이 시설들은 관할구역에 가장 폭력적이고 주변에 피해를 끼치는 악질의 범죄자들을 수용한다. 교도소 내 이동은 수많은 검문소를 통과해야 하도록 설계되어 있다. 주변을 둘러싸고 있는 외부장벽, 날카로운 철망울타리, 무장경비가 배치된 감시탑 등은 이런 교도소에서 흔히 볼 수 있다.

몇몇 지역은 최고등급과 중간등급의 교도소 사이에 근접보안(close security)으로 알려진 세 번째 보안 분류를 사용한다. 이 시설들에는 다른 수용자나 교정관에게 물리적 위협은 주지 않지만 주변에 지장을 미칠 우려가 있는 수용자로, 최고보안환경까지는 필요로 하지 않는 폭력범죄자를 수용한다. 중급보안교도소(Medium security prisons)는 다양한 인구사회학적 특성을 가진 수용자를 수용하고 다양한 건축양식을 활용한다. 수용자들은 주간활동시간 동안 기관 내에서 어느 정도의 자유로운 이동이 가능하며, 다양한 활동에 참여할 수도 있다. 그러나 수용자 생활의 구체적 사항과 보안의 정도는 심지어 동일한 관할구역 내의 다른 교도소 간에도 상당히 다양할 수 있다.

마지막으로, 최소보안교도소(minimum security prisons)는 가장 개방적이고 덜 제한적인 유형의 기관에 해당한다. 이 시설들은 가장 적은 위험성을 보이는 사람들이나 출소가 가까운 사람들, 혹은 비폭력범죄로 유죄선고를 받은 수용자들을 수용한다. 최소보안교도소는 세 가지 유형의 교도소 중 가장 광범위한 이동의 자유가 있고 수용자에게 다양한 서비스와 참여 가능한 프로그램을 제공한다.

미국의 몇몇 주는 특수한 성향을 가진 수용자들을 주로 수용하는 특수교도소(Specialized prisons)를 가지고 있다. 이 시설들은 특정 수용자들이 제시하는 요구와 치료프로그램, 그리고 해당 수용자의 위험성 평가에 따른 맞춤 서비스를 제공한다. 마약범죄수용자들, 성범죄자, 그리고 정신장애인 혹은 정신질환자들을 위한 전용시설들이 그 예이다.

여성수용자들은 남성과 여성 모두를 수용하는 교도소에 수용될 수는 있으나, 수용생활을 하는 공간은 전형적으로 성별을 분리하여 운영된다. 그러나 이는 반드시 그런 것은 아니다. 역사적으로 여성, 청소년 그리고 성인 남성수용자는 종종 같은 시설에 수용되었고, 심지어 같은 거실에 수용되기도 하였다. 비록 여성은 모든 수용자 중 약 6~7%, 사회 내 교정을 받는 경우도 대략 15%를 차지하지만, 지난 10년 동안 가장 빨리 증가하는 교정인구 중 하나였다. 만약 이러한 추세가 계속된다면, 교정체계는 증가하는 여성수용자 인구에 대응하기 위해 보다 많은 시설과 부가적인 자원을 준비하여야 할 것이다.

교도소를 구별하는 또 다른 특징은 민간에 의해 운영 또는 관리가 되는지, 아니면 관할구역의 공무원에 의해 운영 혹은 관리가 되는지의 여부이다. 역사적으로, 민간차원에서 교도소의 운영에 관여를 한 것은 특별한 경우가 아니다. 19세기로 들어서면서 현대적 의미의 교도소가 탄생한 이후로, 미국 교정체계는 민간의 영리 기업 및 비영리 기관과 다양한 관계를 맺어왔다.

그러나 20세기까지 대부분의 교도소에 있어 자금의 지원과 운영은 주로 공공부문의 책임이었다. 1980년대 정부서비스의 민영화 움직임에 따라, 미국 각 주는 교정서비스를 민간과의 계약을 통하여 점차 이관하기 시작하였다. 치료서비스, 지역사회 서비스 그리고 소규모 주거프로그램은 교도소의 주요업무보다 비교적 민영화하기에 용이하였다. 1980년대 들어서는 수용률의 증가, 교도소 과밀화 그리고 운영비용의 증가로, 정부는 교정예산의 비용효율성을 증가시킬 수 있는 대안에 관심을 갖게 되었다. 비록 민영교도소라는 용어는 민간기업이 관리하고 운영하는 교정시설을 가리키는 데 종종 사용되지만, 교정서비스의 민영화는 단순히 교정시설 뿐만이 아니라 수많은 형태를 가질 수 있다. 이 시설들을 운영하는 권한의 부여는 해당지역을 관할하는 정부와의 계약을 통해 이루어진다. 다만, 범죄자를 처벌함에 있어 이윤이라는 동기를 포함하는 것이 과연 타당한지와 관련한 상당한 논란이 존재한다. 또한, 민영교도소가 실제로 더 효과적인지, 그리고 그것들이 제공하는 서비스의 질이 충분히 확보되었는지 등에 관한 의문점이 제기되었다. 이러한 사실에도 불구하고, 몇몇 주들은 주립기관 및 영리사업체와 연계하여 운영되는 민영교도소를 통한 처벌의 체계를 가지고 있다. 교정서비스의 민영화 증가 현상이 미국 교정기관의 영구적인 특성인지 혹은 역사책에서나 기록될 하나의 지나가는 경향인지는 오직 시간만이 말해줄 수 있을 것이다.

비판적 사고 연습

국내 민영교도소를 조사해보라. 이 기관에는 얼마나 많은 사람들이 있는가? 국가는 처벌을 통해 이윤을 추구하는 기업에 수용자의 통제와 감독을 넘겨야 하는가? 당신이 생각하는 민영교도소의 장단점은 무엇인가?

기관 내 구금과 보안

교도소의 주요한 목적은 시설 내 수용자의 구금상태를 유지하는 것이다. 사실 교도소의 운영에 영향을 미치는 거의 모든 결정은 구금과 보안의 중요성을 고려하여 정해진다. 최소보안시설에서조차도 수용자는 감독하는 교정직원보다(혹은 교정관) 그 수가 많다.

수용자의 안전한 구금은 몇 가지 구성요소를 수반한다. 첫째, 교도소는 물리적으로 안전해야 하고, 수용자의 탈출과 기관 내 밀수품의 반입을 철저히 방지해야 한다. 둘째, 교도소 관리자들은 수용자의 직원 폭행사건을 감소시키고자 한다. 수용자 간의 폭력행사 빈도를 줄이는 것은 수용자의 안전과 그러한 사건들이 교정기관의 운영에 미치는 영향에 관한 또 다른 중요한 목표이다. 마지막으로, 교도소 관리자들은 기관운용의 효율성 확보를 원한다. 절차와 배식, 의류 그리고 작업세부사항과 같은 활동들은 교도소의 생활구조를 만든다. 이러한 활동들을 원활하게 운영하는 것은 수용자 관리에 관한 환경의 형성에 필수적이다.

수용자, 교정관 그리고 교도소 관리자 사이에는 공생관계가 있는 것으로 생각된다. 비록 교정기관의 직원들은 규율을 유지하기 위해 공식·비공식적 메커니즘을 가지고 있지만, 수용자들은 교도소 운영에 상당한 혼란을 야기할 수 있다. 그러므로 모든 당사자들은 현재 상황을 유지하려는 성향을 갖고 있으며, 일상생활과 통상적으로 하는 일에 있어 혼란을 줄이려는 경향이 있다. 가장 폭력적이고 혼란을 초래하는 사건은 교도소 폭동이다. 폭동사건이 발생하면 교도소 직원들은 수용자와 기관운영에 대해 가장 기본적인 통제를 제외하고는 모든 것을 잃는다. 결과적으로, 직원과 수용자의 안전은 심각한 위험에 빠질 수 있고 시설의 물리적 구조에 상당한 피해가 있을 수 있다.

교도소 내 폭력과 교도소 규율

폭력이나 무력행사에 대한 위협은 수용자와 직원들 간의 흔한 걱정거리이다. 교도소는 이미 폭력행위나 불법적인 행위에 기꺼이 가담한 전적이 있는 사람들로 가득 차 있다. 교도소 내에서 발생한 폭력에 대한 지식은 교도소 기록의 타당성과 신뢰성에 대한 우려, 그리고 교도소 내 폭력을 연구하는데 사용되는 방법론적 한계에 의해 제한된다. 폭력의 수준과 정도는 교도소마다 그리고 수용자들의 특성에 따라 매우 다양하게 나타난다. 또한, 건축설계, 수용자 이동의 자유, 그리고 집단과 개인의 운동역학과 같은 교도소의 다른 특징들이 교도소 내 폭력 수준에 영향을 미칠 수 있다.

연구에 따르면, 대부분의 수용자들은 미디어에서 묘사되는 체계적이고 만연한 폭력과 같은 특징을 가지지는 않는다. 물론 폭력의 정도가 심한 교도소는 분명히 존재하지만, 실제로는 신체적으로 가해지는 폭력보다 강압과 위협에 의한 폭력이 더욱 흔하다. 신체적으로 건장한 수용자들이 음식, 돈, 개인 서비스, 그리고 성적 행동과 같은 요소를 획득하기 위해 강압과 위협이라는 수단을 사용한다. 성폭행을 포함한 이러한 폭력의 위협은 수용자들에게 매우 현실적인 문제이다. 또한 교정관이나 다른 수용자에 대한 폭행이 발생하면 심각한 부상, 심지어는 사망에 이르기도 한다. 물론 폭력과 폭력의 위협은 여성교도소에서도 명백하게 나타나는 현상이지만, 여성수용자들은 남성교도소에 비해 노골적인 폭행을 덜 일으킨다. 물론 여성수용자들 중에서도 남성수용자들과 비슷하게 도구를 사용한 특수폭행이나 교도소 내 혼란을 야기하는 사람들도 있다.

교정관에게는 수용자의 폭력과 기관규칙 위반을 다루는 수많은 방법이 있다. 형사범죄자의 시설 내 규칙위반에 대하여는 형사기소 건으로 고발할 수 있다. 그러나 이러한 경우 유죄선고를 얻어내기가 어렵다는 현실과 사건과 관련된 물증을 확보하기 어렵다는 문제들이 형사고발 시도들을 좌절시킨다.

보다 일반적인 대응은 집중감독, 일정 기간 동안의 독거실 수용(segregation), 혹은 수용자의 분류등급이나 대우의 변화와 같이 어떠한 특권의 박탈을 포함하여 교정관이 취할 수 있는 하나 혹은 그 이상의 제재를 사용하는 것이다. 교정관은 또한 수용자의 선시점수(good time credit)를 감소시킬 재량을 가지고 있다. 부정기형을 받은 사람들에 대한 가석방 관리체계는 만약 수용자가 구금기간 동안 문제행동전력이 있으면, 수용자의 행동을 검토하고 가석방 적용을 거부할 수 있도록 되어있다.

교도소 생활

교도소 생활은 수용자나 교정관 모두에게 스트레스일 수 있다. 연구에 의하면 교도소 생활이 갖는 특징들은 교도소 내에 고유한 하위문화를 만들었다. 교도소 생활은 스트레스적이고 단순하다. 새로운 수용자들은 교도소의 요구에 대처하기 위해 환경에 적응해야 한다. 아마도 수용자에게는 수용시설 내에서 발생하는 폭력과 개인의 안전이 가장 중요한 관심사일 것이다.

교도소 하위문화와 대처

교도소 하위문화에 대한 연구는 대부분 최고보안교도소에 관한 것이지만, 독특한 교도소 하위문화요소는 다른 보안등급의 교도소에서도 발견된다. 교도소 하위문화 및 교도소 환경에 대한 적응의 형태를 설명하는 데 사용되는 박탈모형(deprivation model)의 전제에 근거하면, 교도소 문화의 성향 및 개별 수용자에 대한 영향은 교도소와 수용자마다 다르다. 사이크스(Sykes, 1958)는 교도소 문화의 발전과 구금에 대한 개별적 대응에 영향을 주는 교도소 생활의 몇 가지 특징들을 구별했다. 구금의 고통에는 자유의 박탈, 재화와 서비스의 박탈, 이성관계의 박탈, 자율성의 박탈, 그리고 안전에 대한 박탈이 포함된다. 이 고통들은 교도소 생활의 중심적인 특징이며, 수용자들이 긍정적인 방식으로 새로운 환경에 대처하려면 이러한 요소에 대한 적응이 필요하다.

첫 번째 고통인 자유의 박탈은 수용자들이 기관 내에 감금된다는 것이다. 두 번째 고통은 재화와 서비스로의 박탈인데 수용자들은 개인의 옷뿐만이 아니라 TV, 라디오, 좋아하는 음식과 같은 개인 편의성 물건들을 박탈당한다. 세 번째 고통은 이성관계의 박탈로, 수용자는 정체성의 상실을 경험하게 된다는 것이다. 네 번째 고통은 자율성의 박탈이다. 이는 스스로 선택할 자유의 박탈을 말한다. 마지막 고통은 안전성의 박탈인데, 다른 수용자들과 함께 수용되어 끊임없이 피해의 공포에 살게 된다는 것이다. 사이크스의 보고서 발표 이후로, 수용자들이 이러한 박탈들을 경험하는 정도는 변화했다. 재화와 서비스의 박탈로부터 발생하는 고통은 매점에서 몇몇 재화를 구매할 기회와 함께 다소 감소하였으며, 이성관계의 박탈은 수용자들에게 배우자 교섭이 허락되면서 완화될 수 있었다.

예를 들어, 몇몇 여성 수용시설들은 가족구성원이 며칠 동안 머루를 수 있는 공간을 제공해왔다. 여전히 교도소 내에 위치하는 이 시설들은 보통 일반적인 수용자들의 활동공간으로부터 분리되어 있다. 이러한 프로그램은 일반적인 권리가 아니라 특권이다. 그러므로 교정관들은 수용자들이 지시를 잘 따르도록 만들기 위해 이러한 프로그램을 쉽게 허용하지 않을 수 있다.

연구자들은 또한, 박탈모형(Deprivation model)에서 기술한대로 개별 교도소의 특징 이외에 개인의 특성이 교도소 적응능력에 영향을 미칠 것이라고 믿는다. 유입모형(importation model)은 기술, 경험 그리고 개인이 외부사회에서 교도소 환경으로 유입해 오는 특성들이 교도소 문화와 그 환경에 적응하는 개인의 능력에 영향을 미친다고 주장한다. 연구자들은 개인특성과 주어진 기관의 물리적·사회적 특징 간 역학관계의 상호작용이 교도소 문화의 성향과 개인이 그 상황에서 대처하는 방법을 결정할 것이라고 보았다. 해당 관점은 특정 기관의 구체적인 하위문화가 무엇이든지 간에 수용자가 그 환경에 대처하고 적응하기 위해 행동규범 및 다양한 기법을 익힘으로써 사회화되는 것이 중요하다는 함의를 갖는다.

수용자 프로그램

최고보안교도소는 예외이나, 대부분의 교도소들은 일상생활과 관련된 활동을 증가시킴으로써 수용자의 사회복귀를 돕는다고 알려져 있는 수용자 프로그램을 제공한다. 프로그램의 수와 유형은 지역마다, 또 교도소마다 다양하다. 어떤 교도소의 경우 수용자들은 허가받은 생산활동에 참여함으로써 선시점수(good time credit)를 받을 수 있다. 정기형이 있는 주에서는 수용자들이 특정 프로그램에 참여함으로써 조기 가석방의 기회를 얻을 수 있다는 기대를 갖기도 한다. 수용자들은 특정 작업임무를 받아 하루 중 대부분의 시간을 해당 작업에 사용할 수도 있다. 요식 서비스, 세탁, 그리고 정원관리와 같은 기본적인 교도소 운영은 다양한 수준의 감독수준을 운용하는 교도소에서 시행된다. 또 다른 교도소 프로그램들은 수용자들이 보다 자발적으로 활동에 참여하도록 유도한다. 종교집단, 약물남용과 상담프로그램, 교육수업 그리고 자선과 자조집단(self help group)과 같은 활동들은 관심 있거나 활동 자격이 있는 수용자들에게 제공되기도 하는데, 비록 자금지원에 있어 이러한 프로그램에 대한 우선순위는 비교적 낮지만, 여러 학자와 현직종사자들은 이러한 프로그램들이 수용자가 교도소 생활로부터 받는 스트레스에 대처하는 것을 돕고, 석방 후에 성공적 재통합의 가능성을 개선하는 데 중요한 역할을 한다고 생각한다.

특수수용자 인구

일반대중과 마찬가지로, 교도소 인구는 약물 남용문제, 정신병, 신체장애 그리고 병을 가진 개인들을 포함한다. 1980년대 채택되어 시행된 강경정책(get-tough)때문에 교정기관 내에 나이든 범죄자들의 수가 증가해왔다. 미 연방 대법원이 내린 결정에 근거할 때, 수용자들은 사회에서 의료치료를 받을 자격이 있는 두 집단 중의 하나라는 점에서 독특한 유형의 인구집단이다(다른 집단은 군인이다).

수용자와 HIV/AIDS

1980년대 이후로, 교도소 수용자들 중에는 HIV 양성반응이나 완전히 진행된 AIDS 확진자들이 폭발적으로 증가했다. 오늘날, 주와 연방교도소에는 HIV 양성반응이 나오는 수용자들이 대략 2만 4천명 존재한다. 그리고 그 숫자 중 4분의 1은 AIDS 확진 환자이다. 1999년 이전에는 수용자들의 AIDS 확진비율이 일반인에 비해 7~9배 더 높았을 것이라 추정된다. 좋은 소식은 1999년 이후로 HIV/AIDS에 걸린 수용자의 수가 감소하고 있다는 것이다.

미국에서 HIV의 가장 일반적인 전이는 불법적 약물을 주입하는데 사용되는 주사기나 다른 장비의 공유를 통해서 발생한다. 최소의무형량제(mandatory minimum sentencing)의 확산는 이미 HIV에 노출된 마약범죄자들의 형량 증가를 유발했다. HIV는 청결하지 못한 마약복용방법 혹은 구금 전 이미 바이러스에 노출된 수용자들 간의 성적접촉을 통해 가장 빈번하게 전이된다.

미국 전역에 걸쳐있는 교정관들과 기타 교도소 직원들은 교도소 내의 질병건수를 감소시키는 몇 가지 새로운 접근법을 시행해왔다. 몇몇 기관들은 수용자들에게 질병이 감염되는 방식과 치료법에 대한 교육을 실시하는 것에 초점을 두었다. 다른 기관들은 성적 행위를 하는 수용자들에게 콘돔을 제공해왔다. 그러나 이 방식은 수용자 간의 성관계가 일반적으로 금지되어 있었기 때문에 논란의 여지가 있었다. 누가 HIV에 감염되었는지를 확인하기 위해 자발적 혹은 의무적인 검사를 실시하는 방법 또한 활용되었다. 수용자들에 대한 특별수용도 시도되었다. 또한, 이미 AIDS 확진 판정을 받은 수용자들을 결핵과 폐렴과 같이 공기로 감염되는 질환으로부터 보호하기 위해 교도소 내에 양호실을 설립하는 방안이 제안되기도 하였다.

많은 주의 교정체계는 교도소 내 HIV/AIDS뿐만 아니라 성생활을 통해 전이되는 질병들과 일반 대중에 비해 수용자들 간에 유독 빈번하게 확산되는 질병인 결핵을 다룰 수 있는 방법에 대한 지식을 증가시키기 위해 공공의료기관과 협력하는 데 앞장서고 있다. 이러한 전염병의 심각성을 고려해 볼 때, 많은 수용자들이 결국은 사회로 석방될 것이기 때문에 이들 질환의 추가적 전이를 막기 위해 적절한 치료, 예방 그리고 석방 후 프로그램의 제공은 필수적이라 할 수 있다. 그러므로 단지 감염된 인구가 범죄자이기 때문에 교도소 내에서 일어나는 일을 무시하는 것은 태만한 일이다.

비판적 사고 연습

HIV/AIDS와 성적행위로 전이되는 여러 질병들에 대한 교도소의 대응은 무엇이어야 하는가? 어떤 대안이 가장 일리가 있는가? 우리나라 교정기관들은 이러한 문제들을 다루기 위해 무엇을 하는가?

수용자와 마약사용

미국 내 구치소와 교도소에 수용된 수용자 중 거의 절반에 이르는 수가 그들이 범죄를 저지를 때 알코올이나 마약의 영향을 받은 상태였다는 것을 인정한다. 마약과 재산범죄자의 관계를 보면 마약구입을 위한 돈을 얻기 위해 범죄에 가담하는 경우가 많다. 구금된 수용자들 중 대략 70~80%는 자신들이 과거에 마약을 복용했다고 보고한다. 보다 어린 범죄자들, 특히 초범이나 경미한 마약범죄자들은 교도소 인구의 상당한 비율을 차지한다. 1980년대 마약과의 전쟁 선포 이후 미국은 전반적으로 강경정책(getting tough) 이전의 시대보다 더 긴 형량을 선고받기 때문에 교도소에서 복역하는 마약범죄자에 대한 수용률이 전례 없이 증가하였다.

일반인들을 대상으로 한 연구에서 약물복용에 대한 습관을 끊는 것에 대한 성공률이 낮다고 보고된 사실을 고려하면, 폐쇄된 교도소의 환경은 마약중독을 없애려 하는 수용자들에게 효과적인 서비스 전달을 더욱 어렵게 한다. 교정시설 내 치료로는 상담, 치료 커뮤니티, 알코올 중독치료, 그리고 '익명의 알코올중독자들(Alcoholics Anonymous)'이나 '익명의 약물중독자들(Narcotics Anonymous)'과 같은 12단계의 프로그램이 있다. 최근 연구는 이러한 치료들 중 교도소 내 치료 커뮤니티에 참여한 수용자가 교도소 출소 후에도 지속적인 치료로 연계되었을 때 예방에 특히 효과적이라는 사실을 보여주었다. 1980년대 후반 무력화의 대안으로 마약법원 제도를 도입한 이후로 마약과 관련된 범죄자들을 다루는 또 다른 방법을 제공해왔다.

몇몇 치료 프로그램들은 재범률을 감소하는데 있어 효과적이지 않다고 알려졌다. 그러나 단지 20% 정도의 수용자들만이 알코올 혹은 마약 중독치료 프로그램에 참여한다. 재범률은 마약을 지속적으로 남용하는 사람들이 약물복용을 하지 않는 사람들보다 2~4배 더 높다. 따라서 사회로부터 격리되어 있고, 생활이 안정적인 교도소 환경에서 효과적인 치료 프로그램을 제공하고 격려하는 것은 결과적으로 출소 후 재범 예방에 대한 성공률을 증가시킨다고 할 수 있다.

만약 수용자가 프로그램에 참여한다면, 보통은 자신의 형기 중 6개월 동안 특정 프로그램에 지속적으로 참여한다. 치료기간은 재범률 감소에 방해가 되는 장애요소 중의 하나일 수 있다. 실제로 한 비평가는 연령이 낮고 위험에 많이 노출되어 있는 범죄자들에 프로그램의 초점을 맞추고, 그러한 프로그램들이 최소한 9~12개월간은 집중적으로 지속되어야 하며, 출소 후에도 그런 치료 서비스를 유지해야한다고 주장한다. 이 내용에 입각한 프로그램은 실제로 꽤 효과가 있었고, 비용을 절약할 수 있었다. 몇몇 최근의 연구에 의하면, 교도소 내와 바깥 지역사회 모두에서 치료 프로그램에 참가한 수용자들은 그렇지 않은 수용자들에 비해 낮은 마약중독 재발률과 범죄율을 보인다.

노화와 노인수용자

55세 이상 노인인구비율의 증가는 지난 10~20년 동안 미국에서 눈에 띄는 문제 중 하나였다. 언론과 정치인들은 이 사실을 지적하며 사회보장과 의료, 장기간 돌봄, 그리고 약물처방비용과 관련된 정부프로그램들의 개혁이 필요함을 강조하였다. 보통 생활지원지역사회나 실버타운(retirement communities) 같은 특수주거지의 조성은 건설회사들, 투자가들 그리고 부동산개발자들 모두에게 주요한 수익원이었다. 인구수 5만 명 이상이 거주하는 도시에는 이러한 특징을 가진 주거형태가 거의 없다.

교도소 외부사회에서 일어나는 일은 곧 교도소 내에서도 발생한다는 사실을 상기해보자. 고령화되는 교도소 인구가 유발하는 비용의 증가와 같이 노인수용자들만이 갖고 있는 특수한 문제들은 주로 18세~49세 사이의 범죄자를 수용했던 기관에게는 부담스러운 딜레마가 되어왔다. 주 및 연방교도소의 55세 이상의 고령수용자들은 상대적으로 젊은 수용인원의 2배 가까이 증가하고 있다. 1980년과 2010년 사이

55세 이상의 수용자 수는 거의 1400% 가까이 증가했다. 미국시민자유연맹에 따르면, 만약 이 성장률이 계속된다면 2020년경에는 55세 이상 수용자들이 전국 교도소 인구의 총 33%를 차지할 것이라고 한다. 아래 도표 5.2는 주와 연방교도소 수용인구의 연령대 분포를 보여주는데, 55세 이상 수용자들의 비율이 약 11%에 달하는 것으로 나타난다. 이러한 노령수용자 증가현상은 유행처럼 노인범죄자가 증가하고 있는 경향으로 인한 것이 아니라, 오히려 장기형, 가석방 없는 종신형 그리고 최소의무형량제의 결과로 볼 수 있다. 결과적으로, 주와 연방교정체계는 젊은 수용자에 드는 비용의 약 3배가량을 노인수용자에게 할당할 필요성을 요구받고 있다. 이 때문에 몇몇 주의 교도소들은 노인수용자를 위해 필수적으로 제공되는 요양시설이 있는 특별부속건물을 만들었다.

도표 5.2 2015년 말 선고받은 수용자의 연령분포

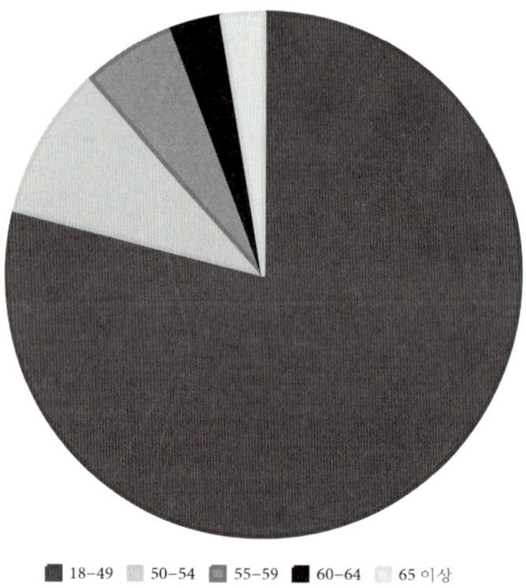

자료 제공 : Carson, E. A., Anderson, E. (2016). Prisonersin2015.워싱턴 DC : 법무부 통계국. https://www.bjs.gov/content/pub/pdf/p15.pdf.

어디에 있든, 사람은 나이가 들면 육체적으로, 사회적으로 그리고 정신적으로 변화하게 된다. 그리고 수용 중인 범죄자들이 나이가 들어감에 따라 노화와 관련된 많은 문제들이 악화된다. 비록 노련의 수용자들은 의료 서비스를 받을 자격은 있지만, 그 관리의 질은 치매와 같은 노화와 연관된 많은 문제들을 해결하기엔 충분하지 않을 수도 있다. 또한, 나이든 수용자들은 젊은 수용자들에게 희롱이나 폭행을 당해도 이에 대처하기가 어렵다. 이런 문제들에 대해 활용 가능한 해결책들로는 '자

비로운 석방'으로 알려진 의료적 이유로 인한 가석방에 근거한 조기석방제도, 지역사회의 범죄위험을 증가시키지 않는 노인 범죄자들의 경우 지역사회에서의 복역을 실시하는 방안, 나이든 수용자들에 대한 재정지원의 증가, 그리고 기존의 교도소 내에 노인 병동을 만드는 방안 등이 있다. 지역사회에서 형을 사는 범죄자들은 스스로 자신의 주거, 의료치료 그리고 일상의 관리에 대한 책임이 있다는 것을 고려해 보면, 확실히 앞의 두 가지 대안이 교정행정의 비용적 측면에서 가장 효율적이다. 정부가 교정예산에 더 많은 자금을 배정하는 것이 도움이 될 수는 있겠지만, 지난 몇 년간의 재정위기에 근거할 때 이는 실용적이거나 경제적인 접근법이라고 보기 어렵다. 일반적으로 대부분의 주들은 이미 교육프로그램 및 기타 다른 사회 프로그램들보다 교정에 더 많은 예산을 소비하고 있다.

노인 병동 및 노인교도소(geriatric prisons)의 창설은 수용자 인구의 고령화 현상에 대처하는 주요한 접근법이 되고 있다. 이러한 시설들에서는 공인된 간호사를 직원으로 고용하고, 전형적인 교도소의 양호실보다 더 손쉽게 이용 가능한 의료장비를 갖추고 있다. 몇몇 주들은 교도소 호스피스 시설을 만들기도 하였다. 교도소 호스피스는 사회 내 호스피스 시설들과 유사한 형태로, 의료 가석방 자격이 충족되지 않거나 거부된 말기질환 수용자들을 돌본다. 교도소 인구는 확실하게 계속 고령화되고 있으므로 다양한 접근법, 프로그램 그리고 시설들을 운용함으로써 노령수용자들에 대한 대처를 해 나갈 필요가 있다.

수용자와 정신질환

역사적으로 수노원은 정신질환자, 가난한 자, 혹은 범죄자 등을 구분하지 않고 여러 사회부적응자들을 수용해왔다. 19세에 정신질환에 대한 치료법이 발견되기까지 미국 수도원은 정신적으로 문제가 있는 사람들을 수용하던 기관이었다. 이 관행은 20세기까지 지속되었다. 정신질환자들을 안전한 병원환경에서 장기입원을 시키는 것은 1970년대 초까지 미국에서 주요한 치료수단이었다. 전국에 걸친 정신건강법의 시행에 따라, 수도원에 수용된 환자들은 더 이상 자신이나 다른 사람들에게 해가 되지 않는다고 판단될 때에야 사회로 석방되었는데, 이것이 탈시설화(deinstitutionalization)라 불리는 과정이다. 곧, 미국의 많은 도시 거리들은 정신질환 경력이 있는 수천 명의 전직 환자들로 가득 찼다. 그들 중의 많은 사람들은 준법정신에 맞추어 적절하게 행동해 나갈 능력이 없었다.

대부분의 지역들은 이러한 정신질환적 범죄자들을 공식적 교정기관에 구금함으로써 탈기관화 문제에 대응했다. 이 과정은 횡수용화(transinstitutionalization)로 알려져 있는데, 정신질환자를 처음에는 수도원의 안전한 병원환경에 구금하였다가, 퇴원한 후 형사사법체계 하의 시설로 다시 수용되는 것이다.

최근에 구치소나 교도소에 수용된 수용자의 15~20%가 정신장애를 가진 것으로 확인된다. 구치소와 교도소에서 가장 흔하게 보이는 정신건강장애의 증상은 조병(mania)이고 우울증이 그 뒤를 이어 나타난다. 미국 내 거의 모든 주의 국가나 민영 교정시설들은 수용자들의 건강한 정신건강을 위해 다양한 종류의 치료 프로그램을 제공한다. 치료 프로그램의 범위는 기본적인 정신과적 치료에서부터 상담서비스, 신경약 처방, 시설 내 분리치료실에까지 이른다.

정신질환수용자들은 육체적으로나 심리적으로 범죄피해나 가해에 가장 취약하다. 또한, 이들 수용자들은 다른 일반적 수용자들에 비해 통제하기가 어렵다. 교정관들은 시설 내의 안전과 통제력을 유지하기 위해 많은 수용자들에 준수명령을 내려야 하는데, 교정기관 내 정신질환수용자들이 직면하는 복합적인 문제들에 대해서는 그것을 다루기 위한 훈련이나 교육적 배경이 없기 때문이다.

한편, 이중장애수용자(Dual disorder inmates)의 경우는 국가교도소와 구치소에서의 관리문제와 석방 후 지역사회로의 복귀 문제가 주요한 관심사가 되고 있다. 이 수용자들은 약물중독과 정신 건강문제 모두를 기지고 있는 것으로 분류될 수 있다. 이 유형의 수용자들은 대부분이 주로 경범죄로 체포되기 때문에 시설 내 교정에 있어 특히 문제가 된다. 몇몇 이중장애수용자들은 전통적인 정신병원에서 치료를 구할 수도 있으나, 병원들이 이들에 대한 치료를 원하지 않기 때문에 거부된다. 이유가 어찌 되었든, 정신질환을 가진 수용자의 상당수가 여전히 치료가 필요한 상태로 지역사회로 돌아올 것이다. 더욱 복잡한 문제는 정신질환수용자들은 범행 전에 집이 없거나, 무직이거나, 알코올이나 마약에 의존하고 있을 가능성이 높다는 점이다.

비판적 사고 연습

교정기관들은 정신질환자들을 다루는데 어느 정도로 책임을 져야 하는가? 형사사법체계는 왜 이 사람들에 대해 책임을 지는가? 그것은 계속되어야 하나? 이 사람들을 다루는데 어떤 대안이 존재하는가?

형사사법체계 내의 기관들은 특별한 지원과 프로그램을 필요로 하는 수용자의 수가 증가한다는 사실에 직면해 있다. 문제를 차단하고 치료를 통한 개선 가능성의 관점에서 정신질환자에게 서비스를 제공하는데 발전이 있었지만 여전히 부족한 실정이다. 노령화되는 수용자나 HIV/AIDS 질환이 있는 수용자, 마약중독수용자 역시 마찬가지이다. 그러나 이러한 특수한 수용자집단은 다양한 범죄에 대한 형량을 증가시키고 구금에 의해 처벌되는 범죄의 유형을 확대하는 한 계속해서 증가할 것이다.

쟁점

수용자 구성인구의 문제 이외에도, 시설 내 교정은 과밀화, 폭력 그리고 재범을 감소하는 프로그램들의 효과성 문제를 계속해서 다뤄야 할 것이다. 지난 몇 십 년 동안 대부분의 범죄자 처벌을 교정기관에 의존한 것을 고려할 때, 과거에도 존재했던 이러한 문제들이 미래에도 지속될 것이라 예측된다. 교도소의 특성들로부터 받는 영향을 최소화하고자 하는 수용자들에 의해 법원은 교도소 내의 많은 문제들에 대해 관심을 가지게 되었다. 법원이 내린 많은 결정들이 수용자 과밀화에 대한 해결책으로써 긍정적이라 여겨질 수 있지만, 이러한 결정들은 현실적으로 수정하고자 기대하는 방향보다는 예외적인 사례로 더욱 많이 이어졌다. 실제로 몇몇 사람들은 수용자 권리, 과밀화, 폭력, 그리고 수용자 사회체계는 시간이 흐르면서 악화되었다고 주장한다.

수용자 권리

전통적으로, 항소법원은 교도소 문제들과 구금된 사람들의 불만에 대해 불간섭주의 접근법을 택했다. 이러한 불간섭주의 접근법에 대한 이유는 (1)법원은 자신들이 교도소 운영에 간섭해서는 안 된다고 믿었고, (2)사법부는 일종의 견제와 균형을 유지해야 한다고 생각했으며, (3)사법부의 판사들은 교정과 관련한 지식이 부족했기 때문에 교도소의 문제들을 온전히 이해할 수 없었기 때문이다. 1941년 대법원은 Ex parte Hull 사건에서 수정헌법 제5조와 제14조를 바탕으로 수용자를 포함한 모든 사람은 법원의 서비스를 이용할 수 있다고 결정했다. 그러나 실질적으로 법원은

1964년에 이르러서야 Cooper v. Pate 판결을 통해 불간섭주의 정책을 없애기 시작했다.

1960년대 중반까지 대부분의 교도소들은 엄격한 통제, 약간의 재사회화, 그리고 수직적으로 조직화된 구조가 규칙이었다. 시민운동의 출현과 함께 많은 단체들이 법원의 결정을 통해 자신들의 문제에 대한 고충과 구제책의 정당성을 찾기 시작했다. 수용자들은 법원에 청원할 자격이 생겼고, 다른 사회구성원처럼 불만을 처리할 수 있도록 법원에의 접근이 허락되었다.

수용자 권리에 대한 불간섭주의 접근법으로부터의 탈피는 수용자에 대한 수많은 박탈을 줄여줄 뿐 아니라 형사사법체계와 특히 교정체계의 여러 목표나 철학을 강화시킬 수 있는 공정한 선고에 대한 길을 열어놓았다. 수용자권리운동은 수용자들의 새로운 특권을 확립시켰다. 예를 들어, 수용자들은 TV나 라디오를 살 수 있게 되었고, 자신들이 원하는 옷을 입고, 혹은 교도소 편의시설에서 외부인들과 면회를 할 수 있게 되었다. 그러나 이것은 가지지 못한 자가 자신들이 원하는 것을 얻기 위해서 가진 자에게서 도둑질을 하거나 부당한 괴롭힘을 가하게 되는 대립적 상황을 야기했다. 무력화를 위해 교정시설을 사용하는 목적은 범죄자들이 더 이상의 범죄행위를 막기 위함이다. 그러나 이러한 대립구도로 인해 범죄가 교도소에서 계속된다면, 무력화라는 목표가 성취될 수 없다.

수용자권리운동의 또 다른 결과는 이동의 자유에 대한 증가와 수용자가 치료 프로그램에 참가해야 한다는 의무의 폐지이다. 구조의 붕괴는 일부 수용자들의 유휴시간을 의미하며, 이는 때때로 폭력으로 이어지기도 한다. 이것은 몇몇 수용자들은 괴롭힘을 당하고 있기 때문에 다른 사람들에 비해 교도소에서 더 가혹한 시간을 경험할 것이라는 것을 의미한다. 그러므로 징벌철학은 더 이상 유사한 범죄에 대한 처벌이 모든 수용자에게 동일하지는 않을 것이라는 점에서 약화된다. 하나의 목표로서 재사회화는 수용자들 개개인의 처우에 집중할 수 있어야하기 때문에 충족시키기 불가능할 수도 있다; 만약 그들이 끊임없이 괴롭힘을 당하는 것을 걱정하고 있다면, 그들 자신의 개선에 적극적으로 참가할 수 없다. 억제(가혹한 처벌을 가하는 것이 범죄를 저지르는 이익보다 더 크다면 범죄를 단념할만한 충분한 두려움을 만들 것이라는 생각)는 몇몇 수용자들이 희생자가 되고 계속해서 범죄자가 될 것이기 때문에, 이 또한 약화될 것이다. 교정관들은 효과적이지 못한 교도소 통제에 대해 관리자들의 관심을 끄는 것을 원치 않는다. 그 때문에 대부분의 위반에 대해 종종 못 본 척하기도 한다.

그러나 1995년 통과된 입법은 교정철학과 수용자의 권리에 대한 입지를 변화시켰다. 교도소 소송개혁법(PLRA)은 수용자들이 연방법원으로 가기 전에 내부교도소의 고충상담 절차를 모두 거쳐야 한다고 명시하였으며, 수용자들이 자신의 소송비용을 지불하도록 요구함으로써 수용자가 불만사항의 사법적 검토에 대해 접근하는 것을 제한하도록 하였다. 또한, PLRA는 판사가 판단하기에 극히 사소하거나 악의적인 소송을 기각할 수 있고 부적절한 주장이라고 명시할 수 있다고 하여 법원의 권리를 강화하였다. 자신의 청원에 관해 삼진아웃 결정을 받은 수용자는 미리 소송비용을 지불하지 않고는 더 이상의 소송을 제기하는 것은 제한되었다. 만약 판사가 수용자의 불만 제기의 목적이 희롱이나 거짓말이나 잘못된 정보의 제시라는 것을 알게 되면 수용자들은 선시점수(good time credit)를 잃을 가능성도 있다. PLRA에 따르면 수용자들은 정신적 혹은 감정적 상처에 대한 불만을 제기하기 위해서 신체적 부상을 증거로 제시하도록 하였다. PLRA법 통과된 후에 시민권과 교도소 상태 불만에 대한 미 구역 법원에 수용자 청원은 감소하였다.

이러한 수용자 소송의 감소에도 불구하고, 몇몇 주요사건들은 미 연방대법원까지 가서 교도소 생활과 교정 운영에 더 많은 영향을 주었다.

과밀화

새사회화의 실패, 더 많은 징벌적 선고정책 그리고 구금조건이 되는 범죄수의 증가 때문에 더 많은 수용자들을 구금하고 관리하는 추세의 증가로, 교도소 과밀화는 미국의 고질적인 문제가 되었다. 예를 들어, 44%의 교도소 인구는 마약과의 전쟁으로 실명될 수 있다. 교도소 인구의 증가 추세는 판사와 검사들이 더 많은 사람들을 유죄 판결하고 교도소로 보낸 결과라 할 수 있다. 교도소 인구는 (1) 얼마나 많은 사람들이 징역을 선고받고, (2) 얼마나 오래 징역을 살고, (3) 재범으로 인해 재수용 되는 비율에 따라 다양할 것이다.

과밀화는 수면장애, 자살, 살인 그리고 다른 유형의 폭행과 같은 교도소 기관 내 수많은 문제들을 야기한다. 또한, 과밀화는 불확실성, 불안 그리고 수용자의 인지적 과부하를 증가시킨다. 이러한 감정 장애는 수용자들이 자신들의 감화에 집중할 필요가 있기 때문에 치료를 방해할 수 있다. 만약 그들이 끊임없이 두려움 속에 살고 있다면, 적절한 치료는 불가능에 가까운 일이 될 수 있다. 또한, 과밀화는 수용자를 적절한 주거, 프로그램 등으로 분류하는 것을 더욱 어렵게 하고 자원을 고갈시킬 수 있다는 점에서 재사회화를 저해할 수 있으며, 이 때문에 몇몇 수용자들은 치료 대기자 명단에만 올려놓거나 결국에는 재사회화 프로그램들이 완전히 폐지될 수도 있다.

과밀화는 교도시설 내 인구감소를 위해 의지해온 메커니즘들을 조기에 가동해야 하기 때문에 무력화를 약화시킬 수 있다. 사실상 수용자들은 짧은 형기 때문에 더 빨리 거리로 나서게 되고 다시 범죄를 저지를 수 있다. 수용자 과밀화는 잠재적 재범자들로 하여금 시설 내 공간이 제한되고 그것은 곧 자신들이 징역을 받지 않을 수도 있다는 의미를 알기 때문에 일반적인 억제의 목표를 약화시킬 수 있다. 나아가 과밀화는 교도소 환경의 가혹한 생활조건 때문에 구체적 억제의 목적을 약화시킬 수 있다. 결국, 궁극적으로 과밀화는 징벌의 효과에 부정적 영향을 줄 수 있다.

폭력

앞에서 언급했듯이 교도소 내 폭력은 갱들과 정신 장애자들의 유입과 같은 교도소 인구구성의 지속적인 변화 그리고 수용자 인권운동의 영향으로 인해 점점 더 만연하고 있다. 수용자들이 자유롭게 시설을 돌아다니게 되고 결국은 범죄피해의 가능성은 더 많아지고 있다. 게다가 과밀화는 폭력 수용자와 비폭력 수용자를 분리하는 분류의 노력을 비효과적으로 만들었다. 더욱이, 수용자들이 치료 프로그램에 참가하는 것이 필수사항은 아니기 때문에, 많은 자유시간을 가질 수 있게 되었다.

교도소 내 활동에 덜 참여하는 수용자들이 개인적 범죄를 더 많이 저지른다고 알려져 왔다. 정기형의 영향과 교도소 내 젊은 수용자의 유입, 일시출소(furloughs)의 감소, 면접권의 부족 그리고 가석방 날짜까지 많은 형기가 남은 경우 폭력의 증가로 이어질 수 있다.

폭력은 어떤 수용자들은 범죄자이고 또 다른 수용자들은 피해자이기 때문에 교정의 징벌성을 약화 시킨다; 이것은 같은 범죄에 대한 동등한 결과가 아니다. 교도소 내 폭력이 존재한다는 것은 처벌의 위협과 추가적 범죄를 예방하는 것이 비효과적이라는 것을 의미하기 때문에 폭력은 억제와 무력화의 목표를 약화시킨다고 할 수 있다. 재사회화 노력은 수용자들이 괴롭힘을 당할 위험에 살기 때문에 성공적이지 않을 수 있고 수용자들은 개선처우 노력으로부터 무엇인가를 얻기 위해서는 자신을 완전히 통제한다고 느끼게 된다.

비판적 사고 연습

당신은 교정국 국장이다. 정부는 당신에게 1년에 30%, 2년에 40% 그리고 이후 매년 10%씩 교도소 과밀화가 거의 0%가까이 될 때까지 교도소 과밀화를 줄이는 계획을 만들도록 지시하였다. 당신은 어떻게 이 임무를 달성할 것인가? 당신은 수용율을 감소하기 위해 어떤 정책을 제안할 것인가? 왜 당신은 이것이 효과가 있을 거라 생각하는가? 당신의 정책을 실행할 때 당신이 마주칠 수도 있는 몇 가지 문제들은 무엇인가? 계획을 수립할 때 특수범죄자 인구도 고려해야 하는 것을 기억하라.

해결책

이 문제들에 대한 가능한 해결책들은 계속 연구되어 왔고 전망이 밝은 것으로 밝혀졌다. 예를 들어, 보다 효율적으로 계획된 교도소들은 폭력, 수용자 하위문화 그리고 과밀화가 만드는 문제들을 더 잘 완화시킬 수 있다. 새로운 디자인은 신세대 교도소(new generation jails= NGJs)나 직접감독 구치소에서 사용중이다. 이러한 시설들은 교정관리에 대한 더 안전하고 보다 더 통제된 환경을 개선하는 계획을 더 잘 사용한다. 이 시설들은 또한 수용자들이 출소했을 때 외부 사회에서 접할 수 있는 방식으로 치료, 직업훈련, 교육과 같은 활동에 참가하도록 권장한다. 거대하고, 어둡고, 시끄러운 교도소에 수용자들을 수용하는 것은 수용자들의 복지는 말할 것도 없고 어떠한 목적에도 이익이 되지 않는다.

만약, 교도소 인구를 관리 가능한 하위집단으로 나누는 것이 유효하나고 밝혀진 분류 시스템이 더 효과적으로 사용된다면, 폭력, 과밀화의 감소 그리고 성공적인 범죄자 치료 결과가 있을 지도 모른다. 단언컨대, 몇몇 수용자들은 애초에 교도소에 수용되지 않는다. 그리고 분류체계는 어떤 범죄자가 해당 지역사회에서의 서비스를 더 잘 받을 수 있을지를 좌우할 수 있다. 폭력적인 사람들과 비폭력의 사람들, 나이 든 사람과 젊은 사람 그리고 정신장애가 있는 사람과 정신적 장애가 없는 사람 등 교도소 인구를 분리하는 것이 더 강조될 수 있다.

이러한 유형의 분리는 폭력과 다른 불법행위의 수준을 감소시키고, 수용자 권리 운동에서 비롯된 내재된 불공평을 완화시키며 그리고 교도소에 다양한 특성은 인구 집단을 수용해야하는 어려움을 상쇄할 수 있다. 보다 적절하게 수용자들을 분류하는 것은 또한 성공적 치료결과를 증가시킬 수 있고, 그렇게 함으로써 출소 후 장래의 재범가능성을 감소시킬 수 있다. 그러나 그런 긍정적인 결과를 성취하기 위해서, 우리는 다음 세 가지를 목표로 하고 있다는 것을 확인할 필요가 있다; (1) 올바른 태도의 범죄자 (2) 범죄를 야기하는 결핍요소 (3) 누가 치료프로그램을 잘 받아들이는지. 이 세 가지는 각각으로는 위험, 결핍 그리고 반응으로 가장 잘 알려져 있고 이 요소들을 통합적으로 볼 때 효과적 분류원칙으로 알려져 있다.

효과적 분류의 원칙

앤드류&본타(Andrews&Bonta, 2006)가 최초 개발한 것으로, 효과적 분류의 세 가지 원칙이 있다: 위험, 결핍 그리고 반응.

위험원칙(risk principle)은 재범가능성 관점에서 중간보다 높은 위험 이상의 범죄자를 대상으로 한다. 종종, 낮은 위험의 범죄자들은 보다 심각한 범죄자들과 함께 수용되고 프로그램에 참여한다. 이러한 환경에 있는 범죄자들은 반사회적, 범죄적 방식으로 행동하는 데 대한 정당화와 합리화(도구와 속임수의 거래, 범죄학교)의 관점에서 더 높은 위험군 범죄자들의 영향을 받을 것이다. 결국, 이러한 노출은 낮은 위험의 범죄자들이 더 경험 많은 범죄자들로부터 학습하기 때문에 향후 범죄에 가담할 가능성을 증가시킬 수 있다. 법을 준수하고 재범가능성 적은 사람들에게 부정적 영향을 끼칠 가능성을 감소시키기 위해 사용되는 방법은 그리 권장할 만한 방법은 아니다. 오히려, 우리는 나쁜 짓을 거듭할 것 같은 사람들에게 우리 노력을 집중해야 한다.

결핍원칙(need principle)은 두 가지 유형의 필요에 초점을 맞춘다. 하나는 일반적 결핍(general needs)이다. 이것을 오히려 고용이나 교육기술, 마약남용문제 그리고 관계문제의 부족과 같은 행동이나 생활의 결핍을 예로 들 수 있다. 두 번째 범주는 반사회적 행동, 반사회적 친구, 마약남용, 공감부족 그리고 충동적 행동과 같은 범죄를 야기하는 결핍(criminogenic needs)이다. 만약 우리가 유죄에 이르게 하는 반복적으로 봐왔던 요인들을 해결하지 않으면 확실히 더 큰 실패율을 보게 될 것이다. 성공적인 프로그램들은 그들이 법을 위반하는 행동들에 영향을 준 변수들에 관하여 각각의 범죄자들의 개인적 결핍을 대상으로 할 것이다.

세 번째 원칙은 반응원칙(Responsivity principle)이다. 많은 범죄자들은 위험과 결핍에 대해 평가받지만, 교정배치뿐만 아니라 주어진 치료나 계획에 따른 접근법에 어떻게 반응하는지, 혹은 잘 받아들이는지를 평가받는 경우는 거의 없다. 즉, 반응원칙은 사람이 구체적 프로그램이나 그것을 겪기 전의 태도에 관하여 잘 받아들이는지, 어떻게 반응하는지를 우리가 결정해야 한다는 것을 말해준다. 반응문제를 처리할 때 고려할 측면은 개인의 인성, 성숙도, 지능, 심리적 상태, 학습유형, 인지능력 그리고 다른 대인 자질이다.

반응을 설명하기 위하여 문서화(journaling)를 요구하는 범죄자를 위한 프로그램이 있다고 가정해보자. 그러나 교정국이 이 프로그램에 두고 싶은 몇몇 사람들은 글을 읽을 수도 쓸 수도 없다. 이러한 사람들에게는 동 유형의 프로그램에 성공적이지 못할 것이다. 때문에 우리는 이들 범죄자에 대해 전망이 밝은 결과를 보지 못할 것이다. 실제로 어떤 범죄자들에게는 효과가 있고 다른 범죄자들에게는 효과가 없을 때 프로그램은 효과가 없다고들 한다.

효과적인 분류의 세 가지 원칙을 평가할 수 있는 이용 가능한 도구는 있다. 대부분의 주들은 비록 빈번하게 범죄를 유발하는 환경적 결핍요소들은 소홀히 할 지라도, 범죄자의 위험과 결핍을 고려한다. 그러나 반응을 평가하는 경우는 거의 그렇지 않다. 어떤 유형의 범죄자들인지, 어떤 유형의 상황인지, 어떤 프로그램이 25년 이상 작동할 수 있는지를 고려해 볼 때 이러한 상황은 희망적이지 못한다.

분류체계 외에도, 지역사회 기반의 교정시설, 집중감독보호관찰 그리고 치료개입과 결부된 가택구금과 같은 구금에 대한 대안들이 사용될 수도 있다. 또한, 선시제(good time)를 더 잘 활용하는 것과 형기를 줄이는 선고지침은 폭력과 다른 문제들뿐만 아니라 과밀화를 완화하는데 도움을 준다. 만약 처벌로서 교도소가 선택적으로 사용되거나 지역 사회교정이 사용된다면 아마도 가석방 감독을 1년으로 제한하는 것이 시행될 수도 있을 것이다. 범죄자들에게 요구할 수 있는 조건은 공공의 안전을 보장하는 데 필요한 것으로 제한될 수 있다.

미래

형사사법체계의 모든 구성요소처럼, 교정체계는 당시 사회의 특징과 환경을 반영한다. 사회가 변함에 따라, 그것을 강화하고 보호하기 위해 고안된 기관들도 변하는 것은 당연하다. 지난 몇 십 년 동안 교정이 직면하고 있는 상당한 수의 중요한 문제들을 다룰 공간은 충분하지 않지만, 다음 논의에서 간단히 다루기로 한다.

아마도 가장 주목할 만한 문제는 교도소 인구와 지난 30년 동안 4배 증가한 수용률이 어떻게 되는가이다. 범죄와 마약과의 전쟁은 정부 예산에 엄청난 피해를 가져왔고 결국 종종 교육과 사회서비스와 같은 다른 인적 서비스에 해를 끼쳤다. 관할구역이 교정에 대한 지출수준을 무한정으로 유지할 수 있는지 혹은 공공부문과 정치적 지원이 그런 지출에 대해 지속될지는 명확하지 않다. 또한, 범죄와 마약과의 전쟁은 지역사회의 사회구조와 전반적인 사회에 상당한 영향을 미쳤다.

많은 수의 범죄자들을 사회로부터 제거하는 것은 어린이들, 가족 그리고 범죄자의 지역사회에 주목할 만한 영향을 미칠 것이다. 이러한 영향은 많은 부정적 결과를 포함할 것이다. 교도소 인구를 확대하는 것은 결국 추가적인 부담을 가지고 그 지역사회로 돌아갈 수용자의 수를 증가시키는 것을 의미한다. 특히 수용자가 정신질환이 있거나 마약 의존도 문제가 있을 때에는 더더욱 그러하다. 이러한 인구를 지역사회에 복귀시키기 위한 조치와 그러한 노력의 성공은 전체국가에 중요한 문제일 것이다.

두 번째 주요한 문제는 교정관이 점점 더 증가하고 있는 특별지원이 범죄자들을 어떻게 다루느냐 하는 것이다. 특히 특별한 관심을 필요로 하는 하나의 유형은 구치소와 교도소에서 점차 증가하는 마약중독자들이다. 비록 교도소에 마약중독자들이 없었던 것은 아니지만 양질의 마약치료 프로그램은 교정예산의 높은 우선순위는 아니었다. 대부분의 프로그램들은 직원이 모자랐고, 자금지원이 부족했으며, 형편없이 만들어져 시행되었다. 그리고 다면적인 마약남용문제를 적절하게 다루기에는 기간이 너무 짧았다. 비교적 높은 비율의 HIV 양성 수용자들은 교정기관에 또 다른 독특한 법적, 의학적 그리고 운영상 어려움의 대상이다. 교도소가 HIV 양성 수용자들에 어떻게 대응할지와 기관 내 바이러스 확산을 제한하는 조치들은 기관의 요구와 다른 수용자들 개인의 요구·권리의 균형을 필요로 할 것이다. 한편, HIV 관련 질병에 대한 약물 및 치료 또한 교정예산의 의료비용을 증가시킨다.

세 번째 문제는 교도소에 수용되는 노인인구의 증가이다. 역사적으로 형기를 증가시키고 감형 재량을 줄임에 따라, 노인수용자의 비율은 증가해 왔다. 구금된 노인수용자들은 부가적인 의료자원을 필요로 할 것이고 특별한 신체적·심리적 요구가 있을 것이다.

결론

교정체계가 다양한 문제들에 직면하고 있음은 명백하다. 문제의 성질은 교정체계가 제공하는 사회적 기능이다. 안전한 구금에 대한 대안과 기관 내 기존의 상황을 개선하는 방법을 찾는 것은 심각하게 고려되어야 한다. 오늘날, 현재의 교정 환경의 문제점과 특징 때문에 형사사법체계의 어떤 목표도 성취되지 않았다고 주장할 수 있다. 과밀화, 폭력, 갱들 그리고 심지어 수용자의 권리 운동의 예측 불가능한 결과는 효과적인 재사회화, 징벌, 무력화 그리고 억제의 가능성을 줄이는데 영향을 미쳤다. 이러한 인식은 정책과 개혁의 중심에 있어야 한다. 특히 범죄율이 감소하는 기간 동안 교도소 환경이 더 악화되었을 때에도 수 십 년 동안 지속되었던 문제들에 대한 단기 해결책은 없었다는 점을 상기할 필요가 있다.

핵심 단어

뒷문선택권	최고보안	처벌	분류
분류	밀착보안	재진입	개혁시대
NGJs	최소보안	수용자 임대	재사회화
재사회화 시대	징벌시대	교도소 시대	산업시대
구치소	최대보안교도소	중급보안교도소	최고보안교도소
특수교도소	민영교도소	교정관	수용자 프로그램
교도소 폭력	구금	구금센터	안전한 구금
구금의 고통	교도소	탈시설화	박탈모형
위험원칙	결핍원칙	대응원칙	유입모형

읽을 거리

Bernstein, N. (2007). *All alone in the world: Children of the incarcerated.* New York: New Press.

Jacobson, M. (2005). *Downsizing prisons: How to reduce crime and end mass incarceration.* New York: New York University Press.

Latessa, E. J., S. J. Listwan, and D. Koetzle. (2013). *What works (and doesn't) in reducing recidivism.* New York: Routledge.

Mears, D. P., and J. C. Cochran. (2014). *Prisoner reentry in the era of mass incarceration.* Thousand Oaks, CA: Sage.

National Center for Education Statistics, U.S. Department of Education. (2008). *Digest of education statistics,* 2007 (NCES 2008?22), Table 171.

Petersilia, J. (2003). *When prisoners come home: Parole and prisoner reentry.* New York: Oxford University Press.

Pew Center on the States. (2008). *One in 100: Behind bars in America in 2008. Public Safety Performance Project.* http://www.pewtrusts.org/en/research-and-analysis/reports/2008/02/28/one-in-100-behind-bars-in-america-2008

Pew Center on the States. (2009). One in 31: *The long reach of American corrections. Public Safety Performance Project.* http://www.pewtrusts.org/en/research-and-analysis/reports/2009/03/02/one-in-31-the-long-reach-of-american-corrections

Pratt, J. (2002). *Punishment and civilization: Penal tolerance and intolerance in modern society.* Thousand Oaks, CA: Sage.

Pratt, T. C. (2009). *Addicted to incarceration: Corrections policy and politics of misinformation in the United States.* Thousand Oaks, CA: Sage.

Prendergast, M. L., E. A. Hall, H. K. Wexler, G. Melnick, and Y. Cao. (2004). Amity prison-based therapeutic community: 5-year outcomes. *Prison Journal,* 84(1), 36?0.

Santos, M. (2004). *About prison.* Belmont, CA: Thomson/Wadsworth.

Terry, C. (2003). *The fellas: Overcoming prison and addiction.* Belmont, CA: Thomson/Wadsworth.

제6장

사회 내 교정

CHAPTER 06 사회 내 교정

학습목표

- 미국의 사회 내 교정의 간단한 역사를 이해한다.
- 미국에서 활용되는 다른 교정처벌을 이해한다.
- 회복적 사법이 어떻게 지역사회 감독과 어울리는지를 이해한다.
- 보호관찰의 현황과 운영에 대하여 토론한다.
- 망의 확대를 정의하고 왜 그것이 문제가 되는지를 토의한다.
- 집중 보호관찰을 정의하고 토의한다.
- 가택구금과 전자감시의 문제점을 토론한다.
- 주간보고센터(Dat reporting center)와 주거센터(Residential center)를 구별한다.
- 병영훈련(Boot camps)의 사용에 관한 문제를 이해한다.
- 사회 내 교정 감독관(community supervision officers)의 책임을 토론한다.
- 다른 유형의 감독위반을 구분한다.
- '신속-확실-공정한 정책'의 주장 근거와 한계점(비판)을 설명한다.
- 보호관찰의 효율성과 중간 처벌을 토론한다.
- 재진입 및 재통합과 관련된 문제를 토론한다.
- 다른 특별지원 인구를 구별한다.
- 최고의 실무(best practices)의 의미를 설명한다.

사회 내 교정은 기관 내 교정보다 다양한 처벌과 감독의 형태로 구성되어 있다. 현대적 형태의 사회 내 교정은 보호관찰, 중간처우(ISP/병영훈련/주거 프로그램) 그리고 가석방 감독이 포함된다. 비록 병영훈련과 지역사회 주거 프로그램(community residential programs)과 같은 몇몇 유형의 중간처우는 기관 내에서 시행되지만, 교정시설에 머무는 시간은 대체로 짧으며 사회 내 감독의 요소를 포함한다. 때문에 이러한 교정유형 역시 사회 내 교정을 논할 때 포함되는 것이 일반적이다. 구치소와 교도소는 미국에서 가장 친숙한 형태의 처벌이지만, 기관 재소 인구보다 훨씬 더 많은 범죄자들이 지역사회에서의 감독을 받는다. 사실상 거의 70%의 미국 교정인구는 사회 내 교정을 받고 있다. 이러한 이유로 사회 내 교정은 형사사법체계에서 반드시 논의할 필요한 것이 있는 중요한 측면 중 한 가지이다.

교정기관과 시설들은 법원에서 유죄 선고받은 범죄자들에게 선고된 처벌을 관리할 책임이 있다. 이 업무는 형사사법체계의 목적이라고 생각되는바, 교정기관은 실제로 형사사법체계를 통하여 다양한 서비스를 제공하고 유관기관과의 협업에 참여한다. 예를 들어, 미국 대부분 주의 사회 내 교정 감독관들은 법원에 판결전조사 서류와 법원의 결정을 도와 줄 보고서를 제출할 책임이 있다. 또한, 그들은 사회 내 교정에 대한 감독의 일환으로 마약 치료 프로그램, 지역학교와 치료 후 프로그램 그리고 관할 주 법을 집행할 비공식적·공식적 자격이 있다.

수많은 유관기관들은 관할에 따라 다양한 사회 내 교정 서비스를 제공할 수도 있다. 이 서비스는 지역, 주 그리고 연방 정부 수준에서 각 지역마다 상이하고 다양한 사회 내 교정프로그램들을 운용하고 있으며, 특히, 지방 및 주 정부들은 청소년과 성인들을 위한 사회 내 교정 프로그램들도 병행하고 있다. 미국 내 형사사법의 분권적 성향으로 구체적 관행과 정책에 대해 일반화하기는 어렵다.

이 책의 목적은 독자들을 형사사법체계의 핵심적 특징을 학습하도록 하는 것이다. 그러므로 이 장에서는 사회 내에서의 성인들에 대한 처벌과 감독을 중점으로 논의해 보고자 한다. 소년 범죄자들에 대한 처벌내용은 제7장에서 다루기로 한다. 비록 특정 관행과 처벌의 유형이 지역마다 다르지만, 기본적 원리와 핵심, 근본적 원칙과 문제들은 유사하다.

역사

인류역사를 통틀어 처벌은 지역사회를 기반으로 이루어졌다. 추방을 제외한 대부분의 처벌은 공공장소에서 또는 지역사회 구성원, 특히 피해자가 참여하는 방식으로 집행되었었다. 일반적으로 범죄자들을 그 지역사회에서 격리하는 동시에 명시된 기간 동안 구체적인 목적을 위해 설립된 시설(구치소, 교도소 등)에 구금하는 것은 현대적 관행의 일부이다. 5장에서는 교도소 탄생과 발전, 운영과 관련하여 18세기 후반과 19세기 초반의 수많은 변화를 설명했다. 그러나 19세기 중반, 계몽주의 사상과 자본주의 성장 그리고 민주주의 이념의 발아는 범죄와 처벌에 대한 태도에 영향을 주고 있었다. 이러한 변화들은 미국의 사회질서 문제를 다루는 새로운 접근법을 만들었다. 특히, 사회적 환경은 점점 더 범죄와 무질서에 영향을 미치는 중요한 요소로서 주목받게 되었다. 같은 맥락에서 범죄자의 개화라는 개념은 개인의 도덕적 회개에 의존하기 보다는 사회적 환경요인의 변화에 따라 범죄자 개개인의 대한 태도에 영향을 받는다고 보게 되었다. 이러한 논리들은 두 개의 주요한 형태의 사회 내 교정: 보호관찰과 가석방에 직접적으로 연관된다.

당시 미국사회에서 길거리 주취자가 새로운 문제로 대두되었다. 19세기 길거리에서 술주정을 부려 체포된 사람들은 수용인구 과밀화로 질병, 오물 등 열악한 환경의 구치소에 수용되도록 선고받았다. 1841년 보스턴의 자선가인 존 아우구스투스(John Augustus)가 보스턴법원에 한 범죄자를 자기가 관리할 수 있도록 풀어달라고 요청한 사건이 있었다. 인도주의적 가치관에 따라 아우구스투스는 피고인을 자기 집에 거주하도록 허락했고 일정조건을 준수한다는 약속 후 그의 취업까지 도와주었다. 이것이 보호관찰의 시초였다. 아우구스투스는 몇 주 후에 피고인과 함께 법원에 출석하였다. 법원은 피고인의 눈에 띄는 변화에 감동했고 피고인이 계속 선행한다는 조건 하에 선고를 계속해서 유예하는 데 동의했다.

아우구스투스는 법원이 범죄자들의 선고를 유예하는 대신 자신이 감독할 범죄자들을 추가적으로 선택하기 위해 법원을 방문하였다. 1859년 그가 죽을 때까지 약 18년 동안 아우구스투스는 오늘날 보호관찰의 핵심적 특징으로 남아있는 일련의 절차들을 개발했다:

- 석방 적합성을 결정하기 위해 피고인과 인터뷰하기
- 석방의 대가로 범죄자가 준수해야할 조건 붙이기
- 만약 범죄자가 감독조건을 위반한 경우 법원에 고지하기

1878년에 매사추세츠 입법부는 보스턴법원에 배정된 보호관찰관(probation officer)을 만들었다. 20세기 초반까지는 공식적 보호관찰 조직은 주 그리고 연방에 소속으로 되어 있었다. 20세기 중반 보호관찰은 미국전역과 연방 관할지역에서 성인 중범죄자들을 대상으로 실시되었고 이후 세계 전역으로 확대되기 시작하였다. 호주와 아일랜드의 교도소 관리 혁신은 가석방제도의 발달에 상당한 영향을 미쳤다. 1840년 알렉산더 매커너키(Alexander Maconochie)는 호주 해안에 떨어진 노포크섬(Norfolk Island)의 죄수 유배지의 관리자가 되었다. 매커너키는 무질서한 죄노포크섬에 도착하여 개인적 교화를 장려하는 프로그램들을 도입하기 시작했다. 그는 수용자가 조

기출소를 위하여 포인트를 얻어야 하는 점수제에 근거한 시스템을 개발했다. 또한, 수용자들은 규칙을 준수하고 선행을 한만큼 교도소 내 자유의 범위가 단계적으로 보장되었다.

매커너키의 점수시스템은 효과적이었으나 정치적으로 논란이 많았기 때문에 불과 몇 년밖에 지속되지 못하였다. 그의 실험과 눈에 띄는 개선결과는 영국에 전해졌다. 영국은 매커너키의 프로그램에서 착안하여 수용자들에게 출소티켓을 부여하는 법을 통과시켰다. 이 법에 따르면 수용자들은 출소티켓을 이용해 사회로 나와 있는 동안에는 관할지역 경찰의 감독을 받아야 했다. 1854년 아일랜드 교정국장이 된 월터 크로프톤(Walter Crofton)은 매커너키의 노포크섬 점수 시스템에 기초한 정책을 도입했다. 이곳의 시스템에 따르면 수용자들은 4개의 구금단계를 거친다. 각각의 단계마다 기관 내에서의 차별적 자유가 보장되었으며 궁극적으로는 출소티켓을 통해 조기출소(early release)하게 되었다. 중요한 것은 출소된 수용자들은 출소의 조건으로 일정기간동안 지역 경찰이나 민간인의 감독을 받았다.

매커너키와 크로프톤이 실시한 정책들은 당시 미국교정 전문가들 사이에서 유명했던 개인 교화를 강조한 처벌철학에 뿌리를 두고 있다. 부정기형의 사용으로 개별화된 처벌의 개념은 1870년 국립교도소협회의 회의에서 다시 한 번 대두되었다. 현재 교도소 운영 상태에 만족하지 못한 학자들과 실무자들은 선행과 개별적 교화 정도에 기초한 조기석방 인센티브를 제공함으로써 개혁을 장려하는 구금체제를 요구했다.

이 생각에 근거하여 1876년 뉴욕은 최초로 부정기형법을 통과시켰다. 교도소 소장 제브론 브록웨이(Zebulon Brockway)는 구금이 최장기형을 선고할 수 있는 입법안을 발의하여 수용자들이 선행을 하고 다양한 활동에 참여하면서 획득한 점수를 종합한 후에 조기출소 할 수 있도록 하였다. 이것은 미국교정에서 최초의 공식적 형태의 가석방이 되었다. 이 시스템에서는 아이리시의 시스템과는 달리 경찰들보다 임명된 후견인이 출소 수용자들을 감독했고 출소 후 조건들을 준수하지 못하면 재수용하도록 되어 있었다.

부정기형은 점차 다른 주로 확대되었다. 대부분의 주들은 부정기형 제도를 젊은 범죄자들이나 경범죄자들에 대해서만 사용했다. 20세기 초반까지, 대부분의 주들은 최소한의 범죄 유형 범죄자들에 한해서 부정기형을 사용했다. 로스만(Rothman, 1980)이 명시하듯 가석방 사용의 증가는 원칙만큼 편의상의 문제이기도 했다. 도시화, 이민

인구의 증가 그리고 대공황은 교도소 과밀화와 교정자원에 부담을 주었다. 오늘날의 처벌이론과 일치하는 가석방의 증가는 수용자 행동과 교도소 과밀화를 통제하는 유용한 메커니즘이 되었다. 20세기 중반까지 부정기형과 가석방은 미국형법과 교정의 기본적 특징이었다.

현황

다양한 사회 내 교정프로그램들이 있지만, 일반적 보호관찰형이나 가석방 등 감독관의 지도 및 감독 아래에 있는 범죄자들이 사회 내 교정인구의 가장 큰 부분을 구성한다. 2015년 기준 전체 교정인구는 약 6천 7백 만 명이었으며 이 중 4천 6백만 명 이상의 사람들이 사회 내 감독 대상자였다. 이 인구 중 약 3천 8백 만 명이 보호관찰형이고 90만 명이 가석방 대상자였다. 수 십 년 동안 교정인구는 지속적으로 증가했지만 최근에는 거의 증가하지 않았다. 사실상 보호관찰, 구치소, 혹은 교도소의 관리감독을 받는 사람들의 수는 2008년 이후로 매년 감소해왔다. 그러나 이 숫자들을 해석하는 데에는 주할 필요가 있다. 이러한 추세가 계속될 것이라고 판단하는 것은 섣부른 판단일 수 있다. 특히, 교정인구가 25년 이상 매년 증가했다는 점을 보면, 최근의 감소는 지극히 일시적이고 적은 수치이기 때문이다.

서로 유사한 점은 있지만, 각 지역들은 해당 지역실정에 적합한 형사사법체계를 구성하는 고유의 모형이 있다. 연방정부는 연방 형법위반으로 체포되고 기소된 피고인에 대한 구체적 형사사법체계와 연방법원이 명령하는 처벌을 집행하는 교정체계를 가지고 있다. 주법 위반에 관해서라면 각각의 주는 해당 주의 중심 형사사법체계 내에서 다양한 하위체계를 가지고 있기 때문에 도식은 더 복잡해진다. 주의 중범죄법 위반으로 유죄 확정을 받고 징역형을 선고받은 범죄자들은 주 교정기관이 운영하는 시설로 보내진다. 경범죄에 대한 유죄확정과 징역형을 받은 범죄자는 주로 시 또는 군정부가 재정지원 및 운영하는 시설에 수용된다. 그러나 경범죄 혹은 중범죄의 유죄 확정을 받고 비(非)징역형 선고를 받은 피고인을 감독하는 책임소속은 매우 다양하다. 어떤 지역에서는 사회 내 감독형을 받은 피고인의 감독을 법원 직원의 책임 아래에 두는 반면, 다른 지역은 감독 임무를 다루기 위해 주 교정국과 같은 별도의 주기관을 둔다. 처벌유형이나 관할구역에 따라 누가 범죄자를 감독할

지를 결정하는 교정서비스에는 결합 혹은 변형된 모형이 있다. 또한, 가석방되거나 출소 후 대상자를 감독하는 것은 보호관찰 담당 부서이거나 오직 가석방자들만을 다루는 기관일 수도 있다. 미국 내 조직의 다양성과 사회 내 교정의 관행은 사회 내 교정의 가장 일반적인 특징과 일반적 원칙의 강조 필요성을 대두시켰다. 관할 구역마다 법 위반자에 대해 사용하는 처벌의 수와 유형은 매우 다양하다. 제재(sanctions)라는 용어는 처벌과 혼용하여 사용되기도 하며 법원이 부과하는 특정 처벌을 일컫는다(예: 벌금, 보호관찰 등). 비록 교도소는 대부분의 미국인들이 처벌이라 했을 때 가장 먼저 상기하는 처벌유형이지만, 법 위반에 대해 사용되는 가장 일반적인 처벌은 아니다. 주 교정 시설의 구금은 전형적으로 가장 심각하고 상습적 범죄자들과 이전에 부과된 형을 준수하지 않은 사람들을 대상으로 한다. 주로 경범죄를 다루는 법원들은 중범죄자들만을 다루는 법원들보다 훨씬 더 많은 양의 범죄자들을 다루게 된다. 그러나 중범죄 확정을 받은 범죄자들 가운데에서조차 모든 사건의 4분의 1(28%)이상이 보호관찰형을 받는다.

중범죄자들에 대한 처벌은 범죄의 심각성에 따라 다양하다. 표 6.1은 미국 내 가장 일반적인 처벌을 간략히 설명하고 있다. 비록 이 모든 처벌들이 전 지역에서 모두 시행되고 있는 것은 아니지만, 지난 몇 십 년 동안 대부분의 지역에서 다양한 처벌 유형들이 증가해왔다. 또한, 법원들은 한 가지 처벌에 의존하기보다 부가형을 통해 본형과 결합된 가중 형태의 처벌을 사용할 수도 있다. 가석방 감독은 법원이 부과하는 처벌은 아니다; 대신에 수용자들은 구금에서 풀려나 교정기관의 가석방 감독을 받는다(예, 가석방 위원회). 아마도 가장 중요한 특성은 가석방을 받은 사람들은 전형적으로 교정국의 관할에 속하는 반면에 보호관찰형을 받은 사람들과 사회 내 감독을 받는 사람들은 선고법원의 법적 관할권 하에 있다.

실제로, 가석방과 보호관찰형을 받은 자들은 같은 조건을 부가받기도 하며 심지어 관할구역 내 같은 담당자가 배치되기도 한다. 감독조건을 위반한 경우 범죄자는 자신의 사건 관할을 법원에 출석하여 진술해야 한다. 가석방은 지역사회의 범죄자 감독이나 지역사회 기반의 시설과 지역사회 자원 이용을 필요로 할 수도 있기 때문에 사회 내 교정의 한 형태로 여겨진다. 따라서 가석방 감독은 이 장에서 다루기로 한다.

표 6.1 교정처벌의 유형

벌금	몇몇 지역은 고정된 금액보다 시간이 지나면서 범죄자의 수입을 어느 정도 요구하는 일수 벌금제(day fines)라 불리는 보다 엄격한 금전형을 도입하였다.
지역사회 서비스 업무 (Community service work)	CSW는 명시된 시간 내에 일련의 자발적 업무시간을 완수해야 한다. 몇몇 지역들은 CSW를 특히 경범죄자들에 대한 독립형 처벌로 사용한다. 중범죄자들에 대한 CSW는 가장 흔한 특별조건의 보호관찰형이다.
보호관찰	법원이 명하는 감독으로 관할 법원이 정한 특정 조건들을 따르기만 하면 그 지역사회에 머무를 수 있다.
주간보고센터 (Day reporting center)	범죄자들이 매일 혹은 거의 매일 DRC에 보고하는 사회 내 감독의 한 형태이다. DRC는 약물검사, GED코스 그리고 상담과 같은 범죄자들이 참여해야 하는 다양한 서비스와 프로그램들을 가지고 있다.
집중감독 보호관찰 (Intensive supervision probation)	범죄자와 감독관 간에 주간 수 회 이상의 면담을 포함하는 감독의 한 형태이다. 관할지역 감독관은 승인된 활동을 준수하지 않는 범죄자에 대한 가택구금을 요구할 수도 있다. 또한, 이 유형에서는 전자감시나 GPS장치를 포함할 수도 있다.
사회 내 교정시설	범죄자들을 비교적 짧은 기간 동안 구금하기 위해 만들어진 다양한 시설들을 말한다. 범죄자들이 지역사회로 가서 일하고 교정시설로 퇴근하는 프로그램 역할을 할 수도 있다. 이러한 시설들은 특별지원 범죄자들을 위한 주거치료 프로그램을 사용될 수 있다. 또한, 최근 출소자들을 위한 중간 수용시설의 역할을 할 수도 있다.
구치소	법원으로부터 1년 미만의 징역형(지역마다 최고형의 기준은 상이)을 선고받은 범죄자들은 보통 시가 운영하는 구치소에 수용된다. 징역형은 노동이 석방조건에 포함되거나 일정기간의 사회 내 감독이 있을 수도 있다.
충격구금	몇몇 주들은 판사나 교정당국에 의해 일정 기관의 구금형을 선고받은 자격이 되는 범죄자들에게 조건부 조기 석방 기회를 준다. 이러한 석방은 전형적으로 짧은 기간의 구금(30~180일)이후에 이루어지며 출소 후에는 명시된 시간 동안 사회 내 감독을 받아야 하는 조건부이다.

병영훈련	어떤 지역에서는 충격구금의 일환으로 보는 프로그램이다. 병영훈련은 수용자들이 기초군사훈련을 모델로 한 일정 기간의 훈련을 거치며, 안전시설에서의 짧은(6개월 미만) 구금을 포함한다. 일반적인 특징은 규율과 자기절제를 주입시키고 친사회적인 행동을 권장하는 육체적 운동과 지시를 사용한다는 것이다. 오늘날 대부분의 병영훈련 프로그램들에는 교육적 프로그램, 약물치료프로그램들과 같은 다양한 정도의 재사회화 개입이 있다. 일반적으로 병영훈련 프로그램을 거친 후 일정 기간의 사회 내 감독이 따른다.
교도소	교정기관이라도 불리며, 일반적으로 1년 이상의 징역형을 받은 중범죄자들과 가석방 조건 위반으로 교도소에 돌아온 사람들을 수용한다. 수용자들에 대한 보안수준과 서비스의 유형은 교도소마다 다르다. 사형을 선고받은 수용자들은 사형수 수용건물(death row, 사형이 집행되는 곳에 있는 높은 보안기관의 한 건물)에 수용될 수도 있다.

1980년대부터, 미국 교정당국들은 기존의 구금보다는 비용이 덜 들면서 일반적 보호관찰보다 더 징벌적인 새로운 양형유형을 만들기 시작했다. 이러한 양형형태를 중간처우라 일컫는데, 이는 전통적인 보호관찰이나 교도소에 대한 대안을 제공한다. Box 6.1에서 보듯이, 집중감독 보호관찰과 지역사회 주거센터와 같은 처벌들은 점점 더 빈번하게 활용되고 있는 중간처우의 한 형태이다. 그런 프로그램들은 교도소보다 더 비용 효율적이고, 일반적 보호관찰보다 더 제한적이고 징벌적이며, 수용자들의 사회복귀나 재범을 억제시길 수 있는 긍정적 기회를 제공한다고 평가받는다. 이러한 흐름에 따라 법원과 교정부서는 역시 회복적 사법과 일치하는 처벌과 프로그램들을 점점 더 사용하기 시작하였다.

비판적 사고 연습

Box 6.1에서 형사처벌의 다른 유형들을 검토하라. 어떤 처벌철학이(징벌, 억제, 복귀, 무능력화, 혹은 회복적 사법) 이들 각각을 정당화할 수 있는 최선의 철학인지 알아보아라. 하나 이상의 정당성을 부여할 수 있는 처벌 유형이 있는가? 만약 그렇다면, 다수의 정당화를 가지는 것은 어떤 잠재적인 이익 혹은 문제여지가 있는가?

BOX 6.1 회복적 사법과 지역사회 교정

회복적 사법은 형사처벌의 목표와 목적의 대안을 제시한다. 비록 징벌, 억제, 혹은 사회복귀와 양립하지는 않지만, 회복적 사법은 형사범죄와 연관이 있는 피해복구에 초점을 둔다. 회복적 사법의 핵심 특징은 피해자와 지역사회를 위한 치유과정에 수용자(가해자)들이 의미 있는 조치를 취하도록 요구함으로써 그들에 대한 책임을 강조하는 것이다. 회복적 사법은 지역주민들에 의한 일탈한 지역사회 구성원을 처벌하고 갱생하고자 했던 것에 그 뿌리를 둔다. 회복적 사법은 갈등 해결과 형사 범죄자와 피해자들을 대응하는 수단으로서 점점 더 중요해졌다. 회복적 형사사법정책은 캐나다, 뉴질랜드, 호주 등 서양에서 특히 젊은 범죄자들을 다루는 사건에 대해 제도화되었다. 미국 내 회복적 사법관행은 소년사법체계부터 시작하여 점점 더 성인 범죄자 사건에 까지 확대되었다. 오늘날, 많은 성인교정 부서들은 유죄 확정받은 범죄자들의 감독에서 회복적 사법의 역할을 강조한다.

사회 내 교정과 회복적 사법 간의 지속적인 관계에 대한 이론적, 실제적 근거가 있다. 사회 내 교정의 본질은 업무 유형 자체를 변화시키는 추세와 외부압력에 영향을 받기 쉽다. 때문에 사회 내 교정의 초점은 종종 사회 정치 환경에 따라 상이한 책임과 관행으로 계속해서 바뀌게 된다.

사회 내 교정의 초점은 사회정치적 환경에 따라 책임소관과 관행으로의 이송이 잦다. 회복적 사법은 범죄자들에게 도덕적으로 책임을 묻고, 공공의 안전을 향상시키며, 재사회화를 위한 의미 있는 기회를 제공하는 것과 일치하는 방식으로 사용될 수 있다. 비록 회복적 사법이 지역사회 감독의 중심주제가 되는 데는 수많은 논란이 있지만, 지지자들은 법 위반에 대해 더욱 더 정당한 대응을 만드는데 사회 내 교정이 가지는 역할에서 가능성을 강조하였다.

실제적 관점에서, 많은 회복적 사법의 개입은 지역사회 환경에서 발생한다. 회복적 사법 프로그램들은 기관 내 환경에서도 찾을 수 있지만, 범죄자의 처벌이 사회 내 교정 감독 하에 있는 한, 전통적으로 지역사회에서 발생하는 경우가 가장 일반적이다. 예를 들어 가족집단회의(family group conferencing), 피해자-가해자 조정(victim-offender mediation), 양형서클(sentencing circle) 그리고 피해자 지원 서비스와 같은 일반적인 회복적 사법 프로그램들이 지역사회 환경에서 발생한다. 결과적으로 사회 내 교정 감독관들은 감독 대상자들이 회복적 사법프로그램의 조건을 따르도록 할 책임이 있다. 최소한, 기관과 감독관들은 회복적 사법 프로그램에 대한 조직적 그리고 공적 지원에 중요한 영향을 미칠 수 있다.

보호관찰과 중간처우

보호관찰

모든 형태의 보호관찰은 선고 법원이 부가한 일정 기간의 조건적 감독을 포함한다. 범죄자와 보호관찰관 사이에 필요한 접촉의 빈도는 지역, 범죄자 성향 그리고 법원이 선고한 보호관찰의 구체적 유형에 따라 다르다. 비록 전통적 보호관찰이 정치, 대중매체의 비판대상임에도 불구하고, 형사 범죄자들에게 가장 흔하게 부과되는 처벌유형이다. 2015년에 대략 3천 8백 만 명의 성인 범죄자들이 어떤 형태의 보호관찰 감독 하에 있었으며, 보호관찰 대상자의 약 60%가 중범죄자였다. 비록 정확한 수치는 알려지지 않지만, 사회 내 감독형 대상 범죄자들 중 일부만이 중간 처벌을 받고 있다. 예를 들어, 플로리다 주는 집중감독 보호관찰이 9천 명인데 비해 일반 보호관찰은 9만 명에 이른다.

최근 몇 십 년 동안 되풀이되는 주제는 일반 보호관찰에 대한 적절한 재정지원의 부족이었다. 사건량(Caseload)은 증가하지만 재정부족으로 인력풀이 협소하여 범죄자와 보호관찰관 사이의 접촉빈도 감소했다. 일반 보호관찰을 받는 범죄자들이 충족시켜야 하는 보편적 수준의 감독은 정해져 있지 않지만, 일반적으로 범죄자들이 한 달에 한번 자신의 보호관찰관에 신고해야 한다. 보호관찰관 역시 사무실에서든 현장에서든지 범죄자와 통상 적어도 한 달에 한번 대면접촉을 해야 한다고 본다. 그러나 예산의 제약과 보호관찰관의 안전에 대한 우려 때문에, 어떤 지역에서는 대상자들과의 직접 접촉이 몇 달에 한 번꼴로 있을 때도 있다. 게다가, 어떤 경우에는 특별한 경우를 제외하고는 대상자들과 보호관찰관들 사이의 개인적 접촉을 요구하지 않는 비접촉 감독 보호관찰의 형태를 사용하기도 한다. 학자들과 현장실무자들은 실제로는 거의 접촉 감독이 없거나 기술적 위반에 대한 후속조치가 미흡한 보호관찰의 미약한 제지 기능을 비난한다.

중간처우(Intermediate Sanctions)

중간처우는 다양한 목표를 가지고 있다. 이 목표에는 비용감소, 범죄자 책임과 공공안전의 증가 그리고 재사회화 효율성의 증가와 같은 것이 해당한다.

또한, 중간처우는 징벌적·공리주의적 처벌철학에 의해 정당화될 수 있다; 그러나 대상 인구와 처벌의 기능은 이들 목표의 인지된 가치에 따라 다를 수 있다. 비록 학자들과 비평가들이 중간처우가 직면한 문제점들을 지적하는 것이 옳을지라도, 전통적인 보호관찰에 대한 대안과 교도소에 지나치게 의존하는 것을 감소시키는 것에 대한 지지는 여전히 강하다. 지금부터 오늘날 사용되는 중간처우 중 보다 중요한 중간처우의 몇 가지를 논의하기로 한다. 지역사회 서비스 업무와 벌금형은, 비록 잠재적으로 중요한 형태의 중간처우들이지만, 많은 사람들이 지지하는 독립된 처벌로 보다는 특수조건의 사회 내 감독의 수단으로 더욱 흔하게 사용된다.

집중감독 보호관찰(Intensive Supervision Probation)

집중감독 보호관찰은 1960년대 집중감독에 대한 실험 이후에 1980년대에 들어 점점 더 지지를 얻었다. 오늘날, ISP는 아마도 가장 일반적인 중간처우 형태로 미국 대부분의 주에서 어떤 형태로든 확인할 수 있다. 어떤 지역에서는 집중감독을 주로 가석방된 자들에게 사용하는 반면, 다른 지역에서는 법원의 양형선택권과 조기출소의 한 형태로 사용하기도 한다. 대부분의 ISP 프로그램들은 몇 가지 일반적인 특징들이 있다. ISP의 핵심 전제는 범죄자와 보호관찰관 사이의 빈번한 접촉과 범죄자의 자유에 대한 보다 더 엄격한 제한을 통해 더 철저한 감독을 한다는 것이다. ISP를 받는 범죄자들은 일반 보호관찰을 받는 사람들보다 보호관찰관과 훨씬 더 자주 만나게 된다. 그들은 보호관찰소 사무실, 남낭 보호관찰관의 십 그리고 식장에서 많게는 일주일에 수 회 번씩 접촉할 수도 있다. 접촉빈도가 잦은 만큼 ISP 담당자들은 일반 보호감독관에 비해 할당받은 사건량은 더 적다. 비록 정확한 숫자는 상이하지만, ISP 담당자들은 일반적으로 40명도 안 되는 범죄자들을 감독하는 반면 일반 보호관찰 담당자들은 100명 이상을 감독할 수도 있다. ISP 조건들은 일반 보호관찰보다 더 엄격하게 제한하고, 위반할 경우 보다 즉각적으로 징벌적 방식으로 다뤄지는 경향이 있다.

ISP의 지지자들은 상대적으로 관대한 조건의 일반 보호관찰과 대조되는 제도로 진정한 형태의 감독이라고 설명한다. 많은 ISP 프로그램들의 주요 목표는 교도소나 구치소에서 적절한 범죄자들을 기관 외로 이전시킴으로써 기관의 과밀화를 감소시키는 것이다. 지지자들은 ISP가 범죄자들과 접촉과 감시를 증가하고 사회복귀에 대한 보다 의미 있는 기회를 제공함으로써 지역사회 안전을 제공할 수 있다고 주장한다. 연구에 따르면 단순히 감시만 강화되는 것이 아니라 사회 내에서의 집중 프로그램 참여율을 강제함으로써 재범률을 감소시키고 범죄자의 성공적 사회복귀를 증가시키는 것 역시 ISP의 강점이라고 한다.

비판적 사고 연습

집중감독 프로그램들은 더 엄격한 제한 조건을 부가하고 범죄자와의 훨씬 더 많은 접촉과 감독을 실시한다. 이러한 보다 엄격한 감독의 한 가지 결과는 기술적 위반들이 자주 발견된다는 것이다. 결과적으로, 높은 비율의 ISP 범죄자들은 자신들의 보호관찰을 성공적으로 마치지 못한다. 만약 ISP의 목표가 범죄자들을 교도소 밖으로 나오게 하는 것이라면 감독관들과 법원들은 기술적 위반에 대응하여 무엇을 해야 하는가?

가택구금

몇몇 주에서의 ISP는 일정 기간의 가택구금과 전자감시를 수반하기도 한다. 반면 다른 곳들은 이것을 ISP와 독립된 처벌로 사용하기도 한다. 가택구금(house arrest, home confinement)은 일, 치료프로그램, 쇼핑 그리고 병원이나 보호관찰소 방문과 같은 승인된 활동을 제외하고는 자신의 주거지를 떠날 수 없다. 대상자들은 일반적으로 보호관찰관에게 일주일 스케줄을 사전에 제출해야 하고, 집밖에서의 어떤 활동들이든지 보호관찰관의 승인을 받아야 한다. 보호관찰관들은 범죄자들이 집에 있거나 승인된 활동을 한다는 것을 확인하기 위해 불시에 현장방문을 하기도 한다. 가택구금 사용의 이유는 꽤 단순하다: 범죄자들의 이동반경을 엄격하게 제한하고 그들 자신의 주거지에 감금함으로써 감독위반 가능성을 감소시키고자 한다. 즉, 대상자들은 승인된 활동을 제외하고 필수적으로 감금된다. 물론, 다른 형태의 지역사회 감독처럼, 프로그램의 부가조건을 무시하는 선택을 할 수도 있다. 특히, 가택구금(그리고 전자 감시)은 주거지 내에서 생기는 범죄와 위반은 막을 수는 없다. 그러나 자신의 주거지에 감금되기 때문에, 범죄자들은 다양한 유형의 범죄대상과 범죄기회에 접근할 가능성이 현저히 줄어든다는 사실은 명백하다.

전자감시시스템은 공판 전 출석, 법원명령의 감시, 혹은 가석방의 조건, 가택구금 준수를 보장하기 위한 시도이다. 현재 사용되는 전자감시시스템의 주요유형은 프로그램화된 전화장치나 신호수신 장치이다. 프로그램화된 전화장치는 범죄자들에게 무작위로 자동전화를 발신하고 이 전화를 받은 범죄자들은 정해진 시간 내에 중앙콜센터로 연락해야 한다. 이 때 대상자들은 비디오나 음성인식으로 자신의 신분을 입증하거나 신체(주로 발목이나 손목)에 부착된 전자팔찌를 사용해서 전화선으로 신호를 전송하여 수용자의 집에 설치된 특수리시버에 입력시킨다. 프로그램화된 장치는 지속적으로 신호를 발신하고 범죄자가 착용한 팔찌가 범죄자 가택 내에서 이 신호를 수신하는 리시버 역할을 한다. 팔찌가 제한된 지역을 벗어나면, 리시버는 자동적으로 중앙컴퓨터 시스템에 연결되고 대상자가 그 장소를 떠났다고 알려준다. 그러므로 컴퓨터 시스템은 언제 그들이 자신의 거주지를 떠나고 돌아오는지와 담당 보호관찰관이 승인한 스케줄과 일치하는 반경에 위치하는지를 비교하고 기록한다. 팔찌는 대상자에 의한 자발적 부정조작이 안되며 신체에서 제거되면 컴퓨터 시스템에 자동알림을 보낸다.

BOX 6.2 기술과 지역사회 감독

방어용 무기 및 통신기술과 같은 범죄자의 지역사회 감독에 사용 된 초기 기술은 일반적으로 지역사회 감독이 처음 사용되었을 때부터 적용되었다. 정책 입안자들이 감시를 강화하고 감독조건을 준수하기 위한 노력을 지원함에 따라 알코올 및 약물 검사 장비의 사용이 더욱 보편화되었다. 예를 들어, 일부 국가에서는 원격 알코올 감지 장치를 사용한다. 이 시스템은 대상자에게 불시에 알코올 테스트를 요구하고 결과는 전자적으로 컴퓨터 모니터 시스템으로 전송된다. 그러나 가장 중요한 점은 사회 내 교정은 공공의 안전을 확보하기 위하여 지역사회 감독을 받는 범죄자의 위치를 입증할 목적으로 기기 사용이 극적으로 증가했다는 것이다.
지역사회 감독에 기술을 도입한 이후로 가장 많이 증가한 것은 GPS의 사용이다. 이 기술들은 대상자들의 구체적 위치를 감시하기 위해서 인공위성 기술을 사용하고 컴퓨터 모니터 시스템에 그 정보를 보낸다. 이들 시스템들은 점점 더 정교해지고 있다. 지역사회 정보가 프로그램화 되어 있고, 그것들은 성범죄자들이 학교에 접근할 때와 같이, 범죄자들이 금지구역에 들어가는지를 감시할 수 있다. GPS 감독(전자모니터링)이 보다 더 흔하게 사용되는 것 중의 하나는 지역사회 감독을 받는 성 범죄자들에게 적용되면서 부터이다. 범죄자들을 감독하는 GPS 기술의 사용은 2000년도에 5백 건에서 2009년에는 9만 건으로 증가했다. 최근에는 거의 15만 명이 GPS 감독을 받는 꼴이다.

GPS 기술은 기술발달에 의해 다양한 옵션들이 추가됨으로써 계속해서 개선되고 있다. GPS는 전자감시와 유사한 문제점과 개선방향을 공유하기도 하지만, 기술적 책임과 사생활 보호 영역과 같은 GPS만의 고유한 문제점을 가지고 있기도 한다. 민주주의 사회에서 그러한 사적 영역을 침해하는 감시는 예기치 못한 사회적 결과 발생에 대한 합법적 우려가 있다. 예를 들어, 본 허쉬(von Hirsch, 1998)는 GPS의 개발과 전자 모니터링의 광범위한 사용 이전에도 범죄자에 대한 지역사회 감시의 본질에 윤리적 한계가 있다고 주장했다. 단지 지역사회의 감시가 구금보다 덜 거슬린다고 해서 범죄자의 사생활에 대한 어떠한 침해도 정당화될 수는 없다는 것이다. 또한, 침해수준이 제3자의 사생활에 대한 영향뿐만 아니라 당초 저지른 범죄의 심각성에 비례하는지를 고려하는 것도 중요하다. 그러나 지역 사회의 범죄자 감시를 강화하기 위해 GPS 및 기타 기술사용에 대한 상당한 정치적 지지가 있는 것으로 보인다. 결과적으로 감시에 대한 기술사용은 법원과 교정기관에 대한 선택사항으로서 그 중요성은 계속 증가할 것이다.

비판적 사고 연습

상당수의 연구는 특히 고위험 범죄자들에 대해 전자감시와 GPS를 사용하는 집중감독을 따로 관리하는 방식을 지지해 왔다. 집중감독이나 저위험군 범죄자들에 대한 집중적인 감시나 치료는 오히려 해당범죄자들에 더 나쁜 결과들을 초래할 수 있다. 그러므로 집중적인 감시 프로그램은 적합한 범죄자들을 목표로 하는 것은 중요하다. 특정 범죄자가 집중감독에 적합한지를 판단할 때 어떤 기준을 고려해야 한다고 생각하는가? 범죄자를 집중감독으로부터 제외할 때 고려해야 하는 요소들이 있는가? 왜 요소들이 중요하고 이들 범죄자들에 대한 대안적 형태의 감독은 무엇이어야 하는가? 이 프로그램들의 중요한 목표는 구금을 줄이기 위한 것임을 기억해라.

주간보고센터(Day Reporting Centers)

주간보고센터는 영국에서 처음 설립되었고 매사추세츠 주와 코네티컷 주가 1985년에 뒤이어 만들었다. 오늘날 주간보고센터는 수많은 지역에서 찾을 수 있다. 다른 사회 내 교정프로그램들과 비슷하게, 다양한 사람들에게 사용될 수 있다. 예를 들어, 쿡 카운티(Cook County)는 보석(pretrial release)의 조건으로 주간보고 프로그램을 만들었다. 또한, 이 프로그램은 교도소에서 최근에 출소된 범죄자들을 다루는 것뿐만 아니라 적절한 범죄자들을 구금에서 다른 방향으로 전환하기 위한 중간처우로 사용되고 있다.

다양한 사람들을 대상으로 함에도 불구하고, 대부분의 주간보고센터는 몇 가지 공통적인 특징이 있다. 첫째, 범죄자들이 매일 혹은 더 자주 센터에 보고해야 하는 비주거 프로그램이다. 보고의 구체적 횟수는 프로그램과 개별 범죄자들마다 다양하지만 범죄자들은 보호관찰이나 가석방을 받은 사람들이 담당 보호관찰관에게 보고하는 것보다 훨씬 더 자주 센터에 보고해야 한다. 둘째, 이 센터들은 약물검사, 약물 남용치료, 직업훈련 그리고 교육코스와 같은 수많은 필수적인 프로그램들과 서비스를 제공하고 있다. 그러므로 주간보고센터는 약물검사, 배상금 지불, 지역사회봉사 명령 그리고 치료 프로그램과 같은 다양한 법원의 부가 조건들을 수행하기 위한 중심 장소로서 역할을 할 수 있다. 이곳에서 대상자와 프로그램 감독관 사이의 접촉량은 상당히 높은 편이며, 다수의 일일 보고 센터는 치료 필요성이 확인된 범죄자에게 다양한 서비스를 제공해야 한다고 강조한다.

주거 프로그램(Residential Center)

출소자들이 사회생활에 적응할 때까지 임시주택의 역할을 하는 주거 프로그램은 이들에게 교도소에서의 제한적 생활과 지역사회에서의 완전한 자유생활의 중간적 서비스를 제공하기 때문에 중간시설(halfway houses)이라고도 불린다. 비록 일반 대중들은 이러한 프로그램에 익숙하지는 않지만 비슷한 프로그램들이 중간처우로서 범죄자들을 위해 존재한다. 사회 내 교정으로서 주거 프로그램이라는 용어는 주로 보통 1년 미만의 비교적 짧은 기간 동안의 구금, 출소 직전이나 직후의 과도기적 대상자들에게 서비스를 제공하는 주거 프로그램들을 의미하는 말로 사용된다. 이러한 프로그램은 집중적인 서비스를 통해 범죄자 개개인의 필요성을 타겟으로 하여 이들이 지역사회에 재통합되는 것을 돕도록 설계되었다. 예를 들어, 일부 프로그램은 약물남용 치료, 정신 건강 상담에 초점을 맞추거나, 혹은 고용지원과 법원이 명령한 재정적 의무에 대한 금전 지불을 지원하는 노동지원센터의 역할을 한다.

대상자들에 대한 이동의 자유와 주거 프로그램의 보안수준은 다양하다. 어떤 프로그램들은 범죄자들이 승인된 활동을 제외하고는 시설에 머물러야 하는 반면 다른 프로그램들은 더 많은 이동의 자유를 허락하기도 한다. 이 시설에서 제공되는 서비스의 유형과 강도는 범죄자들 숫자에 달려 있기도 하다. 일반적으로 교육과 고용훈련, 인지훈련, 직업훈련 강의, 약물남용 치료 서비스 등을 이용할 수 있다. 특히 고용을 강조하는 주거 프로그램들은 상대적으로 고용의 기회가 많은 대중교통이 편리한 도시나 교외 지역에 위치한다.

대부분의 주거 프로그램들은 마약중독이나 재범의 위험성이 큰 상대적으로 많은 지원이 필요한 범죄자들을 대상으로 한다. 때문에 이 프로그램은 마약사용, 재범 고위험군의 범죄자들에게 가장 유익하다.

병영훈련(boot camp)

병영훈련은 사회 내 교정프로그램들에서 대중화되고 잘 알려진 것 중의 하나로, 1980년대 후반 교정처벌의 일환으로 시작한 이후로 중대한 학문적인 관심의 대상이었다. 범죄자들에 대해 병영훈련을 사용하는 것은 미국 사회에 직관적으로 이해하기 쉽다는 매력을 가지고 있다. 대부분의 성인들은 병영훈련의 기본 전제를 잘 알고 있으며, 많은 미국 남성들은 그들 자신의 군대 경험을 수많은 혜택과 연관 지어 생각할 수 있다. 일부 관할기관과 학자들은 병영훈련을 충격구금의 한 유형으로 본다. 그러나 모든 충격구금프로그램들이 병영훈련을 포함하지는 않는다. 몇몇 주들은 수용자들 중 조건을 갖춘 적격자들에 한하여 지역사회 감독을 받는 조건으로 조기출소를 선택할 수 있도록 허용한다. 기본개념은 교도소에서 범죄자들이 단기의 병영훈련을 경험을 하는 것은 지역사회 감독의 필요조건을 준수하려는 열망을 가지게 한다는 것이다. 병영훈련 경험을 활용하는 프로그램들은 훨씬 더 많은 공적, 학문적 관심의 대상이 되었다.

비록 상당한 차이는 있지만, 핵심전제는 매우 구조화된 군대와 같은 훈련이 범죄자들에게 독특한 경험을 제공할 수 있다는 것이다. 규율강조, 프로그램 규칙의 엄격한 준수 그리고 신체적 훈련은 범죄자의 태도와 행동의 건설적 변화에 대한 기회를 제공한다고 여겨진다. 병영훈련의 가장 큰 특징은 신체적 훈련, 교련 그리고 군사 신병훈련과 방식과 유사하게 엄격한 규율 하에 행해지는 육체노동으로 구성되는 준군사환경이라는 것이다. 초기 프로그램의 형태에서 최근에 수정된 것은 더 다양한 사회복귀와 치료 서비스가 결합되고 교육과 직업훈련 요소가 증가하였다는 점이다.

병영훈련은 육체적으로 가능한 젊은 범죄자들에게 제한된다. 어떤 병영훈련 프로그램은 오로지 청소년 범죄자들을 대상으로 하는 반면, 다른 곳의 병영훈련은 젊은 성인 범죄자들만을 대상으로 하기도 한다. 많은 프로그램들이 약물남용의 전과가 있는 범죄자들을 위한 것이고 대부분 개인폭력 전과범은 제외한다. 대부분의 병영훈련소들은 남성범죄자들을 위해 만든 것이다. 여성 범죄자들은 신체적, 성적 그리고 감정적 특성을 볼 때 병영훈련소 프로그램 적용이 필요한지 의심스럽기 때문이다.

연구결과에 따르면 비록 차이가 미미하나 장기간동안 보다 집중적인 사후관리 서비스가 있는 병영훈련에 참여한 수용자들에게서 상대적으로 긍정적인 결과를 확인할 수 있었다.

병영훈련은 개발 초기 인기가 있었던 것에 비해, 오늘날에는 프로그램에 대한 지원은 다소 감소해왔다. 상당한 연구결과가 병영훈련이 재범률을 낮추는 데 별 도움이 되지 않고 실제로 더 높은 범죄기술 학습과 다른 문제들이 생길 수 있음을 시사하기 때문이다. 게다가, 담당자들의 미숙한 프로그램 운용에 의한 부상, 사망 사건의 발생으로 공적인 비판이 일어났기 때문이다. 이로써 연방정부는 병영훈련 프로그램들을 폐지했으나 범죄자들을 위한 병영훈련 프로그램은 지역에 따라 존폐가 갈렸으며, 청소년 범죄자들 사이에서는 여전히 인기가 있다.

비판적 사고 연습

병영훈련을 경험한 수용자들의 재범률이 더 낮지 않다는 상당한 증거에도 불구하고, 관련 프로그램들은 몇몇 정치가들과 대중들에게 여전히 인기가 있다. 왜 그렇다고 생각하는가? 그런 프로그램들의 효과성에 관한 연구와 계속되는 지원 사이의 모순은 어떻게 설명할 수 있는가? 일반적으로 형사사법정책에 그런 요소들이 미치는 영향은 무엇인가?

망의 확대(Net Widening)

중간처우의 주요 목표는 특정 범죄자들에게 가혹하거나 비용이 많이 드는 처벌로부터 다른 유형의 처벌로 방향을 전환하는 것이다. 사실상 많은 중간처우들은 그런 프로그램들이 교도소에서 실제는 더 낮은 형으로 전환할 수 있다는 전제 하에 정당화된다. 그러나 학자들은 법원이 새로운 처벌들을 실제로 사용하는지 의구심을 가져왔다. 연구에 의하면 중간처우들이 중간처우를 사용하기 이전에 덜 중한 처벌을 받았을 수도 있는 범죄자들에게도 적용된다고 한다. 결과적으로, 몇몇 범죄자들은 이러한 새로운 처벌 유형(중간처우)이 생기기 전에 원래 받았을 수도 있는 것보다 더 심각한 처벌을 받게 되는 것이다. 처벌이 원래 의도된 것보다 더 중하거나 의도하지 않은 사람에게 적용될 때 이것을 망의 확대라고 한다.

비록 어떤 사람들은 망의 확대를 단지 범죄자들에 대한 처벌의 엄격성에 대한 적절한 증가로 보기도 하지만, 이것은 중간처우에 대한 근본적인 근거를 무시하는 것으로 몇 가지 문제점을 야기할 수 있다. 첫째, 망의 확대는 비용이 적게 드는 처벌(일반적으로, 감시가 철저할수록, 비용은 더 증가한다.)을 받았을 수도 있는 범죄자들을 보다 더 비용이 드는 형태의 감독을 받게 함으로써 비용을 증가시킨다. 둘째, 보다 철저한 감독 프로그램들은 일반적으로 기술적 위반에 의한 높은 재수용 비율을 보이므로, 중간처우보다 덜 엄격한 프로그램 하에서는 성공했을 수도 있는 범죄자들이 중간처우의 엄격한 규칙 때문에 결국 교도소로 돌아가야 할 수도 있다. 이것은 결과적으로는 운영비용을 증가시킬 것이다. 세 번째 주요한 문제는 사회통제라는 더 큰 문제이다. 형사사법체계는 징역형이 필요하지 않은 범죄자들을 다른 처우로 전환시키기보다 더 엄격한 새로운 형태의 처벌(중간처우)을 이용함으로써 다른 사회구성원들에 대한 사생활 침해와 통제를 더욱 확대하고 있다.

출소 후 감독과 재통합

출소유형

전체 수용자들 중 90% 이상이 결국 교도소에서 석방될 것이다. 50만 명 이상의 수용자들이 매년 지역사회로 출소된다. 이것은 상당한 수의 유죄 확정 받았던 범죄자들이 고도로 구조화된 교도소 환경으로부터 상대적으로 개방된 사회의 상대적 자유를 가진 환경으로 이전 할 필요가 있다는 것을 의미한다. 출소하면, 대부분의 수용자들은 이전에는 기관이 제공했던 음식, 주거지, 취업 그리고 의복과 같은 기본적 요구를 충족시킬 새로운 방법을 강구해야 한다. 한다. 이것을 확보하지 못하면 출소자들은 성공적인 사회재통합 가능성은 감소할 것이다.

지역과 수용자의 특성에 따라, 수용자들은 네 가지 방식으로 출소 될 수 있다. 아마도 가장 중요한 차이는 수용자가 출소 후 어떤 형태의 감독 하에 있을지의 여부이다. 첫째, 소수의 범죄자는 형량을 복역하고 형이 만기 된 때에 석방된다. 정기형이나 부정기형에 따라 복역 중이었던 수용자들은 자기 형기를 모두 채우고 출소한 경우 모든 감독여부는 기관에서 출소하는 시점에 소멸한다. 비록 약 20%의 수용자들만이 어떠한 감독조건 없이 출소 되지만, 단지 5%의 수용자들만이 만기 출소했던 30년 전보다 상당히 증가한 수치이다. 둘째, 몇몇 수용자들은 출소 후에 일정 기간의 보호관찰을 받는 분리형(split sentence; 기관 외에서 형기를 채우는 형벌)을 선고받을 수도 있다. 세 번째, 정기형을 받은 수용자가 일정 감독을 받는 조건 하의 출소(supervised release), 혹은 출소 후 감독이라 불리는 출소자들을 위한 일정 기간의 감독 시스템이 있다.

감독조건을 받고 출소한 수용자들은 자신의 거주지 관할 감독관이 배정된 지역사회 감독 사무소에 신고해야 한다. 보호관찰과 가석방과 비슷하게, 이 수용자들은 지역사회로 출소한 뒤에 어떤 조건을 준수하여야 한다. 감독 기간은 유죄범죄나 수용기간에 따라 다양하다. 부과된 조건을 위반하면 결국 다시 교도소에 수용 될 수도 있다. 마지막으로, 부정기형을 받은 수용자들은 일단 최소 형기를 복역하면 가석방 기관으로부터 가석방 감독(parole supervision)이 따르는 출소자격을 얻을 수 있다. 수용자들이 가석방을 받기 위해서는 가석방 조건을 준수하는데 동의해야 한다. 지역사회 감독은 출소된 수용자의 기존 최대 형기가 만기 될 때까지 혹은 가석방 기관이 감독 종료를 명할 때까지 계속된다. 가석방 조건을 위반하면 가석방 기관은 새로운 가석방 조건을 부가하거나 원래 형기가 만료될 때까지 교도소에 재수용될 수도 있다. 어떤 지역에서는 보호관찰을 받는 사람들을 감독하는 보호관찰관이 가석방자를 감독할 책임을 동시에 진다. 또 다른 지역에서는, 별개의 독자적 감독기관들이 가석방자들을 감독하는 담당자를 제공한기도 한다.

교도소 재진입과 재통합

매년 미국 지역 사회로 돌아가는 수용자의 수를 보면 교정관리자들과 정책입안자들은 수용자들의 성공적 사회복귀를 위한 노력을 재평가하지 않을 수 없다. 연구결과에 따르면 교도소는 사회복귀나 재범억제 노력을 통해서 미래의 범죄자의 범행을 예방하는 데에는 그다지 효과적이지 못했음을 보여주었다. 상당한 비율의 출소자들이 결국에 교도소로 다시 돌아가고 있는 것은 불행한 현실이다. 대략 60%의 출소자들이 심각한 경범죄나 출소 3년 이내에 중범죄로 체포되고, 출소자의 절반가량이 3년 이내에 재수용된다. 미국이 과도하게 구금에 매몰된 결과는 높은 재범률이 형사사법체계에 야기하는 문제들에서 점점 자명하게 드러나고 있다.

출소자들은 그들이 교도소로 돌아가지 않기 위해서 극복해야 하는 많은 문제들과 도전에 직면한다. 연구결과는 사회복귀 후 고용결핍 및 불안이 재수용과 연관된 주요 특징 중 하나라는 것을 보여준다. 특히, 출소자들은 전과자라는 낙인 때문에 구직활동과 주거마련에 더욱 어려움을 겪을 수도 있다. 충분한 교육, 직업기술, 혹은 사회생활 기술의 부족은 기본적 편의시설, 서비스 그리고 재화를 획득하는데 어려움을 유발한다. 또 다른 주된 문제점은 가족과 사회적 네트워크를 재확립해야한다는 것이다. 출소자들은 성공적 사회복귀를 지원할 수 있는 가족과 친구들과 소원해진 상태일 수도 있다. 비록 모든 경우가 해당하는 것은 아니지만, 사회고립은 스트레스나 약물남용, 범죄와 같은 부정적 행동을 야기할 수도 있다. 수용자들을 대상으로 한 연구에 따르면 점점 더 높은 비율의 재범 수용자들이 약물남용과 정신 건강 문제를 가지고 있다 동시에, 교도소 프로그램의 이용 의사와 참여수준은 감소하고 있다. 그러므로 수용자들은 교도소 내에서는 물론이며, 출소 후에도 보다 더 의미 있는 치료 서비스에 접근할 수 있어야 한다.

출소자 재진입(재통합)은 교도소에서 지역사회로 복귀한 뒤에 법을 준수하는 생활양식에 적응하는 과정이다. 출소자 재진입을 개선하는 다양한 프로그램은 현재 미국 전역에 걸쳐 운영 중이다. 몇몇 프로그램들은 비영리로 신념에 기반을 둔 기관들(기독교, 선교기관 등)이 운영하는 비공식 프로그램인 반면, 또 다른 프로그램들은 교정직원과 공공자원을 포함하여 다양한 공식적 유관기관과 연계한 매우 조직적인 정부 프로그램이다. 출소 스트레스와 관련한 문제들을 줄이기 위해, 많은 범죄자들은 민영 또는 공영의가 사회복귀시설로 들어간다. 앞에서 논의했던 지역사회 주거 프로그램과 비슷하게 사회복귀시설의 유형은 상당히 다양하다. 이러한 시설들은 일반적으로 비싸지 않은 주거지와 기본적인 편의시설을 제공한다. 출소자들은 출소조건으로 이 시설에 배치될 수도 있고 주거지나 경제력 부족 때문에 시설에 거주 할 수도 있다. 보다 더 잘 구조화된 시설들은 마약 남용상담, 직업훈련, 사회화 훈련 혹은 그 밖의 관련 서비스와 자원들을 제공하는 조건으로 거주자들에게 많은 제한을 가하기도 한다.

지역사회 감독

범죄자 책임

어떤 형태의 지역사회 감독 하에 있거나 중간처우 또는 주거 프로그램에 있는 범죄자들은 법원이나 가석방 위원회에 좋은 성적을 유지하기 위해서 지켜야 할 일련의 조건들을 부가 받는다. 이 감독조건들은 감독을 받는 동안의 범죄자들에 대한 기대를 말한다. 규칙들을 준수하지 못하면 감독위반이 되고 결국엔 감독관의 관할구역 법원이나 가석방 위원회에 위반보고서를 제출한다. 결과적으로, 범죄자의 감독조건 출소(supervised release)는 철회될 수도 있고, 더 중한 처벌을 받거나 교도소에 재수용될 수 있다.

감독조건들은 기본 혹은 특별준수사항으로 나뉠 수 있다. 일반적 준수사항(Standard conditions)은 이러한 유형의 감독을 받는 모든 범죄자들이 지켜야 할 규칙들이다. 일반적 준수사항은 범죄자들이 감독을 받을 동안 지켜야 할 최소한의 기대를 나타낸다. 가장 널리 퍼진 일반적 준수사항은 범죄자들이 모든 법을 준수해야 한다는 것이다. 또 다른 일반적 준수사항들은 주소나 직장의 변경을 감독관에 알리고 감독관의 승인 없이 관할지역이나 주를 떠나지 않는 것, 외부지역으로 갈 경우 신고를 해야 한다는 것이다. 이러한 일반적 조건 역시 주 별로 상이하기도 한데, 어떤 지역은 약물검사에 응하는 것을 일반적 준수사항에 포함하기도 한다.

법원과 가석방 위원회는 범죄성향이나 피고인의 특징에 따라 특별준수사항을 부과하기도 한다. 이러한 조건들은 특정 범죄자의 개인적 결핍과 위험성에 근거한다. 특별준수사항의 예로는 성범죄자 치료, 약물남용 상담, GED 완수를 위한 일 그리고 범죄피해자에 대한 보상이 있다.

감독자 책임

많은 지역에서는 그 지역사회의 범죄자들을 감독하는 감독관들은 감독업무 이외에 다양한 임무를 수행한다. 두 가지 주요한 책임은 조사와 범죄자 감독이다. 감독관이 수행하는 가장 중요한 조사는 피고인이 항소했거나 유죄판결을 받은 후에 작성하는 법원이 명령한 공판 전 조사(presentence investigation)이다. 그것은 범죄자, 범죄 그리고 법원이 적절한 선고를 결정하기 위해 사용하는 범죄자 관련 정보에 대한 사실을 요약한 서면 자료이다. 피고인의 인구사회학적 특성, 이전범죄와 약물남용

전과, 고용기록 그리고 피해자에 가해진 재정적 혹은 정신적 피해뿐만 아니라 교육에 대한 정보를 포함하는 것이 일반적이다.

이 조사를 통하여 범죄자가 어떤 형태의 지역사회 감독 선고를 받을 때 법원이 고려해야 하는 특별준수사항들을 알 수 있다. 비록 법원들은 양형이나 공판 전 조사보고서에 발견되는 특별준수사항 추천을 반드시 따라야 하는 것은 아니지만, 감독관의 추천과 최종 선고 간의 밀접한 관련성이 있다. 감독기관들은 빈번하게 범죄자의 결핍과 위험평가를 지원하기 위해 공판 전 조사보고서를 사용한다. 지역사회 감독관이 수행하는 다른 조사들은 피고인의 보석 결정이 적절한지를 법원이 결정하는데 도움을 주거나 범죄자를 다른 장소로 이관, 혹은 감독을 변경하는 결정을 입증하는 역할을 하기도 한다.

지역사회 감독관의 가장 중요한 역할은 범죄자들이 감독조건을 준수하도록 보장하는 것이다. 감독의 유형과 관할구역에 따라 범죄자 관리유형들은 정기적인 사무실 방문, 직장방문, 혹은 가정방문을 통한 접견 등 매우 다양하다. 감독관은 범죄자들이 부가 받은 모든 프로그램들에 참여하고 있는지를 입증할 책임이 있다. 즉, 법원 비용, 수수료 그리고 보상에 대한 정기적인 지불여부, 감독 기간 동안 법을 준수하고 있는지 등을 입증해야 하는 것이다. 또한 감독조건으로서 약물검사에 임할 필요가 있는 범죄자들에 대하여 약물검사를 부가할 수도 있다.

감독관들은 또한 유죄 판결 전에 전환 프로그램에 있었던 범죄자들을 감독할 책임을 받을 수도 있다. 전환 프로그램들(diversion programs)은 범죄자들에게 임시로 자신들에 대한 기소중지의 기회를 제공한다. 몇몇 지역에는 유죄 판결 전에 부과되는 특수 형태의 보호관찰이 있다. 만약 범죄자가 프로그램이 필요조건들을 완수하면, 검사는 범죄자에 대한 기소를 중지하고 공식기록에서 유죄를 피할 수 있다. 프로그램의 조건을 위반하면 결국 검사는 피고인에 대해 형사기소 절차를 진행한다. 전환 프로그램들은 전형적으로 청소년, 젊은 범죄자들, 혹은 초범자들을 위한 것이다. 이전에 중범죄 유죄확정을 받은 범죄자들이나 폭력 혹은 심각한 범죄로 체포된 사람들은 일반적으로 전환 프로그램들에 참여할 자격이 없다.

감독위반

감독위반은 보호관찰, 가석방, 혹은 중간처우 프로그램 조건들의 위반이다. 감독위반은 새로운 범죄 위반이거나 기술적 위반(Technical violations)일 수 있다. 새로운 범죄 위반은 감독기간 중 범죄자들이 새로운 범죄를 저지를 때 생긴다. 새로운 범죄 위반에 대해서는 범죄자가 감독조건 위반(즉, 모든 법을 준수하는 조건의 위반)을 다루기 위해 자신의 지역사회 감독에 대한 관할권을 가진 법원이나 가석방 위원회 뿐만 아니라 새로운 범죄 유형에 적합한 법원에 출석해야 한다. 기술적 위반(Technical violations)은 형법 위반을 포함하지 않는 감독조건의 위반이다. 양성 약물검사, 치료모임 불참석, 감독 무단이탈(즉, 감독 피하기), 지역이탈 그리고 불성실한 보상금 지불이행이 대표적인 기술적 위반의 예이다.

감독관이 어떻게 감독조건의 위반에 대응하는지는 위반의 성향, 범죄자 특성 그리고 감독관의 경험에 근거한 적절한 대응 인식에 달려 있다. 경미한 기술적 위반은 종종 비공식적 방법(아마도 범죄자에게 구술이나 서면 경고와 같은)으로 다루어진다. 보다 심각한 위반은 감독관들이 위반의 성향과 맥락, 보호관찰을 받는 사람의 진행상황과 감독완료 성공 가능성 그리고 조직과의 역학관계를 고려해야 할 필요가 있다. 새로운 범죄 위반, 특히 중범죄는 거의 항상 법원이나 가석방 위원회에 보고된다. 기술적 위반이라 하더라도 잠재적으로 공공 안전에 위협이 되는 것과 같은 심각한 경우는 관련 기관에 보고될 수 있다.

검사, 판사 그리고 가석방 위원회는 조건위반에 대한 대응에 상당한 재량을 가지지만, 감독관의 의견은 사건의 최종 결정에 중요한 역할을 할 수 있다. 새로운 범죄 위반이나 심각한 기술적 위반에 대해서는, 범죄자에 대한 감독을 철회될 수 있다. 결과적으로, 범죄자는 중간처우, 혹은 구치소나 교도소의 일정 기간의 구금과 같은 새로운 기간의 감독이나 보다 엄격한 형태의 지역사회 감독 형을 받을 수 있다.

BOX 6.3 보호관찰 위반에 대한 신속한-확실한-공정한 대응

과거 몇 십 년에 걸쳐 지역사회 감독에서 가장 널리 논의된 혁신중의 하나는 보호관찰 담당자와 법원이 보호관찰 위반에 신속하게 대응하는 과정을 만들려는 노력이었다. 이것은 종종 신속한-정확한-공정한 대응 프로그램이나 HOPE-stlye 보호관찰(HOPE; 가장 눈에 띄게 논의되어왔던 하와이 프로그램)이라 불린다. 비록 지역마다 수많은 변형된 형태가 있지만, 일반적인 목표는 기술적 위반(특히 약물검사 거부, 위반 시 72시간 이내에 사법부 청문회 회부)에 대응하는 것과 위반의 정도와 균형은 지키되, 의미 있는 처벌을 부과하는 것이다. HOPE 보호관찰은 스티븐 알름(Steven

Alm) 판사가 일반적 보호관찰은 효과가 없다고 판단한 후 2004년에 하와이에서 시작하였다.

일반적인 보호관찰의 주요한 문제는 보호관찰관이 담당 대상자에 대한 법원의 보호관찰 철회 청문회를 회부할 수 있기 위해서는 여러 번에 걸친 조건 위반이 필요하다는 것이다. 또한, 전통적 보호관찰 체계에서 청문회 건을 해결하는 데에는 수주나 수개월이 소요된다. 이것은 위반에 대한 신속한 처벌을 통한 억제효과를 크게 감소시킨다. 이러한 문제를 해결하기 위하여 몇몇 지역들은 즉각적 조치를 위해 법원에 위반을 의무적으로 보고하는 메커니즘을 만들었다. 가장 일반적인 처벌은 단기 구치소 구금형이다(일반적으로 하루에서 5일). 판사들은 지역사회 봉사, 통금 제한, 혹은 주거지 약물치료와 같은 다른 처벌들을 부가할 수도 있다. 이처럼 프로그램의 위반에 대한 대응은 신속한-정확한-공정해야 한다고 주장된다.

신속한-정확한-공정한 대응 프로그램들은 보호관찰 감독을 다시 한 번 의미있게 만드는 방법으로 널리 홍보되어 왔다. 게다가, HOPE와 비슷한 프로그램들의 초기 분석에서는 재범률과 보호관찰 철회율에서 상당한 감소를 보였다. 그러나 이 프로그램들에 대한 최근의 연구 결과에 따르면 장기적 관점에서 볼 때 재범률과 보호관찰 철회율의 감소효과가 거의 없거나 미미한 수준이다. 이러한 연구 결과들은 억제에 기반한 전략에 비판적인 사람들에게는 놀랍지 않다. 몇몇 사람들은 범죄자 행동을 바꾸는 수단으로서 추가적인 처벌(심지어 그런 처벌들은 신속하고 어느 정도 정확하게 부과되는데도)에 의한 위협에 의존하는 방식의 효율성에 의문을 제기해왔다. 비록 신속한-정확한-공정한 대응 프로그램들은 직관적이고 정치적인 매력을 가지고 있지만, 그것들은 주로 많은 범죄자들의 의사결정과 삶에 영향을 미치는 수많은 인지적이고 사회적인 요소들을 무시한다. 게다가, 그런 프로그램들에 대한 관심은 재범률과 철회율을 감소시키는데 무엇이 실제로 효과가 있는지에 관한 기존의 증거들을 불분명하게 만든다. 수많은 연구에서 범죄자 위험의 대상 정하기, 고위험 범죄자들에 대한 집중프로그램 개발 그리고 인지적 행동전략을 사용하는 것과 같은 핵심 교정 관행을 포함함으로써 결국엔 범죄자의 재범률과 철회율이 상당히 감소했음을 알 수 있다. 가장 필요한 경우를 제외한 모든 사건에 대하여 구금의 사용을 최소화하면서 주요 위반에 대해 시기적절하고 효과적인 방식으로 대응하는 것이 핵심과제이다. 중대한 사법 개혁은 현실적인 우려와 정책의 효과성 증거를 고려하여 수정된다. 최근의 증거에 비추어 볼 때 공성한 정책이 어떻게 수정될지는 두고 봐야 할 문제이다.

특별지원집단과 지역사회 감독

많은 범죄자들은 자신을 상당한 재범 위험에 노출시키거나 성공적인 사회 재통합을 어렵게 하는 추가적인 장벽을 만드는 특성을 가지고 있다. 학자들은 종종 '특별지원집단(special needs populations)'이라고 불리는 특히 감독하기 까다로운 특징을 가진 집단을 감독하는 책임을 특정하였다. 연구자들은 이러한 특징이 범죄자의 행동과 이들에 대한 감독조건을 충족시키는 능력에 어떻게 영향을 미치는지에 초점을 맞춘 연구를 시작하였다. 이러한 특별지원집단에는 약물남용자, 감독을 받는 노인들, 여성범죄자들 그리고 정신건강 문제를 가진 범죄자들이 포함된다. 비록 모든 특별지원집단 구성원이 형을 완료하는데 어려움을 겪는 것은 아니지만, 연구에 따르면 이러한 특수집단은 일반적인 경우보다 더 높은 재범률 및 다른 부정적인 결과의 원인이 되는 다양한 문제들을 가지고 있다. 이들 범죄자들의 감독을 책임지는 감독관들은 이 집단만의 특수한 문제들과 과제들을 사전에 충분히 숙지해야 한다. 형사사법체계 안에서 특별지원집단에는 정신건강 문제를 가진 범죄자들을 포함한다. 인식 가능한 정신 건강 장애를 가진 교정인구의 비율은 지난 30년 지속적으로 동안 증가하고 있다. 지금까지 교정기관들은 기관이나 지역사회를 기반으로 한 범죄자들에 대해 증가하는 정신건강 서비스의 수요를 충족시킬 수가 없었다. 정신건강 문제를 가진 범죄자들은 감독조건을 준수하는데 상당히 곤란한 과제에 직면해 있다. 안정된 주거와 고용을 획득하고 유지하는 어려움 외에도, 정신건강 문제는 심지어 외견상으로도 담당 감독관에게 보고하는 것과 같은 간단한 감독조건들을 준수하는 것조차 어렵게 만든다. 게다가 이러한 특수지원집단 범죄자들 중에는 정신건강과 마약남용 문제들이 동시에 가진 자들도 있다. 이러한 경우는 이미 어려운 상황을 더욱 악화시키고 범죄자들의 개인적 그리고 사회적 자원을 사용하는 능력에 실질적인 제약을 야기한다.

형사사법체계에는 정신건강 문제를 가진 범죄자들에 대한 감독을 성공시키기 위한 프로그램들을 마련해 왔다. 많은 보호관찰 부서들에는 그런 사례들을 감독할 책임이 있는 특수훈련을 받은 직원들이 있다. 또한, 어떤 지역에는 이 범죄자들이 직면하는 문제들에 총체적인 대응을 제공하기 위해 만들어진 정신 건강법원도 있다. 많은 정신건강법원이 아직 실험적 단계에 있기는 하지만, 정신건강법원은 당국의 주의를 끄는 정신 건강 문제를 가진 개인의 삶을 개선하기 위해 필요하다고 생각되는 다양한 사회 서비스들에 대한 조정을 시도하고 있다. 법원은 서비스와 감독을 제공하는데 문제해결과 팀 접근법을 사용한다. 이 방식을 활용하여 지역사회 감독을 받은 특별지원집단 사례들을 공유하고 감독관들이 사례운영에 적극적 역할을 하는 것이다. 비록 많은 정신 건강법원이 실험단계에 있지만 결과는 고무적이다. 또한, 증거기반 치료전략과 프로토콜의 사용은 이 집단의 다양한 부정적인 결과를 감소시키는 것으로 밝혀졌다.

사회 내 교정의 효율성

선행연구들은 지역사회 감독 프로그램들이 재범률을 감소시키는데 어느 정도의 성공을 했다고 밝혀냈다. 다양한 제재 방식이 논의되고 있으며, 각 지역 간 유사한 방식임에도 결과에 있어 유의미한 차이가 난다는 점을 고려하면 감독 유형별 효과성에 대한 결론은 신중하게 해석되어야 한다. 또한, 일부 프로그램은 특정 유형의 범죄자들에게 더 효과적이기도 한다. 이러한 결과에도 불구하고 다양한 사회 내 교정 처벌에 대한 연구에서 몇 가지 공통된 주제들이 있는 것 같다. 관심있는 독자들은 Gray, Fields, and Maxwell(2001), Petersilia(1997), and Tonry and Lynch(1996)의 연구문헌의 보다 포괄적인 비평을 보길 권한다.

특정 관할에서의 정확한 결과 척도에 따른 연구결과는 사회 내 감독의 효율성에 영향을 미치는 상당한 중요변수를 밝혀냈다. 연구에 따르면 대체로 보호관찰과 중간처우는 보호관찰 목표달성에 중간정도의 효과가 있었다. 평가 연구의 주요한 문제는 프로그램 효율성이 측정지표를 어떻게 설정할지 결정하는 것이다. 범죄자에 대한 감독관리 성공여부의 측정은 성공적으로 감독을 완료한 범죄자의 수, 감독을 받을 동안 저지른 새로운 범죄나 기술적 위반의 수, 혹은 감독 종료 후 새로 체포되는 수를 포함할 수 있다. 성공 여부를 판단하는 지표를 어떻게 선정하는지에 따라 프로그램이 성공적으로 보이는가에 크게 영향을 미칠 것이다.

모르간(Morgan, 1996)의 연구에 따르면 15%~50%의 보호관찰 대상 범죄자들은 지역사회 감독에 실패하였다. 뉴욕 주의 보호관찰대상 범죄들에 관한 보고서에 의하면 2006년에 주 전체에서 취소된 4만 명의 보호관찰 대상 범죄자들 중에서, 22%는 기술적 위반으로, 9%는 새로운 범죄로 보호관찰이 철회되었는데, 결국 대략 3분의 1의 보호관찰 대상 범죄들이 감독 완수에 실패했다. 다른 지역에 대한 연구에서도 유사한 결과를 보였다는 연구결과가 있다. 대부분이 보호관찰 실패는 기술적 위반과 새로운 경범죄의 결과이며, 대다수의 연구결과를 종합해 볼 때 새로운 중범죄 위반은 다른 위반보다는 비교적 적은 편이었다. 경범죄 보호관찰을 받은 범죄자들은 중범죄로 보호관찰에 처한 범죄자들에 비해 훨씬 더 높은 성공률을 보이는 듯하다. 하지만 이러한 결과는 경범죄 범죄자가 보여주는 더 낮은 재범 위험성이나 경범죄로 유죄 확정을 받은 사람들에 대한 감독의 집중적 성향이 덜하기 때문일 수도 있다.

중간처우의 유효성을 평가하는 중요한 질문은 '누구와 비교해서'이다. 중간처우를 선고받은 범죄자들에 대해 적절한 비교집단을 결정하는 것은 어려운 문제이며 이 집단의 성질에 따라 프로그램 유용성에 대한 결론에도 영향을 미칠 수도 있다. 비교집단의 식별은 특정 프로그램 목표에 달려있다. 대부분의 중간처우가 달성하고자 하는 하나의 목표는 일반적 보호관찰에 비해 범죄자들에 대한 더 철저한 감독과 통제이다.

많은 지역에서 중간처우는 구조적 양형에 포함되어 왔고 보호관찰과 교도소간의 보다 더 균형적인 양형 선택권을 제공하였다. 또한, 조사결과는 중간처우를 선고받은 범죄자들이 일반 보호관찰이나 구금된 사람들에 비해 치료 프로그램에 더 높은 수준의 참여율을 보였다고 한다. 이러한 결과는 치료 서비스를 강조하는 프로그램들이 감시와 통제에 주로 초점을 두는 비슷한 프로그램들에 비해 재범을 줄이는데 보다 효과적이라는 사실을 시사한다는 점에서 중요하다.

그러나 중간처우들은 재범이나 교정비용 효율성에서 수많은 문제들을 안고 있다. 이미도 가장 중요한 문제로써 망의 확대는 중간처우의 가장 핵심적 문제라 할 수 있다. 망의 확대를 감소하기 위한 양형 결정을 구조화하는 노력에도 불구하고, 중간처우를 선고받은 많은 범죄자들에 의해 결국 더 많은 비용, 교도소 과밀화, 제한적 영향 그리고 범죄자에 대한 사회적 통제 확대 등의 문제가 발생한다.

대부분의 평가에서 보호관찰이나 징역을 받는 사람들과 중간처우를 받은 범죄자들의 재범률이 단지 미미한 차이만을 보였다. 일반 보호관찰 대상 범죄자들이 가장 낮은 재범률을 보이고 다음은 중간처우를 받는 범죄자들이다. 출소자들은 가장 높은 재범률을 가진다. 그러나 범죄 심각성과 다른 관련된 특성들을 고려할 때, 중간처우를 받은 범죄자와 다른 교정인구들 간의 재범률의 차이는 미미하다. 병영훈련에 관한 대부분의 연구는 재범성에 영향을 거의 미치지 않는 반면, 재범에 대한 전자감시의 영향에 관한 연구는 그 결과가 일관되지 않다. 연구에 따르면 기관과 직원이 치료에 전념하고 효과적인 관행을 고수하는 지역사회 교정 프로그램들은 훨씬 더 높은 성공률을 가진다. 불행히도, 이들 특징들은 모든 프로그램이나 지역에서 일치하는 것은 아니다.

비록 일반 보호관찰과 중간처우를 받는 사람들이 새로운 범죄로 준수사항을 위반하는 빈도는 거의 차이나지 않지만 중간처우를 받은 위반자는 일반 보호관찰 보다 석방조건 철회율이 높다. 중간처우에 의한 엄격한 제한과 더 철저한 감독은 결국 일반 보호관찰에 보다 더 높은 기술적 위반율을 야기하기 때문이다. 대부분의 중간처우 프로그램들의 더 강한 통제와 감시성향에 비례하여 위반에 대한 처벌은 더 중하게 다뤄질 수 있고 결국엔 철회나 재수용으로 이어진다는 것을 의미한다. 결과적으로 범죄자 재범이나 교정비용을 감소시키기 위해 단지 감시에 중점을 둔 중간처우의 효율성에 의문이 제기되었다.

비판적 사고 연습

비록 중간처우들이 많은 실용적인 목표들(비용-효율성, 교도소 과밀화의 감소 그리고 재범의 감소)을 충족시켰던 것처럼 보이지는 않지만, 몇몇 사람들은 이 처벌유형이 보다 더 적절한 처벌과 양형 선택권이 되는 징벌적 기능의 역할을 할 수도 있다고 주장한다. 그러나 그 결과는 형사사법체계에서의 교정비용 증가이다. 특히 각 지역 교정기관들이 그들의 예산과 씨름하는 동시에 신고된 범죄율이 안정적이거나 감소하고 있다는 사실을 고려하면, 형사사법체계에 더 많은 돈을 투자하는 것이 적절한가? 우리는 어떻게 형사사법체계 예산의 필요와 정부가 제공하는 다른 공공재(예: 교육, 건강관리, 고속도로 등) 간의 균형을 이룰 수 있는가?

아마도 가석방과 출소 후 감독의 효율성의 가장 명백한 척도는 범죄자가 출소 후 교도소에 다시 가느냐 하는 것이다. 비록 대상이 되는 특정 문제에 대한 교도소 프로그램들에 참여하는 수용자들은 출소 후 상당이 낮은 재범률을 보이는 증거가 있지만, 그런 프로그램들에 참여하는 범죄자들의 비율은 다소 적다. 최근 다양한 사회복귀 프로그램들은 아직 철저한 검증을 받지 못하고 있는 실정이다. 그러나 장기간동안 정교하게 계획되어 실행된 출소 후 프로그램들에 참여하는 출소자들은 이러한 서비스가 없었던 출소자들에 비해 더 낮은 재범률을 보이는 것은 확실하다. 사회복귀 프로그램에 정치적으로 실행 가능한 투자가 계속되는지, 그 규모가 어떤지는 앞으로 두고 볼 일이다. 형사사법정책의 역사는 특정 정책계획(특히 사회복귀를 강조하는 것들)에 장기간의 전념을 생각하는 것에 주의하라고 시사한다. 연구에 따르면 충분한 자원과

적절한 실행을 지속적으로 유지하는 것이 그런 프로그램들의 전반적 유효성에 크게 영향을 미친다. 재수용을 억제하기 위한 노력이 어떻게 미래에 영향을 미칠지 결정하는 것은 너무 이르다. 그러나 매년 석방되는 엄청난 수의 출소자들과 직접적이고 부수적인 징역의 결과를 고려하면, 수용자의 재통합을 개선하는 이익은 상당하다 할 수 있다. 반면 형사사법체계, 사회서비스 유관기관 그리고 지역사회의 협조 부재는 장기적으로 볼 때 심각한 부정적인 결과를 가질 수도 있다.

비판적 사고 연습

많은 연구들은 대부분의 중간처우 감독위반이 기술적 위반이고 새로운 범죄에 대한 것은 아니라고 한다. 어떻게 기술적 위반이 프로그램의 성공여부에 영향을 주게 되는가? 특히, 위반이 공공의 안전에 위협을 주지 않을 때, 단순 기술적 위반에 대하여 처벌하는 정당한 이유는 무엇인가? 법원이나 가석방 위원회는 그런 사례들을 통하여 어떠한 조치를 해야 하는가?

최고의 실무(Best Practices)를 사회 내 교정에 포함하는 것

교도소 개입의 효과에 대한 비판에 대응하여 점점 더 많은 연구가 재범을 줄이는데 성공한 사례에 초점을 맞추고 있다. 학자들은 다양한 교정 관행에 대한 평가를 바탕으로 교정 치료 프로그램의 중요한 원칙, 범죄자 변화와 관련된 프로그램 및 프로그램 요소의 예 및 실제 환경에서 이를 구현하는 방법에 대한 통찰력을 확인하였다. 예를 들어, 연구들은 집중프로그램들이 고위험군 범죄자들을 목표로 하여 준비되어야 한다는 것을 입증했다. 저위험군 범죄자에 대한 집중프로그램의 사용은 실제 오히려 범죄자 재범률을 증가시킨다. 이 때문에 공공의 안전은 감소하고 비용은 증가하게 된다. 교정기관들은 점점 더 이들 교정의 최고의 실무와 효과적인 교정개입과 일치하는 프로그램들을 개발 및 실행하고 있다. 많은 사회 내 교정기관들에 대한 웹사이트들은 무엇이 효과적인가(what works)의 원칙들에 따라 만들어진 정책들을 강조한다.

비록 몇몇 범죄자들은 체계화된 프로그램들에 긍정적으로 대응하지 못하지만, 프로그램 성공률을 개선하는 방법에 관한 지식 기반은 지난 20년 동안 상당히 증가해왔다. 문제는 이 지식을 정치적으로, 재정적으로 그리고 운용에 있어 의미 있는 정책으로 바꾸는 방법이 강구되어야 한다는 것이다. 공무원들은 범죄에 관대(soft on crime)하다고 해석될 수도 있는 정책들을 지지하는데 매우 조심스럽다. 교정자원의 사용은 역사적으로 통제와 감시 활동에 초점이 맞춰 있었다. 심지어 감독관의 사건량은 과다하고 자원은 제한적인 사회 내 교정 안에서도, 새로운 프로그램과 전략에 대한 자원할당과 개발에 대해 회의적인 견해가 있다. 연구결과들은 새로운 프로그램들이 중요한 기저의 원칙들과 일치하는 방식으로는 거의 실행되지 않는다고 확인하였다. 예산 부족의 결과, 직원들에 대한 훈련이나 직무몰입의 부족, 혹은 행정철학의 변화 등 인간 서비스조직에서 장기적 프로그램을 온전하게 안정적으로 유지하는 것은 어렵다.

결론

국제 테러와의 전쟁, 국가 안보에 대한 우려, 계속되는 경제 문제에 대한 지속적인 노력은 공공 자원에 부담을 주었다. 최근의 주 예산 위기로 인해 교정을 포함한 많은 정부기관이 예산 감축을 경험하였다. 교정분야 중에서도 일반적으로 재통합 전용자원은 예산 의결 기간 동안 가장 큰 피해를 입는다. 이러한 추세가 형사 사법 정책에 어떤 영향을 미칠지는 분명하지 않다. 그러나 역사는 형사사법정책의 철학적 고려보다 경제 변화와 정치적 타당성이 더 중요함을 시사한다. 결국, 형사사법 개혁자들은 덜 이상주의적이고 보다 증거 주도적인 정책을 요구하기 위해 이러한 맥락을 사용하고 있다. 예를 들어, 대량구금과 교도소 복귀와 연관된 문제들에 관심이 증가하고 있었다. 대량구금과 수용자의 재통합을 돕기 위한 자원 제공 실패와 관련된 재정적 비용의 증거는 의미 있는 정책 변화로 이어질 수 있지만, 결코 확실한 것은 아니다.

비록 사회 내 교정은 미국 형사사법체계의 필수요소로 점점 더 인정받고 있지만, 여전히 공적이고 정치적인 의사결정자에 의해 기관 교정에 비해 부수적으로 요소 중 중요도 높은 영역이라 여겨지고 있다. 결과적으로는 사회 내 교정프로그램들은 더 적은 비용으로 더 많은 것을 해야 한다. 적절한 감독과 서비스를 교정집단에 제공하는 동시에 재성적 증가 없이 더 많은 범죄자들을 감독해야 한다. 매일, 수 천 명의 지역사회 교정전문가들은 감독위반과 공공 안전에 위협을 인지하고 대응하면서 범죄자들의 준법적 생활양식 준수와 재통합의 균형을 이루고자 노력한다.

오늘날의 추세는 지역사회 감독하에 있는 범죄자에 대한 감시와 치료 요구조건을 증가시키는 것이다. 그런 변화를 유지하는 데 필수적인 재정지원이 계속 유지될지는 명확하지 않다. 문제점에 대한 최근의 관심과 수용자 재진입 및 재통합에 관한 장기적 결과는 지역사회의 범죄자들에 대한 의미 있는 기회와 재범의 가능성을 감소시키는 노력을 제공할 수도 있다. 실제로 감독을 필요로 하는 고위험의 범죄자들에 초점을 맞춤으로써 일반 보호관찰 선고를 제한하라는 요구들이 있었다. 이 주장들에 의해 사회 내 교정에서 장기간 지속된 관행과 추세를 바꾸는데 진전이 있을지는 불명확하다. 그럼에도 불구하고 사회 내 교정은 계속해서 미국의 형사사법과 지역사회의 중요한 요소가 될 것임은 확실하다.

비판적 사고 연습

최근의 경제위기로 많은 주와 지방정부는 서비스 예산을 상당 수준 삭감해야 했다. 앞에서 언급했듯이, 지역사회 교정은 기관교정에 비해 더 적은 고정비용 때문에, 삭감에 훨씬 더 많이 취약하다. 당신이 지역사회교정기관의 관리자이고 내년 예산을 상당히 감축해야 한다고 상상해보라. 어디서 돈을 절약할 것이며 그 이유는 무엇인가? 당신은 그 영역에서 어떻게 돈을 절약하겠는가? 당신은 어떤 서비스가 필수적이라 여기나? 당신은 보호관찰 활동에 대한 자원을 보호하기 위해 어떤 주장을 할 것인가?

핵심 단어

병영훈련	집중감독	주거지역사회	사회 내 교정
보호관찰	교정 프로그램	지역사회 감독	중간처우
충격구금	감독조건	일반적 준수사항	특별준수사항
주간보고센터	재범	분리 선고	전환 프로그램
가석방 감독	망의 확대	전자감독	공판 전 조사
가석방	사회복귀시설	재진입	감독조건 위반
가택구금	사회복귀	신속한-정확한-공정한 대응	체포
기술적 위반			

읽을 거리

Crime and Justice Institute at Community Resources for Justice. (2009). *Implementing evidence-based policy and practice in community corrections*, 2nd ed. Washington, DC: National Institute of Corrections.

Kurki, L. (2000). Restorative and community justice in the United States. In M. Tonry (Ed.), *Crime and justice: A review of research*, vol. 27, 235?03. Chicago: University of Chicago Press.

Maruna, S., and R. Immarigeon (Eds.). (2011). *After crime and punishment: Pathways to offender reintegration*. New York: Willan.

McNeil, F., P. Raynor, and C. Trotter (Eds.). (2010). *Offender supervision: New directions in theory, research and practice*. New York: Willan.

Sheenan, R., G. McIvor, and C. Trotter (Eds.). (2011). *Working with women offenders in the community*. New York: Willan.

State of Ohio. (2002). *The Ohio plan for productive offender reentry and recidivism reduction*. http://www.drc.ohio.gov/web/ReentryFinalPlan.pdf

Tonry, M. (1998). Intermediate sanctions in sentencing guidelines. In M. Tonry (Ed.), *Crime and justice: A review of research*, vol. 23, 199-253. Chicago: University of Chicago Press.

Travis, J. (2005). *But they all come back: Facing the challenges of prisoner reentry*. Washington, DC: Urban Institute Press.

Trotter, C. (2006). *Working with offenders: A guide to practice*. Thousand Oaks, CA: Sage.

White, R., and H. Graham. (2010). *Working with offenders: A guide to concepts and Practice*. New York: Willan.

제 7 장

소년사법

CHAPTER

07 소년사법

학습목표

- 소년사법의 발달에 대한 간단한 역사를 이해한다.
- 소년사법과 성인사법체계의 용어를 비교한다.
- 소년사법체계의 철학을 식별하고 정의한다.
- 국친주의 성장에 기여한 핵심요소를 설명한다.
- 다른 유형들의 일반 조항의 목록을 만들고 토론한다.
- 일탈의 다른 정의들을 비교 대조한다.
- 섹스팅 문제를 정의하고 토론한다.
- 일탈을 측정하는 방법에 따른 차이를 구별한다.
- 구금에 관련된 문제점들을 설명한다.
- 유입결정과 대안들을 토론한다.
- 소년법원에서 변호사가 지니는 특수한 역할들을 학습한다.
- 소년의 절차적 권리에서 핵심적인 법원사건을 나열하고 토론한다.
- 주 훈련학교를 정의하고 그러한 기관들의 프로그램을 토론한다.
- 탈시설화로의 전환을 토의한다.
- 소년에 대한 지역사회 감독에서의 다른 문제점들을 인식한다.
- 재진입과 관련한 우려에 대하여 설명한다.
- 범죄조직 문제와 범죄조직을 다루는 다른 노력들에 대해 토론한다.
- 회복적 사법과 가족집단회의(family group conferencing)를 인식하고 소년과 재범에 미치는 영향을 토론한다.
- 다른 형태의 회복적 사법을 기술한다.
- 소년의 사형과 관련된 문제들을 다룬다.

소년 범죄자들을 다루는 것은 사회에 독특한 문제를 하였으며, 소년들에 대한 우려와 문제를 해결하기 위하여 전체 체계가 구축되었다. 경찰, 법원 그리고 교정의 기능적 통합 노력을 조정하기 위한 형사사법체계를 논할 때 소년사법체계는 주로 형사사법체계의 부속물로만 여겨졌다. 이것은 주로 소년사법이 소년범죄 행위의 본질과 소년 범죄자를 다루기위한 적절한 대응에 관한 일련의 가정에 기초를 두고 있다는 사실에 기인한다.

역사

소년사법의 역사는 비교적 짧다. 1800년대 중반까지 소년은 분리된 법적 지위도 없었고 소년 범죄자들을 다루는 분리된 체계도 없었다. 대부분의 역사를 통틀어, '아이'와 같은 지위는 없었다. 사회에서 소년들은 출생에서 5~6세 유아기 까지는 인(人)적인 존재이기 보다 재산과 같은 지위를 가졌다. 그들은 소나, 다른 소유물처럼 주인(아버지)의 필요에 따라 사고파는 거래의 대상이었다. 어린이가 5세나 6세가 되면 그 때부터 그들은 자격을 제대로 갖춘 사회 구성원이 되었고 성인과 같이 행동하도록 교육받았다.

어린이들도 어른들과 동등하다는 일반적 견해는 법적 제재의 영역으로 확대되었다. 어린이들은 성인들과 같은 규칙과 규율의 지배를 받았다. 그러나 어린 범죄자들을 다루는 별도의 체계는 없었다. 법에 있어 범죄자의 연령에 근거한 차이를 만들지 않았기 때문이다. 실질적으로 소년들은 다양한 범죄행동에 대해 사형을 선고받을 수 있었다. 그러나 비록 사형을 포함하여 가혹한 처벌이 젊은 범죄자들에게 가해지더라도, 그들은 거의 처벌을 받지 않고 사실상 무효화되어, 아이들에 대한 법과 처벌의 집행은 거부되었다.

유년기의 개념은 의학발전이 유아들의 기대수명을 늘림으로써 16세기와 17세기 사이에 나타나기 시작했다. 아이들은 타락하지 않고 성장하기 위해서 보호, 지원 그리고 인도가 필요한 대상으로 여겨지기 시작했다. 이것은 주로 성직자들과 학자들이 이끌었다. 어린이들을 보호하는 것은 미래에 더 도덕적이고 생산적인 사회를 보장하는 수단이라 보았다.

소년사법체계의 시작은 가난한 사람들이 사회에 제기하는 가난과 잠재적 위협을 다루기 위한 방향으로 정책이 변화하는 데에 기반이 되었다. 많은 지역사회와 종교집단들이 착수한 주된 대응은 수용자들이 석방되어 직업을 갖고 자신과 가족들을 돌볼 수 있을 것이라 전제하고, 그들에게 종교적인 신념과 직업훈련을 제공하는 것이었다. 많은 단체들은 가난한 아이들이 교육과 훈련을 더 잘 받을 수 있는 후보자로 여겨졌기 때문에 이들을 다루는 데에 관심을 집중했다.

표 7.1 청소년 사법체계의 주요사건(1800–1899)

1825	보호시설 설립 뉴욕(New York), 1825 보스턴(Boston), 1826 필라델피아(Philadelphia), 1828
1838	국가후견에 찬성하는 Ex parte Crouse 법
1841	보스턴(Boston)에서 보호관찰 시작
1848	Lyman 소년원 설립
1800년대 중반	소년원 도입
1855	시카고(Chicago) 소년원법의 소년원 설립
1869	매사추세츠(Massachusetts) 주 자선위원회의 소년 보호관찰의 통제권 보유
1870	국가후견에 반대한 People v. Turner 규칙
1892	뉴욕(New York)에서 소년과 성인의 재판을 분리
1899	쿡카운티(Cook County)에 최초의 소년법원 설립

소년기관의 성장

사회를 보호하면서 가난한 사람들을 돕는 정책을 지원하기 위해 다양한 기관들이 설립되었다. 가장 초기의 기관들은 뉴욕에서 1825년에 설립된 보호시설(houses of refuge)이었다. 보스턴(1826)과 필라델피아(1828)는 이 제도를 재빨리 받아들였다. 이들 기관들은 지원이 필요한 성인들과 소년들 둘 다를 다루었다. 소년들에 대한 주된 측면은 교육, 기술 훈련, 고된 노동, 종교적 훈련 그리고 부모의 훈육이었다. 불행히도, 보호시설은 빠르게 과밀화되었고 그들이 약속한 훈련과 지원은 제대로 제공되지 못했다.

1800년대 중반까지, 보호시설들은 새로운 형태의 기관(소년원)에 자리를 내주었다. 비록 소년원의 기본적 목표(교육, 훈련 그리고 부모훈육)는 보호시설과 같았지만, 소년원은 대리부모와 소수의 어린이가 있는 집과 흡사한 외형으로 지어졌다. 보호시설과 달리, 소년원은 오로지 청소년들에 초점을 맞췄다. 부모와 같은 존재(대리부모)는 소녀들이 필요로 하는 사랑과 관심을 제공했다. 불행히도, 소년원은 보호시설과 같은 많은 문제점들을 겪었다. 소년원을 중요하게 만든 것은 사회에서 소년들의 독특한 요구와 문제점들을 인식하기 시작했다는 것이다.

이러한 새로운 기관들의 발달을 통해, 사회의 모든 연령대 사람들의 범죄행동을 다루는 하나의 체계가 만들어졌다. 법을 위반한 소년들은 성인과 같은 법정에 서서 다른 사람들과 같은 형법에 의해 처벌받았다. 비록 보호시설과 소년원이 법원이 보내는 소년들을 다루었지만, 대부분의 소년들은 여전히 성인들과 같이 구금되었고 같은 방식으로 처벌받았다.

소년법원

소년법원의 발달은 새로운 기관의 설립과 같은 논리를 따랐다. 즉, 그들이 법을 준수하고, 사회에 생산적인 기여자가 될 수 있도록 처벌보다는 지원을 필요로 한다는 것이었다. 최초로 인정받은 개별적 소년법원은 1899년에 일리노이와 시카고의 쿡 카운티에서 설립되었다. 일리노이 법원은 소년원 설립 입법근거로 소년들은 사회에서 그들이 직면하는 불이익을 극복하기 위한 지원을 필요로 하고 문제가 되는 행동을 처벌하는 것보다 자비의 시스템을 통해서 그들이 교화될 수 있다는 일반적인 믿음을 반영했다. 가난하고 궁핍한 사람들에 대한 걱정에 대응하는 것 외에도, 새로운 소년법원은 행동에 대한 과학적 설명(특히 심리학과 사회학의 설명)의 성장의 결과로 생겨났다. 이러한 학문들은 소년들의 문제들을 형사사법제계의 단순히 처벌을 가하는 것 이외의 방법으로 다루어질 수 있다고 주장했다. 또한, 소년법원은 운영방식에서 성인의 체계와는 다른 새로운 이휘들을 채택했다.

새로운 소년법원은 범죄유형과 관계없이 15세 혹은 보나 어린 소년들을 내상으로 하였다. 법원은 매우 비공식적인 방식으로 운영했고 성인 법원과의 유사성을 피했다. 적법절차, 변호사, 배심원 등 성인법원에서의 몇 가지 요소들은 소년법원에서는 배제되었다. 소년법원은 온정주의적 방식으로 소년들을 다루었고 가족에게서 볼 수 있는 것과 같은 도움과 지원을 제공하기로 되어 있었다. 법원은 또한 문제아들에 대해 구금보다는 보호관찰에 의존했다. 소년법원의 실제 절차와 운용은 일반적으로 법원의 판사들의 다양한 성향과 개인들의 성격을 반영했다.

표 7.2 청소년과 성인 체계간의 비교용어

청소년	성인
판결	유죄선고
심리	재판
사후관리	가석방
약속	선고
일탈의	형사의
송치	기소
유치	체포

소년사법체계의 철학

아마도 소년사법체계의 성장에 가장 큰 어려움은 새로운 법원의 철학과 소년헌법 권리의 문제점에 대한 논의를 수반한다는 것이다. 소년법원은 성인형사체계의 기존의 원리와 정반대인 철학을 따른다. 소년사법체계는 소년들은 범죄행동에 요구되는 mens rea(범죄적 의도; 고의)를 형성할 수 없다는 입장을 가졌다. 대신에, 소년의 일탈적 행동은 소년의 통제를 넘어선 힘의 결과라 보았다. 소년들은 너무 미성숙해서 자신의 행동의 결과를 이해할 수 없다는 것이다. 소년법원은 소년들의 헌법적 권리에 대한 우려를 포함한 소년의 비행에 대한 엄격한 법적 대응을 하기 보다는 그들이 더 나은 결정을 내리고 문제를 피할 수 있도록 보호, 양육 그리고 훈련에 더 초점을 맞춘 국가 후견 철학을 채택했다.

'Parens patriae', 즉 국친주의는 다른 무엇보다도 고아들의 재산권을 돌보는 업무를 보았던 영국 고등법원의 상법부(English Chancery Court)에 기반을 두고 있다. 법원은 지원이 필요한 소년들에게 부모로서의 역할을 해야 했다. 국친주의는 국가가 소년들과 그들의 가족들의 삶에 점점 더 관여할 수 있는 문을 열었다. 이것은 아마도 범죄의 지위를 구체적으로 설명하는 법령의 문구에서 가장 전형적인 예일 것이다. 예를 들어, 소년법원을 명시한 원래의 일리노이 주 법은 범죄자 행동, 의존 그리고 태만을 다루었다. 그러나 1903년경 주정부는 법원의 명령에 구제불능, 통금 그리고 다른 비행을 덧붙였다.

국친주의 철학은 소년법원에서 아예 새로운 것은 아니었다. 이 사상은 사실상, 한 소녀가 그녀 아버지의 의사에 반하여 구금되었던 초기의 사건에서 사용되었다. Ex parte Crouse(1838)사건에서 한 여성이 자신의 딸을 보살필 수 없었기 때문에 구금해 달라고 법원에 부탁했다.

표 7.3 국친주의(parens patriae)의 성장과 관련한 주요사건

English Chancery Court	아동의 복지, 특히 재산문제의 관점에 (Middle Ages) 서 주정부 개입의 기초
Ex parte Crouse (1838)	펜실베니아(Pennsylvania) 대법원은 parens patriae가 부모의 동의없이 어린이의 삶에 개입할 수 있는 충분한 근거라고 판결
People v. Turner (1870)	일리노이(Illinoise) 대법원은 당시 경시되었던 친권에 대해 보다 유리한 지위를 부여함으로써 parens patriae에 반하는 판결을 내림
Commonwealth v. Fisher (1905)	펜실베니아(Pennsylvania) 대법원은 개입 목적이 소년들을 도우려는 것이라면 처벌없이 개입할 수 있다고 결정
Kent v. United States (1966)	parens patriae는 소년에게 주어지는 적법절차보호의 부족과 결부되어 소년법원이 주는 적절한 지원의 부족에 비추어 심각한 문제로 대두

그 아이의 아버지는 반대했고 재판 없이 아이를 구금하는 것은 불법이라고 주장했다. 그러나 펜실베니아 대법원은 그 주장을 기각하고 부모가 자기 역할을 할 수 없을 때는 국가가 국친주의 철학의 원칙 아래 직접 개입하여 그 소년과 지역사회의 개선에 대해 조치를 취할 수 있는 책임이 있다고 판시했다. 더 중요한 것은, 법원은 부모의 권리는 사회의 권리와 이익으로 대체할 수 있다고 명시했다. 이러한 입장은 Commonwealth v. Fisher(1905)사건에서 재확인되었다. 이 사건에서 펜실베니아 대법원은 주정부의 목표가 소년을 처벌하거나 단지 제한할 것이 아니고 오히려 보살핌과 보호를 하는 것이라면, 주정부는 개입하여 소년을 관리할 권리와 책임이 있다고 보았다. 본질적으로, 만약 의도가 소년을 도우는 것이라면, 국친주의는 소년법원이 소년과 가족의 삶에 개입하는 것을 허락한다는 것이다.

국친주의 철학은 소년사법체계에서 지배적 견해로 남아있었다. 1966년에 와서야 그 철학은 Kent v. United States(1966)사건에서 심각한 문제점이 제기되었다. 비록 미 대법원은 소년사법체계의 철학에 대해 구체적으로 결정을 내리지 않았지만, 에이브 포타스(Abe Fortas)판사는 다음과 같이 주장했다.

최악의 경우 아이가 두 가지 취약성에 노출될 우려에 대한 근거가 있다: 한 가지는 아이가 성인으로서 처분 받을 때 받을 수 있는 보호조치를 못 받는 다는 것이며, 또 한 가지는 소년들에게만 상정된 세심한 케어와 회복 프로그램에 대한 참여가 차단된다는 것이다.

포타스 판사는 국친주의가 표명하는 지원과 보살핌을 제공하지 못했음에도 불구하고 법원은 이 철학을 근거로 소년법원이 소년들에게 적법절차권리를 부여하지 않고 그들의 삶에 무제한적으로 개입하는 것을 허락했다고 주장했다. 지난 30년 동안 소년사법체계의 변화는 소년 소송절차에서 국가후견의 점진적인 감소이다.

국가후견의 계속적인 영향력에도 불구하고, 다른 철학적 근거 또한 소년사법을 지지하였다. 주 법령에서 나타나는 소년법원에 대한 일반적 조항은 소년법원의 주요 의도나 핵심을 요약하고 있다. 이 조항에는 다섯 가지 범주가 있다:

(1) 가해소년과 피해소년들을 포함한 관련 당사자들의 요구에 초점을 맞춘 균형잡히고 회복적인 사법지향;
(2) 보살핌, 후견 그리고 소년에 대한 통제를 강조하는 소년법원의 기본조항;
(3) 보살핌, 보호, 감독 그리고 소년들의 재통합에 초점을 두는 입법가이드 조항;
(4) 억제, 처벌 그리고 책임에 집중하는 형사법원 지향;
(5) '소년에게 가장 이익이 되도록' 이념을 강조하는 전통적인 소년 복지조항.

국친주의는 형사법원지향을 제외한 모든 범주의 핵심이다.

비판적 사고 연습

우리나라에서의 소년법원에 대해 일반적 조항을 연구하라.

비행 정의

문제아를 다루는 분리체계의 발달은 법과 용어가 전혀 다른 것은 아니라는 것을 의미한다. 이들 변화들 중에 주요한 것은 비행이 소년법원의 초점으로서 범죄를 대신했다는 사실이다. 비행개념은 소년법원 설립 전에는 존재하지 않았다. 소년 범죄자들은 성인 범죄자들과 같은 형사체계에서 항상 처리되어 왔다. 그러나 오늘날 소년법원은 이제 성인과는 다른 법과 정책으로 소년들을 다룬다.

비행을 정의하는 하나의 방법은 단순히 일탈에 대해 형법상 정의를 사용하는 것이다. 달리 말하면, 비행 청소년은 형법을 위반하는 소년이다. 그러므로 강도, 절도 폭행, 혹은 다른 형사범죄를 저지르는 소년은 범죄자로 여겨진다. 이러한 정의는 전 미국을 통틀어 사용된다.

또한 '소년'과 같은 일정한 지위를 가진 사람들에게만 불법인 행위도 있다. 이것을 지위비행(status offenses)이라고 불린다. 전형적인 지위비행은 음주 혹은 흡연, 통금위반, 무단결석, 부모에 대한 반항, 가출, 혹은 욕설을 포함한다. 이러한 행동을 하는 성인들은 형사 혹은 소년사법체계의 처벌을 받지 않는다. 다른 지역은 비행 청소년에 대해 다른 용어들을 사용하기도 한다. 흔한 용어들로는 '구제불능의', '다루기 힘든', '독립적인', 'PINS(person inneed of service;서비스가 필요한 사람)', 'CHINS"(child in need of service; 서비스가 필요한 아이)' 등이 있다. 이들 용어들 중 몇몇은 잘못을 저지른 소년과 가난한 부모의 보호를 받거나 범죄의 피해자 그리고 요보호소년들을 모두 포함하는 용어로 사용되기도 한다.

비판적 사고 연습

국내외의 청소년에 대한 비행법령을 찾아보라, 그것들은 어떠한 공통점과 차이점이 있는가?

비행을 정의할 때, 소년의 정의는 주(州) 마다 다양하다는 점에 주목할 필요가 있다. 41개 주와 콜럼비아 특별구에서의 소년은 18세 미만이다. 7개의 주는 소년을 17세 미만, 2개 주는 16세 미만으로 규정한다. 이러한 상한연령은 각 관할을 담당하는 수년법원에서 정하지만, 많은 주들은 또한 소년 체계에서 사건을 처리하기 위한 최소연령을 정하기도 한다. 33개 주는 최소연령이 없는 반면, 11개 주는 10세, 4개 주는 7세, 1개 주는 8세 그리고 1개 주는 6세로 규정하고 있다. 최소연령 외에도, 범죄시 연령에 따라 소년사법체계에서 판결을 받았지만 시간이 지나면서 연령 제한을 넘은 사람에 대해 적용 체계를 유지할 수 있는 조항이 있는 곳도 있다(예; 범행시 소년이었으나 형 집행 중 성인연령에 도달한 경우).

소년들을 다루는 별개의 체계가 존재함에도 불구하고, 형사사법체계에서 소년들을 다루는 조항들 둔 주 들도 있다. 이 조항들은 이송(transfer) 혹은 포기(waiver)라고 알려져 있다. 이 조항들은 소년인 누군가가 소년사법체계의 도움을 받지 못한다고 결정 받는 과정이다. 따라서 소년사건을 처리하고 사회를 보호하기 위해 성인형사절차를 적용할 필요가 있을 때가 있다. 이러한 조항이 있는 주들은 형사사법체계로 소년을 이송할 수 있는 최소한의 연령을 정한다.

비행을 정의하는 것이 쉽지 않다는 것은 자명하다. 그 정의는 소년의 연령과 지역에 따라 크게 달라진다. 이러한 상황은 또한 문제를 정의하는 방법에 따라 비행의 정도가 다르기 때문에 다양한 소년 비행 척도를 만든다.

비판적 사고 연습

국내의 청소년 법령을 탐구하고 청소년에 대한 송치/기각에 대한 정의와 지침을 조사해보라. 국내의 관련법들은 여기에서 제시된 것과 어떻게 다른가? 무작위로 국가를 선정하여 그 국가에서 청소년에 관한 법령을 조사하고 국내와는 어떠한 차이가 있는지 알아보라.

비행 측정

비행을 측정하는 데에는 수많은 다른 방법들이 있으며, 각각은 방법에 따라 비행은 다른 그림으로 나타난다. 비행을 측정하는 두 가지 주요한 접근법은 공식적 기록과 자기보고서조사의 관리를 사용하는 것이다.

공식통계

비행의 공식적 조치는 다양한 사법기관의 기록에 근거한다. 그러므로 비행의 수준은 소년의 행동과 기관의 활동을 반영한다. 공식통계는 법집행, 법원 그리고 교정기관에서 얻을 수 있다. 미국의 공식통계(Uniform Crime Reports, UCR)는 경찰에게 인지되는 범죄들에 관한 정보를 제공하는데 가장 흔하게 사용된다. 불행히도 매년 많은 범죄들은 경찰에 신고되지 않고 일부만이 체포되며, 대부분의 범죄에서 범죄자에 대해 알려진 정보는 거의 없다. 범죄자가 확인되거나 체포된 사건조사는 소년비행/범죄행동에 대한 통찰력을 제공한다. 2016년 연령별 체포 통계자료에 따르면 68만 명 이상의 소년들이 체포되었는데 전체 체포된 사람들 중의 8%를 차지했다. 2016년 체포 통계자료에 따르면 소년들은 전체 살인, 강간, 강도 그리고 가중폭행 폭력범죄의 10%, 모든 재산범죄의 14%를 차지했다.

소년 범죄를 판단하는데 체포데이터를 사용하는 것은 UCR에 작성된 Part 1 범죄들에 초점을 두기 때문에 문제가 있다. 만약 그들이 체포된 범죄들에만 집중된다면 소년 비행이 매우 왜곡되어 평가될 수 있다. UCR 보고서에는 반영되지 않은 암수범죄들이 있다는 사실을 놓치고 있기 때문이다.

공식적 비행자료의 다른 자료들은 법원과 교정체계에서 비롯된다. 비록 많은 소년들이 가족의 위탁으로 직접오거나 다른 기관으로부터 오지만, 법원의 판결을 받는 대부분의 소년들은 법집행기관(경찰이나 검찰)과 접촉 후에 들어온다. 2014년에는 거의 97만 5천명의 소년들이 비행으로 소년법원에 송치되었고 이 중 10만 명의 비행 청소년들이 법원의 판결을 받았다 경찰과 법원자료에 비해, 교정시설에 나타난 소년들의 수는 상대적으로 적었다. 교정국의 공식적 자료는 일반적으로 매일의 총계수치를 평균 일일 수치로 환산하여 나타낸다. 2015년 특정일 기준 민·공립시설에은 약 4만 8천 명의 소년들을 수용했는데, 대략 소년들의 69%의 소년들이 공립시설에 수용됐다.

이 자료들은 소년 범죄를 다소 틀리게 보여준다. 중요한 점은 이 수치들이 소년의 행동뿐만 아니라 기관들의 의사결정과정을 반영한다는 것이다. 모든 공식적인 자료들은 소년사법체계 절차에 들어오지 않은 소년들의 행동을 보여주지는 못한다.

자기보고식통계

자기보고서는 사람들에게 자신의 비행을 인정하도록 요청해서 개인의 비행수준을 측정하는 조치이다. 공식적인 통계가 당국에 보고된 범죄나 개인이 체포된 경우를 반영하는 반면, 자기보고서는 형사사법체계의 어떠한 개입도 필요로 하지 않는다.

자기보고식통계는 소년사법에서 오랜 역사를 가진다. 가장 초기의 자기보고식통계들 중의 하나는 소년 비행수준을 조사하기 위하여 쇼트&니(Short & Nye, 1958)에 의해 개발되었다. 그들의 조사는 소년들에게 24개의 항목 중에서 자기들이 저지른 비행의 빈도를 직접 기입하도록 하는 방법이었다. 각 항목들은 비행과 경미한 재산범죄가 지배적이었고, 분석에서 사용된 하위항목들만을 보는 것이 일반적이다. 덴틀러&먼로(Dentler & Monroe, 1961)는 경미한 비행범죄에 초점을 둔 비슷한 자기보고식통계를 제공했다.

대부분의 자기보고식통계는 많은 양의 비행정보를 담고 있다. 사실, 쇼트&니(Short & Nye, 1958)처럼 등급을 사용하는 연구들에서는 거의 모든 소년들이 범죄성향이라는 것을 보여준다. 이것은 소년들 대부분이 경미한 비행을 저지르기 때문이다. 부모에게 반항하고 때때로 음주를 시도하는 것은 소년들에게 상대적으로 흔한 행동이다. 그 사람이 한 번이라도 어떤 행동을 저질렀는지 물어보는 것은 높은 수준의 긍정적 답변을 유도할 수 있다. 때문에 자기보고서를 통해서는 비행에 대한 공식적 자료에 비하여 더 많은 양의 비행을 인지할 수 있다.

미래추적조사(MTF;Monitoring the Future Survey;미국 청소년과 성인의 법적, 불법적 약물 사용 추이를 조사하는 장기 역학 연구)나 국가소년조사(NYS;National Youth Survey)와 같은 보다 최근의 자기보고식통계는 긍정적인 답변을 유도하는 사소한 비행에 대한 질문(음주, 흡연 등)은 줄였으며 대신 보다 중한 범죄에 대한 질문들을 포함하였다. MTF와 NYS 둘 다 교사폭행, 집단싸움, 무기사용, 강도 그리고 특수폭행에 관한 질문을 담고 있다. 이러한 조사에서 나온 자료는 소년들이 더 심각한 범죄는 거의 저지르지 않는다는 것을 보여준다.

표 7.4 Nye 자기보고서 비행항목 요약

부모의 권위에 도전
무면허 운전
학교 결석
싸움(폭행)
가출
학교 보호관찰 혹은 퇴학
과속 혹은 난폭운전
($2) 미만의 물건절도
중저가 물건절도 ($2~$50)
고액 물건절도 ($50)
금전 갈취를 위한 무력사용
패싸움 가담
차량절도와 무면허운전
맥주, 와인, 혹은 술을 구매하거나 마심(집에서 음주 포함)
맥주, 와인, 혹은 술을 구매하거나 마심(집밖에서)
고의적 재산손괴
마약복용이나 판매
동성과의 성관계(자위가 아님)
이성과의 성관계
무먼허 사냥이나 낚시(혹은 다른 수렵법 위반)
무고한 어린이 폭행
* 나중의 자기보고서 연구에서 흔히 사용되는 항목

출처 : Short, J. F., & I. Nye. (1958). Extent of unrecorded delinquency: Tentative conclusion.

자기보고서는 특히 경찰자료나 다른 공식적 기록에 나타나지 않는 암수범죄를 조사하는데 유용한다. 관심을 받는 하나의 주제는 섹스팅이다. 라운즈베리, 미첼, 핀켈러(Lounsbury·Mitchell & Finkelhor, 2011)은 섹스팅은 일련의 행동을 내포한다고 말한다. 가장 기본적인 수준에서의 섹스팅은 성적인 이미지를 전자매체를 통해 전송하는 것이다. 비록 이메일, 소셜 네트워크, 온라인 게시, 팩스, 혹은 어떤 전자적 수단에 의해 가능하지만, 전형적인 가정은 이것이 핸드폰에 의한 것이라는 점이다. 명백히 문제가 되는 것은 소년이 직접 하거나 연루되었을 때다. 도링(Doring, 2014)은 섹스팅을 포함하여 자기생산의 성적인 문자나 모든 이미지(사진, 비디오)의 휴대폰이나 인터넷을 통한 대인교환으로 정의한다.

섹스팅 정도의 추정치는 일반적으로 소년과 젊은 성인의 조사에 근거하고 있다. 이러한 조사들은 섹스팅에 관련된 보고서를 분석하는 것이거나 응답자 자신이 섹스팅의 대상인지를 질문 받는 피해자조사일 수도 있다. 자기보고식통계자료에 근거한 한 연구는 소년 10명 중에 거의 4명은 성적인 내용의 메시지를 보냈다고 주장한 반면, 거의 20%는 성적인 그림을 전송했다고 보고하고 있다.

다른 조사에 따르면 성적 호기심이 왕성한 10대들은 50% 이상의 높은 비율이 그런 행동을 한다고 한다. 또한, 성적 그림에 관한 보고서에서는 대략 16세에서 18세의 소년 10명 중의 7명이 성적인 그림을 받아 본적이 있으며, 여성들은 보다 더 자주 성적인 것을 보내는 반면, 남성들은 여성들보다 더 자주 성적인 것을 받는다고 한다.

섹스팅의 문제는 다면적이다. 첫 번째는 특히 아동과 관련된 포르노 이미지의 노골적인 전송이다. 소년들이 실제 유포하고 받으면서 이러한 행동에 대해 전혀 문제의식이 없다는 것이 주요한 문제점이다. 두 번째는 소년들 사이에서 다른 학생을 괴롭히기 위한 방법으로 전송을 한다는 것이다. 괴롭힘과 함께 동반되는 수치심과 창피는 자살, 자살시도 그리고 폭력적 반응으로 이어진다. 이러한 주제들은 몇몇 국가의 미디어 보고서의 초점이었다. 세 번째는 성적 행동의 심화와 음주 그리고 감정적인 문제와 같은 다양한 위험 행동과 관련되었다는 것이다. 네 번째는 섹스팅이 부모들, 선생님 그리고 소년사법체계에서 다루기 쉽지 않다는 것이다. 이 문제는 쉽게 숨길 수 있고, 가시적으로 눈에 잘 띄지 않아 확인하고 다루기가 어렵다. 많은 지역에서는 섹스팅에 대한 명확한 법적 정의가 없기 때문에 포르노법을 제외하고는 다루기 어렵다고 한다. 그러므로 오늘날 소년사법체계는 소년들의 이러한 유형의 행동을 다루기 위해 명문으로 규정되어 있지 않은 방식으로 대응해야 한다.

비판적 사고 연습

비행의 척도로 어떤 척도가 최선이며 그 이유는 무엇인가?

공식적 자료처럼 자기보고서 조치도 단점이 없지는 않다. 이미 언급했듯이, 많은 조사 도구들은 수많은 경미한 범죄행동과 비행을 기록한다는 측면에서 오류가 있지만, 보다 심각한 범행에 활용하지는 못한다. 심각한 범죄행위에 대한 질문을 포함하는 NYS와 MTF와 같은 조사도구들을 제외하면 공식통계에 드러난 것들과 훨씬 더 일치한다. 자기보고서 자료의 두 번째 주요한 문제는 대부분의 조사가 일회성 노력에 그치는 것이어서 시간이 경과함에 따라 어떠한 변화가 발생하는지를 파악하기는 어렵다.

소년법원 절차

대부분의 소년들은 경찰을 거쳐서 소년법원에 온다. 다른 소년들의 경우 부모, 학교, 혹은 유관기관들과 사람들이 법원에 보낸다. 2014년 유치(留置)된 소년들 중 대략 56%가 법원에 보내진다.

이들 중 1%가 성인형사법원으로 이송된다. 일단 성인법정에 회부되면, 그 사건은 성인 형사사법체계를 통해 다양한 경로를 따르게 된다. 사건들에 대하여 법원의 선고를 받고 정식 권한으로 처리할 수 있으며 선고를 유예하고 비공식적인 개입을 받을 수 있다. 비행사건 수의 추정치와 다양한 대안절차를 통한 사건의 전개과정은 도표 7.1에서 볼 수 있다. 이들 사건 이외에도, 약 10만 개의 비행사건이 소년법원에 청원되었다.

소년들이 어떻게 법원에 가게 되는지 간에, 과정과 결정점은 똑같다. 대체로, 소년법원 절차에는 다섯 개의 중요 단계들이 있다: 구금결정, 유입, 이송(혹은 기각), 판결 그리고 처분. 각각의 단계에서, 다양한 문제들과 과정들이 발생한다.

구금

소년법원 직원이 하는 최초의 결정은 소년을 추가조치가 있을 때까지 구금할지 아니면 집으로 보내는가이다. 구금결정은 성인법원의 보석결정과 대응관계에 있다.

도표 7.1 소년사법체계에서 비행사건 처리 추이(2014)

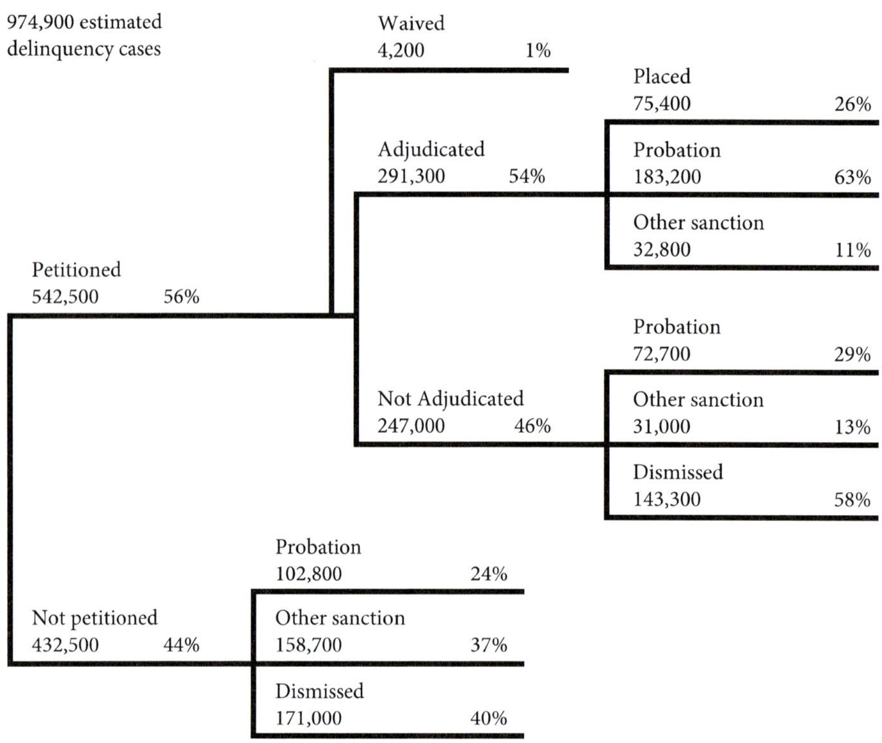

출처 : Hockenberry, S., C. Puzzanchera. (2017). Juvenile court statistics, 2014. 피츠버그, PA : 청소년 법정 국립 센터.

구금결정은 개인이 나중 지정된 날짜에 나타날지, 그 사람이 다른 사람들에게 위협이 될지 그리고 소년이 스스로 위험에 노출될 가능성이 있는지를 고려하여 판단한다. 즉, 구금은 사회와 소년의 이익을 위해 판단된다.

비록 구금을 계속할지에 관한 최종 결정은 소년법원 판사에 달려있지만, 구금결정은 최초 담당자나 구금전담직원(special detention worker)에 의해 행해진다. 국가 법규의 가이드라인인 '소년비행법 모델(The Model Juvenile Delinquency Act),'은 36시간 이내에 구속적부심 열도록 규정하고 있다. 미래의 범죄를 저지를 위험이 높은 소년들을 구금하는 것에 대해 비판하는 자들은 일반적으로 수용된 많은 소년들이 실제로 위협이 되지 않으며, 구금하는 것은 그들의 권리를 침해하는 것이라고 주장한다. 그러나 이러한 예방적 구금은 미국 연방대법원에 의해 합헌으로 선언되었다(Schall v. Martin [1984).

2014년 대략 21만 2900(21%)건의 비행사건(delinquency cases)이 구금여부와 관련되어 있었으며 이 비행사건(status cases)들 중 대략 7%가 실제 구금결정을 받았다.

대부분의 소년들은 그들의 가족에게로 풀려난다. 어떤 소년들을 구금할 지에 대한 선택은 관계자들의 우려를 일으키기도 한다. 결국, 많은 법원들은 입증된 위험요인에 근거하여 구금 결정을 내리기 위해 위험-평가 도구를 사용한다.

구금이 결정된 소년들은 보안구금시설이나 비보안 구금시설로 보내진다. 보안 구금(secure detention)은 성인들이 수용되는 지방 구치소와 같다. 소년들은 잠금장치가 있는 보안구금 시설에 있는 동안 성인들로부터 물리적으로 그리고 청각적으로 분리되어 있어야 한다. 즉, 소년들은 폐쇄된 곳에 갇혀 있는 성인들을 보거나, 들을 수 없도록 되어 있다. 비보안 구금(nonsecure detention)시설에 구금되는 경우 소년들은 집단가정, 사회보호소, 위탁가정, 혹은 다른 지역사회기반의 대안에 맡겨진다. 이들 시설에서의 소년들은 법원이 허락에 따라 여전히 보통의 학교를 다니고 다른 기능들에 참여할 수 있다. 보안과 비보안 구금시설들은 음식, 잠자리, 건강관리, 교육 프로그램 그리고 적절한 치료 프로그램들을 제공해야 한다. 교육과 치료 요소들은 소년들을 처벌하기 보다는 지원하는 국친(국가후견)주의에 입각한 것이다.

대부분의 소년들이 구금시설에서 보내는 시간은 비교적 짧게 때문에, 시설에서의 치료개입은 매우 단순하고 소년들 이면의 요구를 다루지는 않는 경우가 많다. 대신에 개입은 시설 내 질서유지를 목적으로 하는 경향이 있다. 아마도 가장 흔한 형태의 프로그램은 토큰 이코노미(token economy;토큰을 보수로 주는 행동 요법으로 토큰에는 TV시청, 간식 등이 해당)이나. 이러한 접근법 하에서, 소년들은 적절하게 행동한 것에 대하여 포인트나 상품권을 반음으로써 긍정적 강화가 이루어지고 부적절한 행동은 지양하게 된다. 상담과 직업훈련 및 다양한 프로그램이 있는 시설들도 있지만 대부분의 소년들은 상대적으로 짧게 머물기 때문에 흔하지는 않다.

구금기간동안 소년을 수용하고 그들의 계속적인 보살핌을 제공하는 비용을 절감하기 위해 많은 지역들이 감독의 대안방법을 찾기 시작했다. 대안 중 한 가지인 종일센터(Day-evening centers)는 교육 프로그램, 치료 프로그램, 혹은 낮 동안에 다른 활동을 제공하지만 밤에는 집으로 돌려보낸다. 이 제도는 침대, 의복 그리고 하루에 세 끼의 식사를 제공할 필요를 경감시킨다. 밤에는 부모나 후견인이 이 소년들을 감독을 한다. 두 번째 방법은 소년들이 법원의 허가 없이는 항상 집에 머물도록 하는 가택구금을 사용하는 것이다. 가택구금을 받은 소년들은 잦은 방문, 전화 접촉,

혹은 전자감시장치를 통해서 보호관찰관이나 법원직원의 감시를 받는다. 이것은 구금시설 사용에 대한 비용 효과적인 대안이다. 구금에 대한 마지막 대안은 소년들이 성인 법원에서처럼 보석금을 내도록 하는 것이다. 비록 거의 사용되지 않는 대안이지만, 주로 대부분의 소년과 그들의 가족은 충분한 보석금을 지불할 능력이 없기 때문에, 보석은 심각한 소년 범죄자를 다루는 수단으로써 더 큰 관심을 받고 있다.

◐ 유입 결정(Intake Decision)

소년법원에서 두 번째 주요단계는 유입(Intake)이다. 유입결정은 성인 형사사법체계에서 고소나 대배심 기소에 대응하는 소년사법체계의 상대적 결정방식이다. 유입결정은 사건 심리나 소년을 다른 방식으로 다루기 위해서 법원에 청원을 제기하기 위한 것이다. 이 청원은 해당사건의 소년이 비행을 저지르고, 방치되고, 학대받고, 구제불능이고, 의존적이고, 혹은 그렇지 않은 경우, 법원의 개입이 필요한 경우에 주장한다. 청원을 제기하는 결정은 전형적으로 보호관찰관이나 유입담당자가 사건의 사실관계를 검토하고 그 소년과 그의 가족을 만나서 얘기하고, 그 소년의 배경정보를(이전범죄, 학교기록, 기타 등등) 수집한 뒤에 이루어진다. 또한, 공시적 법원절차에 대한 대안을 고려한 후에 해야 한다. 많은 주들은 법원이 모든 조치에 대한 당사자적격이 있고 심각한 소년 범죄자들이 체계 밖으로 나가지 않도록 하기 위해서, 청원을 제기하거나 기각하는 모든 결정을 검사가 검토하도록 지시한다. 검사의 감독을 포함하는 지시에도 불구하고, 유입단계에 도달하는 모든 소년 사건들 중 실제 법원에 청원하는 경우는 절반도 채 되지 않는다.

법원에 청원되지 않았다하여 유입에서 멀어지는 것은 아니다. 대부분의 시간동안, 유입담당자나 보호관찰관에 의해 비공식적 조정(informal adjustment)의 어떤 형태가 주어진다. 비공식 조정이라 함은 사건 소년들이 법원 절차가 아닌 무언가에 참여하도록 요구된다는 것을 의미한다. 흥미롭게도, 법원에 청원하지 않은 소년들 중 거의 60%가 여전히 어떤 형태의 보호관찰이나 어떤 형태의 처벌을 받았다. 이러한 대안은 배상을 하거나 상담이나 치료프로그램에 참여하는 것을 포함한다. 그런 비공식적 조정이 특히 상담이나 치료가 의무적이라면, 부모나 다른 가족구성원들의 참여를 요구하는 것은 특이한 일이 아니다.

이 비공식적 조정은 소년사법체계의 중요한 부분이고 법원의 국가 후견 철학에 적합하다.

최근 몇 년 사이 두 가지 형태의 특별법원이 특정 사람들을 다루기 위해 설립되었다. 첫 번째인 십대법원(teen court, youth court)은 범죄자, 피해자, 그들이 가족과 친구 그리고 전체적으로 사회를 지원하려고 하는 회복적 사법철학에 의존한다. 2017년 기준, 10만 건 이상의 사건을 다루는 1천 50개 이상의 십대법원 프로그램들이 있다. 이들 법원들은 소년들이 판사, 변호사 그리고 배심원 역할을 하는 것에 의존한다. 십대법원에서 가장 많이 받는 처벌은 지역 사회 봉사이지만, 사과문을 쓰거나, 에세이를 작성하거나, 배상 역시 일반적인 선고 유형들이다. 십대 법원은 비행이나 사소한 위반에 효과적으로 사용되는 경향이 있다. 그러나 현재까지는 십대법원의 효과성에 대한 확실한 증거는 부족하다.

두 번째 특별법원은 마약법원(drug court)이다. 마약법원은 판사, 검사, 변호사 그리고 마약 치료전문가를 포함한다. 마약법원의 목적은 소년 범죄와 동시에 일어나는 마약사용을 다루는 것이다. 법원은 치료, 개입의 조정 그리고 집중감시를 사용한다. 소년들을 비교적 자주 법원에 출석하게 하게 함으로써 판사들은 그들의 상황을 감시하고, 격려해야 하며, 필요하다면 경우에 따라 소년들을 훈계해야 한다. 또한, 양성검사에 대해 벌점이 있는 때에는 약물검사를 수시로 실시한다. 마약법원에 대한 최근의 평가는 미미하지만 어느 정도의 긍정적인 결과를 보여준다. 미첼 등(Mitchell et al., 2012)은 소년 마약법원이 50%에서 43.5%로 재범을 감소시켰다고 보고하였다.

이송(기각) 결정

심각한 소년 범죄자를 재판할 때 소년법원이 할 수 있는 하나의 선택은 그 소년을 소송절차를 위해 성인대상 형사사법체계로 이송하거나 기각하는 것이다. 이송은 그 소년이 성인처럼 다루어지고 유죄확정을 받으면 성인전과기록을 초래할 것을 의미하기 때문에 이것은 중요한 결정이다. 전과기록은 미래 고용기회에 심각한 영향을 미칠 수도 있고, 반면에 소년 기록은 일반적으로 비밀에 부쳐지고 드러나지 않는다. 2014년 기준 대략 4,200명의 소년들이 성인형사법원으로 이송되었다. 이것은 정점이었던 1994년에 13,300건의 보다는 상당히 낮아진 수치이다.

소년을 이송하는 전통적이고 가장 일반적인 방법은 재판상 포기(judicial waiver, 2015년 기준으로 47개 주에서 허용)를 통해서이다. 재판상 포기는 일반적으로 성인법원의 사전 심리와 유사한 심리에서 이루어진다. 이 심리에서, 검사는 소년법원판사에게 사건

소년의 소송을 위해 성인법원으로 이송하는 것을 요청한다. 검사는 소년의 유죄를 입증할 타당한 근거를 보여야 한다. 또한, 판사가 그 소년은 소년 체계에서 절차를 밟을 수 없다는 것(소년사법체계는 그 소년을 지원할 수 없다)을 납득시켜야 한다.

특히 1990년대 이후, 소년 범죄의 증가하는 수와 심각성에 대한 우려는 두 가지 다른 유형의 이송-기각과 입법적 포기에 크게 의존하게 되었다. 기각(즉, 직접 기소)은 성인법원에 그 사건을 직접 기소하는 검사의 능력을 일컫는다. 결정은 주법이 정한 범위 내에서 검사에게 유일한 재량에 있다. 또 다른 이송의 형태는 입법적 포기(legislative waiver) 즉, 법적 제외(statutory exclusion)이다. 입법적 포기는 주 입법에 의해 어떤 범죄나 사건들이 자동적으로 성인 법원에 가는 것을 결정하는 것을 의미한다. 29개의 주들은 성인법원으로의 즉각적 이송을 입법했다. 이에 해당하는 사건은 법규에 의해 소년법원절차에서 제외된다. 입법적 포기를 적용하는 전형적인 사건들은 살인, 혹은 심각한 재범자들과 관계된 것과 같은 심각한 개인범죄이다. 36개 주에 있는 한번/항상 조항(once/always provisions)은 일단 소년이 성인으로서 판결되면, 어떤 미래의 위반에 대해서도 성인관할권에서 계속 재판받는 조항이다. 이 조항에 대응하여 결국 25개 주는 성인법원이 포기된 소년을 소송절차를 위해 소년체계로 다시 돌려보낼 수 있는 역포기를 허용한다.

비판적 사고 연습

포기 모형은 지역마다 다르다. 많은 지역은 한 가지 유형 이상의 포기를 허용한다. 주정부마다 다양한 형태의 포기유형을 찾을 수 있다. 이 정보를 검토하고 포기의 사용이 어떤 것인지를 의논하라.

비록 1980년대 후반과 1990년대 초반에 폭력적 소년에게 더 가혹한 처벌을 요구하는 소년사법의 명확한 정책변화가 있었지만, 최근 몇 년간에는 덜 징벌적인 조치가 추세이다. 몇몇 주들은 포기사용을 제한하고 역포기의 가능성을 증가시키는 쪽으로 변화했다. 또한 다른 몇 개의 주들은 성인형사법원 사건에 대한 최소연령으로 18세로 조정했다.

이후에 일어나는 범죄와 범죄율이 소년의 성인법원 이송에 영향을 미치는지는 명확하지는 않다. 대신, 이송이 억제효과가 미미하거나 전혀 없다는 증거는 있다. 이송된 그들은 구금되기보다는 보호관찰을 받는 경향이 있고 혹은 소년법원 관할에 있었을 때보다 더 일찍 출소되기도 하기 때문이다.

이것은 성인법령에 따라 유죄확정을 받은 소년들을 구금할 적절한 구금장소들이 부족하기 때문이기도 하다. 그들은 단순히 성인들과 성인교정시설에 둘 수는 없지만, 소년 교정체계의 관할에 있지도 않다. 이 결과들은 소년들을 성인체계에 보내는 것이 소년 범죄문제에 만병통치약은 아니라는 점을 시사한다.

판결

소년법원에서 실제 심리는 판결(adjudication) 단계로 불린다. 판결동안에, 판사는 청원을 지지하는 충분한 증거가 있는지와 그 소년에게 어떤 해결책을 사용할 지를 결정해야 한다. 성인법원에서 유죄 혹은 무죄를 판단하고 선고하는 것과 같다.

소년법원에서 판결단계는 성인법원에서 판결단계와 많이 달라야 한다. 국가후견하에서는, 유죄 혹은 무죄 결정이 있어서는 안된다. 증거허용성에 대한 적법절차 고려, 전문증거의 사용, 변호사의 출석 등은 소년에게 가장 이익이 되는 것을 결정하는 데 있어 부차적인 것이다. 소년법원의 전체 환경은 비적대적인 소송절차를 암시하도록 설정되어 있다. 사실, 소년법원 도입 초기에는 변호사들이 소송절차에 거의 참여하지 않았다. 단지 판사, 소년, 부모 그리고 보호관찰관이나 유입(Intake)담당자가 출석했다. 많은 심리는 큰 회의 테이블에서 열리고 판사는 법복을 입지 않는다. 판사가 모든 질문을 하는 것이 일반적이고 보호관찰관이나 유입직원이 대부분의 증거를 제공한다.

이러한 소년사법절차의 이상적인 과정은 지난 30년 동안 몇 가지 변화를 경험했다. 오늘날 특히 중범죄를 다루는 사람들은 절차적 권리를 보다 더 강조한다. 결과적으로, 검사와 변호사 양측은 소년법원 소송절차에서 점차 일반적인 참여자로 되고 있다. 유무죄의 결정 또한 더 흔해졌다. 많은 법원들은 소년에 대해 적법절차가 준수되고 있는지에 대한 우려에 대응하여 판사석, 법복, 변호사와 검사 테이블 등 성인법원의 과시적인 요소들을 채택했다. 이 움직임은 소년들의 심각한 범죄수준 때문일 수도 있다.

소년 사법과정에서 적법절차에 대한 우려에 따라 변호사가 참여하면서 법정 내에서 경쟁적인 역할을 하게 되었다. 첫 번째는 성인형사법원에서 볼 수 있는 열성적인 옹호자(zealous advocat role)의 역할이다. 적법절차에 대해 우려하는 여론은 변호사가 담당하는 소년이 유죄이고 법원의 처벌이 필요하다는 것을 앎에도 불구하고 해당 소년을 위해 변호하도록 만들었다. 두 번째 역할은 걱정하는 부모 역할(concerned parent role)이다. 이러한 접근은 종종 변호사가 소년들로 하여금 법원의 지원과 도움을 확보하기 위해서 청원을 하도록 독려한다.

소년법원에서 변호사의 효과성에 대해 상충하는 증거가 있다. 첫 번째, 많은 소년들은 법에 무지하여 자신의 권리를 이해하지 못해서 대리권을 포기하는 것은 아니다. 변호사를 고용함으로써 기각결정을 받거나 송치를 막을 수 있다는 의견이 있는 반면 많은 사건에서 대리의 질은 빈약하거나 비효율적이라는 연구 결과도 있다. 따라서 소년법원환경에서 변호사의 참여는 많은 소년들에게 이익이 되지 않을 수 있다는 것이다.

처분(Disposition)

일단 법원이 청원 사실들이 충분히 지지받는다고 결정하면, 처분(성인 법원에서의 선고)이 결정된다. 처분은 국가후견 철학을 반영하고 소년과 가족에게 필요한 개입과 치료방법을 찾는다. 판사는 보호관찰관, 사회복지사, 심리학자 그리고 소년을 심사했던 다른 사람들의 추천 프로그램에 많은 관심을 기울인다. 상담, 교육 프로그램 그리고 치료 프로그램들이 대부분의 부가되는 처분의 주를 이루고, 대체로 소년들을 사회 내 치료를 위해 가정으로 보내고자 한다. 때문에 대부분의 소년들은 어떤 형태로든 보호관찰에 처해진다.

많은 주에서 최근 몇 년 사이 보다 징벌적인 처벌로 이동해 왔다. 이러한 경향은 소년법원은 어떤 범죄에 대하여는 처분의 하한선을 정함으로써 소년 범죄자에 대해 강경(get-tough)하게 다루는 입법적 시도에 확인할 수 있다. 나이를 먹은 후 재범에 연루된 소년들에게 더 가혹한 처분을 부과하는 것은 특이한 일은 아니다. 이들 소년들이 일단 성인이 되고 더 이상 소년법원관할이 아니게 되면 더 중한 범죄를 더 자주 저지를 것이라는 우려가 있기 때문이다.

또한, 소년법원이나 성인형사법원은 소년이나 성인 교정체계 혹은 모두와 관련 있는 형을 부과하는 혼합형 선고(blending sentencing)의 발전된 체계를 가지고 있다. 14개 주들은 소년 혼합형 선고계획을 가지고 있고, 18개 주는 성인/형사 혼합형 선고법을 가지고 있다. 혼합형 선고는 소년들이 판결받기 전이나 치료가 완료되기 전에 소년법원이 관할권을 상실하는 경우나 성인교정체계가 충족시킬 수 없는 경우에 대한 대처이다. 혼합형 선고 아래에서는 법원은 소년과 성인체계 양 쪽 모두에 의존하는 처분을 부과한다. 예를 들어 소년법원에서 판결 받은 17세는 소년 연령기에 자신의 처분을 바로 시작할 수도 있다. 18세가 되고 소년시설이 더 이상 적절하지 않을 때 출소되는 대신에 자동적으로 성인시설과 성인법원의 감독으로 이송된다. 또 다른 가능성은 17세 때 판결 후에 성인감독을 받는 곳으로 바로 보내지는 것이다.

성인법원에서 유죄판결 받은 (갓 성년 나이가 된)청년기 범죄자는 소년법원이 운영하는 시설이나 프로그램에서 더 잘 적응할 수 있으므로 소년사법체계로 보내지기도 한다. 범죄자의 성향이 다양해지는 만큼 단순히 한 가지 처분만으로 범죄자를 관리하기란 쉽지 않다. 때문에 이러한 혼합 선고가 더 빈번해지고 있는 실정이다.

소년에 대한 적법 절차

소년은 성인들과 같은 헌법권리를 어느 정도 공유한다. 1960년대 이전에, 소년사법체계에서 결정된 국가후견(국친주의) 철학과 적법절차권리는 소년법원의 염려대상은 아니었다. 1960년대와 1970년대에 소년 범죄자에 대한 적법절차보호가 성장했다. 법 집행과 사법행정에 관한 대통령위원회의 보고서는 소년들 다루는 소년법원의 설립, 증가하는 소년사건의 수를 다루는 능력, 소년과 사회를 보호할 필요성 등의 문제점을 제기했다. 이 기간동안 미 대법원과 주법원은 보다 적극적으로 소년사법체계를 운영하기 시작했다. 결과적으로, 소년들은 형사사법체계에서 성인들이 가지는 몇 가지의 헌법권리 부여받게 되었다. 법원은 이러한 권리를 인정하는 동시에 국친주의 원칙을 기본적 추진력으로 인식함으로써 소년사법체계에서 소년에 대한 완전한 헌법적 보호 권리보장을 꺼려했다.

네 개의 획기적인 대법원 판결 사건은 소년에 대한 헌법적 적법절차 보호의 문을 열었다. 국가후견주의와 소년들의 적법절차권의 부족에 대하여 심각한 의문을 가진 첫 번째 사건은 Kent v. U.S. (1966)이다. 이 사건에서 미국 대법원은 성인법원으로 이송에 직면한 한 소년의 권리를 조사하도록 요청받았다. 켄트는 강간으로 기소된 16살 소년으로 심리의 혜택, 변호인 조력, 혹은 왜 그가 이송되었는지에 대해 설명을 듣지 못하였다. 대법원은 소년법원 판사가 실수했다고 결정했다. 구체적으로, 법원은 켄트의 변호사가 증거를 검토하고 증거를 반박하기 위해 심리에 참여하여 법원에 반대주장을 펴도록 허락했어야 한다고 판시했다. 변호인 조력거부는 수정헌법 제6조 권리를 위반하는 것이었다. 또한, 대법원은 판사가 왜 사건을 성인법원에 이송했는지의 구체적 이유를 서면으로 제출할 필요가 있었다고 결정했다. 켄트사건은 두 가지 이유에서 중요하다. 첫 번째, 사건 이송 절차를 구체화했다; 소년 범죄자에 대한 성인법원 이송 절차는 이 사건 이전에는 존재하지 않았다. 두 번째는 이 사건의 핵심으로 소년 절차에서 최초로 몇 가지 적법절차 보호조항을 제정했다. 비록 보호 조항은 단지 이송결정에만 적용되었지만, 국가후견주의 적용을 보다 까다롭게 만들었다.

표 7.5 획기적인 대법원 결정

Kent v. United States (1966)	소년은 변호사 조력권, 심리권 그리고 왜 포기가 허용되는지에 대한 서면이유를 포함하여, 성인법원으로 포기의 문제를 고려할 때, 어떤 적법절차 보호를 받아야 한다.
In re Gault (1967)	소년들은 변호사를 선임할 권리, 기소 사실을 알 권리, 증인을 대면할 권리 그리고 묵비권 행사의 권리가 있다.
In re Winship(1970)	보안구금시설에 구금될 경우, 법원은 '증거의 우월(preponderance of evidence)'이 일반적으로 사용되는 것에 비해 '합리적인 의심의 여지가 없는' 증거를 사용해야 한다.
Mckeiver v. Pennsylvania	소년들은 배심원에 의한 재판의 권리가 없으며, 배심원 재판은 정당한 소송절차에 필요하지 않다.

켄트사건 결정 후 다음해 미 대법원은 In re Gault(1967)사건을 판결했다. 이 사건에서 15세 소년은 섹스팅로 기소되어 그가 성인이 될 때까지 주 훈련학교에 보내졌다. 골트는 범죄에 대해 6년형을 받은 반면, 유사사건에서 다른 성인은 고작 50달러 벌금과 구치소 2개월형을 선고받았다. 양형 불일치에 대한 항소는 선고를 파기시키지는 못하였다; 대신에, 형을 선고할 때 따랐던 절차를 문제점으로 다뤘다. 골트는 그의 엄마에게 보내는 사전고지 없이 구금되었다. 그는 일주일 후의 자신의 심리때까지 구금되었다. 심리에서 그는 변호인 선임 권리를 활용하지 못하였고, 어떤 구체적인 기소도 제기되지 않았으며, 기소자에 대한 출석을 요구받지 조차 않았다. 또한, 소송절차에 사용된 어떤 서류사본도 보관되지 않았다. 대법원은 구금의 가능성이 있을 때, 청소년은 변호사를 선임할 권리, 기소사실을 알 권리, 자신의 증

인을 대면할 권리 그리고 묵비권을 행사할 권리와 같은 권리가 있음을 명시했다. 법원은 구체적으로 소년법원에서 적법절차권리를 포함하는 것은 법원이 소년에게 가장 이익이 되게끔 하는 최선의 노력임을 소명했다.

적법절차에 대한 소년의 권리는 1970년 In re Winship사건에서 보다 더 강화되었다. 이 사건에서, 12세 소년은 한 여성의 지갑에서 112달러를 훔친 혐의로 주 훈련시설에 수용되었다. 소년법원 심리에서, 법원은 그 소년을 '증거의 우월(preponderance of evidence)' 기준을 적용하여 범죄자로 판결했다. 항소는 이 증거기준이 소년을 구금하기 위해 충분한지를 다루었다.

미 대법원은 소년을 구금 시설에 보낼 가능성이 있을 때, 성인 법원에서 사용되는 '합리적 의심의 여지가 없는'보다 더 높은 기준이 소년소송절차에서 적용되어야 한다고 명시했다(In re Winship ,1970). 법원은 또한 정확성의 부족과 해석의 개방성에 근거한 '증거의 우월'을 사용하는 것에 이의를 제기했다.

소년법원에서 적법절차를 점차 고려함에도 불구하고, 성인에게 부여된 모든 헌법적 권리가 소년이나 소년법원에 적용 가능한 것은 아니다. 이것은 McKeiver v. Pennsylvania (1971) 사건에서 명백해졌다. 이 사건에서 사건 소년은 배심원 재판권이 각하되었고 미 대법원에 구제 항소를 했다. 그러나 대법원은 하급법원의 편을 들어 그 항소를 기각했다. 대법원은 몇 가지 이유 때문에 이러한 결정을 했다. 첫 번째, 대법원은 공정함을 보장하는 배심원 재판을 할 필요는 없다고 판결했다; 판사에 의한 재판이 배심원 재판처럼 공정함을 보장할 수 있다고 보았다. 두 번째, 대법원은 소년법원이 소년들에게 위압적인 환경으로 변하는 것을 원치 않으며, 배심원재판은 훨씬 더 위압적일 것이라 보았다. 세 번째, 대법원은 소년법원이 소년에게 충분한 적법절차 권리를 주지 않고도 권한을 수행할 수 있다고 지적했다. 마지막으로, 비록 소년법원이 소년 사건에서 배심원 재판을 지시하지 않았지만, 대법원은 관할 지역이 그렇게 하기를 원한다면 배심원을 고려할 수 있다고 명시했다 (McKeiver v. Pennsylvania [1971]).

이 네 가지 사건들은 소년사법체계에서 일반적으로 가장 중요한 사건으로 여겨진다. 이 사건들은 소년법원의 행동을 재검토하고 소년들에게 몇 가지 헌법적 보호를 제공하는 계기가 되었다. 동시에, 헌법적 권리의 정도를 제한하고 소년체계의 기저에 있는 기본적인 철학적 권한을 재확인했다.

주요사건 전반에 걸쳐, 법을 준수하는 시민이 되기 위해 소년을 보호하고 함양해야 할 사회적 필요성과 개인과 시민으로서의 소년 권리의 균형을 맞추려는 시도는 지속적으로 있어왔다. 소년 권리에 관한 소송의 증가는 소년 행동과 그 행동에 대한 사회적 대응간의 직접적 변화의 결과라고 생각될 수 있다. 사회와 소년사법체계가 소년 비행을 다루기 위한 새로운 조치(특히 보다 적대적인 소송절차와 보다 가혹한 형태의 처벌의 관점에서)를 취함에 따라, 법원들이 직접 나서서 소년 권리에 대한 적절한 보호장치의 기초를 세우기 시작했다. 본질적으로 법원들은 그들이 내린 판결을 통해서 정책을 수립해왔다.

비판적 사고 연습

소년들이 완전한 헌법적 보호를 받아야 하는가? 그렇게 하면 어떤 결과가 있을 것인가? 그렇게 하지 않음으로서 생기는 결과는 무엇인가?

시설 내 교정

소년 교정은 기관과 주거환경에서부터 보호관찰과 지역사회 기반의 대안에 이르는 다양한 형태가 필요하다. 소년교정체계를 통한 주요한 목표는 소년들이 비행에 이르게 하는 문제를 극복하는 것을 돕는 것이다. 오늘날 많은 교정계획의 역사는 소년체계의 기반을 이루는 원칙으로 거슬러 올라간다. 초기 보호시설과 소년원들은 오늘날 주거기관의 장을 마련했고, 보호관찰은 최초의 소년법원이 설립되기 이전부터 소년들을 다루는 시금석이었다.

기관과 주거시설 개입

2014년 기준 소년 주거 배치에서 가장 최근의 하루를 계산해보면 4만 8천 명의 소년들이 어떤 형태의 주거시설에 있고, 공공 주거시설에는 70% 이상이 있었다. 대인범죄에 대해서는 29%가 수용되어 있다. 소녀들은 시설에서 15% 미만을 구성하였고, 이들이 비행과 기술위반을 원인으로 수용되는 비율은 소년보다 높았다.

주 훈련학교는 성인 교도소의 체계와 같다. 이 학교들은 그들 자신이나 지역사회에 위험이 된다고 여겨지고 지역사회 기반의 개입의 지원을 받지 못하는 소년들을 수용한다. 훈련학교의 실제 구조는 주마다 매우 다양하다. 어떤 곳은 높은 벽, 펜스, 가시철조망, 잠금장치가 있는 감방 그리고 매우 엄격하게 제한된 활동을 하는 성인 교도소와 흡사하다. 반면에 오두막 디자인의 초기 소년원에 기초해 지은 훈련학교가 있다. 이들 기관들은 펜스나 소년들이 탈출하는 것을 방지하는 잠금장치가 있는 문이 없이 완전히 트여 있다. 이 시설들의 '보호자'들은 실제 교정관들보다 더 부모처럼 행동할 수도 있다.

훈련학교의 가장 중요한 부분은 시설에서 운영해야 하는 프로그램의 정도이다. 대부분은 훈련학교들은 학문적 교육, 직업훈련 그리고 행동교정을 포함한 프로그램 등을 제공한다. 학문적 교육은 고등학교를 졸업하지 않은 학교 연령대의 모든 소년들에게 법적으로 필요하다. 직업훈련은 학교를 마쳤거나 더 이상 학교 갈 필요가 없는 청년기의 소년들에게 제공될 수 있다. 행동교정은 긍정적인 행동을 부여하고 비도덕적 행동을 처벌하는 시스템을 통해서 적절한 행동들을 소년들에게 가르치기 위해 사용된다. 대부분의 기관들은 공식적 점수 시스템이나 토큰을 선행에 대한 보수로 주는 행동요법(Token Economy)을 사용한다.

위에서 언급한 세 가지 이 외에, 기관들은 다양한 추가적인 프로그램을 실행할 수도 있다. 개인, 집단 그리고 가족 상담은 마약이나 알코올 프로그램, 노동석방(work release), 직업상담(vocational counseling) 그리고 취업알선(job placement)와 함께, 기관에서 사용되는 인기 있는 프로그램이다.

기관 프로그램 편성이 직면하는 핵심적인 문제는 재범을 줄이고 소년들이 사회의 생산적인 구성원들이 되도록 돕는 것이 효율적인가 하는 문제이다. 불행하게도, 프로그램의 효과성에 대한 증거는 일관되지 않다. 비록 문제의 대부분의 개입이 적절히 실시되고 수행되는 정도와 관련이 있을 수 있지만, 효과성 평가가 일치하지 않는 이유는 명확하지는 않다. 즉, 기관이 의도된 대로 치료를 제공했고 긍정적 변화를 일으키기에 충분한 수준이었는지가 중요하다. 효과적인 프로그램 중에 인지행동 접근법과 같은 입증된 원리와 접근법을 통합한 다중시스템 치료가 있다. 효과적인 프로그램의 몇 가지 핵심은 집중적이고 행동적이며, 범죄 요인이 되는 결핍요소를 목표로 프로그램을 목표에 일치시키고, 위험 요인을 목표로 하는 개입들을 실행하는 것이다.

대안 개입

전통적인 주 훈련학교들이 소년 범죄자들을 수용하는 유일한 수단은 아니다. 많은 소년들은 보호시설, 중간거주시설 그리고 집단가정과 같은 개방된 시설들에 수용된다. 이곳의 거주자들은 일반적으로 시설에서 상담과 다른 개입을 받는 동시에 보통 일반적인 학교를 다닌다. 한 가지 인기 있는 대안은 병영훈련을 사용하는 것이다. 충격구금의 한 유형으로 알려진 병영훈련은 초범자나 비폭력적 범죄자들을 대상으로 하는 단기 프로그램이다. 훈련소는 엄격한 규율과 훈육, 신체훈련과 특정 조건에 적응하는 훈련 그리고 상담과 교육이 있는 군대식 모형으로 운영된다. 병영훈련 프로그램의 목표는 소년들에게 고된 일과 자기훈련을 제공함으로써 그들의 인생이 성공할 수 있고 비행이나 범죄행동에 의지할 필요가 없다는 것을 보여주려는 것이다. 그러나 관련된 효과평가에서는 병영훈련이 재범에 거의 효과가 없거나 아예 없다는 것을 보여준다.

또 다른 접근법은 소년들이 생존기술을 익히고 성공하기 위해 의도적으로 서로 협동해야 하는 상황에 노출시키는 프로그램이다. 이 프로그램들은 단기 또는 장기일 수 있고 바다 항해, 오지 캠프, 야영을 포함한 다양한 형태를 띨 수 있다.

근본적 목표는 '자기존중을 형성하고 소년들에게 고된 일과 인내심이 성과를 거둘 것이다'라는 것을 보여주는 것이다. 이 접근법에 함축된 것은 프로그램을 통해 발전된 기술과 자기존중은 소년들이 일상생활에 성공적으로 적응할 수 있는 자원이 될 것이라는 점이다. 비록 이러한 접근법에 대한 연구는 비교적 제한되지만, 립시&윌슨(Lipsey·Wilson, 1998)은 야생 경험 프로그램들이 재범률에 효과가 미미하며, 프로그램에 참여한 소년들은 다른 소년 교정 프로그램에 참여한 소년들과 같은 수준으로 재범을 한다고 주장하였다. 게다가 이 프로그램들은 바용이 많이 들고, 심각한 부상과 심지어 사망을 포함한 문제들이 발생할 수 있다고 보았다.

탈시설화

1967년에 대통령 위원회가 추천한 가장 강경한 정책 중의 하나는 소년 보안시설에 수용된 많은 소년들을 기관에서 벗어나게 하는 것이다. 이러한 제안의 근본적인 근거는 구금된 소년들이 비행 때문에 있는 것이지 형법위반 때문에 있는 것은 아니기 때문이다. 두 번째 주장은 기관화가 소년 문제를 해결하는 데 효과적이라는 증거는 거의 없다는 것이다. 아마도 탈시설화를 선호하는 가장 강한 주장은 이전보다 사법체계 개입 후에 소년들이 더 범죄행동을 저지르기 마련이라는 의미에서, 공식적 사법체계의 개입이 범죄를 유발하는 것이라는 믿음 때문이다.

탈시설화의 움직임은 1974년 소년사법과 비행예방법에서 법제화되었다. 이 입법의 주요한 부분은 비행(경)범죄자들을 어떤 형태의 보안 감금으로부터 벗어나게 하는 것이었다. 이것에 대한 근거는 두 가지이다. 첫째, 비행(경)범죄자와 중범죄자들을 섞어놓는 것은 비행범죄자에게 이익보다 더 많은 해를 유발할 가능성이 있다. 둘째, 비행범죄자들은 다른 사람들에게 어떤 범죄도 저지르지 않았다는 것이다; 오히려, 그들은 시설에서의 긴장이나 학습으로 인해 추가적인 문제로 이어질 수 있는 행동을 학습하기도 한다. 사법체계 개입이 범죄를 유발하는 역효과를 고려하면, 소년들을 어떠한 기관으로 배치하는 것에서 벗어나게 하는 것이 그들에게 가장 이익이 될 것이라는 것이다. 재미있게도 이러한 입법권한은 주(州)에 있기 때문에 비행범죄를 탈시설화하도록 직접적으로 강요할 수 없다. 각 주마다 탈시설화를 권장하기 위해 연방법은 범죄자들을 탈시설화 하지 않는 지역에는 연방자금을 주지 않도록 하였다. 2015년 기준 약 2천 3백 명의 소년들이 시설 내에서 5%도 되지 않는 비행범죄 때문에 거주시설에 수용되었다. 매사추세츠, 메릴랜드, 미주리, 캘리포니아, 일리노이, 오하이오, 뉴욕, 텍사스를 포함한 몇몇 주들은 주 훈련학교를 폐교하는 조치를 취했다. 매사추세츠는 법원이 주에 보낸 소년들 중 15% 미만을 구금한다. 캘리포니아의 시설 거주 소년 수는 1996년의 1만 명에서 2010년 1천 2백 명으로 감소했다. 국가전체를 볼 때 시설 거주 소년들의 수는 1999년과 2015년 사이에 50% 이상 떨어졌다. 소년들은 이제 대안적인 지역사회 프로그램이나 주 당국과의 계약에 따라 민간 기관에 의해 운영되는 환경에 배치된다.

탈시설화 운동의 결과는 다양한 형태로 나타났다. 비용효과성의 관점에서 시설 거주 대신에 사용된 대안들은 상당한 비용을 절감할 수 있다. 그러나 재범에 대한 영향은 그다지 긍정적이지 않았다. 다양한 평가연구 결과를 보면 소년 범죄자들을 탈시설화의 결과 재범률은 크게 변화하지 않았다는 것을 알 수 있다. 비록 탈시설화로의 움직임은 구금된 비행소년 수를 감소시키는 데는 효과적일지라도, 이러한 움직임이 더 낮은 재범률로 이어지지는 못한 것이다.

지역사회 개입

1899년 최초의 소년사법체계에서 지역사회의 개입은 지원이 필요한 소년들을 다루는데 선호되는 방법이었다. 법원의 관할지역에 거주시설이 없는 경우, 법원은 지원이 필요한 소년들을 다루는 주요한 수단으로 보호관찰에 의존했다. 소년들을 집과 지역사회에 두는 것은 이들을 돕는 최선의 방법이라고 여겨졌기 때문이다.

보호관찰

오늘날 지역사회 개입의 가장 일반적인 형태는 보호관찰이다. 소년법원을 통해 소송과정을 거친 모든 비행소년들 중 대략 60%가 결국 보호관찰 처분을 받는다. 게다가, 비공식적으로 다뤄진 더 많은 소년들이 어떤 형태로든지 보호관찰 형태의 감독을 받는다.

보호관찰 부서는 소년사법체계를 통틀어 적극적이고 유입(Intake)의 의무를 수행하며, 지역 구금시설의 직원으로 일하고, 비공식적 개입프로그램을 운영하고, 사회보고서(소년사법체계에서 공판전 조사와 동일한 것)를 작성한다. 또한, 보호관찰에 배치된 소년들에 대해 지시·감독할 뿐만 아니라 배치에 관해 판사에게 추천한다. 대부분의 감독들은 소년들이 학교를 잘 다니는지, 법을 준수하는지, 친사회적인 활동에 참여하는지, 상담을 성실히 받는지, 피해자에 대해 처분 받은 보상을 하는지, 다른 치료 프로그램에 참여하라는 등의 지시 및 이행하는 것을 중심으로 한다. 일반적으로 소년사법체계에서의 보호관찰은 성인 제도에서의 과정을 반영한다. 그러나 중요한 차이점은 소년보호관찰에서는 단순히 규칙의 감시 및 시행보다 치료와 원조를 제공하는 것에 더 중점을 둔다는 것이다.

사후관리

소년사법은 또한 일반적으로 사후관리하고 일컬어지는 가석방의 한 형태를 가지고 있다. 사후관리 대상 소년들은 보안시설에서 일정기간을 보내고 지역사회로 다시 나온다는 점에서 일반적 보호관찰과 다르다. 사후관리에서 사용 가능한 규칙, 규율 그리고 프로그램 편성의 많은 부분이 감독이 가장 중요한 요소인 보호관찰에서 보이는 조건들과 동일하다. 보호관찰과 사후관리간의 유사성 때문에 많은 지역사회에서 보호관찰부가 사후관리 업무를 함께 담당한다. 보호관찰과 사후관리 둘다 현실치료, 행동교정, 교육성취 강조 그리고 직업훈련을 포함한 유사 유형의 치료 프로그램을 사용한다.

◉ 재진입에 대한 우려

특히 사후관리로서 지역사회 감독은 지역사회로 복귀하는 소년들을 위한 재진입에 대한 많은 문제와 직면한다. 사회와 분리되어 있었던 소년들은 석방되어 집으로 돌아가면 일반적인 사회활동으로 재통합할 필요가 있다. 재진입 프로그램과 다른 개입에 관한 연구들은 무엇이 성공적인 재진입에 도움이 되는 요소인지에 대한 명백한 결과를 발견하지 못했다. 그러나 연구들은 성공적 프로그램 실행을 위한 몇 가지 핵심을 지적하였다. 첫 번째, 정신건강 서비스는 재범을 줄일 수 있다. 두 번째, 멘토링은 재범감소, 약물검사의 감소와 관계가 있다. 마지막으로 교육적 서비스와 고용서비스는 정신 건강치료와 더 밀접한 관련성이 있다.

◉ 감독의 문제점

비록 감독이 간단해보이지만, 보호관찰과 사후관리 모두에 대해 감독을 매우 어려운 일로 만드는 수많은 요소들이 있다. 소년사법체계에서 감독에 대한 전통적인 견해는 소년과 그들이 가족들에게 자선적인 지원을 제공하는 국가후견 철학을 강조해왔다. 감독은 소년들이 문제행동을 식별하고 그들을 비행으로 유인하는 요인들을 극복하는 방법을 발견하도록 도와야 한다. 이러한 접근법은 때때로 행동의 이면에 숨어있는 문제들에 대한 해결책을 발견하려 하는 사회복지적 접근법으로 일컬어진다.

동시에, 소년들에게 강경정책(get-tough)을 취하는 경향은 점점 더 증가하고 있다. 감독관은 소년들을 돕는 역할이라기보다 위반을 감시하고 추가 범죄에 대해 처벌하는 수단이 되므로 감독은 소년사법의 징벌적 모형 아래 사용되는 또 다른 수단 이상의 것은 아닌 것이다. 보호관찰관과 사후관리직원은 경찰의 확장 역할을 하고 소년들을 보안 주거시설에 배치하는 방법을 정당화하고자 한다.

감독에 대한 최근에 생겨난 절충안은 균형 접근법이다. 이러한 접근법에 따르면 보호관찰관이나 사후관리담당자들은 소년들이 필요로 하는 것들을 해결하는 동시에 지역사회의 안전과 보안의 필요를 고려하면서 감독을 처리할 책임이 있다.

균형 접근법 하의 전형적인 대응법은 배상, 지역사회 서비스, 상담, 사회 재통합 그리고 처벌을 포함한다. 직원들은 모든 소년 범죄자들에게 사용할 철학들의(국가후견, 징벌, 복구, 등등) 정확한 혼합형태 식별에 주의를 기울여야 한다.

소년 비행을 다룰 때 다양한 철학과 접근법을 사용하는 것이 합리적으로 보일 수 있지만, 이 상황은 체계 실무자들에게 많은 걱정거리를 유발한다. 각각의 개별 소년에게 사용할 정확한 접근법은 무엇인가? 어떤 이익이 언제 강조되어야 하는가? 취직을 위해 어떤 훈련이 가장 적절한가? 지역사회는 진정 무엇을 원하는가?(예, 징벌 혹은 사회복귀)? 감독의 영향은 어떤 요소들을 통해 평가되어야 하는가?(체포, 유죄확정, 상담기간의 수, 혹은 학교의 향상된 성적 등). 이 외의 많은 질문들과 문제점들은 보호관찰관들과 사후관리직원들의 역할 갈등과 불만에 대한 원인을 제공한다.

지역사회 개입의 효과성에 대한 문제점들은 기관개입에서 보이는 것들과 비슷하다. 많은 프로그램들이 체계적으로 잘 시행되고 적절한 양의 개입이 적용되면, 어떤 소년들에 대해서는 긍정적인 결과를 보였다. 문제는 누구에게나 항상 효과있는 프로그램이 발견되지 않았다는 것이다. 일반적으로, 지역사회 프로그램의 개입을 위하여는 구체적 시간과 장소가 있어야 한다.

특별 주제

소년사법체계는 매번 소년 비행과 관련된 다양한 문제들과 주제들을 다뤄야 한다. 체계에서 만연한 몇 가지 문제점들은 조직범죄 활동, 회복적 사법 그리고 사형이다. 소년사법체계를 없애자는 목소리들 역시 계속 있어왔다 이러한 문제점들 각각에 대해 다음 단락에서 간략하게 다루기로 한다.

범죄조직

갱들은 소년사법체계에서 오랜 역사를 가지고 있다. 소년들은 다른 또래들과 함께 있을 때 집단적으로 범죄를 저지르는 경향이 있기 때문이다. 몇몇 연구자들은 사회는 개별위반보다는 집단위반에 대응해야한다고 주장하는 집단위험가설(group hazard hypothesis)을 제시했다.

소년 조직범죄의 연구는 1930년대 시카고에서 있었던 연구로 거슬러 올라간다. 그때 이후로, 범죄조직에 대한 다양한 정의가 나타나기 시작하였고 연구자들은 한 가지 정의에 안주하지 않았다. 일반적 정의는 자신을 범죄조직에 소속된다고 인식하고, 이름이 있고, 외부인들이 범죄조직으로 인정하고, 범죄활동을 하고 그리고 어느 정도의 영속성이 있는 집단을 말한다. 커리&데커(Curry&Decker, 1998)는 범죄조직에 대한 정의로 공통되는 여섯 가지 요소를 제시한다. 첫 번째, 일반적으로 집단에 대해 최소한의 구성원들이 있다 두 번째, 갱들은 일반적으로 어떤 의복, 색깔, 혹은 수신호를 포함하며 자신들을 식별하는 데 사용될 수 있는 상징들을 가지고 있다. 셋째, 갱들은 수신호와 낙서와 같은 언어적·비언어적 형태의 의사소통을 사용한다. 넷째, 갱들에게는 일반적으로 일 년 혹은 그 이상 지속된 어느 정도의 영속성이 있다. 다섯째, 갱들은 자신들의 영역을 주장한다. 마지막 특징은 범죄조직 특징 중 가장 중요한 것으로 이들은 범죄행동에 관여 한다는 것이다.

많은 주들이 갱들과 조직범죄를 다루는 구체적인 법안을 통과시켰다. 44개 주와 콜롬비아 특별구는 갱을 정의하는 법이 있다. 14개 주가 갱 구성원을 규정하는 법적 정의의 일반적인 요소는 범죄활동, 범죄활동의 유형, 계급제 혹은 리더십 구조, 구성원들 간의 이해와 동맹 그리고 어떤 공통적인 이름이나 상징이다.

대부분의 갱들은 몇 가지 공통된 특징이 있다. 대부분의 갱들은 하류층 출신의 소년들을 끌어당기고, 인종적으로 단일화 되어있고, 구성원들에게 소속감과 지위를 제공한다. 특히, 10대 후반의 소년들이 대다수를 차지한다. 대부분의 갱들이 어떤 유형이든 범죄활동에 관여하지만, 조직의 결속정도와 갱들의 행동은 상당히 다양하다. 최근 몇 년 동안 화기를 사용하는 등 물리적 공격이 과격해지면서 결과적으로 사망자들까지 생기고 있다. 또한, 운전 중 총격이나 혹은 습격은 많은 도시에서 범죄조직 폭력으로 인정받는 부분이 되었다.

비판적 사고 연습

갱들에 대한 정보와 갱구성원들의 특징은 국립 갱센터가 수집했다. 국립 갱센터의 정보를 검토하시오.

갱 회원의 규모 및 정도를 평가하는 것은 어렵다. 1996년부터 2012년까지 국립 갱 센터(National Gang Center)에서는 갱 회원과 활동을 파악하기 위해 매년 조사를 시행했다. 2012년 조사에 따르면, 미국 도시들에는 대략 3만 여개의 조직들이 있었으며, 이 조직 구성원은 전체 85만 명에 이르렀다. 갱들의 수와 갱 구성원들은 지역마다 크게 다르지만 갱들은 거의 모든 지역에서 나타난다.

갱들에 대한 개입은 다양한 형태를 띤다. 1993년 스페갈&커리(Spergal&Curry, 1993)는 다섯 가지 공통된 개입전략을 제안했다; 억압, 사회적 개입, 조직의 변화와 발전, 지역사회조직, 기회 연구에 따르면 기회제공이 갱들이 가장 원하는 개입 방식이라 한다. 그러나 이 방식은 다섯 가지 개입전략 중 가장 드물게 활용된다.

표 7.6 갱 개입전략

억압	형사사법체계(경찰, 법원, 혹은 교정) 혹은 사회가 행동에 공식적 혹은 비공식적 제한을 두려고 하는 어떤 형태의 사회적 통제
사회적 개입	기본적으로 지역사회의 구성원들이 갱들과 함께 일하는 사회적 업무 접근법(예, 노동자 프로그램)
조직 변화와 발전	범죄조직 단위를 확립하거나 구성원들에게 전문화된 훈련을 제공하는 것과 같은 갱 문제에 대응하는 대안 제공
지역사회 조직	물리적, 사회적 변화 모두를 포함하는 자기향상과 지역사회로의 이동
기회제공	의미 있는 직업과 성공에 필요한 훈련 부족을 인식하고, 문제를 변화시키려는 조치; 교육, 직업훈련 그리고 직업 배치 등

억압이 가장 일반적인 대응이나 가장 덜 효과적인 개입방식이기도 하다. 비질(Vigil, 2010)은 갱과 갱 문제들에 효과적으로 대응하기 위해서는 예방, 개입 그리고 법 집행의 요소들을 통합하는 균형 잡힌 전략이 필요하다고 주장한다. 이것은 그 지역의 경제, 소년들을 둘러싼 사회문화적 요소, 소년들의 사회심리학적인 상태를 다루는 해결책을 만드는 것을 의미한다.

갱들과 갱 행동을 다루는데 사용되는 방법들 가운데에는 노동자 프로그램, 법령 변화, 억제 전략 그리고 G.R.E.A.T 프로그램이 있다. 분리된 노동자 프로그램(detached worker programs)은 갱들을 지역사회에 배치하는 대신 번거로운 서류작업이나 행정책임을 면하게 해준다. 이 프로그램은 노동자들과 갱들이 시간을 보내며 갱들의 행동을 비범죄적 방향으로 인도하고자 한다. 위 프로그램들은 일반인-갱들과의 접촉을 강화할 수 있지만, 구성원들과 갱 간의 결속을 의도치 않게 증가시키고 실제로 갱들이 소년들에게 더 매력적이게 보일 수도 있다는 증거가 있다.

1988년의 캘리포니아 테러리스트 강제예방법(California's Street Terrorism Enforcement and Prevention Act:STEP ACT)처럼 갱단 가입자체를 범죄화하는 법령변화 시도가 있었다. 이 법령은 갱단 구성원들이 서로 연합하거나 공개적으로 회합하는 행동에 대하여 금지명령이나 민사처벌을 강화하였다. 해당 법을 시행하는 주에서는 원활한 시행을 위해 전문집단을 조직하거나 유사한 활동을 하는 단체들을 강화하였다. 공적인 배제(civil abatement) 절차는 갱 구성원들이 주로 이용하는 장소를 통제하거나 철거하는데 사용할 수 있다. 어느 주소가 갱 본부나 아지트로 확인되면, 보건부서를 포함하여 법 집행을 담당하는 경찰, 관련 당국은 갱조직에 대하여 민사소송을 제기하여 퇴거명령을 하거나 재산몰수를 할 것이다.

또한, 갱 구성원들에 대한 명령은 그들을 갱 재산으로부터 격리하는데도 사용될 수 있다. 이와 유사한 민간 갱단 금지명령(civil gang injunctions)은 범죄활동과 관련된 어떤 행동을 금지하는 법원 명령도 포함한다. 이 명령은 갱단 멤버가 공개적으로, 영토 표시, 무단 침입, 배회 또는 이와 유사한 활동을 하는 것을 금지 할 수 있다. 이 금지 명령은 일반적으로 특정 폭력단, 갱단 단원, 지역 및 활동을 목표로 한다.

억제 전략은 최근 몇 년 동안에 많은 관심을 받아왔다. 이들은 전형적으로 레버 끌어당기기(pulling levers)라 불리는 접근법을 사용하는 보스턴 건 프로젝트(Boston Gun Project)의 노선을 따른다. '레버 끌어당기기'는 어떤 갱 구성원에 의한 특정사항 위반에 대하여 한 치도 용인하지 않는 강경대응을 함으로써 행동을 억제하는 것이다. 이 접근법에 따르면 갱단 모든 구성원들의 행동에 대해 책임을 져야한다. 보스턴의 건 프로젝트로 인해 살인이 63% 감소했고, 화기폭력은 25% 그리고 총격 사건의 수는 32% 감소했다. 인디애나폴리스, 인디애나, 신시내티, 오하이오, 스탁턴(뉴욕 주 셔토쿼 카운티에 있는 마을), 캘리포니아, 로웰, 매사추세츠 주들은 이러한 접근법을 참고하여 도입한 프로그램을 통해 비슷한 긍정적 효과를 보았다.

마지막으로 잘 알려진 개입은 경찰이 중학교에서 반범죄 조직, 반폭력 교육을 하는 G.R.E.A.T.(Gang Resistance Education and Training)이다. 목표는 소년들에게 고위험 상황을 식별하고 동배압력과 갱들의 활동에 참여하는 유혹에 저항하는 기술을 제공하는 것이다. 그 프로그램은 자기 존중, 태도 변화 그리고 폭력적 행동 제거에 맞춰져 있다. 갈등 해결은 프로그램의 핵심적인 부분이다. 그 프로그램에 대한 최근의 평가는 거절 기술의 증가, 또래압력에 대해 향상된 저항능력, 갱 구성원 수의 감소 그리고 갱들에 대한 더 부정적인 태도를 포함하는 긍정적인 결과를 보고한다.

불행하게도 갱들과 갱 구성원들에 개입하는 것이 효과적인가에 대한 연구결과는 그다지 긍정적이지 못하다. 대부분의 개입방법들은 범죄와 비행행동에 영향을 거의 미치지 않았다. 이러한 실패의 원인은 프로그램들이 갱들과 갱 행동의 핵심 원인을 대상으로 근본적인 해결을 시도하지 않았기 때문일 수 있다. 사실, 대부분의 개입은 갱들과 갱 활동의 근본적인 원인(사회적 기회의 부족, 직업의 부족, 빈약한 교육 그리고 다른 핵심 요소들)을 해결하기 보다는 체포와 기소를 통해서 갱 행동을 억제하려고 시도하는 경향이 있었다.

회복적 사법

소년사법체계의 적절한 목표에 대한 최근의 논쟁을 보면(사회복귀 혹은 처벌을 강조하던지 간에) 회복적 사법이 더 인기를 얻고 있는 것은 놀라운 일이 아니다. 회복적 사법은 피해자, 범죄자 그리고 지역사회를 범죄발생 이전의 상태로 되돌리려는 개입을 사용하려 한다. 회복적 사법의 기본적 전제는 범죄는 형사사법체계 자체만으로는 해결할 수 없는 복잡한 요소들의 결과라는 것이다.

회복적 사법 프로그램들은 받은 피해의 유형과 수준을 식별하고, 피해자들이 범죄와 손실에 대한 우려를 표시할 수 있고, 범죄자들이 왜 자신들이 범행을 저질렀는지를 설명할 수 있도록 범죄자들, 피해자 그리고 지역사회의 다양한 구성원들을 함께 모으려고 한다. 궁극적인 목표는 피해자에 가해진 손해를 복구하고 치유하도록 돕고, 범죄 이전의 상태로 지역사회에 다시 복귀시킴으로써 범죄자들이 사회에 재통합될 수 있는 방법을 알아내는 것이다.

비록 회복적 사법이 다양한 형태를 띠고 있지만, 가족집단회의(family group conferencing, FGC)는 소년 범죄자들을 대상으로 하는 특수한 회복적 사법 프로그램 중 한 가지이다. FGC는 뉴질랜드가 14세-17세의 소년들에 대한 재판은 공시적 소송절차를 배제하고 회의의 형태로 전환되어야 한다고 선언하면서부터 주목받기 시작하였다. 조정자는 사건의 사실, 사건이 모든 당사자에게 미친 영향, 행동과 범죄자에 대한 모든 참여자의 감정 그리고 상호 동의한 해결책의 개발에 대한 토론을 통해 가족 구성원, 친한 친구 그리고 피해자와 범죄자의 화해로 이끈다. FGC는 많은 지역에서 경찰과 공판 전 전환 프로그램의 일부분이 되어 있다.

회복적 사법의 평가에 대한 연구결과는 비교적 희망적인 결과를 보여준다. 연구에 따르면 FGC에 참여하는 사람들은 높은 수준의 만족을 보여주었다. 그러나 이러한 연구 결과는 단지 FGC에 참여한 자들의 응답에 근거하고 있다. 때문에 FGC를 선호하는 이유에는 내부적 편견이 있다. 재범의 관점에서, 맥거렐과 동료들(McGarrell et al, 2000)은 일반적 소년사법 프로그램안의 소년에 비해 가족회의 프로그램에 참여한 소년의 재범이 40% 감소했다고 보고한다. 비슷한 재범 조사에는 FGC에 대한 평가가 다양하게 나타났다. 미국과 다른 국가들에서 회복적 사법을 사용하는 데 점차 관심이 증가함에 따라, 이러한 접근법의 잠재력을 평가하는 것이 중요해질 것이다.

사형과 소년

소년에 대한 사형의 적절성은 수년 동안 논쟁거리였다. 1980년대 후반과 1990년대 소년들에 의한 치명적 폭력이 증가한 이후로 관련 쟁점은 더욱 부각되었다. 1973년과 2000년 사이 범죄자가 소년임에도 불구하고 거의 200명의 소년들이 사형을 선고받았고, 이 중 15명은 범죄 당시에 15살이었다. 2005년 이전, 범행시 연령이 16세 또는 17세인 소년들에게 사형을 부과하는 법령은 미 대법원의 Stanford v. Kentucky(1989)판결을 근거로 입법되었다.

그러나 소년 범죄자들에 대한 사형의 법적 지위는 Roper, Superintendent, Potosi Correntional Center v. Simmons(2005)사건에서 뒤집혔다. 대부분의 의견에서, 미 대법원은 성숙한 사회의 진진을 나타내는 '진화하는 품위의 기준'을 소년에게 사형을 부과하는 것은 수정 8조 위반에서 '잔인하고 특수한 처벌'을 구성하는 것을 명백히 가리킨다고 명시했다. 대법원은 대부분의 주들은 소년 사건에 사형을 고려하지 않았으며, 소년 범죄자에 대해 사형법령을 가진 주라 하더라도 사실상 사형을 집행하지 않았다. 무엇보다 지배적인 전 세계적 의견은 소년에 대한 사형제를 반대한다.

소년사법의 미래

지난 30년 동안 소년과 소년사법체계의 문제를 다루기 위한 접근법에 대한 수많은 논쟁이 있었다. 한 가지 주요 논쟁은 소년법원을 '범죄화(criminalize)'하여 그 규모를 축소시키자는 것이다. 이 주장에 따르면 소년법원은 소년에게 형사 재판 절차상 보장되는 모든 것을 제공해야 한다. 즉, 어린 소년들은 재판 받을 권리를 가지며, 단순한 부모 역할을 담당하는 변호사가 아닌 완전한 재판 당사자로서의 변호인을 만날 수도 있다. 동시에, 아이들의 법적 책임 감경을 이유로 처벌 규모를 줄이는 것이 필요할 것이다. 이 사안의 문제점은 일부 사람들의 소년범죄를 성인범죄로 인식하고 소년 범죄자에 대해 성인 형벌 형을 부과하는 더 엄격한 접근법에 대한 요구를 충족시키지 못할 수도 있다는 것이다.

비판적 사고 연습

소년법원을 폐지하는 것은 청소년들과 소년사법체계에 어떤 영향을 미칠 것인가?

기본적으로 소년법원을 폐지하는 데에 대한 대안은 소년법원의 균형을 다시 맞춘다는 생각이다. 법원은 강경정책(get-tough)접근법으로의 움직임보다는 국가후견과 소년들에게 자신들의 행동에 대해 책임을 지게 하는 필요성 사이에 균형을 맞출 필요가 있다. 첫째, 범죄는 감소했고 소년들에 대한 가혹한 대우에 대한 요구가 완화되었다. 둘째, 신경과학과 발달 심리학의 발전은 소년은 덜 성숙되고 책임감이 부족하다는 명제에 대한 과학적 증거를 제공했다.

셋째, 소년법원 폐지 지지집단은 고전적 징벌주의 시대의 요구(억제에 입각한 징벌철학)을 비판해왔다. 국립과학학회는 소년들은 자신들이 저지른 범죄에 대해 책임을 져야하지만 비난받거나 통제당하고, 장기구금을 할 필요까지는 없다고 한다. 발전적이고 적절한 개입은 효과가 입증된 증거에 기반한 프로그램들을 실행하는데 중점을 두고 소년의 가족과 관계를 맺는 이웃 자원에 의지해야 한다. 또한, 절차적 공정성과 적법절차 권리를 강조해야 한다. 재균형 움직임에 대한 한 가지 징후는 몇몇 주는 형사법원관할권의 하한선을 18세로 다시 수정했다는 것이다. 또 다른 주들은 성인법원으로의 이송에 대한 범죄 유형이나 범죄자 기준을 제한했다. 또 다른 징후는 대법원이 비살인 범죄로 유죄판결을 받은 소년들에 대해 가석방 없는 무기형 선고와 가석방 없는 의무적 종신형 선고를 부정하는 판결을 했다는 것이다.

소년사법의 변화에 대한 요구에도 불구하고, 소년들을 처벌하기 보다는 도울 필요가 있는 존재라는 믿음이 남아있다. 결과적으로, 소년사법체계를 폐지하는 것은 거의 불가능하다. 성인사법체계가 만약 소년 범죄자들까지 다루게 된다면 아마 급격한 변화를 겪을 것이다. 이 변화들은 오늘날의 소년사법 활동을 반영할 것이다.

가장 필요한 것은 피고인을 보호하는데 필요한 적법절차권리를 지키는 유연성과 범죄자와 사회에 가장 최선이 되는 개입을 사용할 힘을 가지는 체계의 정비이다. 소년사법체계가 계속해서 변화를 겪을 것이라는 점을 명백한 사실이며, 이 변화는 성인체계와 유사한 방향으로 이루어 질 것이다.

결론

소년범죄는 사회와 사회통제의 동인에 대해 특수한 문제점을 제시한다. 사실상 비행소년들을 다루는 별도의 사법체계는 100년 이상 존재해왔다. 비록 많은 사람들이 최근 몇 년 동안에 국가후견철학에 대해 이의를 제기해 왔지만, 이 체계는 형사사법체계와 다른 철학적 슬로건 하에서 작동한다. 소년 체계는 일반적으로 소년들은 처벌보다 도움이 필요하다고 가정하고 적절한 개입이 비행의 원인을 제거할 수 있다는 전제에서 작동한다. 많은 사람들이 소년사법체계의 유효성에 의문을 제기했고 범죄를 저지르는 소년들에 보다 징벌적인 대응을 요구하는 반면, 다른 사람들은 지역사회의 안전을 강조하면서 국가후견을 유지하는 것이 보다 균형 잡힌 접근법이라 주장했다. 소년사법체계는 폐지될 위험에 처해있는 것 같지는 않다. 대신에, 다양한 사회의 지지층의 경쟁적 요구에 계속적으로 적응해 가야 할 것이다.

핵심 단어

판결	가족집단	소년원	사후관리
보석	회복적 사법	G.R.E.A.T	행동교정
역포기	혼합선고	가택구금	병영훈련
사회보호시설	보안구금	충격구금	비보안구금
섹스팅	Boston Gun Project	비공식적 조정	유입결정
비행	사법포기	입법포기	10대법원
주 훈련학교	탈기관화	이송	기각
무휴화	구금	국가후견	기소포기
마약법원	재진입		

읽을 거리

Empey, L. (1982). *American delinquency: Its meaning and construction*, Chapters 2-4. Homewood, IL: Dorsey Press.

Feld, B. (1993). *Justice for children: The right to counsel and the juvenile courts*. Boston, MA: Northeastern University Press.

Sickmund, M. (1994). *How juveniles get to criminal court: Juvenile justice bulletin*. Washington, DC: U.S. Department of Justice.

Torbet, P., R. Gable, H. Hurst, I. Montgomery, L. Szymanski, and D. Thomas. (1996). *State responses to serious and violent juvenile crime*. Washington, DC: Office of Juvenile Justice and Delinquency Prevention.

제8장

결론

- 형사사법과 재량
- 아편중독과 대응
- 기술과 소셜 미디어
- 재정긴축과 형사사법
- 소송절차체계로서의 형사사법

CHAPTER

08 결론

학습목표

- 자유재량이 형사사법체계 전반에 어떻게 영향을 미치는지 토론한다.
- 형사사법단계에서 자유재량을 영향을 미칠 수 있는 단계를 설명한다.
- 아편중독이 형사사법시스템에 미치는 영향과 문제를 토론한다.
- 형사사법에 영향을 미치는 기술적 변화를 요약한다.
- 재정긴축이 어떻게 형사사법체계의 운영에 영향을 미치는 지를 설명한다.
- 형사사법체계가 다른 요소들에 의해 어떻게 영향을 받는지 논의한다.

형사사법체계는 사회의 반사회적 행동을 다루는데 필요한 일련의 요소들과 구분되는 별개의 하위시스템에 해당한다. 체계 내 각각의 모든 요소가 사회 통제에 기여하는 동시에, 유사한 문제점 및 이슈들이 형사사법체계 전반에 나타나고 형사사법기관과 형사사법체계를 구성하는 단위들의 운영에 영향을 준다. 이들 주제/문제점들 가운데 재량, 재정긴축, 마약문제 그리고 기술이 대표적이다.

형사사법과 재량

형사사법체계는 다차원적이다. 형사사법체계는 시민과 형사사법체계 주체들이 신고된 범죄와 용의자/피고인/범죄자의 미래에 대하여 결정을 하는 일련의 재량결정 과정으로 볼 수 있다. 예를 들어, 범죄 피해자들은 자신들의 피해사실을 신고할 지를 결정하고, 경찰은 피의자를 체포할 지를 결정하고, 검사는 기소할 지를 결정한다. 이외에도 법원에서의 유무죄 판결, 피의자의 항소결정 등이 있다.

이러한 결정들은 각각의 주체들의 가능성 있는 다양한 행동들을 고려하여 정해진다. 어떻게 행동할 지를 결정한다(재량권 행사). 형사사법 주체들에게는 취할 수 있는 다양한 선택지가 있다. 유죄로 입증된 피고를 선고하는 판사는 일반적으로 다양한 감시유형(보호관찰, 집중감독 보호관찰, 병영훈련, 혹은 교도소), 감시의 기간(형기) 그리고 부가형(예, 죄인이 감시의 조건으로 마약남용치료에 참여해야 하는지 아닌지)을 선택한다.

또한, 재량결정은 기관 또는 종합적인 수준에서 이루어지는데 이는 각 주마다 상이하게 적용된다.(예, 병영훈련 혹은 청소년 보안 구금시설). 예를 들어, 어떤 지역은 다른 지역보다 보호관찰과 가석방과 같은 지역사회 교정을 많이 실시할 수 있다. 또 다른 지역은 범죄자 양형상정에 있어 다른 지역보다 더 많은 사건에서 양형거래를 할 수도 있다.

그러나 형사사법 주체들의 재량권 행사는 법적 통제 없이는 행해질 수 없다. 정책과 실체법 모두가 형사사법체계 주체들의 재량결정이 어떻게 행해지는 지를 제한하고 가이드 한다. 또한 재량결정은 형사사법 주체들이 소속된 지역규범과 문화에 영향을 받는다. 예를 들어, 어떤 지역에서 근무하는 경찰들은 다른 지역에 비해 물리력 행사에 관대하다. 대부분의 형사사법기관들은 경찰 하위문화와 같은 비공식적이고 문서화되지 않은 직업적 행동규범을 가지고 있다. 이러한 규범과 하위문화는 명시적이지 않기 때문에 법률의 변경 서면 조직 방침의 작성, 정식 교육 프로그램 개최 등 강제성 있는 방식으로 변경하는 것은 어렵다. 보기도 어렵고 변화시키기도 어렵지만, 이들 비공식적 규범은 형사사법체계 주체들에게 강력한 영향을 미칠 수 있다. 그럼에도 불구하고 가장 중요한 점은 정책, 법 그리고 지역문화가 부과한 제약에도 불구하고 여전히 재량적 의사결정에 상당한 자유가 있다는 것이다.

아편중독과 대응

마약과 마약관련 범죄는 형사사법에서 오랫동안 주요한 문제로 다루어져 왔다. 오랜 시간동안 마약과 관련된 쟁점은 형사정책의 초석이었다. 이 사실은 과거의 사건을 통해 이 사실은 쉽게 설명할 수 있다. 닉슨(Nixon) 대통령은 마약을 미국이 직면한 주요문제들 중의 하나라고 인정했다. 또한, 베트남전 참전용사의 귀환과 동일한 시기에 마약사용이 증가하였다는 점 역시 중요한 증거였다.

이는 마약과의 전쟁으로 알려져 있다. 1980년대 후반부터 1990년대 초반에 걸쳐 진행된 마약과의 전쟁은 코카인, 크랙 코카인 그리고 마약에 의한 집단폭력에 초점을 두고 전개되었다. 최근 몇 년 동안에는 주로 헤로인의 사용 때문에 상당한 수의 죽음을 야기한 펜타닐이 가미된 아편이 다시 급속히 확산되었다.

마약사용은 건강과 중독의 문제라는 인식 때문에, 형사사법체계 내에서도 마약문제 해결을 최우선순위에 두고 주목하고 있다. 경찰은 마약사용과 남용을 다룰 때 최초로 접촉하는 집단이고, 교정은 마약사건으로 유죄로 확정된 범죄자들을 수용하고 이 수용자들을 통제하는 역할을 한다. 그 중간 단계인 법원은 주로 마약사용자들에 대한 처벌과 억제를 목표로 법에 따라 마약범죄자를 처리한다.

경찰은 마약관련 범죄 및 문제에 대응하는 최전방에 위치해 있다. 2016년 미국에서는 대략 6만 4천 건의 마약에 의한 사망자가 발생하였다. 이 수치는 전년도 대비 20%이상이 증가한 수치이다. 펜타닐에 의한 사망은 3년 동안 500% 이상 증가했고, 헤로인에 의한 사망은 2010년에서 2016년까지 대략 400% 증가했다. 처방된 아편으로 인한 사망자 수는 헤로인으로 인한 사망자수와 거의 같았다. 그 결과, 2017년 8월 10일 미국정부는 아편에 의한 위기를 국가적 비상사태로 선포하였다.

경찰은 의료직원(의사, 간호사, 혹은 응급 의료전문가 등)이 아님에도 불구하고, 마약중독자를 최초로 접하는 최전방에 위치하였다는 이유로 이들을 위한 적절한 조치를 취할 의무가 있다. 마약중독자 수의 엄청난 증가 때문에, 몇 개의 주 경찰관들은 마약중독상태에서 정상호흡으로 회복하고 과용한 사람들을 회복시키는 처방약인 날록손 사용훈련을 받았다. 경찰은 일반적으로 나르칸(Narcan)으로 알려진 비강 스프레이 형태의 날록손을 사용한다. 마약중독자가 마약효과를 중화하기 위해 나르칸(Narcan) 투약이 필요한 것은 특이한 일이 아니다.

마약중독의 증가와 중독증상을 완화시키기 위한 날록손의 사용은 수많은 논쟁점을 유발하였다. 첫 번째 쟁점은 나르칸(Narcan)의 사용가능성이 아편의 더 많은 사용을 유발하는가이다. 동일한 마약중독자가 중독 상태를 중화시키기 위해 나르칸(Narcan)을 여러 차례 사용하는 것은 드문 일은 아니다. 이 사실은 중화약물 날록손 계열 약물사용을 허용한 것이 헤로인과 다른 마약사용을 증가하게 만드는지 의심을 하게 만들었다. 두 번째는 한 사람이 중독증상 완화 약물을 몇 차례까지 사용할 수 있는가?이다. 이것 때문에 몇몇 주에서는 동일한 마약중독자에 대한 중화약물 사용 횟수를 제한하는 정책을 만들었다. 이 정책은 순찰 중 마약중독자를 만난 일선 경찰관들이 마약중독자의 과거 날록손 사용기록에 대해 쉽게 접근할 수 있도록 데이터베이스화 하는 방법과 동일인에게 투여할 수 있는 날록손의 적정량 설정이 문제점으로 대두되었다. 위 두 가지 문제들은 새로운 정책과 절차들을 개발을 야기하였다.

세 번째 문제는 마약 과다복용과 관련된 '착한 사마리안 법(good Samaritan)'의

적용과 관련이 있다. 미국의 40개 주 이상에서 시행중인 이 법은 일반적으로 대상자가 단순 마약소지죄이고, 자신의 중독에 대한 지원을 찾는데 동의하는 중독자들에 대하여는 체포나 기소를 금지한다.

이 법은 오하이오 주를 비롯한 많은 주에서 단순히 개인의 치료를 위해 검사와 위탁을 구하는 것을 의미한다. 이것에 동의하는 경우 해당 마약중독은 기각될 것이다. 그러나 실제로 치료받는 것은 필수조건은 아니고 평가와 위탁을 기록한 후속조치는 거의 실행되지 않는다. 이러한 체포와 기소의 면제는 전형적으로 제한된다. 이러한 시스템의 주요한 문제는 개인들이 위의 절차를 따르는데(이 사건들을 기록하는 데이터베이스는 존재하지 않는다) 대해서 실제로 치료를 할 필요는 없으며, 이 치료를 강제할 수 있는 후속조치가 없다는 것이다.

비록 마약 문제들과 날록손 사용 관련 쟁점은 형사사법체계 중 집행영역에서만 문제되는 것처럼 보이지만, 결과적으로는 형사사법체계 전체에 영향을 미친다. 검찰과 법원은 후속조치를 추적하고 처벌부터 치료에 이르는 적절한 선고를 부과할 수 있어야하며, 교정기관과 지역사회 교정은 마약중독자와 치료를 필요로 하는 사람들을 다루어야 한다. 결국, 사회는 마약사용과 중독을 처리하는 방법과 형사사법체계가 어느 정도까지 마약중독자에게 치료지원을 제공해야 하는지 결정할 것이다.

기술과 소셜 미디어

앞에서 논의했듯이 기술은 형사사법에서 중요한 역할을 하고 있고 끊임없이 진화하고 있다. 이것은 새로운 상황을 아니다. 경찰 순찰에 차량을 도입한 것은 과학기술을 경찰활동을 도입하는 데에 중요한 발판이 되었다. 경찰전화에서 라디오 방식을 이동한 것도 초기 형사사법체계 운영방식의 바꾸는 또 다른 초기 기술 중 한 예이다. 신기술 도입은 2000년 이후 본격적으로 시행되었으며 형사사법체계(경찰에서 법원과 교정에까지) 운영의 전반에 걸쳐 볼 수 있다.

경찰 신체 부착카메라(police body camera) 사용의 증가는 아마도 최근 몇 년 동안에 경찰 기술에서 가장 인정받는 기술 중 한 가지 일 것이다. 신체 부착카메라의 도입은 경찰의 행동과 경찰-시민간의 접촉에서 물리력 사용과 관련한 논란과 시민제보 영상 등에 대응하기 위한 방법이었다. 많은 사건들이 저녁 뉴스에 나왔고 때때로 폭력을 수반하는 경찰 행동은 시민들의 논쟁을 촉발했다. 경찰은 시민들이 촬영한 영상들이 사건의 상황 전체를 보여주지 못한다고 지적하고 신체 카메라를 지급하여 경찰-시민간 접촉의 전반적 상황을 기록하고자 하였다. 경찰은 범죄를 해결하기 위해 공공매체(TV, 라디오 등)와 소셜 미디어를 활용하였고 이러한 노력에 대한 시민의 지지를 얻을 수 있었다. 한편, 범죄를 주로 다루는 탐사 프로그램들(Crime Stoppers)은 대중들에게 수배범들의 사진이나 범죄의 재연을 보여주면서 범죄사건에 대한 정보를 요청한다.

전 세계를 통틀어 1976년 시작된 이후로 1600만 개 이상의 사건을 해결한 대략 1,200개의 범죄예방 프로그램들이 있다. 최근 몇 년간 경찰은 범죄해결을 위해 페이스북, 유튜브, 트위터, 블로그, 팟캐스트, 소셜 미디어의 범죄 탐사프로그램의 도움을 받았다. The International Association of Chiefs of Police(2014)는 형사사법기관의 94%가 범죄 해결 능력을 강화하고 예방활동에 대중의 참여를 독려하기 위하여 다양한 형태의 소셜 미디어를 사용하고 있다고 보고했다.

법원 역시 경찰과 마찬가지로 새로운 기술들을 도입했다. 예를 들어 예심을 위한 영상자료 사용, 원격 기술을 사용하는 등은 이미 많은 주에 도입되어 있다. 온라인 소송절차를 진행할 경우 구치소에 수용된 피고인을 심리와 출석을 위해 매번 법정에 이송하는 대신에, 판사(법원 변호사와 법원 서기와 같은 다른 법원주체)가 법정에 있고 피고인은 구치소에 있다. 이것은 이송과 형사사법기관 직원들의 시간과 비용을 덜어주고 더 많은 사건을 처리할 수 있게끔 한다. 법원에 도입된 또 다른 기술 중 한 가지는 법원에서의 심리과정과 소송처리절차에서 피해자의 지위를 강화하는 것이다. 범죄자의 권리를 보호하는 형사사법체계의 성향을 고려하면, 피해자들은 종종 무시되거나 뒷전으로 밀려난다. 형사사법체계에서는 피해자에게 사건기일, 선고재판 그리고 가석방 심리 등 사건의 진행에 관한 중요한 전개상황이나 절차를 일일이 고지하지 않는다. 이러한 문제들을 다루기 위한 하나의 주요한 노력이 주 전체의 자동 피해자 정보와 고지(Statewide Automated Victim Information and Notification : SAVIN)프로그램 개발이다. 이 시스템은 피해자와 증인이 자신들이 관련된 모든 사건의 진행상황에 대한 정보를 제공한다.

교정체계에도 새로운 기술이 도입되었다. 가장 대표적인 예는 전자감시시스템(EMS)이다. EMS 기술은 재판을 기다리는 피고인을 구치소에 수용할 수 없는 경우나 가택연금과 보호관찰, 또는 유죄확정 후 가석방으로 출소한 사람들에 대하여 감시의 필요성을 강화하기 위한 것이다. 이 기술의 최초도입은 1980년대 후반까지 거슬러 올라가지만, 처음에는 유선시스템인 점과 비용문제로 기술의 사용이 제한적이었다. 비록 비용은 여전히 많이 필요하지만, EMS 보다 사용환경에 적합하게 진보해 왔다. EMS는 더 이상 유선 시스템을 사용하지 않으며, 일반적으로 무선기술을 사용한다. EMS를 보다 유용하게 만드는 최근의 혁신은 EMS를 GPS기술과 같이 결합한 것이다. GPS의 사용으로 EMS는 실시간이나 과거 대상자의 정확한 위치를 추적할 수 있게 된다. EMS는 전세계적으로 사용되고 있으며, 미국에는 11만 명 이상의 대상자가 EMS를 이용한 지도감독을 받고 있다.

기술이 발전함에 따라 형사사법체계 전반에 미치는 영향은 점점 더 증가할 것이다. 기술 발달 속도는 증가하였으며 앞으로도 지속적으로 발전할 것이다. 이러한 사실은 형사사법체계의 주체들, 형사사법기관 그리고 사회에 다양한 방법으로 영향을 미칠 것이라는 점을 시사한다.

오늘날 사회는 현금보다는 신용카드, 체크카드, 온라인 화폐 등의 사용이 일반화되어 있다. 이러한 사회변화는 신원도용을 포함하여 새로운 피싱, 파밍, 스미싱, 등 다양한 형태의 금융 절도의 길을 열었다. 형사사법시스템은 이러한 변화에 대응하여 기능을 향상시키고 사회를 보호하기 위해서 신기술을 사용하고 있다.

재정긴축과 형사사법

현재, 두 개의 사회적 힘이 형사사법체계에 재정긴축을 가하는 방식으로 교차하고 있다. 첫 번째는 경제적인 힘이다: 2008년 재정분야가 붕괴되기 시작하였고, 그 이후에도 지속되는 열악한 경제상황 때문에 모든 수준에서 공공분야에 사용할 수 있는 세금수입을 심각하게 줄였다. 두 번째는 정치적인 힘이다: 부분적으로는 이념적이고 부분적으로 경제위기의 결과인 공공서비스를 감축하려는 광범위한 움직임이 있다.

민영화는 현재의 경제위기 훨씬 이전에 형사사법체계에 대한 주정부의 독점에서부터 시작하였다. 교도소의 과밀화는 1980년대와 1990년대의 강경정책(get-tough on crime)에서 비롯되었다. 교도소 수용인구 과밀 문제에 대해 주정부가 처음에 의존한 것 중의 하나는 수용 가능한 빈 감방이 있는 다른 주에 범죄자를 이송하는 것이었다. 이것은 문제 수용자들을 그들의 범죄행동과 사회적 네트워크를 방해하기 위해서 여러 지역으로 주기적 이송시키는 'bus therapy'정책과는 구분된다. 민영교도소의 증가는 민간부문에 외주를 주는 것과 군대에의 군수지원서비스와 동시에 일어났다.

수용자들을 민간이 운영하는 시설에 보내는 것은 널리 유행하는 그 시대의 정치적 사상과 일치할 뿐만 아니라 주정부의 예산을 다른 용도로 전용하는 것을 가능하게 했다. 이것은 많은 방식으로 행해질 수 있다. 첫 번째, 업무를 민간부문으로 이동하는 것은 노조가 있는 주정부 근로자들의 값비싼 연금시스템을 피할 수 있다. 두 번째, 이러한 변화는 다른 비용(예, 음식과 공과금)을 외주를 통한 민간 입찰시스템에서 충당한다. 세 번째, 민간 부문은 주정부의 입찰규칙에 따라 부채가 없다는 조건으로 시설들을 지을 수 있고, 신속한 시설설치를 위해 기금을 모을 수 있다. 그러나 2017년 보안과 비용효율성에 관한 문제로 민영교도소와의 계약을 중지하는 연방결정이 있었다.

보다 최근에는 민영화가 치안활동에도 영향을 주기 시작했다. 사설경찰의 이용은 국가경찰과 활동구역이 중첩되지 때문에, 경찰활동의 교집합 지역은 경찰서비스가 밀집되는 경향이 있다. 그들은 종종 외부인 출입을 통제하는 지역사회나 다른 지역에서 고용한다. 이전의 사설보안 담당자들과는 달리, 사설경찰은 관할 주정부로부터 체포권한을 부여받은 공인된 법집행관이다. 비록 그들이 관할 구역이 고용주이 재산권에 계약상 연관되어 있지만, 그들은 사설 경호원의 고정관념보다 더 잘 훈련되어 있고 보다 더 전문성을 갖춘 진정한 경찰관이다.

사설법원들은 일반적 형사사법문제를 다루는 것이 아니라 전통적인 특수 원주민(부족)이나 기독교적 재판에 국한된다. 회복적 사법운동은 종종 공공법원의 소송절차에 대안을 제공하지만 반드시 법원의 허가가 있어야 한다.

재정긴축은 체계 당사자들과 관련된 사회기관뿐만 아니라 전체 형사사법체계 전반에도 영향을 미친다. 이전 수 십 년 동안 연방보조금은 지속적으로 축소되어 왔다: 비록 운영보조금이 사법지원국을 통해 사용가능하고, 국립사법협회는 여전히 형사사법체계의 기술혁신을 위해 연구자금과 보조금을 제공하지만, 음주운전 검문소와 같은 특수 프로젝트에 대해서는 훨씬 더 적은 자금이 제공되고 있다.

경찰은 재정긴축에도 불구하고 핵심 서비스를 유지하는 급진적인 조치를 취하고 있다. 과거에는 공식적 경찰관들이 다루던 임무들이 민영화되거나 외주화되었다.

파견서비스는 주로 민간인이 수행하고, 많은 사건에서 경찰들의 역할은 지엽적이다. 범죄현장 경호와 수용자 수송임무는 사설회사들이 수행한다. 범죄현장에 필요한 기술자는 정형화된 경찰관이기 보다는 과학수사 담당, 심리상담가와 같은 전문가이다.

또한, 주와 지방기관들은 유관기관 연계 프로그램, 훈련, 노후된 장비, 복지감소, 임금동결, 채용부족 그리고 심지어 해고에 의해 영향을 받는다. 이러한 문제는 수사관 직책과 직원의 손실을 야기하고 사건준비를 미흡하게 할 수 있다.

주와 지방의 재정긴축은 오랜 기간 동안 유지되고 있는 전통적인 확정급여형 연금시스템을 위협하고 있다. 비록 노조계약은 그것들의 정치적 영향력 때문에 그 모형을 굳게 고수하지만, 확정급여형 퇴직연금이 확정기형 퇴직연금제도에 양보할 때 티핑 포인트(tipping point; 균형을 깨뜨리는 극적인 변화의 시작점)는 올지도 모른다.

또 다른 복리후생문제는 의료보험비용이다 그리고 이것은 여전히 주와 국가적 수준에서 유동적이다. 잘 정비된 복리후생제도는 잠재적 후보자 인력에 영향을 줄 수 있고 오늘날 실업문제에도 영향을 미칠 수 있다.

재정긴축의 영향을 받는 것은 공식적 형사사법기관만은 아니다: 공식적이든 비공식적이든 사회복지기관, 지원병원 등 형사사법체계의 유관기관들 또한 영향을 받고 있다. 피해자지원 서비스, 수용자 재통합 프로그램 그리고 사회복귀 서비스는 시스템의 전반적인 효과성에 모두 필수적이다. 대중들은 기소자들에 대한 인권적(soft) 서비스에 기꺼이 세금이 투자되는 것을 부정적으로 본다. 때문에 처벌주의의 유효성에 대한 명백한 증거가 부족하고 강경정책(get-tough) 시대에 요구되는 강도로 처벌을 행하기에는 자금이 부족함에도 불구하고, 과거의 구시대적 처벌방식으로 돌아가는 경향이 있다.

소송절차체계로서의 형사사법

어떻게 사회가 범죄를 통제하느냐는 형사사법의 철학들이 제시하고 있다. 이들 철학들은 때때로 서로 모순되기도 한다. 그러나 대부분의 기관들은 일반적으로 각각의 철학들이 균형을 이룬 것이다. 이러한 모순은 민주주의에서 피할 수 없는 것이지만 재량적 의사결정은 시스템이 정상적으로 기능하는 동시에 형사사법주제들이 대립하는 정책들을 실행할 수 있게 한다.

일반적으로 이러한 철학들은 입법자들에 의해 실체법으로 규정된다. 절차법은 정부기관들이 법을 제정하는 방법들을 규정하고 이 법들은 정부권한의 많은 부분들을 견제하기 때문에 중요하다. 또한 이 법은 형사사법체계의 창설과 실행을 지시하고 억제한다. 결국, 입법은 지방정치, 미디어 그리고 대중의 감정과 투표유형에 영향을 받고 제약을 받는다.

시민들은 진정한 형사사법체계의 문지기이다. 시민들의 행동과 반응은 형사사법체계에 투입(input) 역할을 한다. 경찰관과 경찰기관들은 법이 집행될 필요가 있는 것과 언제 체포를 해야 할지에 대해서 재량결정을 한다. 이들이 하는 결정들은 그들이 활동하는 지역사회와 법과 정책의 영향을 받는다. 다양한 법원과 관할구역들은 만들어진 정책과 결정들에 차이가 있다는 것을 의미한다. 검사들은 체포된 자의 기소불기소 연부, 석방시기, 혹은 기소 후 언제 양형거래를 할지를 결정한다. 판사와 변호사들은 법원절차와 사건 그리고 법원심리에서 비롯되는 선고에 영향을 미친다. 교도소, 구치소 그리고 지역사회 교정 모두는 자신들의 행동과 역할에 대한 신념에 영향을 주는 다른 힘에 노출될 수 있다. 이들의 정책과 결정은 형사사법의 철학들에 영향을 받는다. 이들 철학들은 자원을 위해 서로 경쟁하고 때때로 서로 모순된다. 때문에 형사사법체계 주체들의 경쟁적 지시들은 업무를 수행할 때 각 기관간의 협상을 야기하기도 한다.

자유재량, 재정긴축, 신흥 마약문제 및 기술은 모두 각각의 형사사법 구성요소의 일상적 프로세스에서 중요한 역할을 한다. 동시에 각 기관과 체계의 구성요소는 문제, 신념 및 철학을 의사 결정 프로세스에 제공한다. 결국, 우리가 형사사법체계로 보는 것은 무수히 많은 형사사법체계 주체들과 수천 개의 형사사법조직들 사이의 사회적 상호작용으로 구성된 복잡한 망(Network)이다. 그리고 이 망은 다양한, 경쟁적인 그리고 때때로 모순되는 목표를 추구한다. 형사사법 철학들은 법으로 만들어지고 정책 체계 주체들은 이 법과 정책들을 자신들의 재량결정을 통해 실행하려 애쓴다. 이 모든 것들은 영원히 변하는 사회적 문제와 요구안에서 생겨나고 또 사라질 것이다.

참고 문헌

Abadinsky, H. (1997). *Probation and parole: Theory and practice*, 6th ed. Upper Saddle River, NJ: Prentice Hall.

Adams, K. (1992). Adjusting to prison life. In M. Tonry (Ed.), *Crime and justice: A review of research*, 275-360. Chicago: University of Chicago Press.

Aday, R. (2003). *Aging prisoners: Crisis in American corrections*. Westport, CT: Praeger.

Alemagno, S., E. Shaffer-King, P. Tonkin, and R. Hammel. (2004). *Characteristics of arrestees at risk for co-existing substance abuse and mental disorder*. Washington, DC: National Institute of Justice.

Alm, S. A. (2015). HOPE Probation and the new drug court: A powerful combination. *Minnesota Law Review, 99*, 1665-1696.

American Civil Liberties Union. (2012). *At America's expense: The mass incarceration of the elderly*. Retrieved from https://www.aclu.org/files/assets/elderlyprisonreport_20120613_1.pdf.

American Law Institute. (1962). *Model Penal Code*. Philadelphia: American Law Institute.

Anderson, J. (2003). *Public policymaking: An introduction*. Boston: Houghton Mifflin.

Andrews, D. A. (2006). Enhancing adherence to risk-need-responsivity: Making quality a matter of policy. *Criminology and Public Policy, 5*, 595-602.

Andrews, D. A., and J. Bonta. (2006). *The psychology of criminal conduct*. Cincinnati, OH: Anderson.

Andrews, D. A., I. Zinger, R. Hoge, J. Bonta, P. Gendreau, and F. Cullen. (1990). Does correctional treatment work? A clinically relevant and psychologically informed meta-analysis. *Criminology, 28*, 369-404.

Aos, S., M. Miller, and E. Drake. (2006). *Evidence-based public policy options to reduce future prison construction, criminal justice costs, and crime rates* (Washington State Institute of Public Policy Report No. 06-10-1201). Olympia, WA: Washington State Institute for Public Policy. Retrieved from http://www.wsipp.wa.gov.

Applegate, B., R. Surette, and B. McCarthy. (1999). Detention and desistance from crime: Evaluating the influence of a new generation jail on recidivism. *Journal of Criminal Justice, 27*, 539-548.

Argersinger v. Hamlin, 407 U.S. 25 (1972).

Arnold, E., P. Valentine, M. McInnis, and A. McNeece. (2000). Evaluating drug courts: An alternative to incarceration. In L. Mays and P. Gregware (Eds.), *Courts and justice: A reader*, 419-431. Prospect Heights, IL: Waveland.

Atkins v. Virginia, 536 U.S. 304 (2002).

Austin, J. (2014, April 5). *Key trends in national crime, arrests and jails* [Video file]. Retrieved from https://www.youtube.com/watch?v=kAKat5OPA18.

Austin, J., and J. Irwin. (2001). *It's about time: America's imprisonment binge*, 3rd ed. Belmont, CA: Wadsworth Thompson.

Barrows, J., and C. R. Huff. (2009). Gangs and public policy: Constructing and deconstructing gang databases. *Criminology and Public Policy, 8,* 675-704.

Batson v. Kentucky, 476 U.S. 79 (1986).

Bayens, G., J. Williams, and J. Smykla. (1997). Jail type makes a difference: Evaluating the transition from a traditional to a podular, direct supervision jail across ten years. *American Jails, 11,* 32-39.

Bazemore, G., and D. Maloney. (1994). Rehabilitating community service: Toward restorative service sanctions in a balanced justice system. *Federal Probation, 58,* 24-35.

Beck, A., and L. Maruschak. (2001). *Mental health treatment in state prisons, 2000.* Washington, DC: Bureau of Justice Statistics.

Belknap, J. (2001). *The invisible woman: Gender, crime, and justice.* Belmont, CA: Wadsworth.

Bennett, T., K. Holloway, and D. Farrington. (2008). The statistical association between drug misuse and crime: A meta-analysis. *Aggression and Violent Behavior, 13,* 107-118.

Berman, M. (2017, July 28). Trump tells police not to worry about injuring suspects during arrest. *The Washington Post.*

Bernfeld, G. A., D. P. Farrington, and A. W. Leschied (Eds.). (2001). *Offender rehabilitation in practice: Implementing and evaluating effective programs.* New York: Wiley.

Biderman, A. D., and A. J. Reiss. (1967). On exploring the "dark figure" of crime. *The Annals, 374*(1), 1-15.

Bishop, D. M., and B. C. Feld. (2012). Trends in juvenile justice policy and practice. In B. C. Feld and D. M. Bishop (Eds.), *The Oxford handbook of juvenile crime and juvenile justice,* pp. 898-926. New York: Oxford University Press.

Bittner, E. (1970). *The functions of the police in modern society: A review of background factors, current practices, and possible role models.* Cambridge, MA: MIT Press.

Black, D. (1981). *The manners and customs of the police.* New York: Academic Press.

Blackstone, W. (2002). *Commentaries on the laws of England.* Chicago: University of Chicago Press.

Blumstein, A. (1995). Crime and punishment in the United States over 20 years: A failure of deterrence and incapacitation? In P. Wikstrom, R. Clarke, and J. McCord (Eds.), *Integrating crime prevention strategies: Propensity and opportunity,* 123-140. Stockholm, Sweden: National Council for Crime Prevention.

Blumstein, A., and A. Beck. (1999). Population growth in U.S. prisons. In M. Tonry and J. Petersilia (Eds.), *Prisons,* 17-62. Chicago: University of Chicago Press.

Bond, B. (2001, April). Principals and SROs: Defining roles. *Principal Leadership,* 51-55.

Bonnies, R. J., R. L. Johnson, B. M. Chemers, and J. A. Schuck (Eds.). (2013). *Reforming juvenile justice: A developmental approach.* Washington, DC: National Academies Press.

Bonta, J., S. Wallace-Capretta, and R. Rooney. (2000). A quasi-experimental evaluation of an intensive rehabilitation supervision program. *Criminal Justice and Behavior, 27,* 312-329.

Bottomley, K. (1990). Parole in transition: A comparative study of origins, developments, and prospects for the 1990s. In M. Tonry and N. Morris (Eds.), *Crime and justice: A review of research,* 319-374. Chicago: University of Chicago Press.

Bottoms, A. (1999). Interpersonal violence and social order in prisons. In M. Tonry and J. Petersilia (Eds.), *Prisons*, 205-282. Chicago: University of Chicago Press.

Braga, A. A., D. M. Kennedy, A. M. Piehl, and E. J. Waring. (2001). *The Boston Gun Project: Impact evaluation findings*. Washington, DC: National Institute of Justice.

Breed v. Jones, 421 U.S. 519 (1975).

Brinegar v. U.S., 338 U.S. 160 (1949).

Brooks, K., and Kamine, D. (2003). *Justice cut short: An assessment of access to counsel and quality of representation in delinquency proceedings in Ohio*. Columbus: Ohio State Bar Association.

Brown, M. K. (1981). *Working the street: Police discretion and the dilemmas of reform*. New York: Russell Sage Foundation.

Brown, T. M. L., S. A. McCabe, and C. Wellford. (2007). *Global positioning system (GPS) technology for community supervision: Lessons learned*. Falls Church, VA: Noblis. Retrieved from https://www.ncjrs.gov/pdffiles1/nij/grants/219376.pdf.

Bureau of Justice Statistics. (2017). *NCVS victimization analysis tool*. Accessed December 9, 2017, from https://www.bjs.gov/index.cfm?ty=nvat.

Burke, P. (1995). *Abolishing parole: Why the emperor has no clothes*. Lexington, KY: American Probation and Parole Association.

Burruss, G. W., and K. Kempf-Leonard. (2002). The questionable advantage of defense counsel in juvenile court. *Justice Quarterly, 19*, 37-68.

Button, D. M., M. DeMichele, and B. K. Payne. (2009). Using electronic monitoring to supervise sex offenders: Legislative patterns and implications for community corrections officers. *Criminal Justice Policy Review, 20*, 414-436.

Butts, J. A., J. K. Roman, and J. Lynn-Whaley. (2012). Varieties of juvenile court: Nonspecialized courts, teen courts, drug courts, and mental health courts. In B. C. Feld and D. M. Bishop (Eds.), *The Oxford handbook of juvenile crime and juvenile justice*, 606-635. New York: Oxford University Press.

Carp, R., and R. Stidham. (1990). *Judicial process in America*. Washington, DC: Congressional Quarterly Press.

Carp, R., R. Stidham, K. Manning, and L. Holmes. (2017). *Judicial process in America*. Thousand Oaks, CA: CQ Press.

Carroll, L. (1974). *Hacks, Blacks, and cons*. Lexington, MA: Lexington Books.

Carson, E. A. (2015). *Prisoners in 2014*. Washington, DC: Bureau of Justice Statistics.

Carson, E. A., and Anderson, E. (2016). *Prisoners in 2015*. Washington, DC: Bureau of Justice Statistics.

Carson, E. A., and W. J. Sabol. (2012). *Prisoners in 2011*. Washington, DC: Bureau of Justice Statistics.

Casey, P., and D. Rottman. (2005). *Problem-solving courts: Models and trends*. Williamsburg, VA: National Center for State Courts.

Center for Substance Abuse Treatment. (2005). *Substance abuse treatment for adults in the criminal justice system* (Treatment Improvement Protocol (TIP) Series 44). Rockville, MD: Substance

Abuse and Mental Health Services Administration.

Clark, J. (2009, June 30). *U.S. and Europe jointly establish cyber-crime force.* Retrieved from https://www.wsj.com/articles/SB124632958157771629.

Clear, T., and H. Dammer. (2003). *The offender in the community.* Belmont, CA: Thompson Wadsworth.

Clear, T., P. Harris, and S. Baird. (1992). Probationer violations and officer response. *Journal of Criminal Justice, 20,* 1-12.

Cohen, S. (1985). *Visions of social control.* Cambridge, MA: Polity Press.

Coker v. Georgia, 433 U.S. 584 (1977).

Commonwealth v. Fisher, 213 Pa. 48 (1905).

Cooper v. Pate, 378 U.S. 546 (1964)

Conley, J. (1980). Prisons, production, and profit: Reconsidering the importance of prison industries. *Journal of Social History, 14,* 257-275.

Corbett, R. P., Jr. (2015). The burdens of leniency: The changing face of probation. *Minnesota Law Review, 99,* 1697-1733.

Covey, R. (2008). Fixed justice: Reforming plea bargaining with plea-based ceilings. *Tulane Law Review, 82,* 1237-1290.

Crank, J. P. (1998). *Understanding police culture.* Cincinnati, OH: Anderson.

Crime and Justice Institute. (2004, April 24). *Implementing evidence-based practice in community corrections.* Retrieved June 1, 2009, from https://nicic.gov/implementing-evidence-based-practice-community-corrections-principles-effective-intervention.

Crime Stoppers International. (2015). https://csiworld.org

Cristall, J., and Forman-Echols, L. (2009). *Property abatements—The other gang injunction: Project T.O.U.G.H* (National Gang Center Bulletin 2). Washington, DC: Bureau of Justice Assistance.

Cullen, F. T., S. M. Manchak, and S. A. Duriez. (2014). Before adopting Project HOPE, read the warning label: A rejoinder to Kleiman, Kilmer, and Fisher's comment. *Federal Probation, 78*(2), 75-77.

Curry, G., and S. Decker. (1998). *Confronting gangs: Crime and community.* Los Angeles: Roxbury.

Daugherty, C. (2013). *State trends: Legislative victories from 2011-2013 removing youth from the adult criminal justice system.* Washington, DC: Campaign for Youth Justice.

Death Penalty Information Center. (2017). *Death penalty in flux.* Retrieved from https://www.deathpenaltyinfo.org/death-penalty-flux.

DeMichele, M., and B. Payne. (2009). *Offender supervision with electronic technology: Community corrections resource,* 2nd ed. Washington, DC: U.S. Department of Justice. Retrieved from http://www.appa-net.org/eweb/docs/APPA/pubs/OSET_2.pdf.

Dentler, R. A., and L. J. Monroe. (1961). Social correlates of early adolescent theft. *American Sociological Review, 26,* 733-743.

Ditton, P. M. (1999). *Mental health and treatment of inmates and probationers.* Washington, DC: U.S. Department of Justice. Retrieved from https://www.prisonlegalnews.org/media/publications/bojs_mental_health_and_treatment_of_inmates_and_probationers_1999.pdf.

D ring, N. (2014). Consensual sexting among adolescents: Risk prevention through abstinence education or safer sexting? *Cyberpsychology, 8*. Accessed July 1, 2017, from https://doi.org/10.5817/CP2014-1-9

Downing, R. (2011). *Cybersecurity: Protecting America's new frontier*. Retrieved from https://www.gpo.gov/fdsys/pkg/CHRG-112hhrg71238/html/CHRG-112hhrg71238.htm.

Duff, R. A. (2003). Probation, punishment, and restorative justice: Should altruism be engaged in punishment? *Howard Journal of Criminal Justice, 42*, 181-197.

Egley, A., J. C. Howell, and M. Harris. (2014). *Highlights of the 2012 National Youth Gang Survey*. Washington, DC: Office of juvenile Justice and Delinquency Prevention. Accessed June 1, 2017, from https://www.ojjdp.gov/pubs/248025.pdf.

Erickson, M. (1973). Group violations and officials delinquency: The group hazard hypothesis. *Criminology, 11*, 127-160.

Esbensen, F., D. W. Osgood, D. Peterson, T. T. Taylor, and D. C. Carson. (2013). Short-and long-term outcome results from a multisite evaluation of the G.R.E.A.T. program. *Criminology and Public Policy, 12*, 375-412.

Ex parte Hull, 312 U.S. 546 (1941).

Ex parte Crouse, 4 Wheaton (Pa.) 9 (1838).

Fagan, J. (1995). Separating men from the boys: The comparative advantage of juvenile versus criminal court sanctions on recidivism among adolescent felony offenders. In J. Howell, B. Krisberg, J. Hawkins, and J. Wilson (Eds.), *A sourcebook: Serious, violent, and chronic juvenile offenders*, 238-260. Thousand Oaks, CA: Sage.

Faiver, K. (1998). *Health care management issues in corrections*. Lanham, MD: American Correctional Association.

Federal Bureau of Investigation. (2012). *Crime in the United States, 2010*. Retrieved March 21, 2012, from https://ucr.fbi.gov/crime-in-the-u.s/2010/crime-in-the-u.s.-2010.

Feld, B. C. (1988). *In re Gault* revisited: A cross-state comparison of the right to counsel in juvenile court. *Crime and Delinquency, 34*, 393-424.

Feld, B. C. (2013). Adolescent criminal responsibility, proportionality, and sentencing policy: *Roper, Graham, Miller/Jackson* and the youth discount. *Law and Inequality, 31*, 263-330.

Fletcher v. Peck, 10 U.S. 87 (1810).

Florida Department of Corrections. (2017, July). Florida's community supervision population: Monthly status report. Retrieved from http://www.dc.state.fl.us/pub/spop/2017/spop-2017-07.pdf.

Fontaine, J., D. Gilchrist-Scott, J. Roman, S. Taxy, and C. G. Roman. (2012). *Supportive housing for returning prisoners: Outcomes and impacts of the retuning home—Ohio Pilot Project*. Washington, DC: Urban Institute, Justice Policy Center. Retrieved from https://www.urban.org/research/publication/supportive-housing-returning-prisoners-outcomes-and-impacts-returning-home-ohio-pilot-project

Freedman, E. B. (1984). *Their sisters' keepers: Women's prison reform in America, 1830-1930*. Ann Arbor, MI: University of Michigan Press.

Gaes, G., T. Flanagan, L. Motiuk, and L. Stewart. (1999). Adult correctional treatment. In M. Tonry and J. Petersilia (Eds.), *Prisons*. Chicago: University of Chicago Press.

Gaes, G., and W. McGuire. (1985). Prison violence: The contribution of crowding versus other determinants of prison assault rates. *Journal of Research in Crime and Delinquency, 22*, 41-65.

Galassi, A., E. Mpofu, and J. Athanasou. (2015). Therapeutic community treatment of an inmate population with substance use disorders. *International Journal of Environmental Research and Public Health, 12*, 7059-7072;

Garofalo, J., and M. McLeod. (1988). *Improving the use and effectiveness of Neighborhood Watch programs (NIJ Research in Action series)*. Washington, DC: National Institute of Justice.

Gendreau, P. (1996). The principles of effective intervention with offenders. In A. T. Harland (Ed.), *Choosing correctional options that work: Defining the demand and evaluating the supply*, 117-130. Thousand Oaks, CA: Sage.

Gideon v. Wainwright, 372 U.S. 335 (1963).

Glaze, L. E., and D. Kaeble. (2014). *Correctional populations in the United States, 2013* (NCJ No. 248479). Retrieved from https://www.bjs.gov/content/pub/pdf/cpus13.pdf

Gleicher, L., S. M. Manchak, and F. T. Cullen. (2012). Creating a supervision tool kit: How to improve probation and parole. *Federal Probation, 77*(1), 22-27.

Gottfredson, M., and D. Gottfredson. (1988). *Decision-making in criminal justice: Toward the rational exercise of discretion*. New York: Plenum.

Gowdy, V. (2001). Should we privatize our prisons: The pros and cons. In E. Latessa, A. Holsinger, J. Marquart, and J. Sorenson (Eds.), *Correctional contexts: Contemporary and classical readings*, 198-208. Los Angeles: Roxbury.

Graham v. Florida, 560 U.S. (2010).

Gray, M. K., M. Fields, and S. R. Maxwell. (2001). Examining probation violations: Who, what, and when. *Crime and Delinquency, 47*(4), 537-557.

Gregg v. Georgia, 428 U.S. 153 (1976).

Guevara, L., C. Spohn, and D. Herz. (2004). Race, legal representation, and juvenile justice: Issues and concerns. *Crime and Delinquency, 50*, 344-371.

Guyot, D. (1979). Bending granite: Attempts to change the rank structure of American police departments. *Journal of Police Science and Administration, 7*(3), 253-284.

Haas, K., and G. Alpert. (1989). American prisoners and the right of access to the courts: A vanishing concept of protection. In L. Goodstein and D. MacKenzie (Eds.), *The American prison: Issues in research and policy*, 65-87. New York: Plenum.

Hagan, J., and R. Dinovitzer. (1999). Collateral consequences of imprisonment for children, communities, and prisoners. In M. Tonry and J. Petersilia (Eds.), *Prisons*, 121-162. Chicago: University of Chicago Press.

Hammett, T. (1998). *Public health/corrections collaborations: Prevention and treatment of HIV/AIDS, STDs, and TB*. Washington, DC: National Institute of Justice.

Harer, M., and D. Steffensmeier. (1996). Race and prison violence. *Criminology, 34*, 323-355.

Harland, A. (1998). Defining a continuum of sanctions: Some research and policy development implications. In J. Petersilia (Ed.), *Community corrections: Probation, parole, and intermediate sanctions*, 70-79. New York: Oxford University Press.

Harmelin v. Michigan, 501 U.S. 957 (1991).

Harris, M. (1996). The goals of community sanctions. In T. Ellsworth (Ed.), *Contemporary community corrections*, 13-33. Prospect Heights, IL: Waveland.

Hartwell, S. (2010). Ex-inmates with psychiatric disabilities returning to the community from correctional custody: The forensic transition team approach after a decade. In S. Burns (Ed.), *New approaches to social problems treatment*, 263-283. West Yorkshire, UK: Emerald Group Publishing.

Hawkins, R., and G. Alpert. (1989). *American prison systems: Punishment and justice*. Englewood Cliffs, NJ: Prentice Hall.

Hemmens, C., J. Worrall, and A. Thompson. (2004). *Significant cases in criminal procedure*. Los Angeles: Roxbury.

Hennigan, K. M., and D. Sloane. (2013). Improving civil gang injunctions: How implementation can affect gang dynamics, crime, and violence. *Criminology and Public Policy, 12,* 7-42.

Hindelang, M., T. Hirschi, and J. Weis. (1979). Correlates of delinquency: The illusion of discrepancy between self-report and official measures. *American Sociological Review, 44,* 995-1014.

Hockenberry, S., and C. Puzzanchera. (2017). *Juvenile court statistics, 2014*. Pittsburgh, PA: National Center for Juvenile Justice.

Hockenberry, S., A. Wachter, and A. Sladky. (2016). *Juvenile residential facility census, 2014: Selected findings*. Washington, DC: Office of Juvenile Justice and Delinquency Prevention. Retrieved from http://www.ncjj.org/Publication/Juvenile-Residential-Facility-Census-2014-Selected-Findings-.aspx.

Horwitz, A. (2010). The costs of abusing probationary sentences: Overincarceration and the erosion of due process. *Brooklyn Law Review, 75*(3), 753-790.

Hughes, T., and D. J. Wilson. (2002). *Reentry trends in the United States*. Washington, DC: U.S. Department of Justice, Bureau of Justice Assistance. Retrieved from https://www.bjs.gov/content/reentry/reentry.cfm.

In re Gault, 387 U.S. 1 (1967).

In re Winship, 397 U.S. 358 (1970).

International Association of Chiefs of Police. (2014). *2013 social media survey results*. Retrieved from http://www.theiacp.org/SearchResults/tabid/87/Default.aspx?Search=social%20media%20survey%20results.

Irwin, J. (1980). *Prisons in turmoil*. Boston: Little, Brown.

Jacobs, J. (1982). Sentencing by prison personnel: Good time. *UCLA Law Review, 30,* 217-270.

Jacobson, M. P., Schiraldi, V., Daly, R., and Hotez, E. (2017). *Less is more: How reducing probation populations can improve outcomes* (Papers from the Executive Session on Community Corrections). Retrieved from https://www.hks.harvard.edu/centers/wiener/programs/criminal justice/research-publications/executive-session-on-community-corrections/publications/le ss-is-more-how-reducing-probation-populations-can-improve-outcomes.

James, D. J., and L. E. Glaze. (2006). *Mental health problems of prison and jail inmates.* Washington, DC: U.S. Department of Justice.

Johnson, H., and N. Wolfe. (1996). *History of criminal justice*, 2nd ed. Cincinnati, OH: Anderson Publishing.

Johnson, R. (2002). *Hard time: Understanding and reforming the prison.* Belmont, CA: Wadsworth.

Jolicoeur, M., and E. Zedlewski. (2010). *Much ado about sexting.* Washington, DC: National Institute of Justice.

Jones, M., and J. J. Kerbs. (2007). Probation and parole officers and discretionary decision-making: Responses to technical and criminal violations. *Federal Probation, 71*(1), 9-15.

Jordan, K. L., and Myers, D. (2011). Juvenile transfer and deterrence: Re-examining the effectiveness of a "get-tough" policy. *Crime and Delinquency, 57*(2), 247-270.

Joyce, N. (1992). A view of the future: The effects of policy on prison population growth. *Crime and Delinquency, 38,* 357-368.

Justice Center. (2008). *Mental health courts: A primer for policy makers and practitioners.* New York: Justice Center/Council of State Governments.

Kaeble, D., and T. P. Bonczar. (2016). *Probation and parole in the United States, 2015* (NCJ 250230). Retrieved from https://www.bjs.gov/content/pub/pdf/ppus15.pdf.

Kaeble, D., and L. E. Glaze. (2016). *Correctional populations in the United States, 2015* (NCJ 250374). Retrieved from https://www.bjs.gov/content/pub/pdf/cpus15.pdf.

Katz, J. (2017, June 5). *Drug deaths in America are rising faster than ever. New York Times.* Retrieved from https://www.nytimes.com/interactive/2017/06/05/upshot/opioid-epidemic-drug-overdose-deaths-are-rising-faster-than-ever.html.

Kempinen, C. A., and M. C. Kurlycheck, (2003). An outcome evaluation of Pennsylvania's boot camp: Does rehabilitative programming within a disciplinary setting reduce recidivism? *Crime and Delinquency, 49,* 581-602.

Kent v. U.S., 383 U.S. 541 (1966).

Kleiman, M. A. R. (2015). Substituting effective community supervision for incarceration. *Minnesota Law Review, 99,* 1621-1630.

Kleiman, M. A. R. (2016). Swift-certain-fair: What do we know now, and what do we need to know? *Criminology & Public Policy, 15*(4), 1185-1193.

Klettke, B., D. J. Hallford, and D. J. Mellor. (2014). Sexting prevalence and correlates: A systematic literature review. *Clinical Psychology Review, 34,* 44-53.

Klingele, C. (2013). Rethinking the use of community supervision. *Journal of Criminal Law and Criminology, 103*(4), 1015-1069.

Klingele, C. (2015). What are we hoping for? Defining purpose in deterrence-based correctional programs. *Minnesota Law Review, 99,* 1631-1663.

Klockars, C. (1985). *The idea of police.* Newbury Park, CA: Sage.

Kurki, L. (2000). Restorative and community justice in the United States. In M. Tonry (Ed.), *Crime and justice: A review of research*, Vol. 27. Chicago: University of Chicago Press.

Kyllo v. U.S., 533 U.S. 27 (2001).

Lab, S. D. (2016). *Crime prevention: Approaches, practices, and evaluations*, 9th ed. New York: Routledge.

Langan, P., and D. Levin. (2002). *Recidivism of prisoners released in 1994*. Washington, DC: Bureau of Justice Statistics.

Larkin, P. J. (2015). Swift, certain, and fair punishment: 24/7 Sobriety and HOPE: Creative approaches to alcohol- and illicit drug-using offenders. *Journal of Criminal Law and Criminology, 105*(1), 39-94.

Latessa, E. J., S. J. Listwan, and D. Koetzle. (2013). *What works (and doesn't) in reducing recidivism*. New York: Routledge.

Latessa, E. J., and L. Travis. (1992). Residential community correctional programs. In J. Byrne, A. Lurrigo, and J. Petersilia (Eds.), *Smart sentencing: The emergence of intermediate sanctions*, 166-181. Newbury Park, CA: Sage.

Lattimore, P. K., D. L. MacKenzie, G. Zajac, D. Dawes, E. Arsenault, and S. Tueller. (2016). Outcome findings from the HOPE demonstration field experiment: Is swift, certain, and fair an effective supervision strategy? *Criminology & Public Policy, 15*(4), 1103-1141.

Lee, M., T. Crofts, A. McGovern, and S. Milivojevic. (2015). *Sexting among young people: Perceptions and practices* (Trends and Issues in Crime and Criminal Justice No. 508). Canberra, Australia: Australian Institute of Criminology.

Lipsey, M. W. (2009). The primary factors that characterize effective interventions with juvenile offenders: A meta-analytic overview. *Victims and Offenders, 4*, 124-147.

Lipsey, M. W., and D. Wilson. (1998). Effective intervention for serious juvenile offenders: A synthesis of research. In R. Loeber and D. Farrington (Eds.), *Serious and violent juvenile offenders: Risk factors and successful interventions*, 313-344. Thousand Oaks, CA: Sage.

Lounsbury, K., K. J. Mitchell, and D. Finkelhor. (2011). *The true prevalence of "sexting."* Durham, NH: University of New Hampshire, Crimes Against Children Research Center.

Lowenkamp, C. T., A. W. Flores, A. M. Holsinger, M. D. Makarios, and E. J. Latessa. (2010). Intensive supervision programs: Does program philosophy and the principle of effective intervention matter? *Journal of Criminal Justice, 38*, 368-375.

Lowenkamp, C. T., and E. J. Latessa. (2005). Increasing the effectiveness of correctional programming through the risk principle: Identifying offenders for residential placement. *Criminology & Public Policy, 4*(2), 263-290.

Lowenkamp, C. T., E. J. Latessa, and A. M. Holsinger. (2006). The risk principle in action: What have we learned from 13,676 offenders and 97 correctional programs? *Crime and Delinquency, 52*, 77-93.

Lowenkamp, C. T., E. J. Latessa, and P. Smith. (2006). Does correctional program quality really matter? The impact of adhering to the principles of effective interventions. *Criminology and Public Policy, 5*(3), 575-594.

Lurigio, A. J., A. Rollins, and J. Fallon. (2004). The effects of serious mental illness on offender reentry. *Federal Probation, 68*(2), 45-52.

Lurigio, A. J., and J. Petersilia. (1992). The emergence of intensive probation supervision programs in the United States. In J. Byrne, A. Lurigio, and J. Petersilia (Eds.), *Smart sentencing: The emergence of intermediate sanctions,* 3-18. Newbury Park, CA: Sage.

MacKenzie, D. L., and H. Donaldson. (1996). Boot camp for women offenders. *Criminal Justice Policy Review, 21,* 21-43.

MacKenzie, D. L., and R. Freeland. (2012). Examining the effectiveness of juvenile residential programs. In B. C. Feld and D. M. Bishop (Eds.), *The Oxford handbook of juvenile justice,* 771-798. New York: Oxford University Press.

Maguire, K., and A. Pastore. (2006). *Sourcebook of criminal justice statistics* [Online]. Retrieved March 22, 2012, from https://www.albany.edu/sourcebook

Mai, C., and R. Subramanian. (2017). *Price of prisons 2015: Examining state spending trends, 2010-2015.* New York: Vera Institute of Justice.

Makarios, M., and E. J. Latessa. (2013). Developing a risk and needs assessment instrument for prison inmates. *Criminal Justice and Behavior, 40*(12), 1449-1471.

Maltz, M. (1999). *Bridging gaps in police crime data: A discussion paper from the BJS Fellows Program.* Washington, DC: U.S. Department of Justice.

Mancini, M. (1978). Race, economics, and the abandonment of convict leasing. *Journal of Negro History, 63,* 339-340.

Mapp v. Ohio, 367 U.S. 643 (1961).

Marbury v. Madison, 5 U.S. 137 (1803).

Marciniak, L. M. (1999). The use of day reporting as an intermediate sanction: A study of offender targeting and program termination. The Prison Journal, 79(2), 205-225.

Martin, C., D. E. Olson, and A. J. Lurigio. (2000). *An evaluation of the Cook County Sheriff's Day Reporting Center Program: Rearrest and reincarceration after discharge.* Chicago: Illinois Criminal Justice Information Authority. Retrieved from http://www.icjia.org/assets/pdf/researchreports/An%20Evaluation%20Rearrest%20and%20Reincarceration%20After%20Discharge.pdf.

Martinson, R. (1974). What works? Questions and answers about prison reform. *The Public Interest, 42,* 22-54.

Maruna, S., and R. Immarigeon (Eds.). (2004). *After crime and punishment: Pathways to offender reintegration.* Portland, OR: Willan.

Maruschak, L. M. (2004). *HIV in prisons and jails, 2002.* Washington, DC: U.S. Department of Justice.

Mastrofski, S. D., J. B. Snipes, and A. E. Supina. (1996). Compliance on demand: The public's response to specific police requests. *Journal of Research in Crime and Delinquency, 35*(3), 269-305.

McBride, D., and C. VanderWaal. (1997). Day reporting centers as an alternative for drug-using offenders. *Journal of Drug Issues, 27,* 379-397.

McCleary, R. (1992). *Dangerous men: The sociology of parole,* 2nd ed. New York: Harrow & Heston.

McCollister, K., M. French, M. Prendergast, E. Hall, and S. Sacks. (2004). Long-term cost effectiveness of addiction treatment for criminal offenders. *Justice Quarterly, 21,* 559–679.

McCulloch v. Maryland, 17 U.S. 316 (1819).

McGarrell, E. F., K. Olivares, K. Crawford, and N. Kroovand. (2000). *Returning justice to the community: The Indianapolis juvenile restorative justice experiment.* Indianapolis, IN: Hudson Institute.

McGuire, J. (2001). What works in correctional intervention? Evidence and practical implications. In G. A. Bernfeld, D. P. Farrington, and A. W. Leschied (Eds.), *Offender rehabilitation in practice: Implementing and evaluating effective programs,* 25–43. New York: Wiley.

McKeiver v. Pennsylvania, 403 U.S. 528 (1971).

McMann v. Richardson, 397 U.S. 759 (1970).

Mendoza, M. (2011). *AT IMPACT: 35,000 worldwide convicted for terror.* Retrieved from http://www.sandiegouniontribune.com/sdut-ap-impact-35000-worldwide-convicted-for-terror-2011sep03-story.html.

Miller-Wilson, L. S., and P. Puritz. (2003). *Pennsylvania: An assessment of access to counsel and quality of representation in delinquency proceedings.* Washington, DC, and Philadelphia: American Bar Association Juvenile Justice Center and Juvenile Law Center in collaboration with the National Juvenile Defender Center and the Northeast Juvenile Defender Center. Retrieved from http://www.jlc.org/sites/default/files/publication_pdfs/PA%20Assesment%20of%20Access%20to%20Counsel.pdf.

Miller v. Alabama, 132 S. Ct. 2455 (2012)

Mitchell, K. J., D. Finkelhor, L. M. Jones, and J. Wolak. (2012). Prevalence and characteristics of youth sexting: A national study. *Pediatrics, 129,* 1–9.

M'Naughten's Case, 8 Eng. Rep. 718 (1843).

Morgan, K. (1996). Factors influencing probation outcome: A review of the literature. In T. Ellsworth (Ed.), *Contemporary community corrections,* 327–340. Prospect Heights, IL: Waveland.

Morris, N., and D. Rothman. (1995). *The Oxford history of the prison.* New York: Oxford University Press.

Morris, N., and M. Tonry. (1990). *Between prison and probation: Intermediate punishments in a rational sentencing system.* New York: Oxford University Press.

Mulvey, E. P., and C. A. Schubert. (2012). *Transfer of juveniles to adult court: Effects of a broad policy change in one court.* Washington, DC: Office of Juvenile Justice and Delinquency Prevention.

National Association of Youth Courts. (2017). https://www.youthcourt.net

National Campaign to Prevent Teen and Unplanned Pregnancy. (2009). *Sex and tech: Results from a survey of teens and young adults.* Retrieved from https://powertodecide.org/what-we-do/information/resource-library/sex-and-tech-results-survey-teens-and-young-adults.

National Education Association. (2016). *Ranking of the states 2015 and estimates of school statistics 2016.* Retrieved from http://www.nea.org/home/66703.htm.

National Gang Center. (2016). *Brief review of federal and state definitions of the terms "gang," "gang crime," and "gang member."* Accessed June 4, 2017, from https://www.nationalgangcenter.

gov/Content/Documents/Definitions.pdf.

National Institute of Corrections. (2011). *Special challenges facing parole* (NIC 024200). Washington, DC: U.S. Department of Justice.

National Institute of Justice. (2003). *Correctional boot camps: Lessons from a decade of research.* Washington, DC: U.S. Department of Justice.

National Institute of Justice. (n.d.). *Restorative justice.* Retrieved from https://www.nij.gov/topics/courts/restorative-justice/welcome.htm

Nellis, A. (2009). *Back on track: Supporting youth reentry from out-of-home placement to the community.* Washington, DC: Juvenile Justice and Delinquency Prevention Coalition: The Sentencing Project.

Neubauer, D., and H. Fradella. (2014). *America's courts and the criminal justice system.* Stanford, CA: Stanford University Press.

New York State Division of Criminal Justice Services. (2008). *New York State probation population: 2007 profile.* Albany: NY Office of Justice and Research Performance. Retrieved from http://www.criminaljustice.ny.gov/pio/annualreport/nys_probation_report2007_profile.pdf.

Newman, S. A., J. A. Fox, E. A. Flynn, and W. Christeson. (2000). *America's after-school choice: Prime time for juvenile crime, or enrichment and achievement.* Washington, DC: Invest in Kids.

Niederhoffer, A. (1967). *Behind the shield: The police in urban society.* New York: Doubleday.

O'Connell, D. J., J. J. Brent, and C. A. Visher. (2016). Decide Your Time: A randomized trial of a drug testing and graduated sanctions program for probationers. *Criminology & Public Policy, 15*(4), 1073-1102.

Office of Juvenile Justice and Delinquency Prevention. (2017). *Statistical briefing book.* Retrieved from https://www.ojjdp.gov/ojstatbb

Ohio Department of Rehabilitation and Corrections. (2007). *Best practices tool-kit: Sex offender assessment and treatment.* Retrieved June 1, 2009, from https://kb.osu.edu/dspace/handle/1811/30140.

O'Neal v. Vermont, 144 U.S. 323 (1892).

Osterman, M. (2009). An analysis of New Jersey's Day Reporting Center and Halfway Back Programs: Embracing the rehabilitative ideal through evidence based practices. *Journal of Offender Rehabilitation, 48*(2), 139-153.

Packer, H. (1968). *The limits of the criminal sanction.* Stanford, CA: Stanford University Press.

Padgett, K. G., W. D. Bales, and T. G. Blomberg. (2006). Under surveillance: An empirical test of the effectiveness and consequences of electronic monitoring. *Criminology and Public Policy, 5,* 61-91.

Palko v. Connecticut, 302 U.S. 319 (1937).

Paparozzi, M. A., and M. DeMichele. (2008). Probation and parole: Overworked, misunderstood, and under-appreciated: But why? *Howard Journal of Criminal Justice, 47*(3), 275-296.

Paparozzi, M. A., and P. Gendreau. (2005). An intensive supervision program that worked: Service delivery, professional orientation, and organizational supportiveness. *The Prison Journal,*

85, 445-466.

Pease, K. (1999). The probation career of altruism. *Howard Journal of Criminal Justice, 38*, 2-16.

People v. Turner, 55 Ill. 280; 1870 Ill.

Petersilia, J. (1997). Probation in the United States. In M. Tonry (Ed.), *Crime and justice: A review of research*, 149-200. Chicago: University of Chicago Press.

Petersilia, J. (1998). A crime control rationale for reinvesting in community corrections. In J. Petersilia (Ed.), *Community corrections: Probation, parole, and intermediate sanctions*, 20-28. New York: Oxford University Press.

Petersilia, J. (2002). Community corrections. In J. Wilson and J. Petersilia (Eds.), *Crime: Public policies for crime control*, 483-508. Oakland, CA: Institute for Contemporary Studies.

Petersilia, J. (2003). *When prisoners return home: Parole and prisoner reentry*. New York: Oxford University Press.

Petersilia, J., and S. Turner. (1993). *Evaluating intensive supervision probation/parole: Results of a nationwide experiment (Research in Brief: National Institute of Justice)*. Washington, DC: U.S. Department of Justice.

Pew Center on the States. (2008). *One in 100: Behind bars in America 2008*. Retrieved February 4, 2012, from http://www.pewtrusts.org/~/media/legacy/uploadedfiles/wwwpewtrustsorg/reports/sentencing_and_corrections/onein100pdf.pdf.

Pew Center on the States. (2011). *State of recidivism: The revolving door of America's prisons*. Washington, DC: The Pew Charitable Trusts.

Pew Charitable Trusts. (2014). *Max out: The rise in prison inmates released without supervision*. Retrieved from http://www.pewtrusts.org/en/research-and-analysis/reports/2014/06/04/max-out.

Pisciotta, A. (1994). *Benevolent repression: Social control and the American reformatory-prison movement*. New York: New York University Press.

Pollock, J. (2004). *Prisons and prison life: Costs and consequences*. Los Angeles: Roxbury.

President's Commission on Law Enforcement and the Administration of Justice. (1967). *The challenge of crime in a free society* Washington, DC: U.S. Government Printing Office.

Prins, S. J., and L. Draper. (2009). *Improving outcomes for people with mental illnesses under community supervision: A guide to research-informed policy and practice*. New York: Justice Center/Council of State Governments. Retrieved from https://csgjusticecenter.org/wp-content/uploads/2012/12/Community-Corrections-Research-Guide.pdf.

Prison Fellowship International, Centre for Justice and Reconciliation. (2012). *Restorative justice*. Retrieved from http://www.restorativejustice.org.

Reaves, B. A. (2013). *Felony defendants in large urban counties, 2009—Statistical tables* (NCJ 243777). Retrieved from https://www.bjs.gov/content/pub/pdf/fdluc09.pdf.

Reaves, B. A. (2015). *Local police departments, 2013: Personnel, policies and practices*. Washington, DC: Bureau of Justice Statistics. Retrieved from https://www.bjs.gov/content/pub/pdf/lpd13ppp.pdf.

Reider, L. (1998). Towards a new test for the insanity defense: Incorporating the discoveries of neuroscience into moral and legal theories. *UCLA Law Review, 46,* 289-342.

Rembar, C. (1989). *The law of the land: The evolution of our legal system.* New York: Simon & Schuster.

Riley v. California, 573 U.S. 132 (2014).

Roper, Superintendent, Potosi Correctional Center v. Simmons, 543 U.S. 551 (2005).

Rose, D., and T. Clear. (2003). Incarceration, reentry, and social capital: Social networks in the balance. In J. Travis and M. Waul (Eds.), *Prisoners once removed: The impact of incarceration and reentry on children, families, and communities*, 313-342. Washington, DC: Urban Institute Press.

Rosenbaum, D. P. (1987). The theory and research behind Neighborhood Watch: Is it a sound fear and crime reduction strategy? *Crime and Delinquency, 33,* 103-134.

Rothman, D. (1971). *The discovery of the asylum.* Boston: Little, Brown.

Rothman, D. (1980). *Conscience and convenience: The asylum and its alternatives in progressive America.* Boston: Little, Brown.

Samaha, J. (2012). *Criminal procedure.* Belmont, CA: Wadsworth/Cengage.

Schall v. Martin, 467 U.S. 253 (1984).

Schubert, C.A. & Mulvey, E.P. (2014). Behavioral health problems, treatment, and outcomes in serious youthful offenders. Washington, DC: Office of Juvenile Justice and Delinquency Prevention.

Schwartz, B. (1992). *The great rights of mankind: A history of the American Bill of Rights.* Madison, WI: Madison House.

Scott, D., and J. Kunselman. (2007). Social justice implications of domestic violence court processes. *Journal of Social Welfare and Family Law, 29,* 17-31.

Scott v. Illinois, 440 U.S. 367 (1979).

Sellin, J. (1976). *Slavery and the penal system.* New York: Elsevier.

Ševč kov , A. (2016). Girls' and boys' experience with teen sexting in early and later adolescence. *Journal of Adolescence, 51,* 156-162.

Sexton, G. (1995). *Work in American prisons: Joint ventures with the private sector.* Washington, DC: National Institute of Justice.

Sheenan, R., G. McIvor, and C. Trotter (Eds.). (2011). *Working with women offenders in the community.* New York: Willan.

Sheldon, R. (2001). *Controlling the dangerous classes: An introduction to the history of criminal justice.* Needham Heights, MA: Allyn & Bacon.

Short, J., and I. Nye. (1958). Extent of unrecorded delinquency: Tentative conclusions. *Journal of Criminal Law, Criminology, and Police Science, 49,* 296-302.

Shy, Y. (2004). *Mandatory minimum sentencing in Massachusetts: Alternative approaches.* Retrieved November 2, 2004, from http://www.cjpc.org/mandatory-minimum-in-other-states.html

Sickmund, M., T. J. Sladky, W. Kang, and C. Puzzanchera. (2017). *Easy access to the census of juveniles in residential placement.* Retrieved from https://www.ojjdp.gov/ojstatbb/ezacjrp.

Skolnick, J. H. (1966). *Justice without trial: Law enforcement in democratic society.* New York:

Wiley.

Slate, R. (2000). Courts for mentally ill offenders: Necessity or abdication of responsibility? In L. Mays and P. Gregware (Eds.), *Crime and justice: A reader*, 432–450. Prospect Heights, IL: Waveland.

Smith, D., and C. Visher. (1981). Street-level justice: Situational determinants of police arrest decisions. *Social Problems, 29*, 167–177.

Smith, R. E. (2001). *What future for "public safety" and "restorative justice" in community corrections?* (Papers from the Executive Sessions on Sentencing and Corrections, No. 11). Washington, DC: National Institute of Justice. Retrieved from https://www.ncjrs.gov/pdffiles1/nij/187773.pdf.

Smith, S., and C. DeFrances. (1996). *Indigent defense*. Washington, DC: U.S. Department of Justice, Office of Justice Programs.

Spergel, I. A., and G. D. Curry. (1993). The National Youth Gang Survey: A research and development process. In A. P. Goldstein and C. R. Huff (Eds.), *The gang intervention handbook*, 359–400. Champaign, IL: Research Press.

Stanford v. Kentucky, 492 U.S. 361 (1989).

Streib, V. (2000). *The juvenile death penalty today: Death sentences and executions for juvenile crimes, January 1, 1973-June 30, 2000*. Ada: Ohio Northern University, Claude W. Pettit College of Law.

Strickland v. Washington, 446 U.S. 668 (1984).

Sykes, G. (1958). *The society of captives*. Princeton, NJ: Princeton University Press.

Taxman, F. S. (2008a). No illusions: Offender and organizational change in Maryland's proactive community supervision efforts. Criminology & Public Policy, 7(2), 275–302.

Taxman, F. S. (2008b). To be or not to be: Community supervision de'ja' vu. Journal of Offender Rehabilitation, 47(3), 209–219.

Tonry, M. (1990). Stated and latent functions of ISP. *Crime and Delinquency, 36*, 174–191.

Tonry, M. (1999). *The fragmentation of sentencing and corrections in America: Sentencing and corrections: Issues for the 21st century* (Papers from the Executive Sessions on Sentencing and Corrections, No. 1). Washington, DC: NIJ. Retrieved from https://pdfs.semanticscholar.org/2bdc/15e94992ca7ff67c10d579821ec8280532fd.pdf.

Tonry, M., and M. Lynch. (1996). Intermediate sanctions. In M. Tonry (Ed.), *Crime and justice: A review of research*, 99–144. Chicago: University of Chicago Press.

Travis, J. (2004). Reentry and reintegration: New perspectives on the challenges of mass incarceration. In M. Pattillo, D. Weiman, and B. Western (Eds.), *Imprisoning America: The social effects of mass incarceration, 247–268*. New York: Russell Sage.

Travis, J. (2005). *But they all come back: Facing the challenges of prisoner reentry*. Washington, DC: Urban Institute Press.

Travis, J., and M. Waul (Eds.). (2003). *Prisoners once removed: The impact of incarceration and reentry on children, families, and communities*. Washington, DC: Urban Institute Press.

Treatment Advocacy Center. (2014). *The treatment of persons with mental illness and jails: A state survey* [Abridged]. Retrieved from http://www.treatmentadvocacycenter.org/storage/documents/treatment-behind-bars/treatment-behind-bars.pdf.

Treglia, S. (2011). *Are international cybercrime laws a hopeless fantasy?* Retrieved from https://www.law.com/jsp/article.jsp?id=1202534084454.

Trotter, C. (2006). *Working with involuntary clients: A guide to practice*. Thousand Oaks, CA: Sage.

Trupin, E. (2001). *City of Seattle, Seattle Municipal Court, Mental Health Court, Evaluation Report*. Retrieved from https://www.pdffiller.com/23748671-MHReportpdf-Mental-Health-Court-Evaluation-Report-City-of-Seattle-seattle-Various-Fillable-Forms*United States v. Finley*, 477 F.3d 250 (5th Circuit 2007).

United States v. Jones, 132 S.Ct. 945 (2012). Slip opinion retrieved from http://www.supremecourt.gov/opinions/11pdf/10-1259.pdf

United States v. Perrine, 518 F.3d 1196 (2008).

United States v. Salerno, 481 U.S. 739 (1987).

United States v. Smith, 155 F.3d 1051 (9th Circuit 1998).

U.S. Department of Education, Policy and Program Studies Service. (2016). *State and local expenditures on corrections and education: A brief*. Retrieved from https://www2.ed.gov/rschstat/eval/other/expenditures-corrections-education/brief.pdf.

U.S. Department of Justice, Civil Rights Division. (2015). *Investigation of the Ferguson Police Department*. https://www.courts.mo.gov/file.jsp?id=95274.

Vaas, A., and A. Weston. (1990). Probation day centres as an alternative to custody. *British Journal of Criminology, 30*, 189-205.

Van Voorhis, P. (1994). *Psychological classification of the adult male prison inmate*. Albany: University of New York Press.

Vanstone, M. (2008). The international origins and initial development of probation. *British Journal of Criminology, 48*, 735-755.

Vigil, J. D. (2010). *Gang redux: A balanced anti-gang strategy*. Long Grove, IL: Waveland.

Visher, C. A., and J. Travis. (2011). Life on the outside: Returning home after incarceration. *Prison Journal, 91*(3), 1025-1195.

von Hirsch, A. (1998). The ethics of community-based sanctions. In J. Petersilia (Ed.), *Community corrections: Probation, parole, and intermediate sanctions*, 89-98. New York: Oxford University Press.

Walker, S. (1993). *Taming the system: The control of discretion in criminal justice, 1950-1990*. New York: Oxford University Press.

White, R., and H. Graham. (2010). *Working with offenders: A guide to concepts and practice*. New York: Willan.

White, T. F. (2005). *Re-engineering probation towards greater public safety: A framework for recidivism reduction through evidence-based practice*. Retrieved June 1, 2009, from http://www.ct.gov/opm/lib/opm/cjppd/cjresearch/projectbehaviorhealth/resources/20050401studyreegineerprobationcssd.pdf.

Whitehead, J., and S. Lab. (2018). *Juvenile justice: An introduction*, 9th ed. New York: Routledge.

Wilson, D. B., D. L. MacKenzie, and F. N. Mitchell. (2005). *Effects of correctional boot camps on offending: A Campbell Collaboration systematic review.* Retrieved from https://www.campbellcollaboration.org/library/effects-of-correctional-boot-camps-on-offending.html.

Wilson, J. A., and R. C. Davis. (2006). Good intentions meet hard realities: An evaluation of the Project Greenlight reentry program. *Criminology and Public Policy, 5*(2), 303-338.

Wilson, J. Q. (1968). *Varieties of police behavior.* Cambridge, MA: Harvard University Press.

Wodahl, E. J., R. Ogle, and C. Heck. (2011). Revocation trends: A threat to the legitimacy of community-based corrections. *Prison Journal, 9*(2), 207-226.

Wooldredge, J. D. (1994). Inmate crime and victimization in a southwestern correctional facility. *Journal of Criminal Justice, 22,* 367-381.

Zalman, M., and L. Siegel. (1997). *Criminal procedure.* Florence, KY: Cengage.

Zimmer, L. (1986). *Women guarding men.* Chicago: University of Chicago Press.

Zupan, L. (2002). New generation jails. In *Encyclopedia of Crime and Punishment*, 1089-1092. Thousand Oaks, CA: Sage.

찾아보기

저자소개

이창한

- 동국대학교 경찰행정학과 학사 및 석사
- 동국대학교 경찰학박사
- 일본 게이오대학(慶應義塾) 대학원 법학연구과 객원연구원
- 제41회 행정고등고시 합격
- 국무총리실 대테러센터 자문위원
- 현) 동국대학교 경찰사법대학 경찰행정학부 교수, 미래융합대학 학장

이승현

- 경찰행정학사 동국대학교 경찰행정학과
- 경찰학석사 동국대학교 일반대학원 경찰행정학과
- 경찰학박사 동국대학교 일반대학원 경찰행정학과
- 현) 동국대학교 미래융합대학 성인학습디자인센터 연구원
- 현) 동국대학교 미래융합대학 외래강사
- 현) 한국공안행정학회 편집국장
- 전) 동국대학교 경찰사법대학 외래강사
- 전) 전주대학교 경찰학과 외래강사
- 전) 고려사이버대학교 청소년학과 외래강사
- 전) 백석대학교 경찰학부 외래강사

도서출판 그린

형사사법학입문

저자와의 협의하에 인지생략

초 판 인쇄 ▶ 2020년 2월 20일
초 판 발행 ▶ 2020년 2월 25일
역 자 ▶ 이창한·이승현
발행처 ▶ 도서출판 **그린**
발행인 ▶ 윤 덕 우
출판등록 ▶ 제8-161호(1995. 5. 3.)
주소 ▶ 서울특별시 서대문구 연희로5길 50(연희동) (우) 03716
전화 ▶ 02)333-2574, 2575
Fax ▶ 02)333-2561
E-mail ▶ greenpress@greenpress.co.kr
Homepage ▶ http://www.greenpress.co.kr

정가 : 20,000원

ISBN 978-89-5727-296-1 (93360)